이우령 지음

C언어 C Programming

기초 입문편

비전공자&입문자를 위한 C언어의 모든 것!

입문자의 실수
패턴을 분석한
**에러 완벽
정리**

1:1 과외
학습 구성으로
실무 마스터

선린인터넷고
다년간 강의 경력자의
쉬운 용어로 배우는
독학 노하우 공개

김앤북
KIM & BOOK

● 더 멋진 내일 Tomorrow 을 위한 내일 My Career ●

내일은
C언어  Programming

이우령 지음

기초 입문편 ||||||||||||||||||||||||||||

김앤북
KIM&BOOK

초판1쇄 인쇄 2023년 11월 1일
초판1쇄 발행 2023년 11월 8일
지은이 이우령
기획 김응태, 정다운
디자인 서제호, 서진희, 조아현
판매영업 조재훈, 김승규, 문지영

발행처 ㈜아이비김영
펴낸이 김석철
등록번호 제22-3190호
주소 (06728) 서울 서초구 서운로 32, 우진빌딩 5층
전화 (대표전화) 1661-7022
팩스 02)3456-8073

ISBN 978-89-6512-793-2 13000
정가 25,000원

잘못된 책은 바꿔드립니다.

무언가를 배우는 사람은 자신이 그것을 배워야 하는 구체적인 이유가 필요합니다. 그 이유가 있는 사람은 배우는 과정에서의 많은 의문점을 해결하기 위해 질문합니다. 반대로 그러한 이유가 없는 사람은 이를 배우는 나름의 이유를 찾기 위해 질문합니다. 그렇기에 배우는 사람에게 있어서 의문과 질문이라는 것은 늘 필요하면서도 자연스럽습니다.

저 역시도 프로그래밍을 배우는 과정에서 늘 의문들과 함께했습니다. '왜 이렇게 해야 할까?' '다른 방법은 없을까?'라는 지식에 대한 기본적 의문과 '내가 배운 이 지식이 어디에서 사용되는 걸까?'라는 활용에 대한 의문입니다. 이러한 궁금증은 저뿐만 아니라 제가 만났던 많은 사람도 똑같이 했었던 생각이지만, 이를 명쾌히 해결해 주는 책이나 강의는 찾기 어려웠습니다.

프로그래밍과 언어를 배운다는 것은 단순히 언어의 문법만을 배우는 단계에서 끝나선 안 됩니다. 새로운 무언가를 배우는 과정에서 많은 질문과 의문을 마주하고, 이에 대한 답을 스스로 내릴 수 있어야 합니다. 그리고 제가 책을 집필하는 과정에서 가장 중요하게 생각했던 질문은 3가지였습니다.

"C 언어란 무엇인가?"
"왜 C 언어를 배워야 하는가?"
"C 언어를 어떻게 활용할 것인가?"

〈내일은 C언어〉는 C 언어를 처음 배우는 시점부터 이를 활용하여 무언가를 만들어 내는 시점까지의 과정을 세 부분으로 나누었습니다. 그리고 각 부분은 앞서 소개한 근본적인 질문에 대한 답을 내리는 과정이라고도 할 수 있습니다. 저는 단순히 프로그래밍 언어의 문법을 공부하는 것으로 끝나는 것이 아닌, 프로그래밍과 C 언어를 배우고자 하는 여러분들에게 이 책이 명확한 길잡이 역할을 할 수 있도록 내용을 구성했습니다.

저의 고민과 경험이 담긴 이 책이 먼 훗날 여러분들에게 좋은 등불이 되기를 소망합니다. 또, 앞으로 있을 여러분들의 여정이 호기심과 즐거움으로 가득하길 바랍니다.

저자 이우령

GUIDE

<내일은 시리즈>란?

'내일(Tomorrow)의 내일(My Career)을 위해!'라는 중의적인 의미를 담은, 김앤북 출판사의 '취업 실무&자격증 시리즈' 도서입니다.

〈내일은 C언어〉 이렇게 만들었습니다.

1. 휴대 편의성 증진

무겁고 두꺼운 도서, 들고 다니기 힘들고 불편하시죠? 〈내일은 C언어〉는 1권, 2권으로 분권하여 가볍게 들고 다닐 수 있도록 하였습니다.

2. 한 권으로 입문부터 실전까지 완성

입문용 도서와 실무용 도서를 따로 찾아 다니며 구매하시지는 않으셨나요? 이제 〈내일은 C언어〉의 기초 입문편과 응용 실전편으로 입문부터 실전까지 마스터 하세요!

3. 코딩은 몸으로 익혀야 진짜 공부

눈으로만 읽고서 공부를 다했다고 착각하고 있지는 않으신가요? 코딩은 수학과 같아서 직접 손으로 입력하며 연습해야 진짜 학습 효과가 있습니다. 직접 연습해 볼 수 있는 여러 구성을 체험해 보세요.

4. 코딩 중 발생할 수 있는 각종 에러 해결법 제시

분명히 배운대로 코딩을 진행 중인데 자꾸 에러가 발생할 때마다 스트레스 받으시죠? 에러가 왜 발생하며, 에러를 어떻게 해결해야 하는지 그 방법을 정리해드렸습니다.

5. 실무 마스터를 위한 프로젝트 완성하기

분명 책을 읽고 다 이해했다고 생각했는데, 막상 실무에서 적용해 보려고 하니 무엇부터 시작해야 하고 어떻게 마무리해야 하는지 혼란스러우시다고요? 이를 위해 프로젝트를 처음부터 끝까지 진행해 보는 구성을 제시하였습니다.

혜택 안내

1. 부록(리눅스, 맥 이용자를 위한 자료) 다운로드

김앤북(www.kimnbook.co.kr) 사이트 접속
〉상단 카테고리 중 '자료실'의 자료 다운로드 클릭
〉도서명 '내일은 C언어' 클릭
〉첨부파일 다운로드

2. 무료강의(PC/모바일)

유튜브에서 '김앤북' 검색

학습 계획표

계획을 세우고 공부한다면 의지가 더 불타오를 거예요! 중간에 포기하지 말고 끝까지 완주하시길 바랍니다. 김앤북이 여러분의 C언어 마스터를 응원합니다.

날짜	목차	학습 내용
/		
/		
/		
/		
/		
/		
/		
/		
/		
/		
/		
/		
/		
/		
/		
/		
/		
/		
/		

도서 구성

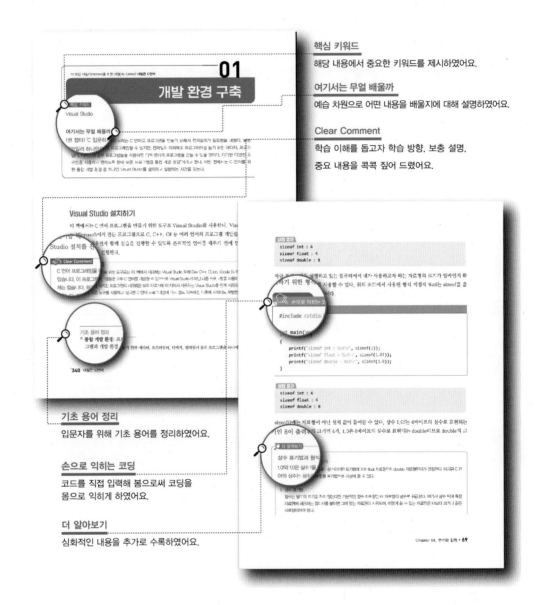

핵심 키워드

해당 내용에서 중요한 키워드를 제시하였어요.

여기서는 무얼 배울까

예습 차원으로 어떤 내용을 배울지에 대해 설명하였어요.

Clear Comment

학습 이해를 돕고자 학습 방향, 보충 설명,
중요 내용을 콕콕 짚어 드렸어요.

기초 용어 정리

입문자를 위해 기초 용어를 정리하였어요.

손으로 익히는 코딩

코드를 직접 입력해 봄으로써 코딩을
몸으로 익히게 하였어요.

더 알아보기

심화적인 내용을 추가로 수록하였어요.

에러에서 배우기
코딩 중 에러가 발생했을 때 당황하지 않도록 다양한 에러에 대해 정리하였어요.

연습문제
이론 설명을 제대로 이해했는지 점검할 수 있도록
다양한 문제를 수록하였어요.

Quick Tip
실무에서 유용하게 사용할 수 있는
팁을 모았어요.

챕터 요약 정리
챕터에서 학습한 내용을 장기 기억할 수
있도록 복습하게 하였어요.

프로젝트(PDF)
하나의 프로젝트를 처음부터 끝까지
완성해 볼 수 있도록 구성하였어요.

CONTENTS

더 멋진 내일(Tomorrow)을 위한 내일(My Career)
내 일 은 C 언 어

더 멋진 내일(Tomorrow)을 위한 내일(My Career)

01

내 일 은   C 언 어

C 입문하기

01

컴퓨터와 프로그램

컴퓨터, 프로그램, 입력, 출력, 처리

여기서는 무얼 배울까

대다수의 현대인은 컴퓨터를 사용하지만 그렇다고 모두가 컴퓨터가 무엇인지에 대해서 아는 것은 아니다. 그저 필요한 프로그램을 설치하고서 사용만 하면 되기 때문에 컴퓨터가 무엇인가는 중요하지 않기 때문이다. 하지만 그런 사람들과 C 언어를 배우고자 하는 여러분들은 다르다. 여러분들은 컴퓨터, 프로그램, 더 나아가 C 언어가 무엇인지 알아야 이해할 수 있으며, 이해해야 제대로 배울 수 있고, 제대로 배워야 비로소 원하는 목적에 다다를 수 있다. 이번 챕터에서는 C 언어를 위한 여행길을 떠나기 전 기본적으로 알아 둬야 할 지식을 배운다.

컴퓨터

넓은 의미에서의 컴퓨터는 계산하는 장치라는 의미이다. 이 의미에서 생각해 본다면 스마트폰부터 개인용 컴퓨터, 작은 계산기, 심지어는 주판까지도 컴퓨터라고 부를 수 있다. 이들은 모두 서로 다른 목적과 능력을 갖추고 있지만 궁극적으로는 계산을 위한 장치라는 공통점이 있기에 컴퓨터라고 부를 수 있는 것이다.

현대의 컴퓨터

주판과 여러분들이 사용하는 스마트폰 모두 컴퓨터라고 부를 수는 있지만 이 둘 사이에는 큰 차이가 있다. 계산의 속도나 양도 물론 큰 차이가 있지만 그것 외에 더 중요한 것은 바로 계산 능력의 차이이다. 단순히 수를 더하고 곱하는 계산은 주판과 스마트폰 모두 가능하지만, 계산을 반복하거나 조건에 따라 서로 다른 계산을 하는 능력은 주판에는 없다. 이처럼 현대의 컴퓨터는 연산, 반복, 분기, 저장 등의 능력을 갖추고 있으며, 컴퓨터의 목적을 위해 이러한 능력이 활용될 수 있다. 정리하자면 오늘날 사용하는 컴퓨터*는 단순히 계산만을 할 수 있는 장치가 아닌 특정

기초 용어 정리

* **컴퓨터:** 특정한 목적을 달성하기 위해 연산, 반복, 분기, 저장 등의 능력을 갖춘 전자 기기

한 목적을 달성하기 위해 연산, 반복, 분기, 저장 등의 능력을 갖춘 전자 기기를 의미한다고 할 수 있다.

프로그램

프로그램이란

컴퓨터는 모두 저마다의 목적을 갖고 계산과 연산을 수행한다. 어떠한 컴퓨터는 미사일의 궤도를 계산하길 원할 것이며, 어떠한 컴퓨터는 내가 쓴 글에서 틀린 맞춤법이 있는지를 확인하길 원할 것이다. 그리고 이런 다양한 목적들에 따라 계산의 방법과 순서는 달라져야 한다. 따라서 무엇을 계산하느냐에 따라서 그 연산의 방법과 순서는 다르게 적용되어야 하며, 이러한 방법과 순서를 나타낸 것을 컴퓨터에서의 프로그램*이라고 한다.

한 가지 예시를 들어 보자. 만약 여러분이 컴퓨터를 통해 시험 점수를 평가하길 원한다면 다음과 같은 프로그램이 필요할 것이다.

> 국어와 수학 시험 점수를 적는다.
> 두 점수의 평균을 구한다.
> 만약 평균이 높다면?
>   시험을 잘 봤다고 알려 준다.
> 그렇지 않다면?
>   더 노력해야 한다고 알려 준다.

시험 점수를 평가하기 위한 순서와 그 방법에 대해서 작성했다. 하지만 '만약 평균이 높다면?'이라는 표현은 명확하게 어떻게 계산하고 판단해야 하는지를 나타내고 있지 않으므로 완전한 프로그램이라고 부르기는 어렵다. 이 부분을 다시 고쳐 프로그램을 다시 만들어 본다면 이렇게 수정할 수 있다.

기초 용어 정리

* **프로그램**: 원하는 목적에 따라 컴퓨터가 연산을 어떤 순서로 실행할지를 나타낸 것

국어와 수학 시험 점수를 적는다.
두 점수의 평균을 구한다.
만약 평균이 80점 이상이라면?
　　　시험을 잘 봤다고 알려 준다.
그렇지 않다면?
　　　더 노력해야 한다고 알려 준다.

처음 작성한 것과 비교했을 때와는 달리 모호한 표현 없이 순서와 방법을 명시했다. 이처럼 프로그램에서 어떤 계산을 어떤 순서로 할지를 명확하게 하는 것은 중요하다.

프로그램의 요소

위의 시험 점수를 평가하는 프로그램은 세 부분으로 나눌 수 있다. 먼저 시험 점수를 사람으로부터 받는 부분, 사람에게 계산의 결과를 알려 주는 부분, 마지막으로 시험 점수를 계산하여 어떠한 것을 사람에게 알려 줄지를 결정하는 부분이다. 이 부분들을 각각 입력, 출력, 처리라고 부른다.

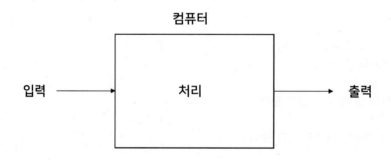

입력*은 계산에 필요한 정보를 외부로부터 받는 것을 의미하며 출력**은 계산의 결과를 외부에 알려 주는 것이다. 그리고 처리***는 입력된 정보로부터 출력할 정보를 계산하는 것을 의미한다. 위의 예시와 마찬가지로 대부분의 컴퓨터 프로그램은 입력, 출력, 처리라고 하는 세 개의 요소를 가지고 있다.

기초 용어 정리
* **입력**: 계산에 필요한 정보를 외부로부터 받는 것
** **출력**: 계산의 결과를 외부에 알려 주는 것
*** **처리**: 입력된 정보로부터 출력할 정보를 계산하는 것

02

프로그래밍과 C 언어

프로그래밍 언어, C 언어, 컴파일, 컴파일러

여기서는 무얼 배울까

만약 여러분이 한 번도 배우지 못한 언어를 사용하는 나라 한가운데에 떨어지게 된다면 어떻게 해야 할까? 그때 다행히 스마트폰이 있고, 사용할 수 있는 번역기가 있다면 최악의 상황은 아니리라 생각할 수 있다. C 언어를 배우고 있는 여러분은 지금 이와 같은 상황이다. 여러분은 지금 한 번도 대화해 본 적 없는 컴퓨터에 명령을 내려야 한다. 컴퓨터가 사용하는 언어는 몹시 복잡한 언어일 테지만, 우리에게는 우리가 쉽게 사용할 수 있는 언어를 컴퓨터의 언어로 번역해 줄 수 있는 번역기가 있다. 이번 절에는 컴퓨터가 사용하는 언어인 기계어가 무엇인지, 사람이 이해하기 쉽도록 만들어진 프로그래밍 언어가 무엇인지에 대하여 배운다. 그리고 이 둘 사이의 번역에 필요한 컴파일에 대해서 이해한다.

프로그래밍 언어

어떤 사람에게 어떤 일을 부탁하기 위해서는 그 일이 어떤 일이고 어떻게 해야 하는지에 관해서 설명해야 한다. 이때 설명하는 내용 중에 애매한 표현이 있어서는 안 되며 듣는 사람에 따라서 다르게 해석되어서도 안 된다. 이는 컴퓨터에 명령을 내리는 작업인 프로그래밍에서도 마찬가지이다. 사람에게 사람의 언어로 일을 부탁하듯 컴퓨터에는 컴퓨터의 언어로 명령을 내려야 하는데, 이러한 일의 과정과 순서를 모호한 표현 없이 정해진 규칙에 따라 서술하는 언어를 프로그래밍 언어*라고 한다.

기계어와 저급 프로그래밍 언어

한국인에게 부탁하기 위해서는 한국어로 이야기하고, 영국인에게는 영어로 이야기하는 것처럼 컴퓨터에 어떠한 일을 명령하기 위해서는 컴퓨터가 이해할 수 있는 언어로 대화해야 한다. 이처럼 컴퓨터가 직접적으로 이해할 수 있는 프로그래밍 언어를 기계어**라고 하며, 기계어의 큰 특

기초 용어 정리

* **프로그래밍 언어**: 컴퓨터에게 일의 과정과 순서를 모호한 표현 없이 정해진 규칙에 따라 서술하는 언어
** **기계어**: 컴퓨터가 직접적으로 이해할 수 있는 프로그래밍 언어로 0과 1로만 이루어져 있음

징은 0과 1로만 이루어져 있다는 것이다. 기계어는 사람보다 컴퓨터에 가까운 언어인데, 이러한 언어를 저급 프로그래밍 언어*라고 한다.

C 언어와 고급 프로그래밍 언어

컴퓨터에 명령을 내리기 위하여 궁극적으로는 기계어가 필요하지만, 이는 사람보다는 컴퓨터에 더 가깝기 때문에 기계어를 이용해 프로그램을 만드는 것은 굉장히 어려운 일이다. 그래서 프로그래밍할 때에는 사람에게 가까운 언어를 사용하고, 컴퓨터에 명령할 때에는 한국어를 영어로 번역하듯 사람에게 가까운 언어를 기계어로 번역하자는 아이디어가 생겨났다. 이렇게 컴퓨터보다는 사람에게 더 가까우며, 기계어로 번역될 수 있는 프로그래밍 언어를 고급 프로그래밍 언어**라고 한다. 이러한 고급 프로그래밍 언어들 가운데 대표적인 언어가 바로 C 언어이다.

> **Clear Comment**
>
> 저급 프로그래밍 언어와 고급 프로그래밍 언어에서 나타나는 저급과 고급이라는 단어 때문에 더 좋은 언어, 더 나쁜 언어라고 오해할 수 있습니다. 하지만 이는 잘못된 것으로 저급이라는 의미는 컴퓨터에 더 가깝다는 의미이고 고급이라는 의미는 사람에 더 가깝다는 의미입니다. 프로그래밍 언어뿐만 아니라 컴퓨터의 다른 부분에서도 저급, 고급이라는 단어는 동일한 의미로 사용됩니다.

```
10011001 10011110 11100110 11011110
01100110 10011000 10100101 10011001
10011001 10011101 11010011 10011011
01000110 11101001 01001100 11001010
```

```c
#include <stdio.h>
#pragma warning(disable: 4996)

int fibo(int x);

int main()
{
    int x;
    scanf("%d", &x);
    printf("fibo(%d) = %d", x, fibo(x));
}

int fibo(int x)
```

기초 용어 정리
* **저급 프로그래밍 언어**: 컴퓨터가 이해하기 쉽도록 만들어진 프로그래밍 언어로, 기계어가 대표적임
** **고급 프로그래밍 언어**: 사람이 사용하기 편하게 만들어졌으며 기계어로 번역될 수 있는 프로그래밍 언어

```
{
    if (x <= 1)
        return x;
    return fibo(x - 1) + fibo(x - 2);
}
```

첫 번째가 기계어의 예시이고 두 번째가 C 언어의 예시이다. 기계어의 경우 이를 해석하는 방법을 아는 사람일지라도 해석에 많은 시간이 소요된다. 반대로 C 언어는 직관적인 영어단어를 위주로 구성되어 있어 기계어와 비교했을 때 사용 난도가 훨씬 낮음을 예상할 수 있고, 실제로도 그렇다.

컴파일러

어떤 일을 한국어로 된 문서로 작성했다면 이를 영국인이 이해하기 위해서는 그 문서를 다시 영어로 번역하는 작업이 필요하다. 컴퓨터에서도 마찬가지로 고급 프로그래밍 언어로 프로그램을 만들었다면 이를 컴퓨터가 이해할 수 있도록 기계어로 번역하는 작업이 필요하다. 이렇게 프로그래밍 언어를 다른 프로그래밍 언어로 번역하는 것을 컴파일*이라고 한다. 프로그래머는 사람이 이해하기 쉬운 언어로 프로그램을 만들기만 하면 기계어로 컴파일하면 되기 때문에 그만큼 프로그램을 만드는 데에 필요한 시간과 노력이 절약된다. 이런 컴파일 과정은 컴파일러라고 하는 특별한 프로그램이 수행하게 된다. 컴파일러**는 이름 그대로 프로그래밍 언어들 사이의 컴파일을 수행하는 프로그램이며, 고급 프로그래밍 언어로 작성된 프로그램을 기계어로 컴파일하는 것이 대표적이다.

정리하자면, 컴퓨터 프로그램을 만든다는 것은 다시 말해 사람이 원하는 목적을 위해 컴퓨터에 어떤 일을 어떤 순서로 명령할지를 설명하는 것이며 C 언어로 프로그램을 만든다는 것은 컴퓨터에 명령을 내리기 위한 언어로 C 언어를 사용한다는 의미이다.

기초 용어 정리
* **컴파일**: 프로그래밍 언어를 다른 프로그래밍 언어로 번역하는 것
** **컴파일러**: 프로그래밍 언어들 사이의 컴파일을 수행하는 프로그램. 고급 프로그래밍 언어를 기계어로 번역하는 것이 대표적임

컴파일러와 인터프리터

컴파일러는 고급 프로그래밍 언어를 기계어로 번역하는 대표적인 프로그램이지만 모든 번역 프로그램이 컴파일러는 아니다. 컴파일러와 더불어 기계어로 번역하는 프로그램에는 인터프리터라는 프로그램이 있는데, 컴파일러는 프로그램 전체를 한꺼번에 기계어로 번역하는 반면 인터프리터는 번역과 실행을 그때마다 함께 수행한다는 차이점이 있다. 따라서 번역 이후에 실행만 하면 되는 컴파일러와는 달리 인터프리터는 번역을 함께 수행하기 때문에 일반적으로 실행 속도가 더 느리다는 단점이 있다. 대신 인터프리터 언어로 작성된 프로그램은 다양한 컴퓨터에서 실행하기 더 수월한 이식성의 장점이 있으므로 장단점이 존재하는 방법이다. 인터프리터를 사용하는 대표적인 언어로는 JavaScript와 Python이 있다.

더 멋진 내일(Tomorrow)을 위한 내일(My Career) **내일은 C언어**

연습문제

1. OX 퀴즈

● 현대의 컴퓨터는 연산, 반복, 분기, 저장 등의 능력을 포함한다.

● 프로그램은 모호한 표현 없이 명확하게 기술해야 한다.

● 고급 프로그래밍 언어는 컴퓨터가 직접적으로 이해할 수 있는 언어이다.

2. 단답형

● 사람에게 더 가까우며 저급 프로그래밍 언어와 비교되는 언어는?

● 원하는 목적에 따라 컴퓨터가 어떤 일을 어떤 순서로 실행할지를 나타낸 것은?

● 프로그램의 요소 중 하나로 계산에 필요한 정보를 사람과 같은 외부로부터 받는 것은?

3. 약술형

● 컴파일러란?

● 모호하게 작성된 프로그램은 어떠한 문제가 있는가?

1. OX 퀴즈

● 현대의 컴퓨터는 연산, 반복, 분기, 저장 등의 능력을 포함한다.

> 답 O. 컴퓨터는 계산할 수 있는 기계를 칭하지만 현대에는 그 의미가 축소되어 연산, 반복, 분기, 저장 등의 능력을 포함하는 더 복잡한 기계를 말한다.

● 프로그램은 모호한 표현 없이 명확하게 기술해야 한다.

> 답 O. 모호한 표현은 컴퓨터가 정확하게 이해하여 명령을 수행할 수 없다. 따라서 프로그램은 모호한 표현 없이 명확하게 기술해야 한다.

● 고급 프로그래밍 언어는 컴퓨터가 직접적으로 이해할 수 있는 언어이다.

> 답 X. 컴퓨터가 직접적으로 이해할 수 있는 언어는 저급 프로그래밍 언어 중 하나인 기계어뿐이다.

2. 단답형

● 사람에게 더 가까우며 저급 프로그래밍 언어와 비교되는 언어는?

> 답 고급 프로그래밍 언어

● 원하는 목적에 따라 컴퓨터가 어떤 일을 어떤 순서로 실행할지를 나타낸 것은?

> 답 프로그램

● 프로그램의 요소 중 하나로 계산에 필요한 정보를 사람과 같은 외부로부터 받는 것은?

> 답 입력

3. 약술형

● 컴파일러란?

> 답 고급 프로그래밍 언어로 작성된 프로그램은 컴퓨터가 이해하여 실행할 수 없다. 그러므로 고급 프로그래밍 언어를 컴퓨터가 이해할 수 있는 언어인 기계어로 번역하는 작업이 필요한데, 이러한 번역 과정을 컴파일이라고 하고 컴파일을 수행하는 프로그램을 컴파일러라고 한다.

● 모호하게 작성된 프로그램은 어떠한 문제가 있는가?

> 답 모호한 표현은 컴퓨터가 정확하게 이해하여 명령을 수행할 수 없다. 따라서 프로그램은 모호한 표현 없이 명확하게 기술해야 한다.

키워드로 정리하기

● **컴퓨터**란 계산하는 장치를 의미하지만, 현대의 컴퓨터는 특정한 목적을 달성하기 위해 연산, 반복, 분기, 저장 등의 능력을 갖춘 전자 기기로 의미가 축소되어 사용된다.

● 컴퓨터가 어떤 목적을 이루기 위해 연산 방법과 순서를 나타낸 것을 **프로그램**이라고 한다. 프로그램은 외부로부터 정보를 받는 **입력**, 그 정보를 처리하여 원하는 계산을 수행하는 처리, 처리 결과를 다시 외부로 알려 주는 **출력**으로 이루어져 있다.

● 컴퓨터에 일과 과정, 순서를 모호하지 않고 정확하게 알려 주기 위한 언어를 **프로그래밍 언어**라고 한다. 프로그래밍 언어는 컴퓨터에 가까운지 인간에 가까운지에 따라 저급 프로그래밍 언어, 고급 프로그래밍 언어로 나눌 수 있다.

● 기계어는 대표적인 저급 프로그래밍 언어, **C 언어**는 대표적인 고급 프로그래밍 언어이다.

● 고급 프로그래밍 언어로 작성된 프로그램은 컴퓨터가 실행시킬 수 있도록 기계어로 번역해야 하는데, 이러한 번역을 **컴파일**이라고 하며 컴파일을 수행하는 프로그램을 **컴파일러**라고 한다.

더 멋진 내일(Tomorrow)을 위한 내일(My Career)

02

내일은 C 언어

나의 첫 번째 C 프로그램

(리눅스용 & 맥용 설명 PDF 제공)

01

개발 환경 구축

✓핵심 키워드

리눅스용 & 맥용 설명(PDF 제공)

Visual Studio

여기서는 무얼 배울까

1권 챕터1 'C 입문하기'에서 우리는 C 언어로 프로그램을 만들기 위해서 컴파일러가 필요함을 배웠다. 물론 컴파일러 하나만으로도 프로그래밍할 수 있지만, 컴파일러 이외에도 프로그래머를 돕기 위한 에디터, 프로파일러, 디버거와 같은 프로그램들을 사용하면 더욱 편하게 프로그램을 만들 수 있을 것이다. 이러한 다양한 도구들을 사용하기 편하도록 한데 모은 프로그램을 통합 개발 환경*이라고 한다. 이번 절에서는 C 언어를 위한 통합 개발 환경 중 하나인 Visual Studio를 설치하고 실행하는 시간을 갖는다.

Visual Studio 설치하기

이 책에서는 C 언어 프로그램을 만들기 위한 도구로 Visual Studio를 사용한다. Visual Studio는 Microsoft에서 만든 프로그램으로 C, C++, C# 등 여러 언어의 프로그램 개발을 지원한다. C 언어를 배우면서 함께 실습을 진행할 수 있도록 본격적인 언어를 배우기 전에 먼저 Visual Studio 설치를 진행한다.

> **Clear Comment**
>
> C 언어 프로그래밍을 위한 도구로는 이 책에서 사용하는 Visual Studio 외에 Dev C++, CLion, Xcode 등 여러 종류가 있습니다. 이 프로그램들은 모두 C 언어를 개발할 수 있으므로 Visual Studio가 아닌 다른 프로그램을 사용해도 크게 문제는 없습니다. 하지만 프로그램의 사용법은 모두 다르기에 이 책에서 사용하는 Visual Studio를 함께 사용하는 것을 추천합니다. 다른 도구를 사용하고 싶다면 C 언어 프로그래밍에 어느 정도 익숙해진 이후에 시작해도 무방합니다.

기초 용어 정리

* **통합 개발 환경**: 프로그래머를 돕기 위한 에디터, 프로파일러, 디버거, 컴파일러 등의 프로그램을 하나에 모아 둔 프로그램과 개발 환경

다운로드

① 인터넷 브라우저에 https://visualstudio.microsoft.com/ko/downloads/ 주소를 입력하여 다운로드 페이지로 이동한다. Visual Studio는 여러 버전이 있는데, 이 중 Community 버전을 사용하면 무료로 프로그램을 사용할 수 있다.

② Community 무료 다운로드를 클릭하면 VisualStudioSetup.exe 파일을 받을 수 있다. 다운로드한 이 파일을 실행시킨다.

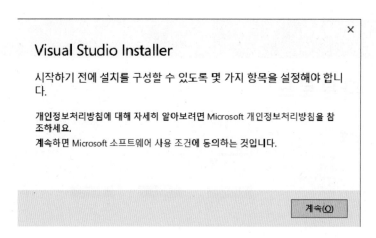

③ Visual Studio를 설치하기 위해서는 먼저 Visual Studio Installer를 설치해야 한다. 계속을 눌러 Visual Studio Installer 설치를 진행한다.

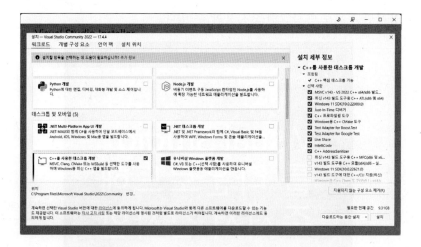

④ Visual Studio Installer 설치가 마무리되면 Visual Studio Installer에서 Visual Studio를 설치할 수 있다. 이때 Visual Studio에서 어떤 기능을 사용할지를 선택하여야 하는데, C언어를 사용하기 위해서는 스크롤을 내려 C++를 사용한 데스크톱 개발을 선택하고 오른쪽 아래의 설치를 누른다.

> **Clear Comment**
>
> C++는 C 언어를 바탕으로 많은 기능이 확장된 또 다른 언어입니다. Visual Studio는 C++ 언어 개발 도구 하위에 C 언어 개발 도구를 포함하고 있습니다.

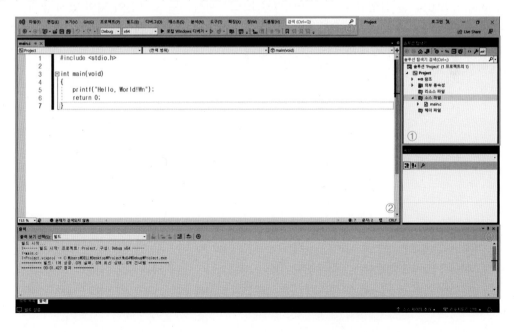

⑤ 설치가 끝나면 Visual Studio를 사용할 수 있다.

Visual Studio 구성과 로그인

Visual Studio가 잘 설치되었다면 이를 이용하여 C 언어 프로그래밍을 시작할 수 있다. 이 책에
선 Visual Studio를 기반으로 C 언어 프로그래밍을 할 것이기에 본격적인 C 언어를 다루기에
앞서 먼저 Visual Studio의 화면 구성을 살펴보도록 하겠다.

프로젝트를 생성하고 실행시키면 Visual Studio의 화면
이 뜬다. 실제 프로젝트를 생성하는 과정은 다음 절에서
다루도록 하고, 먼저 프로그램의 각 부분이 어떤 역할을
하는지 살펴보자.

① 솔루션 탐색기 : 프로젝트에 필요한 파일들과 외부 참조가 있는 창이다. 프로그램을 만들면
  서 생기는 모든 파일은 이 위치에 표시된다.

② 텍스트 에디터 : C 언어를 비롯한 파일들이 열리는 창이다. 텍스트의 경우 직접 편집할 수 있
  고, 필요에 따라 여러 파일을 열거나 창을 나누어 동시에 편집할 수도 있다.

③ 출력 : Visual Studio의 여러 메시지가 출력되는 창이다. 주로 프로그램 컴파일이 잘 되었는
  지, 오류가 있다면 어디에서 오류가 나왔는지와 같은 메시지가 표시된다. 만약 컴파일이나
  실행에 문제가 생겼다면 주로 출력 창에서 그 원인을 찾는다.

④ 메뉴 : 기본적으로 보이는 창들 이외에 여러 기능, 설정, 창을 사용하기 위한 부분이다. 자주
  사용하는 기능들은 단축키를 외워서 사용하게 되지만, 그 외에는 모두 메뉴에서 찾아서 사용
  하게 된다.

처음 Visual Studio를 실행했을 때는 마이크로소프트 계정으로 로그인이 되어 있지 않다. 로그
인하지 않더라도 프로그램을 사용할 수는 있지만, 로그인했을 경우 설정 동기화와 같은 여러 이
점이 있기에 가능하다면 로그인을 하는 편이 낫다.

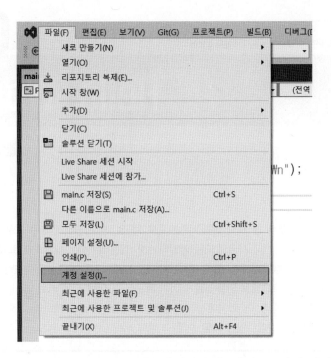

Visual Studio에서 로그인하려면 프로젝트를 실행시킨 후 파일 → 계정 설정으로 로그인 창을 열어야 한다.

로그인 창에서 로그인을 눌러서 마이크로소프트 계정에 로그인하면 여러 이점을 얻을 수 있다.

02

Hello, World!

맥용 설명(PDF 제공)

✓ **핵심 키워드**

소스 파일, 실행 파일, 콘솔

여기서는 무얼 배울까

세상에서 가장 많은 사람이 만들어 본 프로그램은 무슨 프로그램일까? 진지하게 그런 프로그램이 어떤 것인지 조사한 사람은 없겠지만, 단언컨대 지금의 모든 개발자는 이 질문에 Hello, World! 프로그램이라고 대답할 것이다. 그들은 모두 그 프로그램을 만들어 봤고, 한 번이 아닌 수십, 수백 번도 만들어 봤을 것이며, 그들이 만난 다른 모든 개발자도 그 프로그램을 만들었을 것이기 때문이다. 이번 절은 바로 이 Hello, World! 프로그램을 작성하고 실행시키는 것이다. 이 과정에서 소스 파일과 실행 파일에 대하여 이해하고, 최종적으로 Hello, World! 프로그램을 만들어 본 수많은 사람 중 한 사람이 되는 것이 목표이다.

프로젝트 생성하기

C 언어로 프로그램을 만들기 위한 첫 번째 걸음을 내딛어 보자. 이번 절에서 여러분들이 처음으로 만들게 될 C 언어 프로그램은 검은색 화면에 흰색 글씨로 Hello, World!라는 글자가 표시되는 프로그램이다. 프로그램을 만들기 위해선 먼저 그 프로그램을 위한 프로젝트를 만들어야 하기에 우선 프로젝트를 먼저 생성한다.

① Visual Studio를 실행시키면 우측에 **새 프로젝트 만들기(N)**가 있고, 이 부분을 누르면 새 프로젝트를 만드는 창이 뜬다.

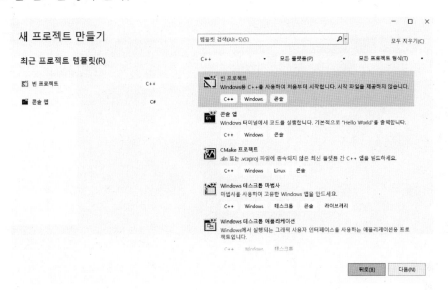

② 새 프로젝트 만들기에서는 프로젝트의 템플릿을 먼저 선택할 수 있다. 이 템플릿들은 각각 어떤 개발을 할지에 따라 몇 가지 미리 준비된 파일과 설정들이 다르다. 여기서는 빈 프로젝트를 선택한 후에 다음을 누른다.

③ 새 프로젝트 구성에서는 프로젝트의 이름과 프로젝트 파일이 저장될 위치를 지정할 수 있다. 각각 프로젝트 이름, 위치에서 원하는 대로 수정한다. 솔루션 이름의 경우 프로젝트 이름을 수정하게 되면 자동으로 같은 이름으로 바뀌므로 지금은 프로젝트와

Quick Tip

프로젝트의 이름과 위치에 한글이 포함되면 문제가 생길 수 있습니다.

솔루션 이름이 같은 상태로 유지한다. 모두 설정이 끝났다면 만들기를 눌러 프로젝트 생성을 마친다.

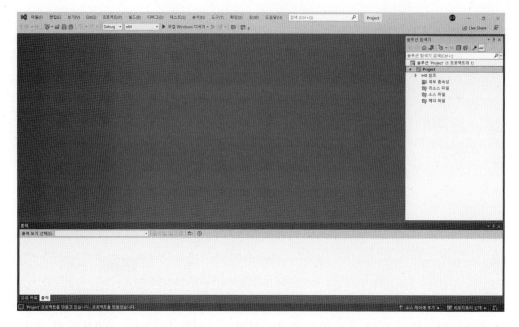

④ 프로젝트를 만들면 자동으로 생성한 프로젝트가 켜지는데, 지금은 빈 프로젝트로 만들었기에 프로젝트에는 그 어떠한 파일도 존재하지 않는다.

Hello, World! 프로그램 작성하기

프로그램을 만들기 위한 프로젝트가 준비되었으니 이제 본격적인 C 언어로 프로그램을 만들어 보도록 하자.

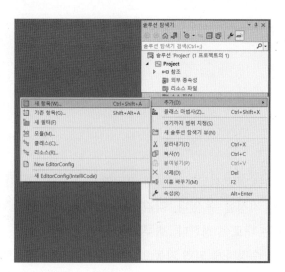

① C 언어로 프로그램을 만들기 위해선 C 언어의 코드가 작성된 파일을 만들어야 하는데, 우측의 솔루션 탐색기의 소스 파일을 우클릭한 후 **추가 → 새 항목**을 선택한다.

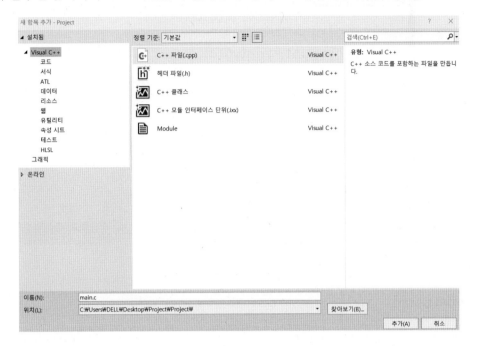

② 새 항목 추가에서는 이름을 main.c로 바꾼 후 추가를 누른다. 상단 중간에 있는 C++ 파일을 누르거나 이름을 main.cpp로 생성해도 현재는 큰 문제는 없다. 하지만 .cpp는 C 언어가 아닌 C++의 확장자이기에 이 파일로 생성하게 된다면 C 언어의 결과와는 다른 결과가 나올 수 있다. 파일의 이름인 main은 원하는 이름으로 바꾸어도 무방하다.

③ 파일이 생성되었다면 우측 솔루션 탐색기에 main.c 파일이 생성되었고 텍스트 에디터 부분에 main.c 파일이 열린 것을 확인할 수 있다. main.c 파일을 생성만 했기에 안에는 아무런 텍스트도 쓰여 있지 않다.

```
main.c ┤┤ ×
⊞ Project
1          #include <stdio,h>
2
3        ⊟ int main(void)
4          {
5              printf("Hello, World!\n");
6              return 0;
7          }
8
```

④ main.c 파일에 다음의 코드를 작성한다.

손으로 익히는 코딩

```
#include <stdio.h>

int main(void)
{
    printf("Hello, World!");
    return 0;
}
```

실행 결과

```
Hello, World!
```

프로그램 실행하기

앞서 코드를 작성한 main.c 파일은 C 언어 파일, 즉 사람이 이해하기 쉽도록 만들어진 고급 프로그래밍 언어로 작성된 파일이다. 그렇기에 이 파일에 담긴 내용을 컴퓨터가 이해하고 실행하기 위해서는 컴파일 과정이 필요하다. 이처럼 고급 프로그래밍 언어로 작성되어 컴파일되기 전의 파일을 소스 파일*이라고 한다. 그리고 소스 파일을 컴파일하여 실제로 컴퓨터가 실행할 수 있도록 기계어로 구성된 파일을 실행 파일**이라고 한다. 앞서 만든 소스 파일을 실행시키기 위해선 컴파일 과정을 통해 실행 파일로 만드는 과정이 선행되어야 한다.

기초 용어 정리
* **소스 파일**: 고급 프로그래밍 언어로 작성되어 컴파일되기 전의 파일
** **실행 파일**: 컴퓨터가 실행할 수 있도록 기계어로 구성된 파일

컴파일 후 실행하기

컴파일과 실행을 동시에 하기 위해서는 상단의 메뉴에서 **디버그 → 디버그하지 않고 시작**(단축키 **Ctrl+F5**)을 누르면 된다.

위의 기능은 컴파일과 실행을 동시에 하는 기능이기에 컴파일이 완료된 이후에 실행 파일이 곧바로 실행된다. 그 결과를 보면 검은색 화면에 흰색 글씨로 Hello, World!가 출력된 것을 확인할 수 있다. 이렇게 화면에 문자들을 출력하고, 사용자로부터 키보드로 문자를 입력받을 수 있는 창을 콘솔*이라고 부른다. 따라서 지금 만든 이 프로그램은 콘솔에 Hello, World!라는 메시지를 출력하는 프로그램이라고 할 수 있다.

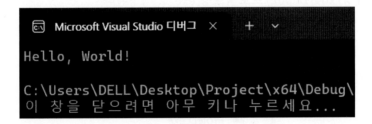

> **Clear Comment**
>
> 시각적으로 '있어 보이는' 방법이 아닌 콘솔을 사용하는 이유는 쉽기 때문입니다. 프로그램의 요소인 입력, 처리, 출력 중에서 일반적으로 가장 중요한 것은 처리이며 이 책에서도 마찬가지로 처리를 위주로 배우게 됩니다. 입력과 출력은 콘솔을 사용한다면 간단하게 해결할 수 있지만 그렇지 않다면 지금은 이해할 수 없는 복잡하고 긴 코드를 작성해야 합니다. 콘솔이 아닌 프로그램을 만드는 방법은 이 책의 마지막 챕터에서 다루며 지금은 콘솔보다 처리에 대해서 배우는 것에 중점을 두도록 합시다.

기초 용어 정리

* **콘솔**: 화면에 문자들을 출력하고, 사용자로부터 키보드로 문자를 입력받을 수 있는 창

컴파일만 하기

실행 없이 컴파일만을 하기 위해서는 상단의 메뉴에서 **빌드 → 솔루션 빌드** (단축키 Ctrl+Shift+B) 를 누르면 된다.

> **Clear Comment**
>
> 여기서 사용한 기능의 이름이 컴파일이 아닌 빌드라는 것에 의문을 가질 수 있습니다. 실제 C 언어 소스 파일이 실행 파일로 바뀌는 과정에서 가장 중요한 것은 컴파일이지만, 컴파일 이외에 부가적인 작업이 필요합니다. 빌드는 컴파일과 함께 이러한 부가적인 작업을 함께 진행하는 것을 의미합니다. 하지만 지금은 빌드와 컴파일이 같은 의미라고 이해해도 괜찮습니다.

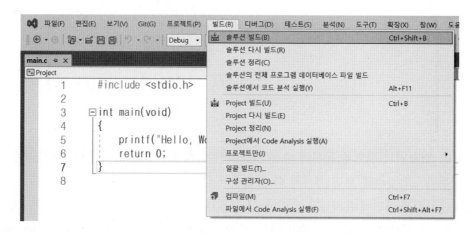

컴파일이 끝나면 실행 파일이 만들어진다. 이 실행 파일은 별도의 설정을 하지 않았다면 **프로젝트 위치/프로젝트명/x64/Debug/프로젝트명.exe** 로 생성된다.

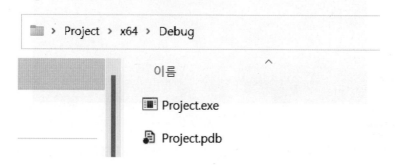

하지만 이 실행 파일을 실행하게 된다면 콘솔이 실행되자마자 꺼지게 될 것이다. 그 이유는 이 프로그램이 하는 일은 Hello, World!를 콘솔에 출력하는 것이기에 출력이 끝나자마자 프로그램이 종료되어 콘솔이 꺼지게 된 것이다. 이를 해결하기 위해서는 C 언어 소스 파일을 다음과 같이 수정하면 된다.

만약 컴파일과 실행을 동시에 할 경우에도 마찬가지로 콘솔이 바로 꺼지게 된다면 같은 방법으로 해결할 수 있습니다. 하지만 그렇지 않고 컴파일과 실행을 동시에 했을 때 꺼지지 않고 유지가 된다면 처음에 작성했던 코드로 작성하는 것을 추천합니다. 그 코드가 수정된 코드보다 더 짧으며, C 언어의 Hello, World! 프로그램의 기본적이고 필수적인 부분만 모아둔 코드이기 때문입니다. 이후에 작성할 다른 코드들 또한 컴파일과 실행을 따로 하는 것은 번거롭기에 컴파일과 실행을 동시에 하여 프로그래밍의 결과를 빠르게 확인할 수 있는 것을 권장합니다.

손으로 익히는 코딩

```c
#include <stdio.h>
#include <stdlib.h>

int main(void)
{
    printf("Hello, World!");
    system("pause");
    return 0;
}
```

이렇게 코드를 수정하고 실행 파일을 직접 다시 실행시켜 보면 "계속하려면 아무 키나 누르십시오"라는 메시지가 출력되면서 바로 콘솔이 꺼지지 않으며, 키보드로 아무 키나 누른 이후 그제야 프로그램이 종료되어 콘솔이 꺼진다.

여러 예제를 실습하고자 하는 경우, 한 프로젝트에 main()이 한 개만 존재해야 한다. 만약 둘 이상의 main()이 있다면 프로그램이 실행되지 않으므로 새로운 프로젝트를 만들거나 main()이 존재하는 파일을 지워야 한다.

Visual Studio 파일 추가 및 외부로 내보내기

Visual Studio를 사용하면서 만드는 여러 파일은 실제로 폴더 안에 파일이 생성된 것이다. 그렇기에 Visual Studio에서 생성한 파일을 다른 곳에서 사용할 수도 있고, 반대로 외부의 파일을 Visual Studio에 곧바로 추가할 수도 있다.

1. Visual Studio에 외부의 파일을 추가하기

외부의 파일을 현재 프로젝트에 추가하는 방법은 Visual Studio에서 새로운 파일을 만드는 것과 비슷하다.

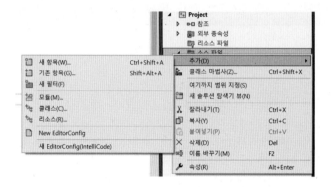

① 우측의 솔루션 탐색기의 소스 파일을 우클릭한 후 추가 → 기존 항목을 선택한다.

② 추가하고자 하는 파일을 찾아 선택하고 추가(A)를 누른다.

이렇게 추가한 파일은 이제부터 프로그램을 만들기 위하여 사용될 수 있다. C 언어 파일을 추가했다면 당연히 그 파일이 컴파일되어 실행될 것이다.

Quick Tip

기존 항목으로 추가하는 파일은 어느 위치에 있어도 상관없습니다. 프로젝트가 있는 폴더 밖의 파일도 추가할 수 있습니다.

2. Visual Studio의 파일을 외부로 내보내기

반대로 Visual Studio에서 생성하고 수정한 파일을 다른 곳에서 사용하기 위해서는 그 파일이 존재하는 폴더로 이동해야 한다. 이 폴더는 프로젝트를 만들 때 선택한 경로에 생성이 되는데, 그 위치를 외우지 않더라도 프로젝트 폴더를 여는 방법이 있다.

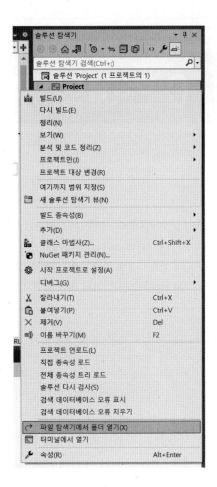

① 우측의 솔루션 탐색기의 프로젝트 이름을 우클릭하여 파일 탐색기에서 폴더 열기(X)를 누른다.

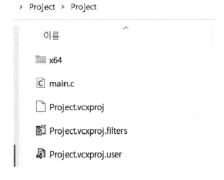

② 프로젝트 폴더가 열렸다면 여기에 있는 파일을 옮기거나 복사하여 사용할 수도 있고, 혹은 이 파일을 바로 외부에서 사용할 수 있다.

프로젝트 폴더 안에 있는 파일과 Visual Studio에서의 파일은 같다. 따라서 메모장과 같은 다른 프로그램으로 C 언어 파일을 수정하면 Visual Studio에서도 반영되기 때문에 프로젝트에 영향이 가지 않도록 주의가 필요하다.

03

C 언어의 구성 요소

✓핵심 키워드

맥용 설명(PDF 제공)

서술문, 단일 서술문, 복합 서술문

여기서는 무얼 배울까

프로그래밍 언어, 특히 고급 프로그래밍 언어는 사람이 사용하는 자연어와 비교했을 때 비슷한 점이 많다. 그 쓰임새 때문에 자연어보다 더 형식적이고 체계적으로 설계되어 있지만, 결국 사용하는 것은 사람이기 때문에 자연어에서 사용하던 익숙한 형태가 고급 프로그래밍 언어에서 나타나는 경우가 많다. 이번 절에서는 고급 프로그래밍 언어인 C 언어의 구조를 그와 대응되는 자연어와 함께 살펴보는 시간을 갖는다.

서술문

고급 프로그래밍 언어는 사람이 사용하는 자연어와 비교하여 설명할 수 있다. 이러한 관점에서 볼 때 사람이 읽을 수 있도록 작성된 글은 컴퓨터 프로그램에 해당하고, 글이 여러 문단과 문장으로 이루어지듯 프로그램은 서술문*이라고 하는 요소로 이루어진다. C 언어에서의 서술문은 단일 서술문과 복합 서술문으로 나눌 수 있다.

단일 서술문

단일 서술문은 하나의 문장에 대응되는 개념이다. 우리가 글이나 말을 할 때 완전한 문장을 단위로 이야기하듯 프로그램도 완전한 형식을 갖춘 단일 서술문의 단위를 사용한다. 따라서 단일 서술문**은 프로그램의 최소 실행 단위이다.

```
printf("Hello, World!");
```

위의 코드는 하나의 단일 서술문을 의미한다. 이 서술문은 화면에 Hello, World!를 출력하라는

기초 용어 정리

*__서술문__: C 언어를 서술하기 위한 기본 요소

** __단일 서술문__: 프로그램의 최소 실행 단위로 단일 서술문의 끝은 세미콜론으로 표시

명령을 뜻한다. 단일 서술문은 문장의 온점과 비슷한 역할인 세미콜론(;)으로 끝나며, 세미콜론으로 단일 서술문을 구분한다.

```
printf(
    "Hello, World!"
);
```

이처럼 길이가 길어지거나 가독성을 위해 여러 줄에 걸쳐서 단일 서술문을 작성할 수는 있지만 단일 서술문을 나누는 기준은 세미콜론이므로 여전히 하나의 단일 서술문이다.

C 언어는 세미콜론에 엄격합니다. 단일 서술문이 세미콜론으로 끝나지 않는다면 오류가 발생합니다.

복합 서술문

여러 문장이 묶여서 하나의 문단을 이루는 것과 비슷하게 서술문들이 모여 복합 서술문을 이룬다. 복합 서술문* 또는 블록은 0개 이상의 서술문을 묶은 서술문이다. 단일 서술문이 최소 실행 단위인 짧은 코드이므로 복합 서술문은 이러한 코드의 묶음이라고 볼 수 있다.

```
{
    printf("Hello, World!");
    system("pause");
    return 0;
}
```

위의 코드는 3개의 서술문을 묶은 복합 서술문의 예이다. 위의 코드처럼 복합 서술문은 어떤 서술문을 묶을지를 중괄호 안에 넣어서 나타낸다.

```
{
}
```

위의 복합 서술문은 내부에 서술문이 존재하지는 않는다. 복합 서술문은 0개 이상의 서술문을 묶은 것이기 때문에 서술문이 없음에도 오류가 발생하지 않는다.

```
{ { } }
```

기초 용어 정리
* **복합 서술문**: 0개 이상의 서술문을 묶은 서술문, 코드의 묶음

Chapter 02. 나의 첫 번째 C 프로그램 • **41**

복합 서술문 안에 또 다른 복합 서술문이 들어갈 수도 있다. 위의 예는 바깥에 복합 서술문 하나를 포함하는 복합 서술문이 있고, 안에는 서술문을 하나도 묶지 않은 빈 복합 서술문이 있는 것이다.

주석

C 언어를 비롯한 여러 프로그래밍 언어에서는 그 프로그램에 대한 설명을 달 수 있는 주석*이 있다. 주석은 컴파일 과정에서 무시되는 문장이지만 프로그램을 작성할 때 이 코드가 어떠한 기능을 하는지, 추가해야 하는 부분이 무엇인지 등 설명을 남기기 위해서 주로 사용된다.

┌─ 코·드·소·개 ──────────────────────────────┐

```
// 주석
```

한 줄로 주석을 작성할 때는 // 이후에 주석으로 달 문장을 작성한다.

```c
#include <stdio.h>

int main()
{
    // empty line
    printf("Hello, World!"); // print line
}
```

슬래시부터 같은 줄의 오른쪽에 해당하는 모든 글자는 주석으로 처리되어 컴파일할 때 무시된다. 슬래시 왼쪽에 있는 글자는 주석이 아니므로 정상적으로 컴파일 과정에서 번역된다.

┌─ 코·드·소·개 ──────────────────────────────┐

```
/*
주석
*/
```

여러 줄로 주석을 작성할 때에는 /*와 */ 사이에 주석으로 사용할 문장을 작성한다.

기초 용어 정리

* **주석**: 코드에 대한 설명으로 컴파일할 때는 무시되지만 프로그램을 작성하는 과정 중에 확인할 수 있음

```c
#include <stdio.h>

int main()
{
    printf("Hello, World!");
    /*
        comment 1 ...
        comment 2 ...
    */
}
```

/*와 */ 사이에 있는 글자들은 주석으로 처리되어 컴파일 과정에서 무시되고, 그 외에는 컴파일러가 번역한다. 적절한 주석의 사용은 프로그램의 가독성을 높인다는 장점이 있다. 높은 가독성은 프로그램의 작성과 수정, 그리고 유지보수를 더 수월하게 한다.

Hello, World! 프로그램 분석하기

C 언어를 서술하기 위한 요소인 서술문에 대해서 알아보았으니 이제 처음 작성한 Hello, World! 프로그램이 어떻게 구성되어 있는지를 이해할 시간이다. 프로그램 전체를 모두 이해할 수는 없지만, 각각의 부분이 어떠한 역할을 파악하는 정도면 충분하다.

```c
#include <stdio.h>

int main(void)
{
    printf("Hello, World!");
    return 0;
}
```

지난 절에서 만들었던 Hello, World! 프로그램이다. 이 코드를 한 줄씩 보면서 어떤 역할을 하는지 알아보자.

```c
#include <stdio.h>
```

이 프로그램에서 표준 입출력을 사용하겠다는 의미이다. 여기서 표준 입력이란 대개 사용자의 키보드 입력을, 표준 출력이란 콘솔에 글자를 출력하는 것을 의미한다. Hello, World! 프로그램은 해당 문장을 화면에 표준 출력을 하는 프로그램이므로 이 부분이 필요하다.

```
int main(void)
```

프로그램의 본문이 여기서부터 시작이라는 의미이다. 이 위에 있는 #include는 이 프로그램이 어떤 기능을 사용하는지를 알려 주는 부분이므로 본문과는 큰 관련이 없다. 따라서 프로그램이 어떤 연산을 어떤 절차에 맞게 수행하는지는 본문, 즉 main에서 작성한다. 이러한 프로그램의 본문을 특히 main 함수*라는 이름으로 부른다.

```
{
    printf("Hello, World!");
    return 0;
}
```

main 함수가 어디서부터 어디까지인지, 즉 프로그램의 본문의 범위를 나타내야 한다. 이는 int main(void) 뒤에 복합 서술문의 형태로 나타나게 되며 중괄호 안에 프로그램의 본문에 해당하는 코드를 작성한다. Hello, World! 프로그램의 본문은 2개의 단일 서술문으로 이루어진다.

```
printf("Hello, World!");
```

콘솔에 Hello, World!라는 문장을 출력하는 부분이다. 큰따옴표로 묶인 부분에 다른 글을 적으면 Hello, World! 대신 그 문장이 출력된다.

```
return 0;
```

프로그램이 해야 하는 모든 작업이 끝난 이후에 프로그램이 끝났음을 알려 주는 부분이다. 여기서 특히 0이라는 숫자가 있는데, 이는 프로그램이 정상적으로 종료가 되었음을 나타낸다. 만약 0이 아닌 숫자가 있다면 프로그램에 문제가 생겨 정상 동작이 되지 않았음을 나타낸다.

```
(프로세스 40620개)이(가) 종료되었습니다(코드: 0개).
```

Visual Studio에서 Hello, World! 프로그램을 작성한 이후에 실행하면 이처럼 맨 마지막에 0이라는 숫자가 출력된다. 만약 프로그램에서 return 0; 이 아닌 return 1; 로 수정하고 실행하

기초 용어 정리
* main 함수: C 언어 프로그램의 본문

면 0 대신 1이라는 숫자가 출력된다. 이를 통해 프로그램을 개발하거나 사용할 때 어디서 문제가
생겼는지 대략 파악할 수 있다.

에러에서 배우기

프로그래밍 언어를 이용하여 프로그램을 처음 만들었을 때 쉽게 실수할 수 있는 부분은 문법을 제대로 따르지 않았을
때이다. 사람은 어느 정도 문법에 맞지 않는 문장을 보아도 해석하는 데에 큰 문제가 없지만, 컴퓨터는 사소한 문법의
실수만으로도 오류가 발생할 수 있다. 아래는 Hello, World! 프로그램에서 발생할 수 있는 몇 가지 실수를 소개한다.

```
int Main(void)
```
(LNK1120) 1개의 확인할 수 없는 외부 참조입니다.

프로그램의 본문을 나타내는 부분은 그 이름이 main이어야 한다. 이는 다른 단어여서는 안 되고 소문자로만 이루어져
야 한다. 만약 다른 이름을 사용하면 오류가 발생한다.

```
    printf('Hello, World!');
```
(C2015) 상수에 문자가 너무 많습니다.

printf()에서 문장을 출력하기 위해선 출력하고자 하는 문장을 큰따옴표로 묶어야 한다. 작은따옴표로 묶는다면 오류가
발생한다.

```
    return 0
```
(E0065) ';'가 필요합니다.

단일 서술문은 항상 세미콜론으로 끝나야 한다. 세미콜론으로 끝나지 않고 곧바로 다른 서술문이나 프로그램 코드가 끝
나면 세미콜론이 필요하다는 오류가 발생한다.

이 외에도 Hello, World! 프로그램에서 발생할 수 있는 오류는 많다. 그렇지만 발생할 수 있는 오류 대부분은 써야 하는
단어가 아닌 다른 단어를 쓰거나 잘못된 기호를 쓰는 등 문법과 관련된 부분으로 발생하므로 자신이 작성한 코드가 제
대로 작성되었는지 확인하는 연습이 필요하다.

04
연습문제

리눅스용 & 맥용 설명(PDF 제공)

1. OX 퀴즈

● C 언어를 개발하기 위해선 Visual Studio를 필수적으로 사용해야 한다.

● Visual Studio는 C 언어가 아닌 다른 프로그래밍 언어를 지원한다.

2. 약술형

● 통합 개발 환경이란?

● C++ 파일로 C 프로그램을 작성하면 어떤 문제가 생길 수 있는가?

3. 모두 고르기

다음 중 문제가 없는 서술문의 형태를 모두 고르시오.

```c
printf("Hello, World!");
```

```c
scanf("%f", &height)
```

```c
{
    int a = 5;
    int b = 10;
    int c = a + b;
}
```

```
{
    { { } } {
        { }
    } }
}
```

```
{
    printf("Hello, C!");;
}
```

4. 단답형

다음 프로그램은 몇 개의 단일 서술문과 몇 개의 복합 서술문으로 구성되어 있는가?

```
#include <stdio.h>

int main(void)
{
    {
        printf("A");
        printf("B");
        {
            printf("C");
            {
                printf("D");
            }
        }
    }
    printf("E");
}
```

1. OX 퀴즈

● C 언어를 개발하기 위해선 Visual Studio를 필수적으로 사용해야 한다.

📋 X, C 언어를 개발하기 위한 프로그램은 다양하므로 다른 프로그램을 사용해도 괜찮다.

● Visual Studio는 C 언어가 아닌 다른 프로그래밍 언어를 지원한다.

📋 O, Visual Studio는 C++, C# 등의 프로그래밍 언어도 지원한다.

2. 약술형

● 통합 개발 환경이란?

📋 프로그래밍에 필요한 컴파일러, 에디터, 전처리기, 디버거 등을 모은 프로그램이다.

● C++ 파일로 C 프로그램을 작성하면 어떤 문제가 생길 수 있는가?

📋 C++과 C 언어의 문법은 서로 다른 부분이 있으므로, 실행되어야 하는 프로그램이 실행되지 않거나 그 반대의 경우가 발생할 수 있다.

3. 모두 고르기

다음 중 문제가 없는 서술문의 형태를 모두 고르시오.

```
printf("Hello, World!");
```

📋 O, 완전한 형태의 단일 서술문이다.

```
scanf("%f", &height)
```

📋 X, 단일 서술문은 세미콜론으로 끝나야 한다.

```
{
    int a = 5;
    int b = 10;
    int c = a + b;
}
```

📋 O, 3개의 단일 서술문을 묶은 복합 서술문이다.

```
{
    { { } } {
        { }
    } }
}
```

📋 X. 중괄호는 한 쌍이 복합 서술문을 이루지만 여기서는 닫는 중괄호 하나가 쌍이 없다.

```
{
    printf("Hello, C!");;
}
```

📋 O. 2개의 단일 서술문을 묶은 복합 서술문이다. 마지막 세미콜론은 빈 단일 서술문을 의미한다.

4. 단답형

다음 프로그램은 몇 개의 단일 서술문과 몇 개의 복합 서술문으로 구성되어 있는가?

```
#include <stdio.h>

int main(void)
{
    {
        printf("A");
        printf("B");
        {
            printf("C");
            {
                printf("D");
            }
        }
    }
    printf("E");
}
```

📋 중괄호가 4쌍이므로 복합 서술문 4개, 세미콜론이 5개이므로 단일 서술문 5개이다.

키워드로 정리하기

● 프로그래밍을 돕기 위한 여러 프로그램을 한 데 모아 놓은 프로그램을 **통합 개발 환경**이라고 하며, **Visual Studio**는 C 언어 개발을 위한 대표적인 통합 개발 환경이다.

● Visual Studio에는 컴파일러, 에디터, 디버거, 전처리기, 링커, 프로파일러 등 C 언어 개발을 하는 데에 도움이 되는 다양한 프로그램이 내장되어 있다.

● 고급 프로그래밍 언어로 작성된 파일을 **소스 파일**, 소스 파일을 컴파일하여 컴퓨터가 실행할 수 있는 상태의 파일을 **실행 파일**이라고 한다.

● **콘솔**은 화면에 글자들을 출력하고 사용자로부터 키보드 입력을 받을 수 있는 창을 의미한다.

● C 언어의 최소 실행 단위는 **단일 서술문**으로 세미콜론으로 구분하며, 0개 이상의 단일 서술문을 중괄호로 묶어 **복합 서술문**으로 만들 수 있다.

예제 톺아보기

```c
#include <stdio.h> // (1)

int main(void) // (2)
{
    printf("Hello, World!"); // (3)
    return 0; // (4)
}
```

(1) 이 프로그램에서 표준 입출력을 사용하겠다는 의미이다.

(2) 프로그램 본문의 시작이다.

(3) 콘솔에 Hello, World라는 글자를 출력한다.

(4) 프로그램이 문제없이 실행되었음을 알린다.

내
일
은   C
언
어

상수와 출력

01

상수

여기서는 무얼 배울까

만약 여러분이 종이에 볼펜으로 글을 썼다면 볼펜으로 쓰인 그 글씨는 글을 쓴 여러분 과 다른 사람 모두 볼 수 있다. 하지만 글을 보고 읽을 수는 있어도 지우개로 그 글을 지워 버릴 수는 없다. 마찬가지로 기존의 글을 없애고 새로운 글을 쓸 수도 없다. 여러분이 볼펜으로 쓴 글은 보고 읽을 수는 있어도 지우거나 바꿀 수는 없 는 글인 것이다. C 언어에서의 상수는 바로 볼펜으로 쓴 글과도 같다. 이번 절에서는 상수가 무엇이고 어떠한 종류가 있는지, 그리고 상수를 사용하는 방법에 대해서 배운다.

컴퓨터는 목적을 달성하기 위해 연산하는 장치이다. 그리고 프로그램은 연산에 필요한 값, 연산의 결과인 값을 다루어야 한다. C 언어에서는 프로그램이 다루는 값을 크게 정수와 실수, 문자와 문자열로 나눈다.

값의 종류

정수 (Integer)

C 언어에서의 정수*는 수학에서의 정수와 동일하게 0과 자연수, 그리고 자연수에 음의 부호가 붙은 수들을 의미한다. 정수의 예로는 −5, 0, 7, 127 같은 수들이 있다.

정수의 예

5, 7, −2, 1, 0

정수가 아닌 예

−1.2, 6.1, 0.4, 'A', "안녕하세요"

기초 용어 정리

*정수: 0과 자연수, 그리고 자연수에 음의 부호가 붙은 수

C 언어에서 정수를 사용하려면 코드에 그 수를 작성한다.

```c
#include <stdio.h>

int main(void)
{
    5;
    7 * 2;
}
```

위의 코드는 정수를 사용하는 예이다. 첫 번째 단일 서술문은 정수 5를 사용하고, 두 번째는 두 정수인 7과 2의 곱을 계산한다.

> **Clear Comment**
>
> 컴퓨터가 계산한 모든 값을 확인할 수는 없습니다. 이는 사람이 머릿속으로 계산하고서 그 결과를 어딘가에 쓰지도 않고, 누군가에게 말하지도 않은 것과 비슷합니다. 컴퓨터가 계산한 결과를 사람이 확인하기 위해서는 그 값을 출력해야 합니다. 이 부분은 이번 챕터의 printf()에서 다룹니다.

실수 (Floating Point Number)

실수*는 소수점을 포함하는 수들을 의미한다. 수학적 의미와는 달리 프로그램의 정수와 실수는 소수점의 유무로 구분되는 독립적인 수이다. 1.0은 소수점을 포함하므로 정수가 아닌 실수이지만 1은 소수점을 포함하지 않으므로 실수가 아닌 정수이다.

> **실수의 예**
> 1.0, 3.14, 5.21, −.2, −2.
>
> **실수가 아닌 예**
> −1, 6, 'K', "Hello, World!"

위의 예는 여러 종류의 실수 상수를 사용하는 방법을 나타낸다. 소수점 왼쪽이나 오른쪽에 숫자 0만이 있다면 이를 생략하여 표현할 수 있다. 따라서 2.은 2.0과 같은 의미이다.

> **Quick Tip**
>
> 0은 한 방향만 생략할 수 있습니다. 0.0은 .으로 표현할 수 없습니다.

기초 용어 정리
* **실수**: 소수점을 포함하는 수

```
#include <stdio.h>

int main(void)
{
    1.0, -0.100, 2., .5;
    1.0f, -0.100f, 2.f, .5f;
}
```

C 언어에서 실수는 소수점을 포함한 수로 나타낸다. 첫 번째 줄은 모두 실수를 나타내는데, 소수점 기준으로 왼쪽이나 오른쪽에 0밖에 없다면 0을 생략하여 쓸 수 있다.

두 번째 줄에 있는 실수들은 값의 오른쪽에 알파벳 f가 붙어 있다. 이 경우도 실수 상수를 표현하며, f의 유무는 표현할 수 있는 값의 범위에 영향을 준다. 이에 대한 자세한 내용은 다음 챕터에서 배운다.

Quick Tip

일반적으로 실수 상수를 사용할 때 1.0f처럼 f가 붙은 값을 이용합니다. 다음에 나올 이번 챕터의 예에서는 항상 f를 붙여서 사용합니다.

```
#include <stdio.h>

int main(void)
{
    1e4f, -2.0E10f, 314.0e-2f;
}
```

실수는 과학적 표기법이라고 하는 특별한 표기법을 지원한다. 이 표기법은 매우 큰 수나 매우 작은 수를 나타내는 방법인데, 나타낼 수가 $m \times 10^n$라고 할 때 men 혹은 mEn으로 나타내는 표기법이다.

문자 (Character)

문자*는 A, B, C 같은 알파벳과 +, − 같은 기호 등을 포함하는 글자이다. 하나의 문자라고 하면 일반적으로 한 글자를 가리킨다.

기초 용어 정리
* **문자**: 알파벳, 기호, 문자로서의 숫자 등을 포함하는 글자

> **문자의 예**
> '1', 'a', 'M', '%'

> **문자가 아닌 예**
> "Hello, World!", −2.0, 4.3, 1

```c
#include <stdio.h>

int main(void)
{
    'A', 'B', '1', '+';
}
```

C 언어에서 문자를 사용할 때는 하나의 문자를 작은따옴표로 감싼다. 만약 정수로서의 1을 원한다면 작은따옴표 없이 1을, 문자로서의 1을 원한다면 작은따옴표로 감싸진 '1'을 작성해야 한다.

문자열 (String)

문자열*은 0개 이상의 문자를 나열한 것이다. 문자열은 영어로 String이라고 하는데, 이는 문자 여럿을 실로 꿰었다는 뜻에서 이런 단어가 붙었다.

> **문자열의 예**
> "Hello, World!", "U", ""

> **문자열이 아닌 예**
> 'H', 1.0, −2

"Hello, World!"는 13개의 문자가 모인 문자열이고 "U"는 1개의 문자가 모인 문자열이다. 또 아무런 글자가 없는 ""도 문자열이다.

기초 용어 정리
* **문자열**: 0개 이상의 문자를 나열한 것

```
#include <stdio.h>

int main(void)
{
    "Hello, World!", "U", "";
}
```

C 언어에서 문자와 문자열은 감싸는 기호가 작은따옴표인지 큰따옴표인지로 구별할 수 있다. 작은따옴표라면 문자, 큰따옴표라면 문자열을 나타낸다. 위의 코드에서 3개 모두 큰따옴표로 감싸져 있으므로 모두 문자열을 나타낸다.

> **Clear Comment**
>
> 문자와 문자열은 글자 수의 차이로 명확하게 나뉘지 않습니다. 한 글자가 문자일 수도 문자열일 수도 있습니다. 이 둘의 정확한 차이는 2권에서 다루니 지금은 전부 이해하지 않고 넘어가도 괜찮습니다.

상수

C 언어에서 사용하는 값 중 바뀌지 않고 고정된 값을 상수*라고 하며 위의 예제에서 사용했던 모든 값이 상수이다. 상수는 고정된 값이므로 프로그램을 종료한 후 다시 실행해도, 프로그램을 오랫동안 실행하고 있더라도 이미 값이 정해진 상수는 항상 같은 값이다. 상수는 값의 종류에 따라 정수 상수, 실수 상수, 문자 상수, 문자열 상수로 나뉜다.

```
#include <stdio.h>

int main(void)
{
    1;
    1.0f;
    '1';
    "1";
}
```

위의 프로그램은 여러 상수의 사용을 나타낸다. 위 상수들은 프로그램을 언제 실행하더라도, 얼마나 실행하더라도 모두 바뀌지 않고 그 값이 고정되어 있다.

기초 용어 정리
* **상수**: 바뀌지 않고 고정된 값

값의 종류가 다르다는 것은 표현할 수 있는 값이 다르다는 것을 의미한다. 문자열로는 정수를 표현할 수 없고 정수로는 실수를 표현할 수 없다. 따라서 정수가 필요한 곳에는 정수를, 실수가 필요한 곳에는 실수를 사용해야만 한다.

```
#include <stdio.h>

int main(void)
{
    printf("int : %d\n", 1);
    printf("char : %d\n", '1');
}
```

실행 결과

```
int : 1
char : 49
```

값의 종류와 관계없이 1과 '1'은 같은 값을 나타낸다고 생각할 수 있다. 하지만 정수로서의 1과 문자로서의 '1'은 분명한 차이가 있다. 첫 번째 줄과 두 번째 줄 모두 1을 출력할 것으로 예상할 수 있지만, 실제로 위와 아래는 다른 값이 출력된다.

02

printf()

printf(), 형식 지정자, 제어 문자, 이스케이프 문자

여기서는 무얼 배울까

컴퓨터가 계산하더라도 그 계산의 결과를 사용자에게 알려 주지 않으면 의미가 없다. 컴퓨터가 사용자에게
정보를 전달하는 방법은 다양하지만, 그중 대표적인 방법은 콘솔에 글자를 출력하여 보여 주는 방법이다.
printf()라는 이름의 함수는 사용자에게 원하는 글자를 출력하는 기능을 하며, 이번 절에서는 이 printf()를 사용
하는 여러 방법에 대해서 배운다.

printf()

코·드·소·개

```
printf("문자열");
```

printf()*는 C 언어에서 기본적으로 제공하는 함수로, 콘솔에 글자를 출력하여 사용자에게 정
보를 알려 주는 기능을 한다.

손으로 익히는 코딩

```c
#include <stdio.h>

int main(void)
{
    printf("Hello, C!");
}
```

기초 용어 정리

* **printf()**: 콘솔에 글자를 출력하여 사용자에게 정보를 알려 주기 위한 함수. printf의 f는 format이라는 의미로 미리
  정해진 형식에 맞게 출력하는 역할을 함

```
Hello, C!
```

printf()를 사용하려면 printf 뒤에 소괄호를 붙이고, 그
소괄호 안에 printf()에 필요한 정보를 넣어야 한다. 여기
서 필요한 정보는 콘솔에 출력할 문자열이다. Hello,

World!를 출력하는 프로그램을 다시 살펴보면 "Hello, C!"라는 문자열이 printf()의 소괄호 안
에 들어가 있음을 볼 수 있다. 이는 다시 말해 "Hello, C!" 문자열을 콘솔에 출력하여 사용자가
확인할 수 있게 만든다는 의미이다.

```c
#include <stdio.h>

int main(void)
{
    printf("Hello, ");
    printf("C!");
}
```

```
Hello, C!
```

여러 번에 걸쳐서 출력하기를 원한다면 printf()를 여러 번 사용한다. printf()는 문자열을 출력
할 때 줄 바꿈을 하지 않기 때문에 이렇게 출력하면 두 문자열이 붙어서 출력된다.

```c
#include <stdio.h>

int main(void)
{
    printf("127");
    printf("A");
}
```

```
127A
```

printf()는 출력할 대상으로 문자열이 필요하다. 그러므로 127을 출력하고 싶다면 정수 127이
아닌 문자열 "127"을 넣어야 하고, A를 출력하고 싶다면 문자열 "A"를 넣어야 한다.

형식

printf()를 처음 보는 사람이라면 왜 print 뒤에 f가 붙는지 궁금할 것이다. printf에서 f가 갖는 의미는 format이라는 의미로 printf는 print format, 즉 형식에 맞게 출력한다는 뜻이다.

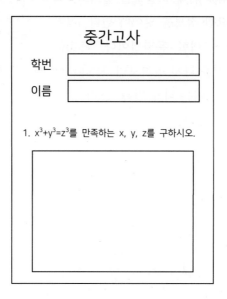

시험지에 정답을 작성할 때에는 내가 원하는 대로 적어선 안 된다. 미리 정해진 형식에 맞게 자신의 이름을 적어야 하고, 정해진 형식에 맞게 자신이 생각하는 답을 적어야 한다. printf()가 형식에 맞게 출력한다는 말의 의미는 이와 비슷하다.

코·드·소·개

```
printf("형식 문자열");
```

printf()는 가장 먼저 출력을 위한 형식 문자열을 지정한다. 공통으로 보여 주어야 하는 부분은 어디인지, 그리고 어디에 빈칸을 뚫어 놓고 그 칸에 원하는 값을 넣을지를 나타낸다. 이는 빈 시험지와 비슷한데, 시험지에 시험 문제들을 적어 놓고, 학생이 이름과 답을 적을 수 있는 빈칸을 만든 것이라고 볼 수 있다.

코·드·소·개

```
printf("형식 문자열", 값1, 값2, ...);
```

고정된 글씨와 빈칸을 표시했다면 형식이 모두 완성된 것이다. 형식이 완성된 이후에는 미리 마련해 둔 빈칸에 필요한 정보를 넣어서 출력할 대상을 완성하고 이를 콘솔에 출력하여 사용자가 볼 수 있게 한다. 이것이 시험지의 빈칸에 자신이 생각하는 정답을 적어 놓는 단계이다.

손으로 익히는 코딩

```
#include <stdio.h>

int main(void)
{
    printf("print integer : %d", 127);
}
```

실행 결과

```
print integer : 127
```

형식에 맞게 출력하기 위하여 printf()를 사용한다면 소괄호 안에 가장 먼저 형식을 나타내는 형
식 문자열이 들어간다. 이 문자열에 포함되는 글자들은 시험지의 문제처럼 언제나 똑같이 보이
는 값이다. 형식 안에 있는 %d의 의미는 시험지의 빈칸, 그중 정수를 넣기 위해서 비워 놓은 칸
이다. 형식을 나타내는 문자열 뒤 쉼표 이후에 들어가는 값은 형식에서 지정한 빈칸에 넣을 실제
정수가 들어간다.

손으로 익히는 코딩

```
#include <stdio.h>

int main(void)
{
    printf("%d and %d and %d", 1, 2, 3);
}
```

실행 결과

```
1 and 2 and 3
```

만약 여러 정수를 출력하고자 한다면 %d를 여러 번 작성하여 빈칸을 여러 개 만든 후, 형식 뒤에
올 실제 정수의 값을 여러 개 넣는다. 이때 형식 안에 있는 가장 왼쪽의 빈칸부터 차례대로 값이
들어가므로 위의 예는 1 and 2 and 3이 출력된다.

형식 지정자

printf()의 형식 문자열에서의 빈칸을 나타내기 위한 %d 같은 태그를 형식 지정자*라고 한다. 형식 지정자는 형식에서 칸을 비워두어 값을 넣을 수 있도록 하는데, 어떤 값을 넣을지에 따라 그 종류가 달라진다.

이름	형태
정수 형식 지정자	%d
실수 형식 지정자	%f
문자 형식 지정자	%c
문자열 형식 지정자	%s

C 언어의 형식 지정자는 여러 종류가 있지만 기본적으로 사용되는 형식 지정자는 값의 종류에 따른 4종류이다.

손으로 익히는 코딩

```c
#include <stdio.h>

int main(void)
{
    printf("int %d, float %f, char %c, string %s", 1, 1.0f, '1', "1");
}
```

실행 결과

```
int 1, float 1.000000, char 1, string 1
```

형식 지정자로 형식에 빈칸을 표시하고 그 칸에 알맞은 값을 넣으면 그 값을 출력할 수 있다. 만약 정수를 출력하길 원한다면 정수 형식 지정자를 사용해야 한다. 그렇지 않고 실수 형식 지정자를 사용한다면 오류가 발생해 프로그램이 실행되지 않거나 내가 원하는 값이 출력되지 않을 수 있다.

```c
#include <stdio.h>

int main(void)
{
    printf("%d + %d = %d", 5, 8, 5 + 8);
}
```

기초 용어 정리
* **형식 지정자**: 형식 문자열에서 빈칸을 나타내기 위한 태그

```
5 + 8 = 13
```

printf()는 수식의 계산 결과도 넣을 수 있다. 이 경우 먼저 수식을 계산하여 그 결과를 구하고, 형식 지정자의 위치에 결과를 넣은 다음 출력한다.

형식 지정자의 옵션

만약 시험 문제에서 계산 결과를 소수 3번째 자리에서 반올림하여 작성하라는 조건이 쓰여 있다면, 학생은 그 조건에 맞게 답을 적어야 한다. 이처럼 형식 지정자는 옵션과 조건을 추가하여 콘솔에 출력되는 형태를 설정할 수 있다.

```c
#include <stdio.h>

int main(void)
{
    printf("%f / %f = %.3f", 1.0f, 3.0f, 1.0f / 3.0f);
}
```

```
1.000000 / 3.000000 = 0.333
```

실수 형식 지정자에서 온점 이후 숫자를 쓰면 반올림하여 소수점 아래 몇 번째 자리까지 표시할지 지정할 수 있다.

```c
#include <stdio.h>

int main(void)
{
    printf("positive %+d, negative %+d", 5, -10);
}
```

```
positive +5, negative -10
```

정수와 실수 형식 지정자에서 % 오른쪽에 +를 추가하면 양수일 때 기호가 표시된다.

```
#include <stdio.h>

int main(void)
{
    printf("%2s %-5s %-5s %-5s\n", "num", "kor", "eng", "math");
    printf("%02d %5d %5d %5d\n", 1, 75, 86, 45);
    printf("%02d %5d %5d %5d\n", 2, 84, 91, 60);
}
```

실행 결과

```
num kor   eng   math
01    75    86    45
02    84    91    60
```

사이에 정수를 넣으면 그 칸만큼 공간을 두고 정렬한다. 양수라면 오른쪽, 음수라면 왼쪽을 기준
으로 정렬한다. 오른쪽 정렬일 경우 0을 왼쪽에 붙이면 빈 공간에 빈칸이 아닌 0을 채워 넣는다.
여기서 사용된 \n는 줄 바꿈 기호이다.

```
#include <stdio.h>

int main(void)
{
    printf("%+010.5f", 1.2345f);
}
```

실행 결과

```
+001.23450
```

형식 지정자의 옵션은 중첩하여 사용할 수 있다. 위의 예는 앞서 설명한 옵션을 모두 적용한 예
시이다.

제어 문자와 이스케이프 문자

C 언어의 문자 중에서는 일반적인 문자 외에 제어 문자나 이스케이프 문자라고 불리는 것들이 있다. 이들은 출력될 때 문자가 아닌 특별한 기능을 수행하는 역할을 하거나, 아니면 문자를 출력해야 하지만 그 문자를 바로 사용할 수 없을 때 사용된다.

제어 문자

제어 문자*는 출력될 때 문자가 출력되는 것이 아닌 특별한 기능을 하는 문자들이다. 제어 문자를 사용하기 위해선 백슬래시와 알파벳을 함께 써야 한다.

C 언어의 제어 문자는 다음 종류가 있다.

Quick Tip

일부 한글 폰트나 키보드는 백슬래시 문자를 원화 기호(₩)로 사용합니다. 이런 경우 백슬래시 대신 원화 기호를 사용하면 됩니다.

이름	표기	기능
개행(new line)	\n	커서를 다음 줄로 이동한다.
백스페이스(backspace)	\b	커서를 왼쪽으로 한 칸 이동한다.
수평탭(horizontal tab)	\t	커서를 다음 탭으로 이동한다.
수직탭(vertical tab)	\v	커서를 설정된 다음 수직 탭으로 이동한다.
경보(alert)	\a	"삐" 하는 경고 소리가 발생한다.
폼 피드(form feed)	\f	커서를 다음 페이지의 시작 부분으로 이동한다.
캐리지 리턴(carriage return)	\r	커서를 현재 줄의 첫 번째 칸으로 이동한다.

```c
#include <stdio.h>

int main(void)
{
    printf("Lorem ipsum dolor sit amet, consectetur adipiscing elit.\n");
    printf("Sed nulla augue, tincidunt id erat nec, pulvinar bibendum arcu.\n");
    printf("Cras fringilla, odio ut feugiat commodo, nec venenatis.\n");
}
```

실행 결과

```
Lorem ipsum dolor sit amet, consectetur adipiscing elit.
Sed nulla augue, tincidunt id erat nec, pulvinar bibendum arcu.
Cras fringilla, odio ut feugiat commodo, nec venenatis.
```

기초 용어 정리

* **제어 문자**: 출력될 때에 문자가 출력되는 것이 아닌 특별한 기능을 하는 문자

기존의 printf()를 사용하는 예시들은 줄 바꿈을 하지 않아 모든 글이 한 줄에 출력이 되었다. 위의 예는 줄 바꿈 제어 문자를 사용하여 각각의 문자열을 한 줄에 하나씩 출력한다.

```c
#include <stdio.h>

int main(void)
{
    printf("Wow?\b!");
}
```

```
Wow!
```

이미 글자가 있는 위치로 커서를 옮겨 다시 문자를 출력하면 기존의 문자를 대신하여 출력한다. 위의 예는 Wow?라는 문자열을 출력한 다음 커서를 한 칸 뒤로 이동하여 느낌표를 출력하면 결과적으로 Wow!가 콘솔에 표시된다.

이스케이프 문자

이스케이프 문자*는 제어 문자와는 달리 특정한 문자를 사용하기 위한 문자이다. C 언어의 문법상 그 문자를 곧바로 사용할 수 없는 경우 이스케이프 문자의 형태로 만들어서 출력하는 것이다. 이스케이프 문자는 백슬래시와 문자에 대한 기호를 함께 써야 한다.

이름	표기	출력 문자
백슬래시(backslash)	\\	\
작은따옴표(single quotation marks)	\'	'
큰따옴표(double quotation marks)	\"	"

백슬래시와 작은따옴표, 큰따옴표는 C 언어 문법에 사용되는 기호들이다. 그래서 이를 문자로 사용하기 위해선 문자 왼쪽에 백슬래시를 붙여 이스케이프 문자로 대신 사용한다. 큰따옴표를 문자열에서 사용하고 싶다면 "\"", 작은따옴표를 문자에서 사용하고 싶다면 '\'' 와 같이 사용한다.

기초 용어 정리
* **이스케이프 문자**: C 언어의 문법상 사용할 수 없는 문자를 사용하기 위한 특별한 문자

```
#include <stdio.h>

int main(void)
{
    printf("\"Success is not final, failure is not fatal.\"\n");
    printf("- Winston Churchill");
}
```

```
"Success is not final, failure is not fatal."
- Winston Churchill
```

printf()는 문자열을 출력하는 함수이므로 여기에서 큰따옴표를 사용하고 싶다면 이스케이프 문자로 사용하면 된다. 문자열 안에서 작은따옴표를 사용하는 경우는 C 언어의 문법상 충돌하지 않는 상황이므로 이스케이프 문자 없이도 사용할 수 있다.

```
#include <stdio.h>

int main(void)
{
    printf("%cHe thought 'impossible'. ", '"');
    printf("Yet, he also thought %cpossible%c.\"", '\'', '\'');
}
```

```
"He thought 'impossible'. Yet, he also thought 'possible'."
```

작은따옴표를 문자로 출력하기 위해서는 마찬가지로 이스케이프 문자로 사용해야 한다. 큰따옴표의 경우는 문자로 사용할 때 문법의 충돌이 발생하지 않으므로 그대로 사용해도 문제없다.

```
#include <stdio.h>

int main(void)
{
    printf("%.2f / %.2f\n", 53.0f, 144.0f);
    printf("= %.2f%%\n", 53.0f / 144.0f * 100.0f);
}
```

```
53.00 / 144.00
= 36.81%
```

이스케이프 문자와 비슷하게 %를 형식 지정자가 아닌 문자 그대로 출력하길 원한다면 %%로 대신 사용하면 된다. %%는 이스케이프 문자가 아닌 특별한 형식 지정자이지만 \\와 비슷한 성격을 갖는다.

에러에서 배우기

C 언어에서는 사용하고자 하는 값의 종류를 파악하고 그에 맞는 코드를 작성해야만 한다. 만약 그렇지 않다면 많은 경우에 의도하지 않은 잘못된 결과가 나오게 되거나 프로그램 실행이 안 되는 문제가 발생한다.

```
printf("%d", "1");
```
> (C6273) 'printf'에 대한 호출에 정수가 필요한 경우 _Param_(2)로 전달된 비정수입니다. 실제 유형: 'char [2]'.

"1"은 숫자 1이라고 생각할 수 있지만 실제로는 1이라는 하나의 글자로 이루어진 문자열이다. 그러므로 문자열을 출력하기 위한 형식 지정자인 %s를 써야 하며 정수를 위한 형식 지정자인 %d를 사용하면 1이라는 값이 출력되지 않는다.

```
printf("%d", 1.0f);
```
> (C6273) 'printf'에 대한 호출에 정수가 필요한 경우 _Param_(2)로 전달된 비정수입니다. 실제 유형: 'float'.

이는 문자열이 아닌 정수와 실수 사이에서도 엄격히 구분된다. 1.0는 실수이고 %d는 정수 형식 지정자이므로 1이라는 값이 출력되지 않는다.

```
printf("%d %f", 1.0f, 1);
```
> (C6272) float가 아닌 항목이 '3' 인수로 전달되었습니다. 'printf'에 대한 호출에는 float가 필요합니다. 실제 형식: 'int'.
> (C6273) 'printf'에 대한 호출에 정수가 필요한 경우 _Param_(2)로 전달된 비정수입니다. 실제 유형: 'float'.

이와 같은 문제는 형식 지정자의 순서에도 발생할 수 있다. printf()의 형식 문자열은 첫 번째로 정수, 두 번째로 실수를 받기를 기대하지만 실제로 전달되는 값은 실수와 정수가 차례로 들어간다. 이 경우도 형식 지정자와 실제 값의 종류가 다르므로 잘못된 값이 출력된다.

연습문제

1. OX 퀴즈

● 문자열은 하나 이상의 문자들을 이은 것을 의미한다.

● 상수는 실행 파일로 만들어진 이후 수정할 수 없다.

2. 약술형

● C 언어의 값을 4종류로 나눌 때 어떤 것이 있는가?

● C 언어의 정수와 실수를 구분하는 방법은?

3. 프로그램 작성하기

콘솔에 다음 글자가 출력되는 프로그램을 작성하시오.

1. OX 퀴즈

● 문자열은 하나 이상의 문자들을 이은 것을 의미한다.

　답 X, 문자열은 0글자도 포함한다.

● 상수는 실행 파일로 만들어진 이후 수정할 수 없다.

　답 O, 상수는 수정할 수 없이 고정된 값이므로 실행 파일이 된 이후에 수정할 수 없다.

2. 약술형

● C 언어의 값을 4종류로 나눌 때 어떤 것이 있는가?

　답 C 언어의 값은 정수, 실수, 문자, 문자열로 나눈다.

● C 언어의 정수와 실수를 구분하는 방법은?

　답 C 언어에서 정수와 실수의 차이는 소수점의 유무로 나뉜다. 소수점이 없다면 정수, 소수점이 있다면 실수이다.

3. 프로그램 작성하기

콘솔에 다음 글자가 출력되는 프로그램을 작성하시오.

　답 1권 챕터3 a3.1.c

제어 문자와 이스케이프 문자를 사용하는 문제이다. 줄 바꿈을 위해서는 뉴라인 제어 문자인 \n을 사용해야 하고, 백슬래시를 출력하기 위해서는 이스케이프 문자 \\를 사용해야 한다.

키워드로 정리하기

● C 언어의 값은 **정수, 실수, 문자, 문자열**로 나눌 수 있으며 이들 각각에 대한 수정할 수 없는 값인 **상수**가 있다.

● printf()는 형식에 맞게 출력하는 기능을 하며, 형식을 나타내는 **형식 문자열**과 형식에 들어가는 실제 값들로 구성된다.

● 형식 문자열에는 값이 들어가는 공간인 **형식 지정자**를 포함할 수 있고, 출력되는 형태를 지정할 수 있도록 옵션을 추가할 수 있다.

● C 언어의 문자 중에서는 특정한 글자를 출력하기 위한 **이스케이프 문자**와 문자를 출력하지 않고 특별한 기능을 수행하는 **제어 문자**가 있다.

표로 정리하기

정수, 실수, 문자, 문자열에 대한 기본적인 형식 지정자는 4가지가 있다.

이름	형태
정수 형식 지정자	%d
실수 형식 지정자	%f
문자 형식 지정자	%c
문자열 형식 지정자	%s

이스케이프 문자와 제어 문자는 다음과 같은 종류가 있다.

이름	표기	기능
개행(new line)	\n	커서를 다음 줄로 이동한다.
백스페이스(backspace)	\b	커서를 왼쪽으로 한 칸 이동한다.
수평탭(horizontal tab)	\t	커서를 다음 탭으로 이동한다.
수직탭(vertical tab)	\v	커서를 설정된 다음 수직 탭으로 이동한다.
경보(alert)	\a	"삐" 하는 경고 소리가 발생한다.
폼 피드(form feed)	\f	커서를 다음 페이지의 시작 부분으로 이동한다.
캐리지 리턴(carriage return)	\r	커서를 현재 줄의 첫 번째 칸으로 이동한다.

이름	표기	출력 문자
백슬래시(backslash)	\\	\
작은따옴표(single quotation marks)	\'	'
큰따옴표(double quotation marks)	\"	"

더 멋진 내일(Tomorrow)을 위한 내일(My Career)

내 일 은   C 언 어

변수와 입력

01

자료형

자료형, 비트, 바이트, sizeof()

여기서는 무얼 배울까

지난 챕터에서 컴퓨터가 이해할 수 있는 기계어는 0과 1로 이루어져 있음을 배웠다. 그리고 여러분 중 상당수는 이를 배우기 전부터 0과 1은 컴퓨터를 대표하는 두 숫자라는 것을 알고 있었을 것이다. 컴퓨터가 0과 1로 대표되는 이유는 현대의 컴퓨터가 디지털 컴퓨터이기 때문이다. 디지털*이라는 의미는 어떠한 상태나 값을 특정한 최소 단위를 기준으로 연속적이지 않고 이산적으로 표현한다는 뜻이다. 다시 말해 디지털 컴퓨터는 최소 단위인 0과 1을 표현하고 사용할 수 있지만, 최소 단위보다 작은 0.5라는 값은 표현할 수 없다는 의미이다. 이번 절에서는 이러한 디지털 컴퓨터가 정보를 저장하는 방법에 대해서 배운다.

컴퓨터가 정보를 저장하는 방법

우리가 사용하는 컴퓨터는 무수히 많은 상자를 가지고 있다. 그리고 이 모든 상자에는 전부 0과 1중 하나의 값이 있다. 컴퓨터는 어떤 정보를 저장하기 위해서 이 무수히 많은 작은 상자들을 이용한다.

0	0	1	0	0	0	1
0	1	0	1	0	1	0
0	1	0	1	0	0	0
1	0	0	0	0	1	1
0	0	1	0	1	0	1

기초 용어 정리

* **디지털**: 어떠한 상태나 값을 특정한 최소 단위를 기준으로 이산적으로 표현하는 것

이 상자들은 항상 0과 1, 둘 중 하나의 값만을 가지고 있다. 따라서 아무런 값이 없는 상자는 존재하지 않고, 또 둘 이상의 값을 가지고 있는 상자도 존재하지 않는다. 이처럼 컴퓨터에서 0과 1이라는 2개의 경우의 수를 표현할 수 있는 정보의 최소 단위를 비트*라고 한다.

하지만 본격적으로 어떤 정보를 저장하고자 한다면 1개의 상자, 즉 1개의 비트로는 부족하다. 그러므로 좀 더 많은 정보를 표현하기 위해서는 1개가 아닌 더 많은 상자를 묶어야 한다. 8개의 상자를 묶는다면 이 묶음은 2개가 아닌 256개의 경우의 수를 표현할 수 있고, 16개를 묶는다면 65,536개의 경우의 수를 표현할 수 있다. 상황에 따라 얼마나 많은 상자를 묶어서 하나의 정보를 표현할지는 자유이지만 이런 상자의 묶음 중에서 특히 8개를 묶은 것, 8비트를 바이트**라고 정의하고 이를 컴퓨터가 정보를 저장하기 위한 가장 기본이 되는 단위로 사용한다.

10010010	11001010	01010101	10011001
01011011	00001010	11011001	01001100
10100101	01101101	00110110	00001000
10011010	11001100	10100110	11100100

정보를 표현하기 위해 상자들을 묶어 1바이트, 2바이트, 더 크게는 4바이트 이상으로 묶었다고 하자. 하지만 이 상자들은 단지 여러 0과 1을 담았을 뿐이지 그 묶음이 정수인지, 실수인지, 혹은 다른 값인지 알 수 없다. 또 이 상자들이 몇 개가 묶여서 하나의 묶음을 이루는지에 대한 것도 알 수 없다. 따라서 단순히 상자를 묶고 0과 1을 집어넣는 것만으로는 정보를 표현하기엔 부족하며, 몇 개의 상자들이 묶여서 하나의 정보를 이루는지, 그리고 그 정보가 정확히 어떤 종류의 정보인지도 알 수 있어야 한다.

자료형

자료형***은 몇 개의 바이트가 모여서 하나의 정보를 이루는지, 그 정보가 나타내는 값이 어떠한 종류인지를 의미한다. 즉 자료형은 단순히 그 값이 정수인지 실수인지만을 나타내는 것이 아닌 만약 정수라면 1바이트의 정수인지, 4바이트의 정수인지에 대한 의미도 함께 가지고 있다.

지난 챕터에서 C 언어의 값의 종류는 크게 정수와 실수, 문자와 문자열로 나눌 수 있다고 설명했

기초 용어 정리

* **비트**: 정보의 최소 단위로 0과 1이라는 2개의 경우의 수를 표현하는 단위
** **바이트**: 정보를 저장하는 기본 단위로 8개의 비트를 묶어 256개의 경우의 수를 표현하는 단위
*** **자료형**: 몇 개의 바이트가 모여서 하나의 정보를 이루고, 그 정보가 어떠한 종류의 값을 의미하는지를 나타내는 것

다. 이 중에서 문자열은 문자들을 나열한 것이므로 별도의 자료형은 존재하지 않는다. 따라서 여기에서는 나머지 세 개에 대한 자료형들을 소개한다.

부호가 있는 정수 자료형

short int, int, long int, long long int

부호가 없는 정수 자료형 (양수와 0)

unsigned short int, unsigned int, unsigned long int, unsigned long long int

문자

char, unsigned char

실수

float, double, long double

정수는 음수와 양수를 모두 표현할 수 있는 일반적인 정수와 함께 음수가 없는 정수에 대한 자료형이 따로 존재하지만 실수는 그렇지 않다. 또 정수와 실수는 모두 다양한 크기를 가지는 여러 자료형이 있지만 문자는 단 하나의 크기만을 갖고 있으며, 이 중 문자는 대부분 char 자료형으로만 사용한다.

부호가 있는 정수 자료형	short int ≤ int ≤ long int ≤ long long int
문자	char(1) = unsigned char(1)
실수	float(4) ≤ double(8) ≤ long double

자료형의 크기는 일부 자료형(float, double, char, unsigned char)을 제외하고서 정해져 있지 않고, 자료형 사이의 대소 관계만이 정해져 있다. 즉, 같은 자료형일지라도 어떤 컴퓨터에서 실행되느냐에 따라서 다른 크기를 가질 수 있다.

손으로 익히는 코딩

```c
#include <stdio.h>

int main(void)
{
    printf("sizeof int : %zd\n", sizeof(int));
    printf("sizeof float : %zd\n", sizeof(float));
    printf("sizeof double : %zd\n", sizeof(double));
}
```

```
sizeof int : 4
sizeof float : 4
sizeof double : 8
```

지금 프로그램을 실행하고 있는 컴퓨터에서 내가 사용하고자 하는 자료형의 크기가 얼마인지 확인하기 위해 sizeof()를 사용할 수 있다. 위의 코드에서 사용된 형식 지정자 %zd는 sizeof를 출력하기 위한 형식 지정자이다.

손으로 익히는 코딩

```c
#include <stdio.h>

int main(void)
{
    printf("sizeof int : %zd\n", sizeof(1));
    printf("sizeof float : %zd\n", sizeof(1.0f));
    printf("sizeof double : %zd\n", sizeof(1.0));
}
```

실행 결과

```
sizeof int : 4
sizeof float : 4
sizeof double : 8
```

sizeof()에는 자료형이 아닌 실제 값이 들어갈 수 있다. 상수 1.0f는 4바이트의 실수로 표현되는 float이므로 float의 크기인 4가, 1.0은 8바이트의 실수로 표현되는 double이므로 double의 크기인 8이 출력된다. int의 크기는 컴퓨터에 따라 달라질 수 있다.

상수 표기법과 형식 지정자

1.0f와 1.0은 실수 1을 나타내는 상수이지만 표기법에 따라 float 자료형인지 double 자료형인지가 결정된다. 이처럼 C 언어의 상수는 상수의 자료형을 표기법으로 지정해 줄 수 있다.

1. 정수 표기법

정수는 별도의 표기를 하지 않는다면 기본적인 정수 자료형인 int 자료형의 상수로 취급한다. 여기서 상수 뒤에 특정 자료형에 해당하는 접미사를 붙이면 그에 맞는 자료형이 사용되며, 이렇게 쓸 수 있는 자료형은 int보다 크거나 같은 자료형이어야 한다.

```c
#include <stdio.h>

int main(void)
{
    printf("short int : %hd\n", 1);
    printf("int : %d\n", 1);
    printf("long int : %ld\n", 1l);
    printf("long long int : %lld\n", 1ll);
}
```

실행 결과

```
short int : 1
int : 1
long int : 1
long long int : 1
```

정수의 형식 지정자는 크기 순서대로 %hd, %d, %ld, %lld를 사용하며 long int와 long long int는 상수를 표기할 때에 각각 접미사 l, ll을 붙인다. short int는 별도의 상수 표기법이 없으므로 int 상수를 그대로 사용한다.

```c
#include <stdio.h>

int main(void)
{
    printf("unsigned short int : %hu\n", 1u);
    printf("unsigned int : %u\n", 1u);
    printf("unsigned long int : %lu\n", 1ul);
    printf("unsigned long long int : %llu\n", 1ull);
}
```

```
unsigned short int : 1
unsigned int : 1
unsigned long int : 1
unsigned long long int : 1
```

부호가 없는 정수는 형식 지정자에서 d 대신 u를 사용하고, 상수를 표기할 때에 접미사 u를 추가로 붙인다. unsigned long long int는 u와 ll을 붙여 ull을 표기하는 식이다.

2. 실수 표기법

실수는 별도의 표기를 하지 않는다면 double 자료형을 갖는 실수로 취급되며, 여기에 접미사를 붙여 float인지 long double인지를 나타낼 수 있다.

```
#include <stdio.h>

int main(void)
{
    printf("float : %f\n", 1.0f);
    printf("double : %lf\n", 1.0);
    printf("long double : %Lf\n", 1.0l);
}
```

```
float : 1.000000
double : 1.000000
long double : 1.000000
```

float, double, long double을 위한 형식 지정자는 각각 %f, %lf, %Lf이다. float는 상수로 표기할 때에 접미사 f를 붙이고 long double은 접미사 l을 붙인다.

Quick Tip

long double은 %llf가 아닌 %Lf임에 주의하세요.

02

변수

✓ 핵심 키워드

변수, 선언, 초기화, 쓰레기값

여기서는 무얼 배울까

컴퓨터 내부에 무수히 많은 상자가 있다면, 상자 안에 들어 있는 물건을 꺼내서 사용할 수 있어야 한다. 경우에 따라선 기존에 있던 상자에서 물건을 빼내고 다른 물건을 넣을 수도 있어야 할 것이다. 이번 절에서는 이렇게 자유롭게 물건을 넣고 빼낼 수 있는 상자를 의미하는 변수에 대해서 다루고, 이러한 변수를 사용하는 방법에 대해서 배운다.

변수

컴퓨터에서의 변수*는 상수와는 반대로 변할 수 있는 값을 의미한다. 변수가 변할 수 있다는 말의 의미는 프로그램이 실행될 때마다 변수 안의 값이 달라질 수 있고, 외부로부터 값을 전달받아 변수에 담을 수 있으며 값의 결과나 중간 과정을 저장하는 용도로도 사용할 수 있는 것이다.

변수의 가장 핵심적인 기능은 원하는 값을 저장하는 것이다. 상수는 그 값이 고정되어 변하지 않아 내가 원하는 값을 저장할 수 없다. 변수는 상수와는 달리 변수 내부의 값을 바꿀 수 있기 때문에 상황에 맞는 값을 저장하고, 이 저장한 값을 자유롭게 사용할 수 있는 특징이 있다.

변수 사용

C 언어에서 변수는 크게 세 단계에 걸쳐서 사용한다.

① 변수를 선언한다.

② 변수를 초기화한다.

③ 변수를 사용한다.

기초 용어 정리

* **변수**: 상수와는 반대로 변할 수 있는 값으로 프로그램이 실행되는 중간에 값이 바뀔 수 있음

변수 선언

```
자료형 변수명;
```

컴퓨터가 가지고 있는 수많은 상자 중에서 내가 변수로 사용할 상자들을 가져오고, 그 상자에 이름을 붙여야 한다. 변수 선언*은 지금부터 어떤 자료형의 변수를 사용할 것인데, 이 변수의 이름은 무엇인지를 컴퓨터에 알려 주는 것이다.

```c
#include <stdio.h>

int main(void)
{
    int age;
    float height, weight;
}
```

변수가 어떤 자료형인지에 따라 변수의 이름 앞에 자료형을 나타내는 단어를 쓴다. 위에서 age는 int이므로 정수형 변수, height와 weight는 float이므로 실수형 변수이다. 만약 같은 자료형을 저장하는 변수가 여럿일 경우 한 번에 선언을 할 수 있다.

변수 초기화

```
자료형 변수명 = 초기값;
변수명 = 초기값;
```

정보를 저장하기 위한 상자를 가져왔다면 그 상자를 사용하기 전 먼저 상자 안을 비워 주어야 한다. 왜냐하면 가져온 그 상자에는 어떤 값이 들어 있는지를 모르기 때문이다. 상자 안에 쓰레기가 있다면 그 쓰레기를 비워 주는 작업이 필요하다. 변수 초기화**는 선언된 변수를 사용하기 전 기본값을 넣어 주는 것이다. 만약 초기화를 하지 않는다면 그 변수에는 어떠한 값이 들어 있을지 제대로 알 수 없는데, 이런 알 수 없는 값을 쓰레기값***이라고 한다.

기초 용어 정리
* **변수 선언**: 지금부터 사용할 변수의 자료형과 이름을 컴퓨터에게 알려 주어 선언하는 것
** **변수 초기화**: 선언된 변수를 사용하기 전 기본값을 넣어 주는 것
*** **쓰레기값**: 초기화를 하지 않은 변수에 들어 있는 알 수 없는 값

```c
#include <stdio.h>

int main(void)
{
    int age = 20;
    float height = 173.5f, weight = 65.4f;
    char blood;

    blood = 'A';
}
```

선언과 초기화는 따로 쓸 수도, 함께 쓸 수도 있다. 선언과 초기화를 함께 하려면 선언에서 변수의 이름 옆에 초기화를 하듯 등호와 그 안에 들어갈 값을 넣는다. 둘 이상의 변수를 동시에 선언하면 각각의 변수에 대해 따로 초기화할 수 있다.

변수 사용

```c
#include <stdio.h>

int main(void)
{
    int age = 20;
    float height = 173.5f, weight = 65.4f;

    printf("age : %d\n", age);
    printf("height : %.1f\n", height);
    printf("weight : %.1f\n", weight);
}
```

실행 결과

```
age : 20
height : 173.5
weight : 65.4
```

변수를 초기화했다면 그 변수를 사용할 준비가 모두 끝난 것이다. 변수가 필요한 곳에 마치 상수를 직접 써서 넣듯 변수의 이름을 넣게 되면, 컴퓨터가 그 부분을 실행하는 순간 변수에 저장되어 있던 값을 사용한다.

변수의 응용

변수는 이름을 붙여 사용한다. 그러므로 특정한 계산 결과를 임시로 변수에 저장해 두고 나서 그 변수의 값을 또 다른 연산에 사용하는 것이 가능하다.

손으로 익히는 코딩

```c
#include <stdio.h>

int main(void)
{
    int a = 5, b = 10;
    int x = a + b;

    printf("a + b - 1 = %d\n", x - 1);
    printf("(a + b) * 2 = %d\n", x * 2);
    printf("(a + b) + 5 = %d\n", x + 5);
}
```

실행 결과

```
a + b - 1 = 14
(a + b) * 2 = 30
(a + b) + 5 = 20
```

위의 코드는 중간 계산 결과를 임시로 변수에 저장한 다음 그 변수를 사용하는 코드이다. x 변수에 담긴 a + b는 아래 여러 부분에서 사용하고 있는데, 이를 x 변수에 저장하여 x 변수로 사용함으로써 코드가 더 짧아지고 가독성이 높아진다.

변수의 이름을 짓는 것은 중요한 의미를 가진다. 변수를 사용할 때 변수의 이름만으로 그 변수가 어떠한 역할을 하고 어떠한 값을 가지는지를 알 수 있어야 한다. 그렇지 않는다면 잘못된 변수를 사용하거나 변수의 값을 착각하는 등 실수를 범하기 쉽기 때문이다.

```
#include <stdio.h>

int main(void)
{
    int x = 4;
    x = x + 1;

    printf("%d\n", x);
}
```

```
5
```

C 언어에서의 등호는 같다는 의미가 아니라 오른쪽의 값을 왼쪽 변수에 저장한다는 것을 의미한다. 따라서 위의 코드에서는 먼저 x + 1의 값이 5라는 것을 먼저 계산한 다음 그 결과를 다시 x에 저장한다. 즉, x = x + 1은 x에 저장된 값을 1 증가시키는 역할을 한다.

```
#include <stdio.h>

int main(void)
{
    int x = 4;
    printf("%d\n", x);
    x = x + 1;
    printf("%d\n", x);
}
```

```
4
5
```

첫 번째 printf()는 x가 4라는 값이 있을 시점에서 실행이 되기 때문에 4가 출력된다. 두 번째 printf()는 x의 값이 바뀐 다음 실행이 되므로 5가 출력된다. 변수는 프로그램 중간에 언제든 바뀔 수가 있으므로 언제 그 변수를 사용하느냐에 따라서 계산 결과와 출력은 달라질 수 있다.

변수의 명명 규칙

C 언어에서 변수는 몇 가지 규칙에 맞는 이름만 사용할 수 있다. 변수 이름을 위한 규칙은 다음과 같다.

① 변수의 이름은 언더바(_), 숫자, 영어 대소문자만 사용할 수 있다.

② 변수의 이름은 숫자로 시작할 수 없다.

③ 변수의 이름에는 공백이 들어갈 수 없다.

④ 변수는 영어 대소문자를 구분한다.

⑤ C 언어 문법에서 사용되는 키워드는 사용할 수 없다.

변수의 이름에 규칙이 있는 이유는 C 언어의 다른 요소, 문법과 변수의 이름이 헷갈리지 않도록 만들기 위해서이다. 만약 변수의 이름이 int라면 정수를 나타내는 int와 구분할 수 없고, 변수 이름이 100이라면 정수 100과 구분할 수 없다.

```c
#include <stdio.h>

int main(void)
{
    int axis;
    char __init__;
    double deg2rad;
}
```

다음은 C 언어에서 사용할 수 있는 몇 가지 변수 이름의 예이다. 명명 규칙을 만족하는 이름은 C 언어에서 변수의 이름으로 사용할 수 있으므로 변수의 역할을 잘 나타내는 이름으로 지어 주는 것이 중요하다.

변수를 사용할 때 쉽게 발생할 수 있는 오류는 변수를 사용하기 전에 선언과 초기화를 하지 않았을 경우와 변수의 이름을 잘못 지정했을 경우가 있다.

```
printf("%d", x);
int x = 5;
```
```
(C2065) 'x': 선언되지 않은 식별자입니다.
```

변수를 사용하기 전에는 반드시 그 변수를 사용할 것임을 알려 주도록 선언을 먼저 해 주어야 한다.

```
int x;
printf("%d", x);
```
```
(C4700) 초기화되지 않은 'x' 지역 변수를 사용했습니다.
```

변수에 저장된 값을 사용하기 전에는 초기화를 해야 한다. 초기화를 하지 않았다면 오류가 발생하여 컴파일이 발생하지 않거나 쓰레기값이 사용된다.

```
int 35;
float int;
```
```
(C2632) 'float' 다음에 'int'이(가) 올 수 없습니다.
(C2143) 구문 오류: ';'이(가) '상수' 앞에 없습니다.
```

변수의 명명 규칙에 위배되는 이름을 쓴다면 그에 해당하는 오류가 발생하여 프로그램이 실행되지 않는다.

```
int x;
float x;
```
```
(C2086) 'int x': 재정의
```

또한 변수의 이름은 중복되어서 안 된다. 중복된 이름을 사용하고자 한다면 동일한 변수를 재정의한다는 오류가 발생한다. 같은 자료형을 사용한다면 가정 아래에 선언을 한 번만 하고서 동일한 변수를 여러 곳에서 사용할 수는 있지만 이는 추천하는 방식은 아니다.

Quick Tip

하나의 변수는 하나의 역할만 하게 하는 것이 좋습니다. 그러므로 값이 필요하다면 변수를 나누는 편이 낫습니다.

03

scanf()

scanf()

여기서는 무얼 배울까

컴퓨터가 항상 같은 입력에 대해서 같은 처리를 해서 같은 출력을 낸다면 그 컴퓨터는 큰 의미를 갖지 않을
것이다. 사람들은 다양한 입력에 대한 처리 결과를 원하고, 이 때문에 컴퓨터에 서로 다른 입력을 알려 줄 의
무가 있다. 초기의 컴퓨터부터 지금까지 컴퓨터에 정보를 어떻게 전달할지에 관한 기술은 계속해서 발전했
다. 두꺼운 카드에 미리 정해진 규칙에 맞게 구멍을 뚫어 이를 입력으로 사용하기도 했고, 단순한 몇 개의 버
튼을 입력으로 사용하기도 했다. 이번 절에서는 많은 발전을 거쳐 도달한 키보드 입력을 다루고, 이를 사용하
는 방법을 배운다.

scanf()

컴퓨터에게 필요한 데이터를 사람이 전달하는 여러 방법 중 가장 기본적인 방법은 scanf()를 이
용하는 것이다. printf()가 컴퓨터가 사람에게 값을 알려 주는 것과 반대로 scanf()*는 사람이
키보드 입력을 통해 컴퓨터에 값을 알려 주는 역할을 하며, 이는 곧 프로그램의 입력을 의미한
다. scanf()를 사용하기 위해선 #include 〈stdio.h〉가 필요하다.

> **코·드·소·개**
>
> ```
> scanf(형식 문자열, 변수, ...)
> ```

scanf()를 사용하는 방법은 printf()와 거의 같다. printf()가 일정한 형식에 맞춰서 사용자에게
정보를 알려 주는 것이라고 한다면 scanf()는 사용자가 일정한 형식에 맞춰서 키보드로 입력하
면 컴퓨터에 그 정보를 전달하는 것이다.

기초 용어 정리

* **scanf()**: 키보드 입력을 통해 컴퓨터에게 값을 입력하는 기본적인 입력 함수

```
#include <stdio.h>
#pragma warning(disable: 4996)

int main(void)
{
    int x;
    scanf("%d", &x);
    printf("%d", x);
}
```

입력값

5

실행 결과

5

위의 예제는 사용자로부터 정수 하나를 입력받고 이를 그대로 출력하는 프로그램이다. 소스 파일 상단의 #pragma로 시작하는 한 줄이 없다면 실행되지 않을 수 있다.

Clear Comment

현재의 Visual Studio의 경우 #pragma로 시작하는 한 줄이 없을 때 scanf()를 사용할 수 없으며, Visual Studio 이외의 개발 환경이라면 필요하지 않을 수 있습니다. Visual Studio에서 이 한 줄이 필요한 자세한 이유는 이 절의 더 알아보기에서 다룹니다.

```
    int x;
```

scanf()는 사용자가 키보드로 어떠한 값을 입력하면 그 값을 프로그램의 변수에 저장하여 처리에 사용할 수 있게 한다. 따라서 scanf()를 사용하기 전 먼저 사용자의 입력을 저장할 변수를 선언해야 한다.

```
    scanf("%d", &x);
```

값을 저장할 변수가 준비되었다면 scanf()를 이용하여 입력받을 수 있다. 여기서 가장 왼쪽에 들어가는 문자열은 printf()와 같은 형식으로, 이 형식에 맞게 사람이 입력하리라는 것을 지정한다. 여기서는 %d를 사용했으므로 이 부분에서 사용자가 정수를 키보드로 입력할 것이라는 의미이다.

형식 문자열 뒤에는 사용자의 입력이 저장될 변수를 순서 대로 쓴다. 여기서는 printf()와는 달리 변수의 이름 왼쪽에 &가 들어가 있는데, 만약 & 없이 이름만 쓰게 된다면 오류가 발생한다.

Quick Tip

&가 필요한 이유는 2권의 포인터에서 다룹니다. 따라서 지금은 외우는 것이 좋습니다.

```
printf("%d", x);
```

scanf()로 입력을 변수에 저장했다면 그 이후는 이전 챕터에서 다루었던 변수와 동일하다. 다른 점은 변수에 들어가는 값을 사용자가 입력했다는 것이다.

scanf()의 형식 문자열

scanf()의 형식 문자열은 사용자가 이 형식에 맞게 입력하리라는 것을 컴퓨터에 알려 주는 것이다. 즉, 사용자는 이 형식에 맞게 입력해야 하고, 이는 사용자와 컴퓨터 사이의 약속이다.

```
#include <stdio.h>
#pragma warning(disable: 4996)

int main(void)
{
    float height;
    scanf("%f", &height);
    printf("%f", height);
}
```

입력값

```
5
```

실행 결과

```
5.000000
```

형식 문자열에서 형식 지정자로 %f를 사용한다면 컴퓨터는 사용자가 실수를 입력하리라 생각하며, 사용자는 실수를 입력해야 한다. 그러므로 그 값을 저장할 변수는 float 자료형의 변수가 될 것이다. 만약 실수가 아닌 다른 것을 입력하게 된다면 오류가 발생하거나 예상치 못한 결과가 발생할 수 있다.

손으로 익히는 코딩

```
#include <stdio.h>
#pragma warning(disable: 4996)

int main(void)
{
    int a, b;
    scanf("%d %d", &a, &b);
    printf("%d", a + b);
}
```

입력값

1 5

실행 결과

6

%d를 연달아서 2개 넣는다면 컴퓨터는 사용자가 정수 2개를 스페이스 바나 엔터와 같은 공백
문자로 구분하여 입력하리라 생각하며, 사용자는 그것에 맞게 정수 2개를 입력해야 한다. 2개
이상의 입력을 받는다면 그 수에 맞게 형식 문자열 옆에 변수의 이름을 넣어야 하고, 그 모든 변
수의 이름 왼쪽에는 &가 들어가야 한다.

```
#include <stdio.h>
#pragma warning(disable: 4996)

int main(void)
{
    int a, b;
    scanf("%d,%d", &a, &b);
    printf("%d", a + b);
}
```

입력값

1,5

```
6
```

이처럼 두 개의 %d 사이에 쉼표가 들어간다면 컴퓨터는 사용자가 정수 2개를 쉼표로 구분하여 입력하리라 생각하며, 사용자는 이 형식에 맞게 쉼표로 구분하여 입력해야 한다. 그러므로 컴퓨터에 사용자가 올바른 입력을 할 수 있도록 미리 어떤 형태로 입력해야 문제가 없을지를 미리 알려 줄 필요가 있다.

위의 예시 모두 변수의 초기화를 생략했다. 항상 scanf()를 통해 변수의 값이 채워지므로 scanf()가 초기화 역할을 하고, 이에 따라 자연스럽게 쓰레기값이 없어지기 때문이다.

입력, 처리, 출력

scanf() 이전까지의 모든 프로그램은 처리에 필요한 모든 값이 프로그램 안에 미리 준비되어 있었고, 그래서 프로그램은 항상 같은 계산 결과를 내보냈었다. 그러나 이제는 scanf()를 이용하여 사용자가 계산하길 원하는 값을 입력받을 수 있으므로 입력, 처리, 출력이 가능한 완전한 프로그램을 만들 수 있다.

손으로 익히는 코딩

```c
#include <stdio.h>
#pragma warning(disable: 4996)

int main(void)
{
    float a, b, c, avg;
    scanf("%f %f %f", &a, &b, &c);
    avg = (a + b + c) / 3.0f;
    printf("%f", avg);
}
```

입력값

```
1 2 3
```

실행 결과

```
2.000000
```

위의 예제는 사용자로부터 세 실수를 입력받고, 그 세 실수의 평균을 계산하여 출력하는 프로그램이다. 여기의 scanf()는 단순히 세 실수를 공백으로 구분하여 입력받도록 형식 문자열을 작성했으므로 사용자는 세 실수만 입력하면 그 평균을 확인할 수 있다.

```
#include <stdio.h>
#pragma warning(disable: 4996)

int main(void)
{
    int a, b, x, y;
    scanf("%d %d", &x, &y);
    scanf("%dx+%dy", &a, &b);
    printf("%d", a * x + b * y);
}
```

입력값

```
4 6
2x+4y
```

실행 결과

```
32
```

위의 예제는 먼저 실수인 x와 y를 입력받고, ax+by의 형태로 두 계수인 a와 b를 입력받은 다음 그 결과를 계산하여 출력한다. 여기서 두 번째로 입력받는 ax+by는 그 형태로 입력받겠다고 scanf()의 형식 문자열에서 지정을 해 두었으므로 프로그램의 사용자가 이 형태에 맞게 입력해야 한다.

scanf()를 사용할 때 익숙하지 않다면 여러 오류가 발생할 수 있다. 아래에서는 scanf()에서 발생할 수 있는 몇 가지 오류를 소개한다.

```
int height;
scanf("%f", &height);
```
> (C4477) 'scanf': 서식 문자열 '%f'에 'float *' 형식의 인수가 필요하지만 variadic 인수 1의 형식이 'int *'입니다.

printf()처럼 scanf()도 형식 지정자와 자료형을 일치시켜야 한다.

```
float height;
scanf("%f", height);
```
> (C4477) 'scanf': 서식 문자열 '%f'에 'float *' 형식의 인수가 필요하지만 variadic 인수 1의 형식이 'double'입니다.

scanf()로 값을 입력받아 변수에 저장하려면 변수의 이름 왼쪽에 &를 붙여야 한다. 붙이지 않는다면 오류가 발생한다.

```
float height;
char blood;
scanf("%f", &height);
scanf("%c", &blood);

printf("%f %c", height, blood);
```

정수 또는 실수 이후 문자를 입력받기 위하여 위와 같이 코드를 작성하면 문자가 정상적으로 입력되지 않는다.

```
float height;
char blood;
scanf("%f", &height);
scanf(" %c", &blood);

printf("%f %c", height, blood);
```

이 문제를 해결하기 위해서는 문자를 입력받을 때 형식 문자열 %c 왼쪽에 빈칸을 하나 두면 된다.

> **Clear Comment**
>
> 문자의 입력에서 이러한 문제가 발생하는 이유를 알기 위해선 입력 버퍼라는 개념에 대한 이해가 필요합니다. 이 부분은 2권의 파트 2에서 다루기 때문에 지금은 문자의 입력을 위해선 왼쪽에 빈칸을 두어야 함을 외워서 사용하는 것을 추천합니다.

💿 더 알아보기

scanf()와 버퍼 오버플로우

Visual Studio에서 scanf()를 사용하지 못하도록 막는 이유는 이를 통해 발생할 수 있는 버퍼 오버플로우*라는 취약점을 막기 위해서이다.

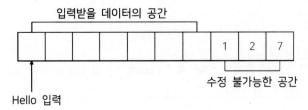

scanf()의 기능은 사용자로부터 키보드 입력을 받아 이를 컴퓨터 메모리 어딘가에 저장한다. 일반적으로 입력을 받을 때 그 입력한 값을 저장할 수 있는 공간을 미리 마련하고, 그 공간에 입력받은 값을 온전히 넣어 그 값을 사용한다.

크기가 완전히 정해진 단일 정수나 실수와 같은 값에 대해서는 문제가 발생하지 않지만, 그렇지 않고 입력값의 크기가 정해지지 않았을 때 문제가 발생한다. 입력받기 전 입력한 값을 저장할 공간을 7칸으로 잡아 놓았다고 했을 때 7칸 이하의 데이터는 문제없이 수용할 수 있다.

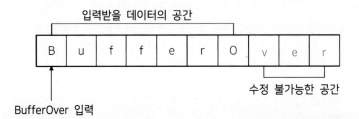

그러나 만약 7칸이 넘는 데이터가 온다면 준비한 7칸의 공간을 넘어가게 되는데, 넘어간 공간은 입력받기 위한 공간이 아니었으므로 여기서 문제가 생긴다. 버퍼 오버플로우를 이용한다면 접근해서는 안 되는 데이터에 접근하거나 실행 중인 프로그램을 조작하는 것이 가능해지므로, 해킹의 표적이 되거나 심각한 문제가 발생할 수 있다.

기초 용어 정리

* 버퍼 오버플로우: 수용할 수 있는 공간을 넘어서 수정할 수 없는 공간에 데이터를 써넣을 수 있는 취약점

```
#include <stdio.h>

int main()
{
    char str[128];
    sscanf_s("Hello", "%s", str, 128);
    puts(str);
}
```

C 언어에서는 버퍼 오버플로우가 발생할 가능성이 있는 모든 것들을 기본적으로 막아 두고 대신 입력의 크기를 미리 제한하여 사용하게 하는 것들을 대신 제공한다. 단, 이러한 기능들은 C 언어 표준에는 있지만 Visual Studio가 아닌 곳에서 제공하지 않는 경우도 있고, 사용법도 기존의 기능들과 다른 부분들이 있다. 따라서 여기에서는 버퍼 오버플로우가 발생할 수 있는 기능들로 사용한다. 버퍼 오버플로우가 발생하지 않도록 프로그램을 작성하는 방법은 2권에서 자세히 다룬다.

04

연습문제

1. OX 퀴즈

● int 자료형은 항상 4바이트의 크기를 갖는다.

● char 자료형은 항상 1바이트의 크기를 갖는다.

● 실수를 나타내려면 float, double, long double 자료형을 사용한다.

● C 언어에는 부호가 없는 실수 자료형이 존재한다.

2. 오류 찾기

다음 코드에서 오류가 발생하는 부분을 찾고 그 이유를 서술하시오.

(1)
```c
#include <stdio.h>

int main()
{
    int value;
    printf("value's value = %d\n", value);
}
```

(2)
```c
#include <stdio.h>

int main()
{
    int myVariable = 4;
    printf("%d = %d\n", myVariable, myvariable);
}
```

3. 프로그램 작성하기

다음 조건에 맞게 입력과 출력이 이루어지는 프로그램을 작성하시오.

(1)
> **입력**
>
> 정수 a, b를 입력받는다.
>
> **출력**
>
> 한 줄에 하나씩 두 수의 더하기, 빼기, 곱하기 결과를 출력한다.

(2)
> **입력**
>
> 두 점의 좌표를 정수 x1, y1, x2, y2로 입력받는다.
>
> **출력**
>
> 두 점 사이의 거리의 제곱을 출력한다.

(3)
> **입력**
>
> 문자 하나를 입력받는다.
>
> **출력**
>
> 입력받은 문자를 4*4개 출력한다.

1. OX 퀴즈

● int 자료형은 항상 4바이트의 크기를 갖는다.

답 X, int 자료형의 크기는 정해져 있지 않기 때문에 컴퓨터마다 다를 수 있다.

● char 자료형은 항상 1바이트의 크기를 갖는다.

답 O, char 자료형은 모든 컴퓨터에서 1바이트로 고정되어 있다.

● 실수를 나타내려면 float, double, long double 자료형을 사용한다.

답 O, C 언어의 실수 자료형은 float, double, long double 세 가지가 있다.

● C 언어에는 부호가 없는 실수 자료형이 존재한다.

답 X, C 언어의 실수 자료형은 모두 부호가 존재한다.

2. 오류 찾기

다음 코드에서 오류가 발생하는 부분을 찾고 그 이유를 서술하시오.

(1)
```
#include <stdio.h>

int main()
{
    int value;
    printf("value's value = %d\n", value);
}
```

답 printf()에서 오류가 발생한다. int형 변수 value는 초기화가 안 되었으므로 value 안에는 쓰레기값이 존재한다.

(2)
```
#include <stdio.h>

int main()
{
    int myVariable = 4;
    printf("%d = %d\n", myVariable, myvariable);
}
```

답 printf()에서 오류가 발생한다. C 언어의 변수는 대소문자를 구분하므로 myvariable은 선언되지 않은 변수이다.

3. 프로그램 작성하기

다음 조건에 맞게 입력과 출력이 이루어지는 프로그램을 작성하시오.

(1)

> **입력**
>
> 정수 a, b를 입력받는다.
>
> **출력**
>
> 한 줄에 하나씩 두 수의 더하기, 빼기, 곱하기 결과를 출력한다.

📄 1권 챕터4 a4.1.c

scanf()와 printf()를 사용하는 문제이다. scanf()로 두 변수 a, b의 값을 입력받은 후 이를 계산하여 printf()로 출력한다.

(2)

> **입력**
>
> 두 점의 좌표를 정수 x1, y1, x2, y2로 입력받는다.
>
> **출력**
>
> 두 점 사이의 거리의 제곱을 출력한다.

📄 1권 챕터4 a4.2.c

보다 복잡한 형태의 수식을 계산하여 출력하는 문제이다. 두 점 사이의 거리의 제곱을 구하는 식은 $(x1 - x2)^2 + (y1 - y2)^2$ 이고, C 언어에는 제곱 연산자가 없으므로 대신 곱하기 연산자를 통해 계산한다.

(3)

> **입력**
>
> 문자 하나를 입력받는다.
>
> **출력**
>
> 입력받은 문자를 4*4개 출력한다.

📄 1권 챕터4 a4.3.c

문자를 16개 출력하는 문제이다. 문자 하나를 입력받은 후 이를 printf()에서 4*4 형태로 출력한다.

키워드로 정리하기

● 값의 종류와 그 값을 나타내기 위한 메모리의 크기를 묶어 **자료형**이라고 한다. 같은 값의 종류라고 하더라도 그 크기와 특성에 따라 여러 자료형이 있을 수 있다.

● **변수**는 실행 중인 프로그램에서 변할 수 있는 값으로 입력이나 계산 결과를 저장하기 위한 용도로 사용된다. 변수를 사용하기 위해서는 **선언**과 **초기화**가 선행되어야 하고, 초기화가 되지 않은 변수는 **쓰레기값**을 가진다.

● scanf()를 이용하여 사용자로부터 키보드 입력을 받을 수 있고, 입력한 값은 명시된 변수에 저장된다.

예제 톺아보기

```c
#include <stdio.h>
#pragma warning(disable: 4996) // (1)

int main(void)
{
    float a, b, c, avg; // (2)
    scanf("%f %f %f", &a, &b, &c); // (3)
    avg = (a + b + c) / 3.0f; // (4)
    printf("%f", avg); // (5)
}
```

(1) Visual Studio에서 scanf()를 사용하는 데 필요하다.

(2) 프로그램에서 사용할 변수를 선언하여 명시한다. 여기서는 초기화와 선언을 함께 하지 않았다.

(3) 사용자로부터 키보드 입력받는다. 실수 3개를 공백 문자로 구분하여 입력하고, 각각 변수 a, b, c에 저장한다.

(4) a, b, c의 평균을 계산하여 avg 변수에 저장한다.

(5) avg를 출력한다.

CHAPTER

05

내 일 은   C 언 어

연산자

01

산술, 비교, 논리 연산자

연산자, 산술 연산자, 비교 연산자, 논리 연산자

여기서는 무얼 배울까

프로그래밍에 대한 비유로 흔히 사용되는 소재는 블록 장난감이다. 블록 장난감을 이용하여 작품을 만들 때
는 아주 작은 조각들부터 하나씩 합쳐 가면서 만들 수도 있고, 혹은 그러한 조각들로 합쳐진 부품을 이용하여
만들 수도 있다. 이렇게 크고 작은 블록들을 조립하여 하나의 작품을 만드는 것은 프로그래밍하는 과정과 유
사하다. 프로그램을 만드는 것 또한 조각들을 합쳐 나가는 과정이고, 이러한 조각은 매우 작은 조각일 수도,
혹은 나 또는 다른 사람이 만든 큰 부품일 수도 있다. 이번 챕터에서는 프로그램을 만들기 위한 가장 작은 조
각인 연산자를 배우고 이를 활용하는 시간을 갖는다.

프로그램은 입력에 대해 일정한 처리를 하여 그 결과를 출력하는 것이다. 이와 비슷하게 연산자
또한 입력에 대하여 산술, 논리, 비교 등의 일정한 처리를 수행한 다음 그 연산의 결과가 나오는
작은 프로그램이라고 할 수 있다. 1 + 2를 예시로 보면, 이 간단한 식은 연산자를 사용하는 식이
다. 입력으로 1과 2라는 두 정수를 입력받고, 이를 더하는 계산을 수행한 다음 결과인 3이 이 식
이 있는 위치로 출력이 된다. 여기서 + 라는 기호를 연산자*, 1과 2라는 값을 피연산자**라고
한다.

C 언어 연산자는 매우 다양한 종류가 있지만, 이번 절에서는 그중 가장 기본적인 연산자들인 산
술, 비교, 논리 연산자를 중심으로 살펴본다.

산술 연산자

산술 연산자***는 더하기, 빼기, 곱하기, 나누기, 그리고 나머지에 대한 계산을 수행하는 연산자
이다.

기초 용어 정리

* **연산자**: 입력에 대하여 산술, 논리, 비교 등의 일정한 처리를 수행한 다음 그 연산의 결과가 나오는 것으로 매우 작은
  프로그램이라고 할 수 있음
** **피연산자**: 연산자의 입력에 해당하는 값으로 연산자는 피연산자에 대해서 특정한 연산을 수행함
*** **산술 연산자**: 더하기 빼기, 곱하기, 나누기, 나머지에 해당하는 산술 연산을 수행하는 연산자

더하기 연산자 +	두 수를 더한다.
빼기 연산자 −	두 수를 뺀다.
곱하기 연산자 *	두 수를 곱한다.
나누기 연산자 /	두 수를 나눈다.
나머지 연산자 %	두 수를 나눴을 때의 나머지를 구한다.

산술 연산자의 종류는 5개이며 사용하기 위해서는 연산자 하나를 가운데 두고 양옆에 피연산자를 작성하여 연산자의 식을 완성한다.

```c
#include <stdio.h>
#pragma warning(disable: 4996)

int main(void)
{
    int a, b;
    float c, d;
    scanf("%d %d", &a, &b);
    scanf("%f %f", &c, &d);
    printf("%d+%d=%d\n", a, b, a + b);
    printf("%f*%f=%f\n", c, d, c * d);
}
```

입력값
```
2 3
4 5
```

실행 결과
```
2+3=5
4.000000*5.000000=20.000000
```

C 언어의 대부분의 연산자는 피연산자들의 자료형이 같아야 한다. 그리고 특히 산술 연산자는 연산의 결과 또한 피연산자와 같은 자료형을 갖는다. 만약 정수와 정수를 더한다면 정수가 결과로 나오고, 실수와 실수를 더하면 실수가 결과로 나온다.

```
#include <stdio.h>
#pragma warning(disable: 4996)

int main(void)
{
    printf("%d/%d=%d\n", 5, 2, 5 / 2);
    printf("%f/%f=%f\n", 5.0f, 2.0f, 5.0f / 2.0f);
}
```

```
5/2=2
5.000000/2.000000=2.500000
```

이 규칙은 나누기에도 마찬가지로 적용된다. 5 / 2는 정수와 정수를 나누었기에 그 결과가 정수로 나와야 하는데, 이 경우 그 결과는 나눗셈의 몫이 나오므로 결과는 2이다. 만약 정수가 아닌 실수, 5.0f / 2.0f를 계산하면 그 결과 또한 실수이기에 결과는 2.5f이다.

손으로 익히는 코딩

```
#include <stdio.h>
#pragma warning(disable: 4996)

int main(void)
{
    int a = 5, b = 2;
    printf("%d=%d*%d+%d", a, a / b, b, a % b);
}
```

```
5=2*2+1
```

정수의 나누기가 나눗셈의 몫을 계산하기에, 나눗셈의 나머지를 계산하기 위한 나머지 연산자도 존재한다. 5 % 2 는 5를 2로 나눴을 때의 나머지인 1이 결과로 나온다. 나눗셈의 나머지는 정수의 계산에서만 정의되기 때문에 실수에서는 나머지 연산자를 사용할 수 없다.

정수와 실수 사이의 계산을 시도하고자 한다면 오류가 발생하지 않고 실행될 수 있다. 이는 정수와 실수를 바로 계산한 것이 아닌 정수를 실수로 바꾼 후 실수와 실수를 계산했기 때문에 가능했던 것이다. 이와 관련한 자세한 내용은 이번 챕터의 3절에서 다룬다.

비교 연산자

비교 연산자*, 또는 관계 연산자는 산술 연산자가 단순히 두 수의 계산을 하는 것과는 달리, 이름 그대로 두 수를 비교하는 역할을 한다. 비교 연산자는 두 수 중 어느 쪽이 더 크다, 두 수가 같다, 두 수가 다르다 등 비교를 하여 그 식이 참인지 거짓인지를 계산한다.

이하 연산자 <=	왼쪽 값이 오른쪽 값보다 작거나 같을 때 참
미만 연산자 <	왼쪽 값이 오른쪽 값보다 작을 때 참
이상 연산자 >=	왼쪽 값이 오른쪽 값보다 크거나 같을 때 참
초과 연산자 >	왼쪽 값이 오른쪽 값보다 클 때 참
등호 연산자 ==	왼쪽 값과 오른쪽 값이 같을 때 참
같지 않음 연산자 !=	왼쪽 값과 오른쪽 값이 다를 때 참

=는 변수에 값을 저장하는 역할이며 두 값이 같다는 의미로는 등호 연산자 ==를 써야 합니다.

산술 연산자는 두 수의 계산 결과를 내보냈다면, 비교 연산자는 두 개의 피연산자를 비교하여 식이 참인지 거짓인지 계산한다. C 언어에서는 참과 거짓만을 나타내는 자료형이 없으므로 정수 0을 거짓(false), 0이 아닌 모든 정수를 참(true)으로 사용한다. 이 중 참은 주로 정수 1을 사용하며 C 언어의 산술 연산자는 거짓이면 0, 참이면 정수 1을 결과로 내보낸다.

손으로 익히는 코딩

```
#include <stdio.h>
#pragma warning(disable: 4996)

int main(void)
{
    int a, b;
    scanf("%d %d", &a, &b);
    printf("%d", a > b);
}
```

입력값

2 1

실행 결과

1

기초 용어 정리
* **비교 연산자**: 두 수를 비교하여 참과 거짓을 계산하는 연산자

위의 코드는 정수 a, b를 입력받아 a가 더 크면 1, b가 더 크거나 같으면 0이 출력되는 코드이다. 가장 위의 입력에서 변수 a, b를 사용자로부터 입력받은 값으로 채워 넣고, 컴퓨터가 a 〉b를 계산하려는 시점에서 a, b의 값이 그 안에 들어가 실제 값이 들어간 부등식이 만들어진다. 최종적으로 그 부등식이 거짓인지 참인지를 평가하여 그 결과를 0 또는 1로 내보내어 이를 출력한다.

```
#include <stdio.h>
#pragma warning(disable: 4996)

int main(void)
{
    printf("%d", 3 > 2 > 1);
}
```

실행 결과

```
0
```

처음 비교 연산자를 배울 때는 위 코드에 문제가 없다고 생각할 수 있다. 위의 연속된 부등호는 수학적으로는 맞지만, C 언어에서는 잘못된 사용이다. 컴퓨터는 한 번에 하나의 연산자를 순서대로 실행하기 때문에 동시에 두 연산자를 실행할 수 없다. 따라서 위 코드에서는 가장 먼저 3 〉2를 계산하여 그 결과인 1을 내보내고, 그다음에 1 〉1를 계산하여 0을 내보낸다. 이처럼 둘 이상의 부등식을 사용할 때는 연산자를 연속해서 사용하지 않고 각각 따로 연산하여 그 결과를 합쳐야 한다.

논리 연산자

논리 연산자*는 비교 연산자의 결과와 같은 참과 거짓에 대한 논리 연산을 수행하는 연산자이다. 논리 연산자는 논리곱, 논리합, 논리부정의 3가지가 있다.

논리곱 연산자 &&	두 수식이 모두 참일 때 전체가 참
논리합 연산자 ||	두 수식 중 하나라도 참이면 전체가 참
논리부정 연산자 !	수식이 참이면 거짓, 거짓이면 참

기초 용어 정리
* **논리 연산자**: 참과 거짓에 대한 논리 연산을 수행하는 연산자

논리곱(and)

논리곱*은 입력에 해당하는 두 문장이나 식이 모두 참이면 전체가 참이라는 의미이다.

> 국어 점수가 90점 이상이면서 영어 점수가 90점 이상이다.

위 문장은 국어 점수와 영어 점수 둘 다 90점 이상이어야 한다는 의미이다. 만약 국어가 100점이고 영어가 60점이라면 이 문장은 거짓이고, 둘 다 60점이어도 이 문장은 거짓이다.

손으로 익히는 코딩

```c
#include <stdio.h>
#pragma warning(disable: 4996)

int main(void)
{
    int kor, eng;
    scanf("%d %d", &kor, &eng);
    printf("%d", kor >= 90 && eng >= 90);
}
```

입력값

```
100 90
```

실행 결과

```
1
```

코드로 나타내면 다음과 같다. 입력으로 국어와 영어 점수를 받고 나서, 두 점수 모두 90점 이상이라면 1을 출력한다. 연산자의 우선순위는 비교 연산자가 논리 연산자보다 더 높다.

Quick Tip

논리 연산자보다 비교 연산자를 먼저 계산합니다. 우선순위가 헷갈린다면 괄호로 명시하면 됩니다.

논리합(or)

논리합**은 입력에 해당하는 두 문장이나 식 중에서 하나 이상이 참이면 전체가 참이라는 의미이다.

기초 용어 정리
* **논리곱**: 두 수식이 모두 참일 때에 전체가 참
** **논리합**: 두 수식 중 하나라도 참이면 전체가 참

국어 점수가 90점 이상이거나 영어 점수가 90점 이상이다.

위 문장은 국어 점수만 100점이고 영어 점수는 60점이어도 참이다. 물론 둘 다 100점이어도 참이다. 그러나 둘 다 60점이라면 거짓이다.

손으로 익히는 코딩

```
#include <stdio.h>
#pragma warning(disable: 4996)

int main(void)
{
    int kor, eng;
    scanf("%d %d", &kor, &eng);
    printf("%d", kor >= 90 || eng >= 90);
}
```

입력값

```
100 70
```

실행 결과

```
1
```

코드로 나타내면 다음과 같다. 입력으로 국어와 영어 점수를 받고 나서, 두 점수들 중 하나라도 90점 이상이라면 1을 출력한다. 논리 연산자 A || B에서 A가 참이라면 B를

Quick Tip

| 문자는 보통의 키보드에서 백슬래시(\)를 Shift와 함께 눌러서 입력합니다.

볼 필요가 없으므로 B의 계산을 생략한다. 마찬가지로 A && B에서 A가 거짓이라면 B를 볼 필요가 없으므로 이 경우도 B의 계산을 생략한다.

논리부정(not)

논리부정*은 문장이 참이라면 거짓, 거짓이라면 참이라는 의미이다. 즉, 문장의 참과 거짓을 뒤집는다.

> 수학 점수가 90점 이상이 아니다.

위 문장은 수학 점수가 90점 이상이다의 부정이다. 즉, 수학 점수가 90점 미만이어야 한다는 의미이다.

손으로 익히는 코딩

```c
#include <stdio.h>
#pragma warning(disable: 4996)

int main(void)
{
    int math;
    scanf("%d", &math);
    printf("%d", !(math >= 90));
}
```

입력값

```
70
```

실행 결과

```
1
```

위 문장을 그대로 나타낸 것이다. 먼저 입력인 수학 점수가 90점 이상인지를 계산하고, 그 결과를 뒤집어서 출력한다. 따라서 최종적인 결과는 수학 점수가 90점 미만일 때 1이 출력된다.

```c
#include <stdio.h>
#pragma warning(disable: 4996)

int main(void)
{
```

기초 용어 정리
* **논리부정**: 수식의 참과 거짓을 뒤집음

```
    int math;
    scanf("%d", &math);
    printf("%d", math < 90);
}
```

70

1

수학 점수가 90점 이상이 아닌 경우와 수학 점수가 90점 미만인 경우는 논리적으로 동일하다.
따라서 논리부정 없이 부등호만으로 같은 결과를 낼 수 있다. 이처럼 같은 결과를 내지만 서로
다른 식을 사용할 수 있기에 상황에 맞게 사용하면 된다.

변수와 연산자

연산의 결과를 여러 번 사용해야 하거나 식 자체가 길다면 연산 결과를 변수에 저장하여 사용할
수 있다.

손으로 익히는 코딩

```
#include <stdio.h>
#pragma warning(disable: 4996)

int main(void)
{
    int math, eng;
    scanf("%d %d", &math, &eng);

    int sum = math + eng;
    printf("total : %d\n", sum);
    printf("avg : %d\n", sum / 2);
}
```

70 80

```
total : 150
avg : 75
```

위의 코드는 산술 연산의 결과를 변수에 저장해 두고 그 변수를 여러 계산에 재사용한다. 변수를 사용하지 않았다면 변수에 저장했던 math + eng를 중복해서 작성해야 하지만, 변수를 이용한다면 프로그램을 파악하기가 수월해지고 필요에 따라 수정이 더 편리해진다는 장점이 있다.

```c
#include <stdio.h>
#pragma warning(disable: 4996)

int main(void)
{
    int a, b, c;
    scanf("%d %d %d", &a, &b, &c);

    int ab = a > b;
    int ac = a > c;
    int abc = ab && ac;
    printf("%d", abc);
}
```

```
5 2 1
```

```
1
```

비교 연산자와 논리 연산자는 그 결과가 0과 1로 나타나기 때문에 그 값을 정수형 변수에 저장할 수 있다. 변수에 저장된 값은 참 또는 거짓이므로 이 변수를 또 다른 논리 연산자나 출력에 이용할 수 있다. 위의 예제에서 ab와 ac는 각각 a가 b, c보다 더 큰지를 저장한다. abc는 ab와 ac가 둘 다 참일 때, 즉 세 정수 중에서 a가 가장 클 때 참을 저장하고, 이를 printf()로 출력한다.

02

조건, 대입 연산자

✓핵심 키워드

조건 연산자, 대입 연산자, 복합 대입 연산자, 증감 연산자

여기서는 무얼 배울까

1절에서 다룬 산술, 비교, 논리 연산자는 연산자라는 이름답게 정해진 연산을 수행하여 그 결과를 내보내는 역할을 한다. 하지만 모든 연산자가 이처럼 직관적인 연산을 수행하는 것은 아니며, 일부 연산자는 독특한 기능을 수행하는 역할을 한다. 이런 연산자는 대표적으로 조건 연산자와 대입 연산자가 있고, 이번 절에서는 이 둘을 중심으로 다룬다.

조건 연산자

조건 연산자*는 피연산자가 3개인 유일한 연산자이기에 삼항 연산자라고도 부른다. 조건 연산자는 가장 먼저 조건을 제시하고, 조건이 맞을 경우의 선택지와 아닐 경우의 선택지 중 하나를 선택한다.

코·드·소·개

조건 ? 참 : 거짓

조건 연산자의 가장 왼쪽에는 조건에 들어간다. 따라서 여기에는 1과 0으로 이루어진 참과 거짓, 비교 연산자, 논리 연산자의 연산 결과 등이 들어갈 수 있다. 콜론으로 구분되는 두 값은 조건에 따라 선택될 값이다. 조건이 참이라면 왼쪽, 거짓이라면 오른쪽이 연산자의 결과로 나온다.

기초 용어 정리

* 조건 연산자: 피연산자가 3개인 연산자로 처음에 오는 조건에 따라 두 선택지 중 하나를 선택하는 연산자

```
#include <stdio.h>

int main(void)
{
    printf("%c", 5 > 10 ? 'A' : 'B');
}
```

```
B
```

위 코드는 조건 연산자를 사용하는 간단한 예제이다. 프로그램에서 조건 연산자를 만나게 되면, 조건에 해당하는 부분을 먼저 계산하여 참인지 거짓인지를 나타낸다. 위 코드에서는 5 〉 10을 계산하여 거짓이라는 것을 알아내고, 그 이후 콜론을 기준으로 오른쪽에 해당하는 'B'를 선택한다. 최종적으로 조건 연산자의 결과 'B'가 되므로 이것이 화면에 출력된다.

```
#include <stdio.h>
#pragma warning(disable: 4996)

int main(void)
{
    int x;
    scanf("%d", &x);
    printf("%s", x % 2 == 0 ? "even" : "odd");
}
```

```
4
```

```
even
```

첫 번째 예제와는 다르게 조건에 변수가 포함되는 예제이다. 사용자가 입력한 정수가 짝수라면 참, 홀수라면 거짓이므로 홀수를 입력하면 "odd", 짝수를 입력하면 "even"이 출력된다.

Quick Tip

콜론으로 구분되는 두 값은 같은 자료형이어야 합니다.

대입 연산자

대입 연산자*는 우리가 지금까지 계속해서 사용해 왔던 연산자로, 변수에 특정한 값을 저장하는 역할을 하는 연산자이다. 다른 연산자는 모두 연산을 수행하여 그 결과를 내보내는 것이 주요한 목적이었다면, 대입 연산자는 연산의 결과가 아닌 연산의 처리 그 자체가 주목적인 연산자이다.

대입 연산자

```
변수 = 값
```

대입 연산자는 등호 왼쪽에 값을 저장할 변수, 그리고 오른쪽에 그 변수에 저장할 값이나 수식을 작성한다.

```c
#include <stdio.h>

int main(void)
{
    int a, b = 5;
    a = b;
    b = 10;
    printf("%d %d", a, b);
}
```

```
5 10
```

대입 연산자는 변수에 값을 넣을 때 그 값을 복사하여 넣는다. a = b를 하는 시점에서 b에 존재하던 값이 a에 복사하여 저장되고, 그 이후에 b의 값을 바꾼다고 해도 a의 값은 변하지 않는다. 왜냐하면 a에는 b에 저장이 된 값의 복사본이 저장되어 있기 때문이다.

```c
#include <stdio.h>

int main(void)
{
    int a;
```

기초 용어 정리
* **대입 연산자**: 변수에 특정한 값을 저장하는 역할을 하는 연산자

```
    printf("%d\n", a = 5);
    printf("%d\n", a);
}
```

실행 결과
```
5
5
```

다른 연산자들이 연산의 결과를 내보내듯 대입 연산자도 연산의 결과를 내보낸다. 바로 변수에 넣은 값이다. 위에서 a = 5에서는 a 변수에 5를 저장한 다음, 저장한 값인 5가 대입 연산자의 결과로 나타난다. 따라서 위의 코드에서는 5와 5가 출력된다.

```
#include <stdio.h>
#pragma warning(disable: 4996)

int main(void)
{
    int a, b;
    a = b = 0;
    printf("%d %d", a, b);
}
```

실행 결과
```
0 0
```

대입 연산자는 다른 연산자들과는 다르게 연산의 우선순위가 오른쪽이 더 높다. a = b = 0에서 b = 0를 먼저 계산한 다음 그 결과인 0이 나타나고, 그 후 a = 0을 처리한다. 즉, 위의 예제는 a 와 b 모두 0이라는 같은 값으로 초기화하는 코드이다.

복합 대입 연산자

대입 연산자를 사용할 때 변수에 있던 기존의 값을 갱신하여 어떠한 값을 더하거나 빼는 경우가 많다. 이런 경우 대입 연산자의 오른쪽에 변수와 또 다른 연산자를 넣으면 되지만, 같은 변수 두 번 이상 사용하는 것이 번거롭기에 이를 축약한 형태의 연산자가 존재한다. 이런 연산자를 복합 대입 연산자*라고 한다.

기초 용어 정리

* **복합 대입 연산자**: 대입 연산자와 다른 연산자가 합쳐진 연산자로 기존에 있던 값에 특정한 값을 특정한 연산을 하여 이를 다시 저장하는 역할을 함

더하기 복합 대입 연산자 +=	기존 변수에 수식의 값을 더함
빼기 복합 대입 연산자 -=	기존 변수에 수식의 값을 뺌
곱하기 복합 대입 연산자 *=	기존 변수에 수식의 값을 곱함

복합 대입 연산자는 변수의 기존 값에 연산을 수행한 다음 그 결과를 그 변수에 다시 저장한다. 복합 대입 연산자는 주로 산술 연산자의 형태로 많이 사용하고, 때에 따라서 뒤에서 배울 비트 연산자 또한 자주 사용한다.

손으로 익히는 코딩

```c
#include <stdio.h>

int main(void)
{
    int x = 127;

    printf("%d", x % 10);
    x /= 10;
    printf("%d", x % 10);
    x /= 10;
    printf("%d", x % 10);
}
```

실행 결과

```
721
```

복합 대입 연산자를 사용하는 예제이다. 어떠한 수에서 10으로 나눴을 때의 나머지는 1의 자릿수를 의미한다. 그리고 어떠한 수를 10으로 나눈 몫을 취하면 1의 자릿수를 제외한 나머지 자리만을 구할 수 있다. 위의 예제는 이것과 복합 대입 연산자를 활용하여 x에 저장된 127이라는 값을 뒤집어서 721로 출력하는 코드이다.

Quick Tip

x /= 10은 x = x / 10과 같습니다.

증감 연산자

복합 대입 연산자 중에서도 특히나 많이 쓰는 형태가 1을 더하기나 1을 빼는 것이다. 이 두 경우는 형태를 더 축약하여 사용할 수 있게 해 두었는데, 이를 증감 연산자*라고 한다.

증가 연산자 ++	변수의 값을 1 증가시킴
감소 연산자 --	변수의 값을 1 감소시킴

증감 연산자는 혼자 사용할 때 피연산자의 위치와는 관계없이 += 1, -= 1과 완전히 같은 역할을 한다. 변수의 값을 1 증가시키거나 1 감소시키는 의미이다. 그런데 혼자서 사용하는 경우가 아니라 다른 연산자들과 함께 사용할 때는 피연산자가 왼쪽에 있는지, 오른쪽에 있는지에 따라 그 의미가 달라진다.

```c
#include <stdio.h>

int main(void)
{
    int a = 5;
    int b = ++a;
    int c = a++;
    printf("%d %d %d", a, b, c);
}
```

실행 결과

```
7 6 6
```

++이 변수의 왼쪽에 위치하면 값을 증가시킨 이후 다른 연산을 적용한다. 따라서 a의 값이 6으로 증가한 후 이 값을 b에 저장한다. 반대로 ++이 변수의 오른쪽에 위치하면 다른 연산을 수행한 이후 증가한다. 그러므로 c에는 6이 저장된 후 a의 값이 7로 증가한다. 이 차이를 이용하면 같은 기능에 대해서 더 코드를 간결하게 작성할 수 있다는 장점이 있지만 사용하는 사람이나 이 코드를 보는 또 다른 사람이 이해하기 어려워진다는 단점이 있기에 헷갈리는 상황에서는 지양하는 것이 좋다.

Clear Comment

이런 단순한 경우에 대해서는 증감 연산자를 자주 사용하지만, 이보다 조금 더 복잡한 경우에 대해서는 C 언어의 문법에서 그 연산의 결과가 하나로 명확히 정해져 있지 않은 경우가 있습니다. 그런 경우 컴파일러와 컴퓨터에 따라서 같은 코드인데 다른 계산 결과가 나올 수도 있으므로 그러한 경우가 발생하지 않도록 주의해서 사용해야 합니다.

기초 용어 정리
* **증감 연산자**: 변수의 값을 1 증가시키거나 1 감소시키는 역할을 하는 연산자

03

형 변환과 연산 우선순위

형 변환, 암시적 형 변환, 명시적 형 변환, 형 변환 연산자

여기서는 무얼 배울까

지금까지 연산자를 사용하는 모든 부분에서 피연산자의 자료형을 통일시켜 주었다. C 언어에서는 기본적으로 연산자에서 사용되는 피연산자의 자료형은 달라서는 안 되기 때문이다. 하지만 서로 다른 자료형을 가진 피연산자를 사용해 보면 문제없이 실행되는데, 이는 컴파일러가 자동으로 두 값을 같은 자료형으로 맞춰 주는 기능을 해 주었기 때문이다. 이번 절에서는 값의 자료형을 바꾸는 형 변환과 함께 연산자 사이의 우선순위를 정리하는 시간을 갖는다.

형 변환

형 변환*은 특정한 자료형을 가진 어떠한 값을, 그 값의 의미를 유지한 채로 다른 자료형으로 바꾸는 것을 의미한다. 정수 1을 실수와 계산하고자 할 때 실수 1.0으로 바꾸어서 계산하는 것이 형 변환의 예이다. C 언어에서는 형 변환을 사람이 프로그램을 만들 때 직접 명시해 줄 수 있고, 아니면 컴파일러가 자동으로 해 줄 수도 있다.

암시적 형 변환

암시적 형 변환**은 사람이 형 변환을 명시하지 않았더라도 컴파일러가 상황에 맞게 자동으로 해 주는 형 변환을 의미한다.

기초 용어 정리

* **형 변환**: 특정한 자료형을 가진 어떠한 값을 그 값의 의미를 유지한 채로 다른 자료형으로 바꾸는 것. 형 변환은 암시적 형 변환과 명시적 형 변환으로 나뉨
** **암시적 형 변환**: 사람이 형 변환을 명시하지 않았더라도 컴파일러가 상황에 맞게 자동으로 해 주는 형 변환

```
#include <stdio.h>

int main(void)
{
    float x = 5;
    int y = 5.0f;
    printf("%f %d", x, y);
}
```

```
5.000000 5
```

변수의 자료형이 실수일 때에 정수를 대입하고자 한다면 정수를 실수 자료형으로 형 변환을 하
여 그 값을 변수에 대입한다. 이와 반대로 변수의 자료형이 정수일 때에 실수를 대입하고자 한다
면 실수를 정수로 바꾸는데, 이때 소수점 아래의 값은 버리고 정수부만 사용한다.

```
#include <stdio.h>

int main(void)
{
    int a = 5;
    float b = 10;
    printf("%f", a + b);
}
```

```
15.000000
```

암시적 형 변환의 또 다른 예시는 서로 다른 두 자료형에 대하여 연산자를 사용하는 경우이다.
이때는 미리 정해진 특별한 규칙에 맞게 어느 한쪽을 나머지 한쪽의 자료형으로 형 변환을 시킨
후에 연산을 수행한다.

● 같은 종류의 자료형이라면 크기가 작은 자료형을 큰 자료형으로 바꾼다.

● 정수와 실수를 계산하면 정수를 실수로 바꾼다.

● 정수와 부호가 없는 정수를 계산하면 정수를 부호가 없는 정수로 바꾼다.

연산자에서의 암시적 형 변환은 대개 더 정확히 표현할 수 있는 자료형으로 확장된다. 정수보다는 실수가 더 정확한 값을 표현할 수 있고, 같은 값의 종류를 갖는다면 더 많은 메모리를 차지하는 자료형이 더 정확한 값을 표현할 수 있다.

```
#include <stdio.h>
#pragma warning(disable: 4996)

int main(void)
{
    int a, b, c;
    scanf("%d %d %d", &a, &b, &c);
    float avg = (a + b + c) / 3.0f;
    printf("%f", avg);
}
```

입력값

```
1 2 3
```

실행 결과

```
2.000000
```

위의 코드는 3개의 정수를 입력한 다음 평균을 구하는 코드이다. 정수와 정수를 더하면 정수가 나오고, 정수와 정수를 나누면 정수가 나온다. 즉 정수의 평균을 구할 때 정수만으로 연산한다면 소수점 아래가 없는 평균이 나오게 될 것이다. 따라서 정확한 평균을 구하기 위해서는 나눌 수를 실수로 작성해야 한다.

명시적 형 변환

암시적 형 변환의 모든 규칙을 외우기 힘들어서 자료형을 명시해 주길 원하거나, 위 규칙과는 다르게 형 변환을 하고 싶은 상황에서는 사람이 형 변환을 직접 명시할 수 있다. 이를 명시적 형 변환*이라고 하며, 명시적 형 변환을 위한 연산자를 형 변환 연산자**라고 한다.

기초 용어 정리

* **명시적 형 변환**: 특정한 값의 자료형을 다른 자료형으로 바꾸도록 명시하여 사용하는 형 변환
** **형 변환 연산자**: 명시적 형 변환을 수행하는 연산자

(자료형) 값

형 변환 연산자를 사용하기 위해서는 형 변환을 하고자 하는 값 왼쪽에 소괄호로 묶은 자료형의
이름을 명시한다.

손으로 익히는 코딩

```c
#include <stdio.h>
#pragma warning(disable: 4996)

int main(void)
{
    int a, b, c;
    scanf("%d %d %d", &a, &b, &c);
    float avg = (float)(a + b + c) / 3.0f;
    printf("%f", avg);
}
```

입력값

1 2 3

실행 결과

2.000000

암시적 형 변환이 아닌 명시적 형 변환을 사용한 평균을 구하는 코드이다. 암시적 형 변환에는
나누는 수를 실수로 넣어서 평균이 실수가 나오도록 했지만, 여기서는 세 수의 합을 실수로 바꾼
후 나눗셈을 한다.

손으로 익히는 코딩

```c
#include <stdio.h>
#pragma warning(disable: 4996)

int main(void)
{
    float x;
    scanf("%f", &x);
```

```
    int a = (int)x;
    float b = x - (float)a;
    printf("%f = %d + %f", x, a, b);
}
```

1.7

1.700000 = 1 + 0.700000

실수를 정수로 형 변환을 하게 되면 소수점 아래가 없어지는 성질을 이용하여 실수부와 정수부를 나눌 수 있다. 먼저 실수의 값을 형 변환하여 정수부의 값을 구하고, 기존의 값에서 정수부를 빼 실수부를 구하면 된다.

연산자의 우선순위

지금까지 다양한 종류의 연산자를 알아보았다. 지금까지 배운 연산자들 외에도 C 언어에는 다양한 연산자들이 있는데, 지금까지 배웠던 연산자들과 함께 C 언어의 연산자로는 어떤 것들이 있는지 살펴보자.

우선순위	기호	이름
1	(), [], ->, .	괄호, 인덱스, 화살표, 점
2	!, ~, ++, *, &, sizeof, (type)	단항 연산자
3	*, /, %	곱하기, 나누기, 나머지 연산자
4	+, -	더하기, 빼기 연산자
5	《, 》	시프트 연산자
6	〉, 〈, 〈=, 〉=	이상, 이하, 초과, 미만 연산자
7	==, !=	등호, 같지 않음 연산자
8	&	비트 논리곱 연산자
9	^	비트 배타적 논리합 연산자
10	|	비트 논리합 연산자
11	&&	논리곱 연산자
12	||	논리합 연산자

13	?:	조건 연산자
14	=, +=, -=, ...	대입, 복합 대입 연산자
15	,	콤마 연산자

여기서 표시한 부분이 지금까지 배운 연산자들이고, 그 외에는 앞으로 천천히 배워 나갈 연산자들이다. 위 표 각각의 연산자는 우선순위에 따라 분류가 되어 있는데, 같은 우선순위라면 정해진 규칙에 따라 왼쪽 혹은 오른쪽부터 순서대로 수행된다.

여기서 한 가지 독특한 연산자가 있는데 바로 콤마 연산자이다. 콤마 연산자는 왼쪽과 오른쪽을 순서대로 실행하는데 그 우선순위가 매우 낮다. 단일 서술문에서 서로 다른 연산을 수행하고 싶다면 콤마로 구분하여 순서대로 실행하게 할 수 있다.

C 언어 연산자의 모든 우선순위를 외워서 코드를 작성해도 되지만, 헷갈리는 부분이라면 괄호를 이용하여 그 우선순위를 명시해 주는 것이 더 나을 수도 있다. 더 짧고 간결한 코드와 사람이 읽었을 때 헷갈리지 않는 코드 중에서 무엇이 더 나은지는 상황에 따라 다르기 때문에 이에 대해서는 경험을 쌓으면서 감을 잡는 것이 좋다.

등급 계산 프로그램

손으로 익히는 코딩

```c
#include <stdio.h>
#pragma warning(disable: 4996)

int main(void)
{
    int kor, math, eng;
    printf("input (kor, math, eng) : ");
    scanf("%d %d %d", &kor, &math, &eng);

    float avg = (kor + math + eng) / 3.0f;
    printf("avg : %.2f\n", avg);

    char grade = 'A';
    grade = avg < 90.0f ? 'B' : grade;
    grade = avg < 80.0f ? 'C' : grade;
    grade = avg < 70.0f ? 'D' : grade;
    grade = avg < 60.0f ? 'F' : grade;
    printf("grade : %c\n", grade);
}
```

```
70 80 90
```

```
avg : 80.00
grade : B
```

위 프로그램은 국어, 수학, 영어 세 과목의 점수를 입력받고 그 평균에 따라 등급을 출력하는 프로그램이다.

```c
int kor, math, eng;
printf("input (kor, math, eng) : ");
scanf("%d %d %d", &kor, &math, &eng);
```

가장 먼저 국어, 수학, 영어 점수를 저장할 세 int형 변수를 선언한 다음 scanf()를 이용하여 그 값을 입력받는다.

```c
float avg = (kor + math + eng) / 3.0f;
printf("avg : %.2f\n", avg);
```

그 후 세 점수의 합을 구해서 이를 3으로 나누는데, 여기서 나누는 값이 실수이므로 세 점수는 실수로 암시적 형 변환이 이루어져 최종적으로 실수로 평균 점수가 계산된다.

```c
char grade = 'A';
grade = avg < 90.0f ? 'B' : grade;
grade = avg < 80.0f ? 'C' : grade;
grade = avg < 70.0f ? 'D' : grade;
grade = avg < 60.0f ? 'F' : grade;
printf("grade : %c\n", grade);
```

등급을 나타내는 변수 grade에는 처음에 가장 높은 등급인 A 등급으로 시작한다. 그 이후 한 줄씩 실행을 시키면서 등급을 내릴지를 결정하는데, 만약 점수가 90점 미만이라면 기존의 등급을 B로 내리고 그렇지 않다면 grade 변수를 A로 유지한다. 최종적으로 평균에 따라 어떠한 등급인지 grade에 저장되고, 이를 출력한 후 프로그램이 종료된다.

1. 단답형

다음 조건을 간략히 하시오.

(1)
```
(a <= 5 || a > 5) && (a % 2 + 1 == 1)
```

(2)
```
(2 * a > 10 || 4 + a > 5) + 3 < 0
```

2. 출력 예상하기

다음 C 언어 프로그램을 실행했을 때 예상되는 출력 결과는?

```c
#include <stdio.h>

int main(void)
{
    int a, b, c;
    b = (c = (a = 5) + 2) * 2;

    printf("%d", b);
}
```

3. 프로그램 작성하기

다음 조건에 맞게 입력과 출력이 이루어지는 프로그램을 작성하시오.

(1)

입력

절댓값이 서로 다른 정수 a와 b를 입력받는다.

출력

절댓값이 더 큰 값을 출력한다.

(2)

입력

실수를 입력받는다.

출력

소수 두 번째 자리를 버림하여 소수 첫 번째 자리까지 출력한다.

(3)

입력

세 정수 a, b, c를 입력받는다.

출력

중앙값을 출력한다.

....

해설 및 정답

1. 단답형

다음 조건을 간략히 하시오.

(1)

```
(a <= 5 || a > 5) && (a % 2 + 1 == 1)
```

🗒 a % 2 == 0

a ⟨= 5 || a ⟩ 5는 모든 범위의 a를 포함하므로 항상 참이다.

a % 2 + 1 == 1에서 양 변에서 1을 빼면 a % 2 == 0이 된다.

1 && a % 2 == 0에서 왼쪽은 항상 참이므로 최종적인 식은

a % 2 == 0, a가 짝수인 경우이다.

(2)

```
(2 * a > 10 || 4 + a > 5) + 3 < 0
```

🗒 0

(2 * a ⟩ 10 || 4 + a ⟩ 5)는 마지막에 수행되는 연산자가 논리 연산자이므로 그 결과가 1 또는 0이다. 그러므로 최종적인 식은 0 + 3 ⟨ 0 또는 1 + 3 ⟨ 0이다.

두 경우 모두 거짓이므로 이 식은 항상 거짓이다.

2. 출력 예상하기

다음 C 언어 프로그램을 실행했을 때 예상되는 출력 결과는?

```c
#include <stdio.h>

int main(void)
{
    int a, b, c;
    b = (c = (a = 5) + 2) * 2;

    printf("%d", b);
}
```

🗒 14

a에 5를 대입하여 a = 5

c에 a + 2를 대입하여 c = 7

b에 c * 2를 대입하여 b = 14

3. 프로그램 작성하기

다음 조건에 맞게 입력과 출력이 이루어지는 프로그램을 작성하시오.

(1)
> **입력**
>
> 절댓값이 서로 다른 정수 a와 b를 입력받는다.
>
> **출력**
>
> 절댓값이 더 큰 값을 출력한다.

📋 1권 챕터5 a5.1.c

삼항 연산자를 이용하는 문제이다. 두 수의 절댓값의 대소 관계는 제곱해도 그 관계가 유지된다. 이를 이용해 두 수의 제곱을 비교하여 더 큰 값을 출력하도록 한다.

(2)
> **입력**
>
> 실수를 입력받는다.
>
> **출력**
>
> 소수 두 번째 자리를 버림하여 소수 첫 번째 자리까지 출력한다.

📋 1권 챕터5 a5.2.c

실수의 형 변환을 이용하는 문제이다. 실수를 정수로 형 변환하면 소수점 아래의 모든 수를 버리므로, 남기고자 하는 소수점 아래의 수를 소수점 위로 끌어올린 다음 형 변환을 한다.

(3)
> **입력**
>
> 세 정수 a, b, c를 입력받는다.
>
> **출력**
>
> 중앙값을 출력한다.

📋 1권 챕터5 a5.3.c

세 수의 중앙값은 세 수의 합에서 가장 큰 수와 가장 작은 수를 뺀 값과 같다는 사실을 이용하는 문제이다. 세 수의 합과 가장 큰 수, 가장 작은 수를 각각 구한 후 이를 이용하여 중앙값을 계산한다.

키워드로 정리하기

- C 언어는 입력에 대한 연산을 수행하여 결과를 내보내는 **연산자**가 있고, 기본적인 연산자는 **산술 연산자, 비교 연산자, 논리 연산자, 조건 연산자, 대입 연산자, 형 변환 연산자**가 있다.
- 비교 연산자와 논리 연산자는 그 결과가 참 또는 거짓으로, C 언어에서 거짓은 정수 0을 사용하고, 참은 0이 아닌 정수 중에서 주로 1을 사용한다.
- 대입 연산자는 변수의 값을 바꾸는 연산자로 연산의 우선순위가 오른쪽이 더 높다.
- C 언어의 연산자 대부분은 같은 자료형에 대해서만 정의되며 서로 다른 자료형에 대한 연산을 위해서는 **형 변환**이 필요하다. 형 변환은 컴파일러가 자동으로 수행하는 **암시적 형 변환**과 형 변환 **연산자**로 명시하는 **명시적 형 변환**으로 나뉜다.

표로 정리하기

C 언어의 연산자들과 그 우선순위는 다음과 같다.

우선순위	기호	이름
1	(), [], ->, .	괄호, 인덱스, 화살표, 점
2	!, ~, ++, *, &, sizeof, (type)	단항 연산자
3	*, /, %	곱하기, 나누기, 나머지 연산자
4	+, -	더하기, 빼기 연산자
5	《, 》	시프트 연산자
6	〉, 〈, <=, >=	이상, 이하, 초과, 미만 연산자
7	==, !=	등호, 같지 않음 연산자
8	&	비트 논리곱 연산자
9	^	비트 배타적 논리합 연산자
10	|	비트 논리합 연산자
11	&&	논리곱 연산자
12	||	논리합 연산자
13	?:	조건 연산자
14	=, +=, -=, ...	대입, 복합 대입 연산자
15	,	콤마 연산자

더 멋진 내일(Tomorrow)을 위한 내일(My Career)

내 일 은   C 언 어

비트와 연산자

01

진법과 정수

✓ 핵심 키워드

진법, 10진법, 2진법, 8진법, 16진법, 2의 보수

여기서는 무얼 배울까

사람이 숫자 한자리로 0부터 9까지, 10개의 수를 표현하는 이유는 사람의 손가락이 10개이기 때문이다. 그러므로 만약 사람의 손가락의 수가 지금과는 달랐다면 인간의 수 체계는 달라졌을지도 모른다. 그렇다면 컴퓨터는 어떠한 수 체계를 사용하는 것일까? 다르게 말하자면, 컴퓨터의 손은 몇 개의 손가락을 가지고 있을까? 이번 절에서는 사람과 컴퓨터가 사용하는 수 체계에 대해서 다루고, 이 둘 사이의 차이점과 변환 과정을 알아본다.

진법

10진법

수를 셀 때 얼마의 수부터 자릿수를 올릴지를 나타내는 방법을 진법*이라고 하고, 사람은 10진법을 사용한다. 10진법**이란 자릿수가 올라가는 기준이 되는 수가 10이라는 의미이며, 따라서 한 자리로 표현할 수 있는 0~9까지 10개이다.

```
1 = 10⁰
10 = 10¹
100 = 10²
```

10진법에서 1, 10, 100은 각각의 자릿수를 나타낸다. 10은 1의 자리에서 자릿수가 하나 올라간 10의 자릿수이고 100은 10의 자리에서 자릿수가 하나 올라간 100의 자릿수이다. 이들은 각각 몇 번의 자릿수가 올라갔느냐를 명시하기 위해 10^0, 10^1, 10^2로도 표기한다.

기초 용어 정리

***진법**: 수를 셀 때 얼마의 수부터 자릿수를 올릴지를 나타내는 방법

** **10진법**: 자릿수가 올라가는 기준이 되는 수가 10인 진법으로, 한 자리로 표현할 수 있는 수는 10개

```
256
= 200 + 50 + 6
= 2 * 100 + 5 * 10 + 6 * 1
```

10진법으로 표기된 256이라는 수는 1의 자리, 10의 자리, 100의 자리를 각각 나누어 200 + 50 + 6으로 표현할 수 있다. 200은 100의 자리에 숫자 2가 들어간 것이므로 $2*10^2$, 50은 10의 자리에 숫자 5가 들어간 것이므로 $5*10^1$, 마지막으로 6은 1의 자리에 숫자 6이 들어간 것이므로 $6*10^0$으로 나타낼 수 있다.

```
256
= 2 * 10² + 5 * 10¹ + 6 * 10⁰
```

256을 각각의 자릿수로 나누어서 표기하면 이렇게 정리할 수 있다.

2진법

컴퓨터는 모든 정보를 0과 1로 저장하고 계산한다. 따라서 한 자리에 10개의 수를 표현할 수 있는 10진법보다는 한 자리에 0과 1, 두 개만을 표현할 수 있는 2진법*을 사용하는 것이 더 자연스럽고 편리하다.

```
1(2) = 2⁰ = 1
10(2) = 2¹ = 2
100(2) = 2² = 4
```

2진법에서의 1, 10, 100의 의미하는 것과 10진법에서의 1, 10, 100이 의미하는 것은 크게 다르지 않다. 단지 2진법에서 자릿수가 올라갔다는 의미는 숫자 2만큼이 올라갔다는 의미이므로, 10은 2의 자릿수, 100은 4의 자릿수라고 부를 수 있다. 따라서 이들을 10진법으로 바꾸어서 표현하면 각각 1, 2, 4이며 자릿수를 명시하기 위하여 2^0, 2^1, 2^2로도 표현할 수 있다.

```
1010(2)
= 1000(2) + 10(2)
= 8 + 2
= 10
```

기초 용어 정리
*2진법: 자릿수 올라가는 기준이 되는 수가 2인 진법으로, 한 자리로 표현할 수 있는 수는 0과 1로 총 2개

2진법에서의 1010을 10진법의 경우와 마찬가지로 각 자릿수로 나누어 1000 + 10이라고 쓸 수 있다. 여기서 1000은 2진법의 네 번째 자릿수이므로 2^3, 10은 두 번째 자릿수이므로 2^1이다. 그렇기에 2진법으로 표현된 이 수를 10진법으로 바꾸어서 쓴다면 $2^3 + 2^1 = 10$이다.

8진법과 16진법

컴퓨터는 2진법을 사용하지만 한 자리에 1과 0밖에 올 수 없는 2진법의 특성상 숫자가 너무 길어진다는 단점이 있다. 그래서 2진법보다는 더 짧게 수를 표현할 수 있되 2진법과의 변환이 쉬운 진법을 사용하고 있는데, 이러한 진법이 8진법*과 16진법**이다.

```
571(8)
= 500(8) + 70(8) + 1(8)
= 5(8) * 100(8) + 7(8) * 10(8) + 1(8) * 1(8)
= 5 * 8² + 7 * 8¹ + 1 * 8¹
```

8진법에서 571은 500 + 70 + 1로 나눌 수 있고, 이를 10진법으로 바꾼다면 $5*8^2 + 7*8^1 + 1*8^0$이다.

```
5(8) = 101(2)
7(8) = 111(2)
1(8) = 001(2)

571(8)
= 101111001(2)
```

8진법의 한 자리는 2진법의 세 자리로 대응된다. 571을 2진법으로 바꾸려면 5, 7, 1을 각각 그에 해당하는 2진법으로 바꾸어 표기하면 된다. 만약 반대로 2진법을 8진법으로 바꾸길 원한다면 2진법의 세 자리를 하나씩 묶어 그에 대응되는 8진법의 수로 바꿔 주면 된다.

기초 용어 정리
*8진법: 자릿수가 올라가는 기준이 되는 수가 8인 진법으로, 한 자리로 표현할 수 있는 수는 8개
** 16진법: 자릿수가 올라가는 기준이 되는 수가 16인 진법으로, 한 자리로 표현할 수 있는 수는 16개. 10부터 15까지의 수는 통상적으로 A~F의 알파벳으로 표현

```
10 = A(16)
12 = C(16)
31 = 1F(16)
```

다른 진법과 마찬가지로 16진법은 한 자리에 16개의 수를 표현할 수 있다. 다만 기존의 사람이
사용하는 수가 10진법이기에 10~15까지의 수를 한 자리로 표현하는 방법이 있어야 하는데, 16
진법에서는 주로 알파벳 A부터 F까지를 각각 10~15까지의 수에 대응시켜 사용한다. 그러므로
16진법의 A는 10진법의 10이고, 16진법의 F는 10진법의 15이다.

```
1B5(16)
= 100(16) + B0(16) + 5(16)
= 1 * 16² + 11 * 16¹ + 5 * 16⁵
```

16진법에서 1B5는 $100 + B0 + 5$로 나눌 수 있고, 이를 10진법으로 바꾼다면 $1*16^2 + 11*16^1 + 5*16^0$이다.

```
1(16) = 0001(2)
B(16) = 1011(2)
5(16) = 0101(2)

1B5(16)
= 000110110101(2)
```

8진법과 마찬가지로 16진법과 2진법 사이의 변환은 간단하다. 16진법의 한 자리는 2진법의 네
자리로 대응되기 때문에 그 방법은 8진법과 크게 다르지 않다.

> **Clear Comment**
>
> printf()와 scanf()에서 8진법과 16진법의 형식 지정자는 각각 %o와 %x입니다. 그리고 정수 상수를 다른 진법으로 표기하
> 려면 숫자 앞에 0 또는 0x를 붙입니다. 010은 10(8)을, 0x10은 10(16)을 의미합니다.

정수 표현 방법

컴퓨터가 정수를 표현하는 방법은 여럿이지만 현대의 컴퓨터는 보편적으로 통일된 한 가지 방법
을 사용한다.

양의 정수 표현 방법

컴퓨터에서 정보를 표현하기 위해서는 정보를 표현할 바이트의 수를 정한다. 실수와 변수에서 다루었던 자료형의 크기가 이에 해당한다. 바이트의 수가 정해지면 2진법으로 정수를 표현하여 저장하되 숫자가 없는 빈 비트는 0으로 채운다.

```
11 = 0000 1011
```

만약 1바이트를 사용하여 양의 정수 11을 표현하고자 한다면 이렇게 표현할 수 있다. 11은 8+2+1이므로 2진법으로 1011이며, 수를 표현하고 남은 자리에 0을 채워 넣는다.

```
0000 1011 ≥ 0
1000 1011 < 0
```

컴퓨터에서 부호가 있는 정수를 표현할 때는 가장 높은 비트를 부호 비트로 삼는다. 이 비트가 0이라면 0 또는 양수, 1이라면 음수이다. 만약 양수라면 남은 7비트를 마찬가지의 방법으로 정수를 표현한다.

```
1000 1011 = 139 (부호가 없을 경우)
1000 1011 < 0 (부호가 있을 경우)
```

부호가 없는 정수는 부호 비트가 없기에 가장 높은 비트가 1이라면 절댓값이 큰 양수를 나타낸다. 하지만 부호 비트가 있는 경우 가장 높은 비트가 1이라면 음수이므로 표현을 위한 비트가 완전히 같다고 하더라도 표현하려는 자료형에 따라 그 의미가 달라질 수 있다.

음의 정수 표현 방법

음의 정수는 부호가 있는 정수에서 부호 비트를 1로 설정하여 표현할 수 있다. 하지만 양의 정수와는 수의 크기를 표현하는 데에 작은 차이가 있어 한눈에 그 값을 알아보기는 어렵다. 그렇기에 일반적으로 음의 정수를 사용할 때는 절댓값이 같은 양의 정수를 이용한다.

```
1001 0011 < 0
1000 1011 < 0
1100 1101 < 0
```

부호가 있는 정수를 표현했을 때 부호 비트가 1이라면 음수이다. 음수가 어떤 값인지 알아내려면 이 음수를 같은 절댓값을 가지는 양수로 바꾸면 된다.

```
1001 0011
~ 0110 1100
~ 0110 1101
= 109
```

음수를 양수로, 양수를 음수로 바꾸는 과정은 먼저 모든 0과 1를 뒤집고, 그 후 1을 더한다. 위의 예시를 이 순서로 계산하면 0110 1101이 나오고, 이는 109를 의미한다. 즉, 양수로 바꾸기 전 원래 값이었던 1001 0011은 −109를 의미한다.

반대로 어떤 수가 컴퓨터에서 무슨 비트로 저장되는지를 확인하려면 같은 절댓값을 가지는 양수로 표현한 뒤 같은 방식으로 음수로 변환하면 된다.

```
121
= 0111 1001
~ 1000 0110
~ 1000 0111
= -121
```

양수와 음수의 표현 방법에 차이가 있는 이유는 이렇게 함으로써 양수와 음수, 덧셈과 뺄셈을 같은 회로로 계산할 수 있기 때문이다. 사람이 사용하는 데에는 불편함이 있을 수 있지만 이러한 방법이 컴퓨터가 계산하기에는 더 쉽기에 방법을 채택하여 사용하는 것이다. 프로그램을 만드는 입장에선 정수가 컴퓨터에서 어떻게 표현되는지 알아야 하는 경우가 많으므로 이러한 기본적인 지식을 쌓는 것은 중요하다.

02

문자와 실수

아스키 코드, 부동 소수점

여기서는 무얼 배울까

정수는 그 특성상 이를 컴퓨터에서 표현하기 위한 규칙을 만들기가 수월하다. 그러나 이와는 달리 문자는 문자와 문자 사이에 특별한 규칙이 없으므로 컴퓨터에서 글자를 표현하기에 어려움이 있었고, 또 실수는 단순히 자세한 값을 표현하는 데에서 끝나는 것이 아닌 매우 큰 값을 표현하기 위한 목적도 가지고 있어 단순한 방법으로 표현할 수 없었다. 컴퓨터과학 분야에서는 문자와 실수를 표현하기 위해서 오랫동안 논의와 연구가 있었고, 현재는 대부분 통일된 방법을 사용한다. 이번 절에서는 문자와 실수를 표현하는 표준으로 정해진 방법에 대해서 배운다.

문자

문자는 수와는 다르게 문자끼리의 특별한 규칙이 존재하지 않는다. 그래서 초기에 문자를 컴퓨터에서 표현할 때는 문자를 나타낼 규칙이 없었기에 정수 하나와 문자 하나를 1:1로 대응하여 정수에 대한 별명으로 문자를 사용했는데, 이것이 아스키 코드*이다.

아스키 코드

아스키 코드는 C 언어가 채택한 문자 표현 방법이다. 아스키 코드는 1바이트로 정수를 표현한 후 그 정수 하나하나에 특정한 문자를 대응시켜 사용한다.

16진수	문자	16진수	문자	16진수	문자	16진수	문자
0x00	NUL	0x20	SP	0x40	@	0x60	`
0x01	SOH	0x21	!	0x41	A	0x61	a
0x02	STX	0x22	"	0x42	B	0x62	b

기초 용어 정리

* **아스키 코드**: 정수 하나와 문자 하나를 1:1로 매칭하여 정수에 대한 별명으로 문자를 사용하는 방법

0x03	ETX	0x23	#	0x43	C	0x63	c
0x04	EOT	0x24	$	0x44	D	0x64	d
0x05	ENQ	0x25	%	0x45	E	0x65	e
0x06	ACK	0x26	&	0x46	F	0x66	f
0x07	BEL	0x27	'	0x47	G	0x67	g
0x08	BS	0x28	(	0x48	H	0x68	h
0x09	HT	0x29	)	0x49	I	0x69	i
0x0A	LF	0x2A	*	0x4A	J	0x6A	j
0x0B	VT	0x2B	+	0x4B	K	0x6B	k
0x0C	FF	0x2C	,	0x4C	L	0x6C	l
0x0D	CR	0x2D	−	0x4D	M	0x6D	m
0x0E	SO	0x2E	.	0x4E	N	0x6E	n
0x0F	SI	0x2F	/	0x4F	O	0x6F	o
0x10	DLE	0x30	0	0x50	P	0x70	p
0x11	DC1	0x31	1	0x51	Q	0x71	q
0x12	DC2	0x32	2	0x52	R	0x72	r
0x13	DC3	0x33	3	0x53	S	0x73	s
0x14	DC4	0x34	4	0x54	T	0x74	t
0x15	NAK	0x35	5	0x55	U	0x75	u
0x16	SYN	0x36	6	0x56	V	0x76	v
0x17	ETB	0x37	7	0x57	W	0x77	w
0x18	CAN	0x38	8	0x58	X	0x78	x
0x19	EM	0x39	9	0x59	Y	0x79	y
0x1A	SUB	0x3A	:	0x5A	Z	0x7A	z
0x1B	ESC	0x3B	;	0x5B	[	0x7B	{
0x1C	FS	0x3C	⟨	0x5C	₩	0x7C		
0x1D	GS	0x3D	=	0x5D	]	0x7D	}
0x1E	RS	0x3E	⟩	0x5E	^	0x7E	~
0x1F	US	0x3F	?	0x5F	_	0x7F	DEL

아스키 코드는 미국에서 사용하는 데 필요한 문자들을 모아 둔 것이기 때문에 알파벳과 숫자, 몇 개의 특수문자와 제어 문자 등이 포함되어 있다. 이들은 모두 각각에 대응되는 정수 하나가 있고, 이 정수와 각각의 문자들은 내부적으로 같은 값이다.

손으로 익히는 코딩

```c
#include <stdio.h>
#pragma warning(disable: 4996)

int main(void)
{
    char ascii;
    scanf("%c", &ascii);
    printf("%d", ascii);
}
```

입력값

A

실행 결과

65

문자와 그에 해당하는 정수는 같은 값을 나타낸다. 단지 이를 입력하거나 출력할 때 그에 맞는 문자로 대응시켜 사용할 뿐이다. 만약 printf()로 출력할 때 문자 상수를 %d로 출력한다면 그에 해당하는 정수가 출력된다.

```c
#include <stdio.h>
#pragma warning(disable: 4996)

int main(void)
{
    printf("%cSCII", 65);
}
```

실행 결과

ASCII

반대로 어느 한 정수를 %c로 출력한다면 그에 해당하는 문자가 출력된다. 정수 65는 문자 'A'에 해당하는 아스키 코드이므로 이 프로그램의 결과는 ASCII이다.

문자의 활용

문자는 정수이므로 정수에서 사용할 수 있는 연산자를 동일하게 쓸 수 있다.

```
#include <stdio.h>

int main(void)
{
    printf("%c + 3 = %c", 'A', 'A' + 3);
}
```

```
A + 3 = D
```

문자 'A'에서 3을 더한다면 그 문자에서 3만큼 이동한 위치의 문자가 계산된다. 아스키 코드에서 알파벳과 숫자는 순서대로 배치가 되어 있으므로 'A'의 3만큼 이동한 위치의 문자는 'D'이다.

```
#include <stdio.h>
#pragma warning(disable: 4996)

int main(void)
{
    char ch;
    scanf("%c", &ch);
    ('a' <= ch && ch <= 'z' || 'A' <= ch && ch <= 'Z') ?
        printf("%c is an alphabet.", ch) :
        printf("%c is not an alphabet.", ch);
}
```

```
#
```

```
# is not an alphabet.
```

알파벳 순서대로 정수가 매겨져 있음을 알고 있다면 문자가 알파벳인지 아닌지를 비교 연산자로 손쉽게 알아낼 수 있다. 아스키 코드에서 알파벳 소문자와 대문자는 붙어 있지 않으므로 따로 처리하여 논리합으로 결합해야 함에 주의해야 한다.

```
#include <stdio.h>
#pragma warning(disable: 4996)

int main(void)
{
    char ch;
    scanf("%c", &ch);
    printf("%c", ch - 'a' + 'A');
}
```

입력값

x

실행 결과

X

소문자 하나를 입력받았을 때 그 알파벳을 대문자로 바꾸어 출력하는 예제이다. 어떤 소문자와 'a'까지의 거리, 그리고 그에 해당하는 대문자와 'A'까지의 거리는 같다. 이를 이용하면 몇 번의 산술 연산으로 대소문자를 쉽게 변환할 수 있다.

실수

실수는 정수보다 더 복잡한 규칙으로 표현된다. 실수는 비트들을 세 부분으로 나누어서 정보를 표현한다.

부호	지수부	실수부
1bit	8bit	23bit

실수는 부호와 실수부, 지수부로 나뉘며 부호는 정수와 마찬가지로 0은 양수, 1은 음수이다. 또 큰 수와 작은 수를 모두 표현할 수 있도록 지수부 역시 부호를 가지고 있다. 32비트의 크기를 갖는 실수 자료형(float)은 부호 1비트, 지수부 8비트, 실수부 23비트로 구성된다.

```
1.0f = 3F800000
3.14f = 4048F5C3
2.414f = 401A7EFA
```

4바이트로 실수를 표현했을 때의 몇 가지 예시이다. 정수는 메모리에서의 표현만을 보고도 어느 값인지를 유추할 수 있지만 실수는 표현 방법이 더 복잡하기에 한눈에 알아보기는 어렵다.

```
1/3 ≈ 0.3333333 = 3333333/10000000
```

10진법을 사용하는 사람의 수 체계에서 소수의 표현으로 1/3이라는 값을 정확하게 표현할 수 없다. 소수점 아래에 3이 무한히 존재한다면 1/3과 같다고 할 수는 있겠지만, 소수점 아래에 3을 쓸 무한한 공간이 없기에 필연적으로 어느 순간에 3이 끝나고, 그만큼 오차가 발생한다. 10진법으로 구성되는 소수는 분모가 10의 제곱수인 분수로 표현할 수 있는데, 1/3의 분모인 3은 10과 서로소이므로 완전한 1/3을 표현할 수 없다.

```
0.1 ≈ 104858/1048576
```

컴퓨터가 실수를 저장하는 방법도 이와 비슷하다. 단지 10진법이 아닌 2진법으로 소수를 표현한다는 차이가 있다. 2진법의 소수는 2의 제곱수를 분모로 하는 분수로 표현할 수 있는데, 1/10이라는 분수는 이와 같은 방법으로 표현할 수 없다. 따라서 1/3을 10진법의 소수로 표현할 수 없듯 1/10이라는 값은 2진법의 소수로 정확하게 표현할 수 없으며 항상 오차가 발생한다.

에러에서 배우기

```c
#include <stdio.h>

int main(void)
{
    float x = 1.0f - 0.9f - 0.1f;
    printf("%f %d", x, x == 0.0f);
}
```

실행 결과
```
0.000000 0
```

정수와는 달리 실수는 오차가 필연적으로 생길 수밖에 없기 때문에 실수를 사용할 때는 주의가 필요하다. 1.0에서 0.9와 0.1을 빼면 0.0이 나올 것으로 생각할 수 있고, 실제 이 값을 출력해 보면 0.000000으로 출력된다. 하지만 이 값과 0.0을 비교해 보면 서로 다르다고 출력되는데, 이는 실수 사이의 계산 과정에서 발생한 미세한 오차로 인해 발생하는 문제이다.

```c
#include <stdio.h>

int main(void)
{
    float x = 1.0f - 0.9f - 0.1f;
    float epsilon = 0.00001f;
    printf("%f %d", x, -epsilon < x && x < epsilon);
}
```

실행 결과
```
0.000000 1
```

실수를 비교할 때는 작은 오차로 발생하는 문제를 줄이기 위해 비교 연산자를 주로 사용한다. 완전히 같은 값은 아니더라도 미세한 오차 정도라면 이 둘은 같은 값으로 취급한다는 뜻이다.

double 자료형과 float 자료형은 정확도에서 큰 차이가 있다. 따라서 프로그래밍하는 과정에서 float 자료형의 정확도 문제로 잘못된 결과가 나온다면 이를 double 자료형으로 바꾸는 것이 문제를 해결하는 한 가지 방법이 될 수 있다.

🔍 **더 알아보기**

오버플로우와 언더플로우

정수와 실수의 표현 방법의 한계로 의도하는 값이 아닌 잘못된 값이 나타나는 경우가 있다. 여기에는 대표적으로 오버플로우와 언더플로우가 있다.

1. 오버플로우

주로 정수에서 발생하는 오버플로우*는 표현할 수 있는 최댓값을 넘어갈 때 최솟값으로 변하거나 최솟값을 넘어갈 때 최댓값으로 변하는 현상이다.

```
0111 1111 + 1
= 1000 0000
```

1바이트로 부호가 있는 정수를 표현하고자 할 때 표현할 수 있는 가장 큰 값은 255이다. 여기서 만약 1을 더하면 자리 올림이 발생하는데, 부호가 있는 정수에서 최상위 비트가 1이면 음수이므로 위의 값은 128이 아닌 −128이다.

기초 용어 정리
***오버플로우**: 표현할 수 있는 최댓값을 넘어갈 때 최솟값으로 변하거나 최솟값을 넘어갈 때 최댓값으로 변하는 현상

```
#include <stdio.h>

int main(void)
{
    int x = 2147483647;
    printf("%d", x + 1);
}
```

```
-2147483648
```

int 자료형이 4바이트의 크기를 갖는다면 최대로 표현할 수 있는 값은 2,147,483,647이다. 이 값을 넘어서면 오버플로우가 발생하여 최소값인 −2,147,483,648이 된다.

C 언어에서는 오버플로우가 발생했을 때 별도의 오류를 발생시키지 않는다. 오버플로우 현상은 자료형의 크기에 영향을 받는 오류이므로 프로그램을 만들 때 오버플로우가 발생할 수 있는지를 항상 염두에 두어야 하고, 만약 발생할 가능성이 있다면 더 큰 자료형인 long int나 long long int를 대신 쓰는 것을 고려해야 한다.

2. 언더플로우

오버플로우가 절댓값이 클 때 발생하는 현상이라면 언더플로우*는 실수에서 절댓값이 작을 때에 발생한다. C 언어에서 실수는 부호와 실수부, 지수부로 표현되는데 여기서 지수부의 최솟값을 넘어가 너무나도 작은 값이 된다면 이를 표현할 수 없어진다.

```
#include <stdio.h>

int main(void)
{
    float a = 0.000000000000000000000000000000000000000000000001f;
    printf("%d", a == 0.0f);
}
```

```
1
```

위 예제에서 실수 a는 매우 작은 값을 가지고 있는 것으로 생각할 수 있지만, 저 값은 float 자료형으로 표현하기에는 너무 미세한 값이다. 이 경우에는 표현할 수 있는 가장 가까운 값으로 근사하게 되는데, 가장 가까운 값이 0.0f이므로 아래의 비교 연산자는 참이 된다.

언더플로우는 근본적으로 실수 자료형이 가지는 정확도의 한계로 발생한다. 따라서 언더플로우가 발생하여 문제가 생긴다면 float 자료형보다 더 높은 정확도를 가지는 double 자료형이나 long double 자료형을 사용하는 것을 고려해야 한다.

기초 용어 정리

* **언더플로우**: 실수의 지수부가 최솟값을 벗어나게 될 때 그 값을 표현할 수 없게 되는 현상

03

비트 연산자

비트 연산자, 시프트 연산자, 비트 논리 연산자

여기서는 무얼 배울까

컴퓨터는 0과 1로 이루어진 정보를 다루는 기계이기 때문에 컴퓨터를 더욱 아름답게 사용하기 위해선 0과 1을 아름답게 처리하는 방법을 알아야 한다. 정수와 실수에서 시야를 잠시 멀리 두고 대신 비트 하나하나에 집중해 보자. 이번 절에서는 정수와 실수와 같은 의미적인 정보가 아닌 비트 그 자체를 다루는 연산인 비트 연산자를 배우고 이를 활용하는 방법을 다룬다.

C 언어는 컴퓨터 내부의 정수나 실수 같은 의미적인 정보끼리의 계산 외에 컴퓨터 내부의 비트 그 자체를 연산에 사용할 수 있다. 이러한 연산을 하기 위한 연산자를 비트 연산자*라고 하며 비트 연산자는 시프트 연산자와 비트 논리 연산자가 있다.

시프트 연산자

왼쪽 시프트 연산자 <<	모든 비트를 왼쪽으로 특정한 값만큼 이동시킴
오른쪽 시프트 연산자 >>	모든 비트를 오른쪽으로 특정한 값만큼 이동시킴

시프트 연산자**는 모든 비트를 왼쪽 혹은 오른쪽으로 특정한 값만큼 이동시키는 연산자이다.

왼쪽 시프트 연산자

코 · 드 · 소 · 개

비트 << 오프셋

기초 용어 정리

* **비트 연산자**: 컴퓨터 내부의 비트 자체를 연산에 이용하는 연산자로 시프트 연산자와 비트 논리 연산자가 있음

** **시프트 연산자**: 모든 비트를 왼쪽 혹은 오른쪽으로 특정한 값만큼 이동시키는 연산자

왼쪽 시프트 연산자*는 모든 비트를 왼쪽으로 이동시킨다. 이동한 이후에는 오른쪽에 빈 비트가 생기는데, 여기에는 모두 0을 채운다.

```c
#include <stdio.h>

int main(void)
{
    int x = 9;
    printf("%d", x << 3);
}
```

실행 결과

```
72
```

왼쪽 시프트 연산자는 왼쪽에 있는 변수의 비트들을 오른쪽에 있는 숫자만큼 이동시킨다. 실제 실행 결과를 보면 왼쪽의 9라는 값에 8을 곱한 72가 나온다. 여기서 정수는 2진법으로 표현되므로 왼쪽으로 이동시키는 것은 의미상 자릿수를 그만큼 이동시키는 것과 같다. 따라서 왼쪽으로 1만큼 이동하는 것은 2를 곱한 것이고, 3을 이동시키면 8을 곱한 것과 같다.

손으로 익히는 코딩

```c
#include <stdio.h>
#pragma warning(disable: 4996)

int main(void)
{
    int e;
    scanf("%d", &e);
    printf("2^%d=%d", e, 1 << e);
}
```

입력값

```
10
```

실행 결과

```
2^10=1024
```

기초 용어 정리
* **왼쪽 시프트 연산자**: 모든 비트를 왼쪽으로 특정한 값만큼 이동시키는 연산자

2진법에서 자릿수가 바뀐다는 것은 곧 2의 제곱수를 곱한다는 것과 같다. 그러므로 왼쪽 시프트 연산자를 사용한다면 쉽게 2의 제곱수를 구하여 사용할 수 있다.

Quick Tip

컴퓨터가 2진법을 사용하기에 가능한 것입니다. 3의 제곱수 등은 연산자 하나로 구할 수 없습니다.

오른쪽 시프트 연산자

> 코 · 드 · 소 · 개
>
> 비트 >> 오프셋

오른쪽 시프트 연산자* >>는 왼쪽에 있는 비트들을 오른쪽에 있는 수만큼 오른쪽으로 이동시킨다. 양수 또는 부호가 없는 정수라면 왼쪽에 0을 채우며 음수는 왼쪽에 1을 채운다. 왼쪽 시프트 연산자와 달리 오른쪽 시프트 연산자가 추가적인 규칙이 있는 이유는 산술적인 의미를 위해서이다.

```c
#include <stdio.h>

int main(void)
{
    int p = 40;
    int m = -40;
    printf("%d\n%d", p >> 2, m >> 2);
}
```

실행 결과
```
10
-10
```

왼쪽 시프트 연산자가 산술적으로 2의 제곱수를 곱하는 것과 마찬가지로 오른쪽 시프트 연산자는 산술적으로 2의 제곱수로 나눈다는 의미이다. 즉, 시프트 연산이 나누기가 되려면 부호가 유지되어야 하기 때문에 부호가 유지되도록 그것에 맞게 0과 1을 빈 비트에 채워 넣는 것이다.

```c
#include <stdio.h>

int main(void)
{
    int p = 39;
```

기초 용어 정리

* **오른쪽 시프트 연산자**: 모든 비트를 왼쪽으로 특정한 값만큼 이동시키는 연산자

```
    int m = -39;
    printf("%d %d", p >> 1, m >> 1);
}
```

```
19 -20
```

양수에서 오른쪽 시프트 연산자로 2를 나누면 소수점 아래를 버린다. 하지만 음수에서는 반대로 소수점 아래를 올린다. 이 둘의 차이는 정수에서 양수와 음수의 표현 방법이 다름에서 온다.

손으로 익히는 코딩

```
#include <stdio.h>
#pragma warning(disable: 4996)

int main(void)
{
    unsigned int input;
    scanf("%d", &input);
    printf("128 %s %u", input >> 7 == 0 ? ">" : "<=", input);
}
```

입력값

```
129
```

실행 결과

```
128 <= 129
```

주어진 부호가 없는 정수가 128 이상인지를 확인하고 싶을 때 비교 연산자가 아닌 시프트 연산자를 사용할 수 있다. 오른쪽 시프트 연산자로 128을 나눴을 때 몫이 0이라면 128 미만, 1 이상이라면 128 이상이다. C 언어에서 0이라면 거짓, 0이 아니라면 참이기에 이 몫을 이용하여 조건이 맞는지를 검사할 수 있다.

Clear Comment

시프트 연산자를 비롯한 비트 연산자는 그 속도가 다른 연산에 비해서 빠릅니다. 비트에 대한 이해도가 높다면 이를 활용할 수 있는 곳에서 간결하고 빠른 코드를 작성할 수 있습니다.

비트 논리 연산자

비트 논리 연산자*는 비트 단위로 논리 연산을 수행하는 연산자이다. 만약 피연산자가 4바이트를 갖는다면 32개의 비트 각각에 대해서 논리 연산을 수행하고, 그 결과인 32개의 비트를 모아서 하나의 4바이트 결과를 낸다.

비트 논리합 연산자 |	비트 단위로 논리합을 수행함
비트 논리곱 연산자 &	비트 단위로 논리곱을 수행함
비트 논리 부정 연산자 ~	비트 단위로 논리부정을 수행함
비트 배타적 논리합 연산자 ^	비트 단위로 배타적 논리합을 수행함

비트 논리 연산자는 4종류로 기존 논리 연산자에 대응되는 3개 외에 비트 배타적 논리합 연산자가 있다.

비트 논리합 연산자

비트 논리합 연산자**는 비트 단위로 논리합을 수행한다.

```
1 | 10
= 0001(2) | 1010(2)
= 1011(2)
= 11
```

4바이트 정수 1과 10을 비트로 표현하면 다음과 같다. 여기서 두 정수에 비트 논리합을 하면 각각의 비트에 논리합을 한 아래의 결과가 나온다.

손으로 익히는 코딩

```
#include <stdio.h>

int main(void)
{
    int a = 1, b = 10;
    int r = a | b;
    printf("%d", r);
}
```

기초 용어 정리
* **비트 논리 연산자**: 비트 단위로 논리 연산을 수행하는 연산자
** **비트 논리합 연산자**: 비트 단위로 논리합을 수행하는 비트 연산자

```
11
```

프로그램의 실행 결과는 1011비트에 해당하는 정수인 11이 나온다.

비트 논리곱 연산자

비트 논리합 연산자*는 비트 단위로 논리곱을 수행한다.

```
11 & 10
= 1011(2) & 1010(2)
= 1010(2)
= 10
```

4바이트 정수 11과 10을 비트로 표현하면 다음과 같다. 여기서 두 정수에 비트 논리곱을 하면 각각의 비트에 논리곱을 한 결과인 10이 나온다.

손으로 익히는 코딩

```c
#include <stdio.h>

int main(void)
{
    int a = 11, b = 10;
    int r = a & b;
    printf("%d", r);
}
```

```
10
```

프로그램의 실행 결과는 1010비트에 해당하는 정수인 10이 나온다.

기초 용어 정리
* **비트 논리곱 연산자**: 비트 단위로 논리곱을 수행하는 비트 연산자

비트 논리 부정 연산자

비트 논리 부정 연산자*는 비트 단위로 논리 부정을 수행한다.

```
~10
= ~0000 ... 0000 1010
= 1111 ... 1111 0101
```

4바이트 정수 10의 모든 비트를 뒤집으면 다음과 같은 비트가 나온다. 이를 4바이트의 정수로 해석하면 −11이다.

손으로 익히는 코딩

```c
#include <stdio.h>

int main(void)
{
    int a = 10;
    int r = ~a;
    printf("%d", r);
}
```

실행 결과

```
-11
```

프로그램의 실행 결과는 해당하는 정수인 −11이다.

```c
#include <stdio.h>
#pragma warning(disable: 4996)

int main(void)
{
    int a;
    scanf("%d", &a);
    printf("%d %d", ~a + 1, -a);
}
```

기초 용어 정리

* **비트 논리 부정 연산자**: 비트 단위로 논리 부정을 수행하는 비트 연산자

272

272 -272

부호가 있는 정수를 절댓값의 크기는 그대로 둔 채로 부호만 바꾸려면 모든 비트를 뒤집은 후 1을 더하면 된다. 그렇기에 이를 그대로 비트 연산으로 구현하면 정수에 마이너스를 붙인 것과 같은 결과가 나온다.

비트 배타적 논리합 연산자

비트 배타적 논리합 연산자*는 비트 단위로 배타적 논리합을 수행한다. 배타적 논리합은 두 비트가 서로 다르면 1, 같으면 0이 나오게 되는 연산이다.

```
11 ^ 10
= 1011(2) ^ 1010(2)
= 0001(2)
= 1
```

4바이트 정수 11과 10에 배타적 논리합을 적용하면 서로 비트가 다른 부분인 첫 비트만 1이 되어 그 값은 정수 1이 나온다.

손으로 익히는 코딩

```
#include <stdio.h>
#pragma warning(disable: 4996)

int main(void)
{
    int a = 11, b = 10;
    int r = a ^ b;
    printf("%d", r);
}
```

기초 용어 정리

* **비트 배타적 논리합 연산자**: 비트 단위로 배타적 논리합을 수행하는 비트 연산자. 배타적 논리합은 두 비트가 서로 다를 때에 1을 결과로 내보냄

```
1
```

프로그램의 실행 결과는 해당하는 정수인 1이 나온다.

```
1 ^ 1 = 0
1 ^ 0 = 1
0 ^ 1 = 1
0 ^ 0 = 0
```

배타적 논리합은 하나의 비트만 있다면 두 값이 서로 다른 경우에만 1이 나오기 때문에 != 연산자가 하는 역할과 크게 다르지 않다. 그렇기에 배타적 논리합을 위한 논리 연산자는 C 언어에 없다. 하지만 이 연산을 비트 단위로 수행한다면 여러 비트 연산자를 이용해야 하는 부분에서 더 적은 연산자로 같은 연산을 할 수 있는 장점이 생긴다.

> 💬 더 알아보기
>
> **비트 필드와 비트 마스킹**
>
> 표현하고자 하는 데이터가 정수 자료형으로 충분히 표현할 수 있을 경우의 수를 가진다면 하나의 정수로 표현해도 되지만, 그러한 데이터가 여럿이 있다면 그에 맞는 수의 정수 자료형이 필요하고, 사용하지 않는 비트는 낭비가 된다. 이런 경우 하나의 데이터를 하나의 정수 자료형으로 표현하는 것이 아닌 하나의 정수 자료형의 비트 구간을 나누어 각각의 데이터를 저장하는 방법을 사용할 수 있는데, 이러한 구간을 비트 필드*라고 한다.
>
> ```
> 0000 0000 0000 0000 0000 0000 0000 0000
> ~ 0000 0000 / 0000 0000 / 0000 0000 / 0000 0000
> ```
>
> 32비트의 정수 자료형은 데이터를 저장하기 위한 32비트의 공간이 있으므로 이를 8비트씩 4개로 나눌 수 있다. 8비트의 공간으로는 256개의 경우의 수를 표현할 수 있으므로, 부호가 없는 정수로 생각한다면 0부터 255까지의 수를 한 번에 4개 저장할 수 있다.
>
> ```
> 0010 0110 / 0101 0110 / 0001 0011 / 0011 0111
> = 38, 86, 19, 55
> ```
>
> 만약 정수 자료형이 위와 같은 비트를 가지고 있다면, 8비트 비트 필드 4개로 나누어 각각 38, 86, 19, 55라는 값으로 분리할 수 있다. 비트 필드를 이용하면 하나의 변수로 동시에 여러 데이터를 저장하여 표현할 수 있고, 원하는 크기만큼 필드를 나눌 수 있으므로 데이터를 보다 효과적으로 저장할 수 있다.

기초 용어 정리

```
((0010 0110 / 0101 0110 / 0001 0011 / 0011 0111) >> 8) & 1111 1111
~ (0000 0000 / 0010 0110 / 0101 0110 / 0001 0011) & 1111 1111
~ 0001 0011
```

비트 필드로 구분된 데이터 중 원하는 데이터 하나를 골라내려면 몇 가지 비트 연산자를 이용해야 한다. 가장 흔하게 사용되는 방법으로는 사용하고자 하는 비트가 아닌 부분을 오른쪽 시프트 연산자로 삭제시킨 후 비트 논리곱 연산자로 왼쪽 부분을 없애는 방법이다. 이처럼 필요한 비트만을 추출하는 기법을 비트 마스킹*이라고 한다.

손으로 익히는 코딩

```c
#include <stdio.h>

int main(void)
{
    unsigned int bit = 0x26561337;
    unsigned int result = (bit >> 8) & 0xFF;

    printf("%x", result);
}
```

실행 결과

```
13
```

위 예시를 그대로 구현하면 이와 같다. 오른쪽에서 8번째 비트부터 8개의 비트를 추출하고자 하므로 본래의 데이터를 오른쪽 시프트로 8칸 이동시킨 후 0xFF와 논리곱을 수행하였다. 8개의 2진수는 2개의 16진수로 표현하므로 16진수 FF와 2진수 1111 1111은 같다.

---

* **비트 필드**: 하나의 정수 자료형을 여러 구간으로 나누어 여러 데이터를 표현할 때 그 구간들을 나타냄
* **비트 마스킹**: 필요한 비트만을 추출하는 기법

연습문제

1. 단답형

● 10진법으로 표현된 다음 정수를 2진법으로 표현하시오.

(1) 57

(2) 107

(3) 128

● 2진법으로 표현된 다음 정수를 10진법으로 표현하시오. 양수를 가정한다.

(1) 10111011(2)

(2) 10000001(2)

(3) 11110000(2)

● 2진법으로 표현된 다음 정수를 8진법과 16진법 각각으로 표현하시오. 양수를 가정한다.

(1) 101110111101(2)

(2) 110100110011(2)

(3) 100011010000(2)

● 8비트의 2진법으로 표현된 부호가 있는 다음 정수를 10진법으로 표현하시오.

(1) 10110011(2)

(2) 01100110(2)

2. 프로그램 작성하기

다음 조건에 맞게 입력과 출력이 이루어지는 프로그램을 작성하시오.

(1)

입력

부호가 없는 정수 n과 i를 입력받는다.

출력

n의 i번째 비트의 값을 출력한다.
0번으로 시작하며, 0번이 가장 작은 자리이다.

(2)

입력

양의 정수 n을 입력받는다.

출력

n번째 메르센 수(2^n-1)를 출력한다.

1. 단답형

● 다음 10진법으로 표현된 정수를 2진법으로 표현하시오.

(1) 57

> 🔲 11 1001
>
> 57 = 32 + 16 + 8 + 1 = 11 1001(2)

(2) 107

> 🔲 110 1011
>
> 107 = 64 + 32 + 8 + 2 + 1 = 110 1011(2)

(3) 128

> 🔲 1000 0000
>
> 128 = 1000 0000(2)

● 다음 2진법으로 표현된 정수를 10진법으로 표현하시오. 양수를 가정한다.

(1) 10111011(2)

> 🔲 187
>
> 1 + 2 + 8 + 16 + 32 + 128 = 187

(2) 10000001(2)

> 🔲 129
>
> 1 + 128 = 129

(3) 11110000(2)

> 🔲 240
>
> 16 + 32 + 64 + 128 = 240

● 다음 2진법으로 표현된 정수를 8진법과 16진법 각각으로 표현하시오. 양수를 가정한다.

(1) 101110111101(2)

> 🔲 5675, BBD
>
> 101 110 111 101 = 5675(8)
>
> 1011 1011 1101 = BBD(16)

(2) 110100110011(2)

> 🔖 6463, D33
>
> 110 100 110 011 = 6463(8)
> 1101 0011 0011 = D33(16)

(3) 100011010000(2)

> 🔖 4320, 8D0
>
> 100 011 010 000 = 4320(8)
> 1000 1101 0000 = 8D0(16)

● 다음 8비트의 2진법으로 표현된 부호가 있는 정수를 10진법으로 표현하시오.

(1) 10110011(2)

> 🔖 −77
>
> 10110011
> ~ 01001100
> ~ 01001101
> 01001101 = 1 + 4 + 8 + 64 = 77
> 따라서 10110011 = −77

(2) 01100110(2)

> 🔖 102
>
> 2 + 4 + 32 + 64 = 102

2. 프로그램 작성하기

다음 조건에 맞게 입력과 출력이 이루어지는 프로그램을 작성하시오.

(1)

> 입력
> 부호가 없는 정수 n과 i를 입력받는다.
>
> 출력
> n의 i번째 비트의 값을 출력한다.
> 0번으로 시작하며, 0번이 가장 작은 자리이다.

> 🔖 1권 챕터6 a6.1.c
>
> 비트 연산자를 이용해 특정 비트를 구하는 문제이다. 구하고자 하는 비트를 시프트 연산자로 가장
> 오른쪽으로 끌어온 후 비트 논리곱 연산자로 나머지 비트를 제거한다.

(2)

입력

양의 정수 n을 입력받는다.

출력

n번째 메르센 수(2^n-1)를 출력한다.

답 1권 챕터6 a6.2.c

왼쪽 시프트 연산자를 이용해 2의 제곱수를 구하는 문제이다. 1 ≪ n은 2^n과 같으므로 2^n-1은 C 언어에서 (1 ≪ n) − 1로 구할 수 있다.

키워드로 정리하기

● 수를 셀 때 얼마의 수부터 자릿수를 올릴지를 나타내는 방법을 **진법**이라고 하며 사람은 **10진법**, 컴퓨터는 **2진법**을 사용한다.

● 컴퓨터는 2진법으로 정수를 표현하되 음수는 **2의 보수**로 표현한다.

● C 언어의 문자는 **아스키 코드**를 사용하며 실수는 부호, 실수부, 지수부로 비트를 나누어 표현한다.

● 비트 자체를 연산에 사용하기 위해서는 **비트 연산자**를 사용해야 하며, 비트 연산자에는 **시프트 연산자**와 **비트 논리 연산자**가 있다.

더 멋진 내일(Tomorrow)을 위한 내일(My Career)

07

내 일 은   C 언 어

조건문

01

if

✓ 핵심 키워드

조건, 상태, 조건문, if문

여기서는 무얼 배울까

사람은 매일매일 똑같은 하루를 살아가지 않는다. 더운 날에는 얇은 옷, 추운 날에는 두꺼운 옷, 비가 오는 날엔 우산을 들고 밖으로 나선다. 이렇듯 사람이 살아가는 모습은 그 환경에 많은 영향을 받는다. 사람은 늘 주변 환경의 상태를 보고, 그 상태에 맞는 적절한 선택을 하는 것이다. 이번 챕터에서는 컴퓨터가 상태에 맞게 적절한 선택을 할 수 있도록 설계하는 조건문, 특히 if문을 중심으로 배운다.

조건과 상태

다른 사람에게, 혹은 컴퓨터에 일을 부탁할 때 모든 상황에서 같은 일을 부탁하지는 않는다. 비가 올 때에 우산을 들고 오지 않았다면 누군가에게 우산을 들고 와 달라고 부탁할 수 있다. 하지만 비가 오지 않는 상황에서 그런 부탁을 하지는 않는다.

```
비가 온다면?
    우산을 들고 간다.
그렇지 않다면?
    우산을 들고 가지 않는다.
```

어떤 명령이나 연산이 특정 상황일 때에만 실행되게 하길 원한다면 그에 해당하는 조건을 걸어 주어야 한다. 만약 이 조건이 만족하는 상황이라면 이를 실행하고, 그렇지 않다면 실행하지 않는다. 조건문*이란 특정한 조건에 따라서 실행할지 말지를 결정하거나 여러 분기 중에 하나를 선택하여 실행하도록 하는 서술문을 의미한다.

기초 용어 정리

* **조건문**: 특정한 조건에 따라서 실행할지 말지를 결정하거나 여러 분기 중 하나를 선택하여 실행하도록 하는 서술문

```
현재의 날씨 = 비

현재의 날씨가 비라면?
    우산을 들고 간다.
그렇지 않다면?
    우산을 들고 가지 않는다.
```

현재 상태가 어떤 상태냐에 따라서 조건은 참이 될 수도, 거짓이 될 수도 있다. 만약 완전히 똑같은 상태의 두 상황이 있다면 항상 조건에 해당하는 명령은 똑같이 실행할 것이다. 컴퓨터에서 이러한 상태는 주로 변수 안에 들어 있는 값이 된다. 위의 예시에서 현재의 상태는 비가 온다는 것이다. 따라서 현재 비가 오고 있냐는 조건은 참이 되고 우산을 들고 간다는 선택을 해야 한다.

```
x = 5

if x > 0:
    do something...
else:
    do something...
```

컴퓨터에서 조건을 나타낼 때는 조건 연산자에서 사용했던 것처럼 주로 변수가 포함된 식을 이용한다. 위 식에서 x의 값이 곧 프로그램의 상태가 되는데, x가 양수라면 x > 0이라는 조건은 참이 될 것이고 0 미만이라면 거짓일 것이다. 컴퓨터에서 조건에 따라 서로 다른 연산을 한다는 것은 다시 말해 컴퓨터의 수많은 상태 중에서 내가 다루어야 하는 상황, 즉 변수의 값에 따라 처리를 나누고 분기한다는 것이다.

if문

C 언어에서 조건을 사용하는 방법의 하나는 조건 연산자를 이용하는 것이다. 하지만 조건 연산자는 서술문을 포함할 수 없어서 복잡한 분기에는 부적절하다. if문*은 주어진 조건이 참이면 그에 해당하는 서술문을 실행하고, 그렇지 않고 조건에 만족하지 않는다면 서술문을 실행하지 않는 특별한 서술문으로 가장 대표적이고 기본적인 조건문이다.

기초 용어 정리
* **if문**: 주어진 조건이 참이면 그에 해당하는 서술문을 실행하고, 그렇지 않다면 서술문을 실행하지 않는 조건문

```
if (조건)
    서술문
```

if문의 구성은 먼저 if 키워드를 쓰고 그다음에는 소괄호 안에 조건을 넣는다. 여기에 들어가는 조건이 참이라면 뒤따라오는 서술문을 실행한다. 이 서술문은 단일 서술문일 수도, 복합 서술문일 수도 있다.

손으로 익히는 코딩

```c
#include <stdio.h>
#pragma warning(disable: 4996)

int main(void)
{
    int x;
    scanf("%d", &x);

    if (x > 0)
    {
        printf("positive\n");
    }

    printf("always!");
}
```

입력값

```
10
```

실행 결과

```
positive
always!
```

if문 뒤에 중괄호로 묶인 복합 서술문이 온다면 이 블록 전체가 조건에 만족하는 경우에만 실행된다. 코드 가장 아래의 printf()는 if문의 서술문 바깥에 있으므로 조건과 관계없이 항상 실행된다. 조건에 만족한다면 코드는 위에서부터 아래로 순서대로 실행되기에 if문의 복합 서술문이 먼저 실행된 이후 하단의 printf()이 실행된다.

약수 구하기

```c
#include <stdio.h>
#pragma warning(disable: 4996)

int main(void)
{
    int x;
    scanf("%d", &x);

    if (x % 3 == 0)
        printf("%d = %d * %d\n", x, 3, x / 3);
    if (x % 5 == 0)
        printf("%d = %d * %d\n", x, 5, x / 5);
    if (x % 7 == 0)
        printf("%d = %d * %d\n", x, 7, x / 7);
}
```

입력값

```
30
```

실행 결과

```
30 = 3 * 10
30 = 5 * 6
```

위 예제는 정수 하나를 입력받은 후 그 정수가 3, 5, 7의 배수라면 각각에 맞는 출력을 한다. 여기서 if문 뒤에 위치하는 서술문은 단일 서술문을 사용했다.

```c
    int x;
    scanf("%d", &x);
```

가장 처음 x라는 이름의 정수형 변수를 선언한 다음 scanf()를 이용하여 입력받는다.

```c
    if (x % 3 == 0)
        printf("%d = %d * %d\n", x, 3, x / 3);
```

그 후 if문을 이용하여 출력에 대한 조건을 거는데, x를 3으로 나눴을 때 나머지가 0이라는 의미는 x가 3의 배수라는 것과 같다. 그럴 때만 해당되는 printf()가 실행되고 그렇지 않다면 실행되지 않는다. if문은 바로 뒤에 위치하는 하나의 서술문에만 영향을 주기 때문에 조건을 걸어야 하는 서술문이 하나라면 중괄호 없이 단일 서술문으로 작성해도 된다.

큰 수 출력하기

```
#include <stdio.h>
#pragma warning(disable: 4996)

int main(void)
{
    int a, b;
    scanf("%d %d", &a, &b);

    if (b > a)
        a = b;

    printf("%d", a);
}
```

입력값

5 14

실행 결과

14

위 예제는 두 정수를 입력받고 둘 중 더 큰 수를 출력하는 예제이다.

```
    int a, b;
    scanf("%d %d", &a, &b);
```

입력받을 정수를 저장할 두 정수형 변수 a와 b를 선언한 다음 scanf()로 두 정수를 입력받는다. 여기서 scanf()의 형식 문자열은 %d 사이가 공백으로 이루어져 있으므로 키보드로 입력할 때 두 정수를 띄어쓰기나 탭, 엔터 등으로 구분해서 입력해야 한다.

```
    if (b > a)
        a = b;
```

그다음에 만약 b가 a보다 크다면 b를 a에 대입한다. 이 if문이 실행이 되었다면 a보다 더 큰 b의 값을 a에 저장했으므로 결과적으로 a에 큰 값이 저장될 것이고, 실행이 되지 않았다면 처음부터 a에 큰 값이 저장되어 있었다는 의미이다. 결론적으로 if문이 지난 후 printf()를 하는 시점에서는 if문을 실행하든 실행하지 않든 a에 큰 값이 저장될 것이다.

중첩 if문

if문 역시 하나의 서술문이기에 여러 서술문을 묶은 복합 서술문에 들어갈 수 있고, if문 안에 if문 들어가는 중첩 if문의 형태로 사용할 수 있다.

손으로 익히는 코딩

```c
#include <stdio.h>
#pragma warning(disable: 4996)

int main(void)
{
    int x;
    scanf("%d", &x);

    if (x > 0)
    {
        printf("positive\n");

        if (x % 2 == 0)
        {
            printf("even\n");
        }
    }
}
```

입력값

8

실행 결과

positive
even

if문이 중첩되면 가장 먼저 바깥에 있는 조건을 먼저 확인한다. 조건을 만족하지 않는다면 복합 서술문 전체가 실행되지 않기에 안쪽에 있는 if문 역시 실행하지 않는다. 만약 바깥 조건을 만족했다면 복합 서술문이 실행되고, 복합 서술문 안의 if문의 조건을 그때 확인한다. 위 예제에서 −2를 입력하면 안쪽 반복문의 조건은 만족하지만, 바깥 반복문의 조건은 만족하지 않기 때문에 이 경우는 아무것도 출력되지 않는다.

```c
#include <stdio.h>
#pragma warning(disable: 4996)

int main(void)
{
    int x;
    scanf("%d", &x);
    printf("(a)\n");

    if (x > 0)
    {
        printf("(b)\n");
        if (x < 10)
            printf("(c)\n");
        printf("(d)\n");
    }
}
```

입력값

5

실행 결과

```
(a)
(b)
(c)
(d)
```

if문이 중첩되었다면 조건이 중첩되었다는 의미이다. 위 코드에서 (a) 구간은 그 어떠한 if문에도 속하지 않았기에 실행 조건이 없다. (b)와 (d) 구간은 바깥 if문 안에는 있지만 안쪽 if문 안에는 없기에 실행 조건은 x 〉 0이다. 마지막으로 (c) 구간은 두 if문이 모두 중첩된 부분이기에 두 if문의 조건이 모두 만족되어야 한다. 따라서 x 〉 0 && x 〈 10의 조건을 갖는다.

요일 출력하기

입력받은 날짜가 평일인지 주말인지를 구분하여 출력하고, 그중 주말이라면 어떤 요일인지까지 출력하는 문제이다. 요일과 같이 특정한 값이 계속해서 반복하여 나타날 때 나머지 연산자를 유용하게 사용할 수 있다.

```
1 % 7 = 1
2 % 7 = 2
...
6 % 7 = 6
7 % 7 = 0
8 % 7 = 1
```

1씩 증가하는 어떠한 수열에 7로 나눈 나머지를 구해 보면 0부터 6까지의 값이 반복적으로 나타남을 볼 수 있다. 이는 월요일부터 일요일까지 7개의 요일이 반복적으로 나타나는 것과 같은 패턴을 지니므로 0부터 6까지의 값에 요일을 붙일 수 있다.

```
1 % 7 = 1 (월)
2 % 7 = 2 (화)
...
6 % 7 = 6 (토)
7 % 7 = 0 (일)
8 % 7 = 1 (월)
```

1일은 월요일이므로 1을 7로 나눈 나머지를 월요일로 붙이면 순서대로 2는 화요일, 3은 수요일이 된다. 이로써 입력받은 날짜의 요일을 숫자로 구할 수 있게 되었으므로 이를 if문을 이용하여 출력을 분기한다.

```
#include <stdio.h>
#pragma warning(disable: 4996)

int main(void)
{
    int d;
    scanf("%d", &d);

    d %= 7;

    if (d == 0 || d == 6)
    {
        printf("weekend\n");
        if (d == 0)
            printf("sunday\n");
        if (d == 6)
            printf("saturday\n");
    }
    if (1 <= d && d <= 5)
    {
        printf("weekday\n");
    }
}
```

입력값

```
7
```

실행 결과

```
weekend
sunday
```

이것을 코드로 구현하면 이와 같다.

```
    d %= 7;
```

먼저 오늘이 며칠인지 나타내는 변수 d를 7로 나눴을 때, 그 나머지를 저장하여 0부터 6까지의 값이 반복되도록 한다. 앞서 살펴봤듯 0은 일요일, 1은 월요일, 나머지 요일 또한 순서대로 하나의 정수를 가진다.

```
if (d == 0 || d == 6)
{
    printf("weekend\n");
    if (d == 0)
        printf("sunday\n");
    if (d == 6)
        printf("saturday\n");
}
```

0과 6은 각각 일요일과 토요일이므로 이 경우 주말임을 출력한다. 또 if문을 중첩하여 주말이면서 일요일인 경우와 주말이면서 토요일인 경우를 각각 나누어 요일을 출력한다.

```
if (1 <= d && d <= 5)
{
    printf("weekday\n");
}
```

마지막으로 0과 6을 제외한 1부터 5까지의 값은 평일이므로 평일임을 출력한다.

🗄️⚙️ 에러에서 배우기

if문을 사용할 때 주의해야 할 점은 조건이 항상 참이거나 항상 거짓인 상황은 피해야 한다는 것이다. 조건은 현재 컴퓨터의 상태, 변수의 값에 따라 참 또는 거짓이 되어야 하는데, 만약 상태와 관계없이 항상 참 또는 거짓이라면 조건의 의미가 없어진다.

```
#include <stdio.h>
#pragma warning(disable: 4996)

int main(void)
{
    int x;
    scanf("%d", &x);

    if (x > 0 && x < 0)
        printf("impossible!");
}
```

if문의 조건을 보면 x가 0보다 크면서 0보다 작아야 한다. 이러한 x는 존재할 수가 없으므로 조건은 항상 거짓이며, if문을 뒤따르는 printf()는 절대로 실행되지 않는다.

```c
#include <stdio.h>
#pragma warning(disable: 4996)

int main(void)
{
    int x;
    scanf("%d", &x);

    if (x > 0)
    {
        printf("positive\n");
        if (x < 0)
            printf("negative\n");
    }
}
```

위 예제에서 if문의 각각의 조건은 상태에 따라 참 또는 거짓이 나올 수 있다. 하지만 안쪽 if문을 만족하기 위해서는 바깥 if문의 조건 또한 만족한 상태여야 하는데, x가 양수이면서 음수인 상태는 불가능하기에 항상 거짓이다. 즉, 안쪽 if문은 항상 거짓이 된다.

02
if ~ else if ~ else

else if, else

여기서는 무얼 배울까

앞서 배운 if문에서 조건에 따라 분기를 나눈다는 것은 다시 말해 컴퓨터가 가지는 여러 상태 중에서 일부 상태에서만 처리한다는 것을 의미한다. 컴퓨터의 상태는 변수이고, 변수가 여럿일 때에는 이 변수들로 이루어질 수 있는 모든 조합이 컴퓨터의 상태가 된다. 만약 부호가 있는 정수 x와 y가 있다면 (x, y) 순서쌍에 대해서 가능한 모든 조합이 컴퓨터의 상태가 될 것이다. 어느 순간에는 하나의 상태만을 가지며, 또 다른 입력을 받거나 프로그램이 진행되며 연산이 이루어지면 이 상태는 변화할 수 있다. 이번 절에서는 컴퓨터가 가지는 상태인 변수의 값을 집중적으로 살펴보고, 상태에 따른 처리를 보다 효과적으로 분기할 수 있는 else if와 else를 배운다.

상태와 집합

```c
#include <stdio.h>
#pragma warning(disable: 4996)

int main(void)
{
    int x, y;
    scanf("%d %d", &x, &y);

    if (x % 2 == 0)
    {
        printf("part A\n");
        if (y % 2 == 0)
            printf("part B\n");
    }
}
```

4 8

part A
part B

x가 짝수일 때에는 Part A를 출력하고, x와 y가 동시에 짝수라면 Part B를 출력하는 중첩 if문
의 예제이다.

-2, 2	-1, 2	0, 2	1, 2	2, 2
-2, 1	-1, 1	0, 1	1, 1	2, 1
-2, 0	-1, 0	0, 0	1, 0	2, 0
-2, -1	-1, -1	0, -1	1, -1	2, -1
-2, -2	-1, -2	0, -2	1, -2	2, -2

Part A가 출력되는 부분을 보면 먼저 if문으로 x가 짝수인 부분만 실행이 되도록 한다. 이는 x
와 y가 가질 수 있는 모든 상태 가운데에서 처리를 원하는 부분 집합만을 골라낸 것이다.

-2, 2	-1, 2	0, 2	1, 2	2, 2
-2, 1	-1, 1	0, 1	1, 1	2, 1
-2, 0	-1, 0	0, 0	1, 0	2, 0
-2, -1	-1, -1	0, -1	1, -1	2, -1
-2, -2	-1, -2	0, -2	1, -2	2, -2

x, y과 동시에 짝수일 때에 Part B를 출력하게 하려면 두 조건을 논리곱 연산자로 묶어도 상관
없다. 하지만 x가 짝수인 상태만 이미 걸러내었다면, 나머지 y가 짝수인지만 확인하면 최종적인
부분 집합이 처리하기를 원하는 부분이 된다. 이처럼 프로그램에서 조건문을 사용한다는 것은
프로그램이 가질 수 있는 상태의 집합 가운데에 처리하기를 원하는 부분 집합만을 걸러 내는 것
과도 같다.

if ~ else

프로그램의 변수가 정수 x 하나만 있고, 이 x가 짝수라면 even, 홀수라면 odd라고 출력하기를 원한다고 하자. 이 경우 even은 x가 짝수인 상태가 되도록 조건을 걸어 주고, odd는 x가 홀수인 상태가 되도록 조건을 걸어 주면 된다.

```c
#include <stdio.h>
#pragma warning(disable: 4996)

int main(void)
{
    int x;
    scanf("%d", &x);

    if (x % 2 == 0)
        printf("even");
    if (x % 2 == 1)
        printf("odd");
}
```

입력값

5

실행 결과

odd

x가 짝수가 아닌 모든 경우는 홀수이고, 반대로 홀수가 아닌 모든 경우는 짝수이다. 따라서 두 조건을 만족하는 각각의 집합은 서로가 서로의 여집합이 된다. 이 경우 x가 짝수인지 홀수인지를 각각 따로 확인하는 것보다는 x가 짝수인지를 먼저 확인하고, 그것이 아닌 나머지에 대해서 홀수로 처리해도 논리적으로 문제가 없으며 더 간단할 것이다.

코·드·소·개

```
if (조건)
    if-서술문
else
    else-서술문
```

else를 if문에 포함하여 if ~ else문으로 만들 수 있다. if ~ else문*은 if 조건을 만족하는 경우 if 뒤에 오는 서술문을 실행하고, 그 조건을 만족하지 않는 나머지 경우에 대해서 else 뒤에 오는 서술문을 실행한다. else는 if에 달린 조건의 역이기에 else 뒤에는 추가적인 조건이 붙지 않으며, 또한 if가 없다면 else도 사용할 수 없다.

손으로 익히는 코딩

```c
#include <stdio.h>
#pragma warning(disable: 4996)

int main(void)
{
    int x;
    scanf("%d", &x);

    if (x % 2 == 0)
        printf("even");
    else
        printf("odd");
}
```

입력값

5

실행 결과

odd

변수 x가 짝수인지 홀수인지 나타내는 코드는 if ~ else문을 사용하여 더 축약하여 표현할 수 있다. if의 조건은 x가 짝수인 집합만을 걸러 내어 처리하고, else는 걸러 내지 못한 나머지 부분인 홀수 집합만을 처리한다.

윤년 검사하기

if ~ else를 활용하는 예제로 입력받은 연도가 윤년인지를 확인하는 프로그램을 작성해 보자.

1. 윤년은 4로 나누어떨어져야 한다.
2. 100으로 나누어떨어지면 윤년이 아니다.
3. 100으로 나누어떨어지되 400으로 나누어떨어지면 윤년이다.

기초 용어 정리

* if ~ else문: 조건을 만족하는 경우와 만족하지 않는 경우 각각에 해당하는 서술문을 실행하도록 하는 서술문

윤년이 되기 위한 조건은 다음과 같다. 즉 입력받은 연도가 이 조건을 만족하면 윤년이고 그렇지 않으면 윤년이 아니라는 뜻이다. 이 프로그램에서 다룰 상태는 입력받은 연도 하나를 의미하므로 전체 집합은 가능한 모든 연도를 모은 것이 된다. 윤년이 되기 위한 조건을 보기 위해서는 4, 100, 400으로 나누어떨어지는지 아닌지를 검사해야 하므로 이들에 맞춰 집합을 나눠 볼 수 있다.

```
만약 4로 나누어떨어진다면?
    윤년이 될 가능성이 있다.
그렇지 않다면?
    윤년이 아니다.
```

먼저 첫 번째 조건으로 윤년은 4로 나누어떨어지는 해여야 한다. 그러므로 4로 나눴을 때 나머지가 0이라면 윤년이 될 조건 하나를 만족한 것이고, 그렇지 않다면 윤년이 아닌 평년이다.

```
만약 4로 나누어떨어진다면?
    만약 100으로 나누어떨어진다면?
        윤년이 될 가능성이 있다.
    아니라면?
        윤년이다.
그렇지 않다면?
    윤년이 아니다.
```

두 번째 조건은 윤년은 100으로 나누어떨어지지 않아야 한다. 첫 번째 조건은 이미 검사를 했으므로 여기에 조건을 중첩하여 표현할 수 있다. 4로 나누어떨어지면서 100으로 나누어떨어지면 윤년이고, 4와 100으로 나누어떨어지면 윤년이 될 가능성이 있다. 두 조건이 중첩이 되어 있기 때문에 이는 두 집합의 교집합과도 같다.

```
만약 4로 나누어떨어진다면?
    만약 100으로 나누어떨어진다면?
        만약 400으로 나누어떨어진다면?
            윤년이다.
        아니라면?
            윤년이 아니다.
    아니라면?
        윤년이다.
그렇지 않다면?
    윤년이 아니다.
```

마지막 조건인 400으로 나누어떨어지는지를 확인하면 최종적으로 윤년인지 아닌지를 알아낼 수 있다. 이 흐름에서 가장 중요한 것은 각 조건에 해당하는 집합들을 이용하여 최종적인 조건을 만족하는 집합을 찾는 것이다.

```c
#include <stdio.h>
#pragma warning(disable: 4996)

int main(void)
{
    int year;
    scanf("%d", &year);

    if (year % 4 == 0)
    {
        if (year % 100 != 0)
            printf("leap year");
        else
        {
            if (year % 400 == 0)
                printf("leap year");
            else
                printf("not leap year");
        }
    }
    else
        printf("not leap year");
}
```

입력값

2024

실행 결과

leap year

위의 흐름을 그대로 코드로 구현하면 이렇다. 여기서는 위 조건을 그대로 코드로 만들었기에 중복되는 코드가 여럿 있지만, 최종적인 조건을 구했다면 이들을 모두 합쳐서 한 번의 조건문으로 윤년을 검사할 수 있다.

```
#include <stdio.h>
#pragma warning(disable: 4996)

int main(void)
{
    int year;
    scanf("%d", &year);

    if (year % 4 == 0 && (year % 100 != 0 || year % 400 == 0))
        printf("leap year");
    else
        printf("not leap year");
}
```

입력값

2024

실행 결과

leap year

두 방법 중에서 무엇이 더 나은지는 확실히 말할 수 없다. 조건의 흐름을 이해하려면 첫 번째 방법이 좋을 수 있고, 간결한 코드를 원한다면 두 번째 방법이 더 좋을 수 있다. 둘 중 하나를 선택하는 것은 상황과 개인의 선택에 달렸다.

if ~ else if ~ else

한 if문의 조건을 만족하지 않는 경우 다시 if문으로 조건을 거는 경우가 있다. 즉, else 이후 if가 다시 사용되는 것이다. 이렇게 조건을 걸고, 그 조건을 만족하지 않는다면 다른 조건을 걸고, 또 그 조건을 만족하지 않는다면 또 다른 조건을 거는 형태를 if ~ else if ~ else문*으로 만들 수 있다.

기초 용어 정리

*if ~ else if ~ else문: 조건이 만족하지 않은 경우 또 다른 조건을 연속해서 걸어서 서술문을 실행하는 조건문

```
if (조건1)
    if-서술문
else if (조건2)
    else-if-서술문
else
    else-서술문
```

if ~ else if ~ else는 가장 처음 조건이 들어갈 if가 있고, 그 조건이 만족하지 않을 때 조건을 볼 else if가 있다. 가장 아래의 else는 이 모든 조건이 만족하지 않는 나머지에 대해서 실행한다.

손으로 익히는 코딩

```c
#include <stdio.h>
#pragma warning(disable: 4996)

int main(void)
{
    int x;
    scanf("%d", &x);

    if (x > 0)
        printf("x > 0");
    else if (x == 0)
        printf("x = 0");
    else
        printf("x < 0");
}
```

입력값

```
0
```

실행 결과

```
x = 0
```

위 예제에서는 입력받은 x가 음수, 양수, 0인지에 따라 다른 출력을 한다. if문의 첫 조건으로 x가 양수인지를 확인하고, 그렇지 않다면 그다음 조건인 x가 0인지를 확인한다. 마지막 else는 x가 양수도 아니고 0도 아닌 경우이므로 x가 음수일 때에 else에 해당하는 서술문이 실행된다.

```
#include <stdio.h>
#pragma warning(disable: 4996)

int main(void)
{
    int score;
    scanf("%d", &score);

    if (score >= 90)
        printf("A");
    else if (score >= 80)
        printf("B");
    else if (score >= 70)
        printf("C");
    else if (score >= 60)
        printf("D");
    else
        printf("F");
}
```

입력값

85

실행 결과

B

위의 예제는 점수에 따라 순서대로 A, B, C, D, F를 출력하는 프로그램이다. 가장 처음에 보는
조건은 점수가 90점 이상인 경우로 이때는 A를 출력한다. 만약 그렇지 않으면 B에 해당하는 80
점 이상을 확인하며, 여기서 B를 확인한다는 것은 A에 해당하는 조건이 아니었다는 뜻이기에
실제 조건은 90점 미만이면서 80점 이상이 된다.

```
#include <stdio.h>
#pragma warning(disable: 4996)

int main(void)
{
    int score;
    scanf("%d", &score);

    if (score >= 80)
        printf("B");
    else if (score >= 90)
        printf("A");
    else if (score >= 70)
        printf("C");
    else if (score >= 60)
        printf("D");
    else
        printf("F");
}
```

입력값

```
100
```

실행 결과

```
B
```

else if는 else와 if가 합쳐진 것이기에 조건의 순서가 바뀐다면 실제 조건이 달라질 수 있다. 위의 예제는 A와 B를 서로 뒤바꿨는데, 가장 처음에 보는 조건이 B이므로 80점 이상이라면 항상 B가 출력된다. 그 후 A의 조건을 볼 때는 B가 아니었을 때만 내려오므로 항상 80점 미만이 되고, 80점 미만이면서 90점 이상인 정수는 존재하지 않으므로 A가 출력되지 않는다.

> **Clear Comment**
> 위 예시처럼 조건에 대한 집합들이 부분 집합의 형태로 나타나는 경우에는 항상 더 작은 집합을 먼저 검사해야 합니다.
> 그렇지 않으면 위와 같이 어느 한 조건이 항상 거짓인 경우가 생길 수 있습니다.

가장 큰 수 출력하기

입력받은 세 정수 a, b, c 중에서 가장 큰 정수를 출력하는 프로그램이다. 이를 구현하는 방법은 여러 가지가 있지만, 여기서는 if ~ else if ~ else를 활용하는 예제를 소개한다.

손으로 익히는 코딩

```c
#include <stdio.h>
#pragma warning(disable: 4996)

int main(void)
{
    int a, b, c;
    scanf("%d %d %d", &a, &b, &c);

    if (a >= b && a >= c)
        printf("%d", a);
    else if (b >= a && b >= c)
        printf("%d", b);
    else
        printf("%d", c);
}
```

입력값

2 8 4

실행 결과

8

세 정수를 입력받은 후 if ~ else if ~ else를 이용하여 각각 a, b, c가 가장 큰 경우에 그 값을 출력한다.

```c
if (a >= b && a >= c)
    printf("%d", a);
```

if문의 첫 조건은 a가 b, c 이상인 경우이다. 이 경우 a가 세 정수 중에서 가장 큰 값이므로 이를 출력한다.

```
else if (b >= a && b >= c)
    printf("%d", b);
```

else if문의 조건은 b가 a, c 이상인 경우이다. if문이 아니면서 새로운 조건이 걸렸기 때문에 실제 조건은 a가 가장 큰 값이 아니면서 b가 가장 큰 값이 된다. 이를 만족하면 가장 큰 값인 b를 출력한다.

```
else
    printf("%d", c);
```

마지막으로 두 조건이 모두 아니었다면 a가 가장 큰 값이 아니었고 b도 가장 큰 값이 아니었다. 즉, c가 가장 큰 값이었다는 의미이므로 c를 출력하고 프로그램을 종료한다.

원 충돌 판정

둘 이상의 물체가 떨어져 있는지, 한 점이나 선에서 만나는지, 겹쳐 있는지 등을 판별하는 충돌 판정 문제는 시뮬레이션 분야에서 자주 등장한다.

입력
첫 번째 원의 위치와 반지름 x1, y1, r1을 순서대로 입력받는다.
두 번째 원의 위치와 반지름 x2, y2, r2을 순서대로 입력받는다.

출력
두 원이 한 점에서 만난다면 A를 출력한다.
두 원이 두 점에서 만나거나 겹쳐진다면 B를 출력한다.
그렇지 않다면 C를 출력한다.

원의 충돌 판정은 두 원의 위치와 반지름 정보가 있다면 다음과 같은 식으로 세 케이스를 구분할 수 있다.

```
d = (x1 - x2)² + (y1 - y2)²
r = (r1 + r2)²

A : d = r
B : d < r
C : d > r
```

d는 두 원 사이의 거리의 제곱을 의미하고 r은 두 원의 반지름의 합의 제곱을 의미한다. 반지름의 합과 거리가 같다면 원은 한 점에서 만나고, 반지름의 합보다 거리가 멀다면 두 원은 떨어져 있다.

```
#include <stdio.h>
#pragma warning(disable: 4996)

int main(void)
{
    int x1, y1, r1;
    int x2, y2, r2;
    scanf("%d %d %d", &x1, &y1, &r1);
    scanf("%d %d %d", &x2, &y2, &r2);

    int d = (x1 - x2) * (x1 - x2) + (y1 - y2) * (y1 - y2);
    int r = (r1 + r2) * (r1 + r2);

    if (d == r)
        printf("A");
    else if (d < r)
        printf("B");
    else
        printf("C");
}
```

입력값

```
4 1 6
2 6 2
```

실행 결과

```
B
```

위의 수식을 코드로 구현하면 위와 같다. C 언어에는 제곱 연산자가 없으므로 곱하기 연산자를 대신 사용해야 한다.

03

switch ~ case

핵심 키워드

switch, case, break, default

여기서는 무얼 배울까

만약 문자 자료형의 변수 ch가 A, C, F, Y, Z일 때에 처리해야 하는 코드, F, Y, Z일 때에 처리해야 하는 코드, Z일 때에 처리해야 하는 코드가 나뉘어 있다면 이를 어떻게 분기할 수 있을까? 가장 단순한 방법으로는 그에 해당하는 모든 조건을 만든 다음 이 조건을 이용하여 각각에 대한 if문을 구성하는 것이다. 하지만 이 방법은 코드의 길이가 길어지고, 중복된 조건이 여러 번 사용되고, 읽기가 어렵다는 문제가 있다. 중복된 조건을 하나로 합쳐서 이처럼 바꿀 수도 있지만 이 역시 처리해야 하는 코드가 중복되어 사용된다는 문제가 존재한다. if문은 대부분 상황에서 사용할 수 있는 조건문이지만 그렇다고 그 모든 상황에서 효율적이지는 않다. 이번 절에서는 특정한 상황에서 if문보다 효과적으로 사용할 수 있는 또 다른 switch문을 배우고 이를 사용하는 예제들을 살펴본다.

switch문

switch문*은 if문과 같이 분기를 나누기 위한 조건문의 일종으로, 특정한 변수나 값을 여러 값에 대응시키는 경우 유용하게 사용할 수 있다.

switch문의 사용

> 코 · 드 · 소 · 개

```
switch (값)
{
    case 경우1:
        서술문들
        break;
    case 경우2:
```

기초 용어 정리

* **switch문**: 특정한 변수나 값을 여러 값에 매칭시키는 경우에 사용할 수 있는 조건문

```
        서술문들
        break;
    default:
        서술문들
}
```

switch문은 switch 오른쪽에 소괄호 안에 비교할 값이 들어가고, 그다음에 오는 블록 안에서 그
값이 어떤 값이냐에 따라 분기를 나누어 처리한다. 이 분기 각각을 case라고 하며 분기에 대한 처
리가 끝나면 일반적으로 break를 쓴다. 모든 case에 해당하지 않으면 default가 실행된다.

```
#include <stdio.h>
#pragma warning(disable: 4996)

int main(void)
{
    int x;
    scanf("%d", &x);

    switch (x % 2)
    {
        case 0:
            printf("even");
            break;
        case 1:
            printf("odd");
            break;
    }
}
```

입력값

4

실행 결과

even

위의 switch문에서 검사하고자 하는 값은 x % 2이다. 이 값이 0이라면 case 0에 해당하는
even이 출력되고 1이라면 case 1에 해당하는 odd가 출력된다. 짝수가 아니라면 홀수이므로
case 1 대신에 default를 써도 된다.

```
#include <stdio.h>
#pragma warning(disable: 4996)

int main(void)
{
    int score;
    scanf("%d", &score);

    switch (score / 10)
    {
        case 10:
            printf("A");
            break;
        case 9:
            printf("A");
            break;
        case 8:
            printf("B");
            break;
        case 7:
            printf("C");
            break;
        case 6:
            printf("D");
            break;
        default:
            printf("F");
    }
}
```

입력값

85

실행 결과

B

90점 이상이라면 A, 80점 이상이라면 B, 70점 이상이라면 C, 60점 이상이라면 D, 나머지는 F
가 출력되는 코드이다. A, B, C, D, F가 어떤 상태일 때에 나오게 되는지를 살펴보면 A는 1의 자리를 제외하고서 10과 9일 때, B는 8일 때, C는 7일 때, D는 6일 때, F는 그 나머지이다. 즉 점수에서 10을 나누어 1의 자리를 제거하면 switch문을 이용하여 분기를 나눌 수 있다.

switch에서의 break

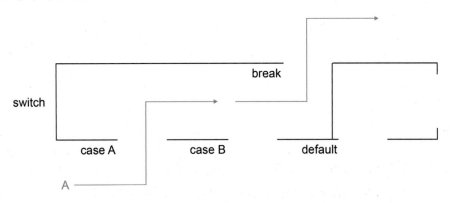

switch문은 지나갈 수 있는 긴 통로이고, 조건(case)에 맞을 때 그 통로로 진입한다. 한 번 진입하였다면 switch문이 끝날 때까지 그곳에 있는 모든 코드를 실행한다. 만약 코드를 실행하다가 break를 만나면 switch의 끝까지 가지 않더라도 중간에 멈추고 switch문 밖으로 나간다.

손으로 익히는 코딩

```c
#include <stdio.h>
#pragma warning(disable: 4996)

int main(void)
{
    int date;
    scanf("%d", &date);

    switch (date)
    {
        case 1:
            printf("monday\n");
        case 2:
            printf("tuesday\n");
```

```
        case 3:
            printf("wednesday\n");
        case 4:
            printf("thursday\n");
        case 5:
            printf("friday\n");
    }
}
```

4

thursday
friday

1일이 월요일, 5일이 금요일이라고 할 때에 오늘부터 주말 전까지 남은 요일을 출력하는 코드이다. 만약 오늘이 1일이라면 case 1:에서 switch에 진입하여 월요일부터 금요일을 모두 출력하여 빠져나간다. 2일이라면 case 2:에서 진입하므로 월요일은 출력하지 않고 화요일부터 금요일을 출력한다.

손으로 익히는 코딩

```c
#include <stdio.h>
#pragma warning(disable: 4996)

int main(void)
{
    int score;
    scanf("%d", &score);

    switch (score / 10)
    {
        case 10:
        case 9:
            printf("A");
            break;
        case 8:
```

```
            printf("B");
            break;
        case 7:
            printf("C");
            break;
        case 6:
            printf("D");
            break;
        default:
            printf("A");
    }
}
```

85

B

case로 switch에 진입하고 break를 만날 때까지 실행한다는 것을 이용하여 위에서 봤던 점수 예제를 축약할 수 있다. case 10과 case 9는 같은 코드를 실행하므로 case 10일 때는 아무런 코드를 넣지 않고 break도 하지 않는다. 이렇게 되면 바로 아래에 오는 case 9의 코드를 함께 실행하고 이때 빠져나온다.

if문과 switch문의 변환

switch문은 특정한 변수가 특정한 값인지를 확인하는 조건문이므로, 이런 경우 if문을 switch문으로 바꿀 수 있다.

반대로 모든 switch문은 항상 if문으로 바꿀 수 있습니다.

```c
#include <stdio.h>
#pragma warning(disable: 4996)

int main(void)
{
    int month, lastDay;
    scanf("%d", &month);
```

```
    if (month == 1
        || month == 3
        || month == 5
        || month == 7
        || month == 8
        || month == 10
        || month == 12)
        lastDay = 31;
    else if (month == 2)
        lastDay = 28;
    else
        lastDay = 30;

    printf("%d/%d", month, lastDay);
}
```

5

5/31

달 하나를 입력받고 그 달의 마지막 날짜를 출력하는 프로그램이다. 1, 3, 5, 7, 8, 10, 12월은
31일까지 있고 2월은 평년일 경우 28일까지 있다. 그 외의 경우는 30일까지 있다.

손으로 익히는 코딩

```c
#include <stdio.h>
#pragma warning(disable: 4996)

int main(void)
{
    int month, lastDay;
    scanf("%d", &month);

    switch (month)
    {
        case 1: case 3: case 5:
        case 7: case 8: case 10: case 12:
            lastDay = 31;
```

```
            break;
        case 2:
            lastDay = 28;
            break;
        default:
            lastDay = 30;
    }

    printf("%d/%d", month, lastDay);
}
```

5

5/31

if문으로 구성된 프로그램을 switch문으로 바꾼 예제이다. 두 프로그램이 하는 역할은 완전히 동일하다.

Clear Comment

모든 조건문은 if문으로 표현할 수 있습니다. 하지만 특정한 상황에서는 단순히 if문을 이용해서 만드는 것 보다 switch문을 사용하여 만드는 것이 더 효율적일 수 있습니다. 이 둘은 상황에 맞게 적절히 조합해서 쓰는 것이 좋습니다.

04

연습문제

1. 단답형

코드에 표시된 코드가 실행되기 위한 각각의 조건을 나타내시오.

```
if (A)
{
    if (B)
        // ㄱ
    else if (C)
        // ㄴ
    else
    {
        // ㄷ
        if (D)
            // ㄹ
        else
            // ㅁ
    }
}
else if (E)
{
    if (F)
    {
        // ㅂ
        if (G)
            // ㅅ
        else
            // ㅇ
    }
}
```

2. 프로그램 작성하기

다음 조건에 맞게 입력과 출력이 이루어지는 프로그램을 작성하시오.

(1)

입력

세 정수를 입력받는다.

출력

세 정수를 오름차순으로 출력한다.

(2)

입력

등급을 입력받는다. 평점은 A, B, C, D 중 하나의 알파벳과 +, 0, − 중 하나의 기호로 이루어진다.

출력

등급에 대한 점수를 출력한다. A, B, C, D는 순서대로 4.0, 3.0, 2.0, 1.0의 기본 점수를 가지며 +와 −는 기본 점수에 각각 +0.3, −0.30이 더해진다.

1. 단답형

코드에 표시된 코드가 실행되기 위한 각각의 조건을 나타내시오.

```
if (A)
{
    if (B)
        // ㄱ
    else if (C)
        // ㄴ
    else
    {
        // ㄷ
        if (D)
            // ㄹ
        else
            // ㅁ
    }
}
else if (E)
{
    if (F)
    {
        // ㅂ
        if (G)
            // ㅅ
        else
            // ㅇ
    }
}
```

답 ㄱ : A && B

　　ㄴ : A && !B && C

　　ㄷ : A && !B && !C

　　ㄹ : A && !B && !C && D

　　ㅁ : A && !B && !C && !D

　　ㅂ : !A && E && F

　　ㅅ : !A && E && F && G

　　ㅇ : !A && E && F && !G

2. 프로그램 작성하기

다음 조건에 맞게 입력과 출력이 이루어지는 프로그램을 작성하시오.

(1)
> **입력**
>
> 세 정수를 입력받는다.
>
> **출력**
>
> 세 정수를 오름차순으로 출력한다.

📋 1권 챕터7 a7.1.c

조건문을 이용해 세 정수를 정렬하는 모든 경우를 분기하여 출력하는 문제이다. 최솟값과 최댓값, 중앙값을 구하여 한 번에 출력하는 방법으로도 해결할 수 있다.

(2)
> **입력**
>
> 등급을 입력받는다. 평점은 A, B, C, D 중 하나의 알파벳과 +, 0, − 중 하나의 기호로 이루어진다.
>
> **출력**
>
> 등급에 대한 점수를 출력한다. A, B, C, D는 순서대로 4.0, 3.0, 2.0, 1.0의 기본 점수를 가지며 +와 −는 기본 점수에 각각 +0.3, −0.30이 더해진다.

📋 1권 챕터7 a7.2.c

A, B, C, D와 +, −에 따라 분기하여 점수를 계산하는 문제이다. if문을 또는 switch문을 사용하는 두 가지 방법으로 해결할 수 있다.

키워드로 정리하기

● **조건문**은 특정한 조건에 따라서 실행할지 말지를 결정하거나 여러 분기 중 하나를 선택하여 실행하는 서술문이다. C 언어의 조건문에는 if문과 switch문이 있다.

● **if문**은 주어진 조건이 참일 때에 실행하는 조건문으로 때에 따라 else if와 else를 추가할 수 있다.

● **switch문**은 특정한 변수나 값을 여러 값에 대응시키는 경우에 사용할 수 있는 조건문이다.

● switch문의 **case**와 **default**는 조건에 따라 코드로 진입하는 역할을 하고 **break**는 진입한 switch문을 빠져나오는 역할을 한다.

예제 톺아보기

```c
#include <stdio.h>
#pragma warning(disable: 4996)

int main(void)
{
    int a, b, c;
    scanf("%d %d %d", &a, &b, &c);

    if (a >= b && a >= c) // (1)
        printf("%d", a); // (2)
    else if (b >= a && b >= c) // (3)
        printf("%d", b);
    else // (4)
        printf("%d", c);
}
```

(1) if문에는 참과 거짓을 나타내는 조건이 들어가며, 컴퓨터가 if문을 실행할 때 조건 안의 수식을 계산하여 실행 여부를 결정한다.

(2) if문이 참일 때에 실행이 되는 서술문이다. 복합 서술문과 단일 서술문 둘 다 가능하므로 두 줄 이상의 코드를 실행하는 때는 중괄호로 묶는다.

(3) else if는 앞선 조건이 모두 거짓일 때에 else if에 해당하는 조건을 검사한다. else if는 시작이 될 if가 필요하고, else if를 연속해서 배치할 수 있다.

(4) else는 앞선 if, else if의 모든 조건이 거짓일 때에 실행된다. else는 추가 조건을 필요로 하지 않으며 else 뒤에 else if를 배치할 수 없다.

```c
#include <stdio.h>
#pragma warning(disable: 4996)

int main(void)
{
    int x;
    scanf("%d", &x);

    switch (x % 2) // (1)
    {
      case 0: // (2)
          printf("even");
          break; // (3)
      default: // (4)
          printf("odd");
    }
}
```

(1) switch문에는 문자 또는 정수 값을 하나 받은 후 이 값이 어느 값과 같냐에 따라서 분기하는 조건문이다.

(2) 특정 값에 대한 분기는 case로 작성한다. switch문의 시작에서 제공받은 값이 이 값과 같다면 여기에서 진입하여 이후에 나오는 모든 코드를 실행한다.

(3) 코드를 더 이상 실행하지 않고 switch문을 빠져나가고 싶다면 break를 작성한다.

(4) default는 모든 case를 만족하지 않았을 경우 코드로 진입한다. if문의 else와 비슷한 역할을 가진다.

더 멋진 내일(Tomorrow)을 위한 내일(My Career)

CHAPTER

08

내 일 은   C 언 어

반복문

01

while

✓핵심 키워드

반복문, while, do while, 초기화, 조건, 변화

여기서는 무얼 배울까

반복. 이 세상의 모든 것은 반복한다. 사계절부터 요일, 심장의 움직임까지 모든 것은 반복한다. 그러나 아직 우리가 만든 프로그램은 이렇게 흔하고도 자연스러운 반복이라는 개념이 들어가지 않았다. 이번 절에서는 반복이라는 새로운 개념을 통해 더욱 복잡하고 다채로운, 기존의 방법으로는 불가능했던 다양한 프로그램을 살펴본다.

while

반복문*은 반복하여 실행하고자 하는 코드를 특정한 조건을 만족하는 한 계속 반복하는 특별한 서술문을 말한다. C 언어의 모든 반복문은 반복을 위한 조건과 반복이 될 구문으로 구성된다.

> **1부터 숫자를 센다.**
> **셀 숫자가 10번 이하인가?**
> **숫자를 말한다.**
> **셀 숫자를 하나 증가시킨다.**

사람이 10번 반복할 때 지금 몇 번 반복했는지를 세는 것처럼, 컴퓨터가 몇 번 반복하기 위해서는 반복 횟수를 저장해야만 한다. 반복할 코드를 실행할 때마다 지금이 몇 번째 반복인지를 세고, 반복 횟수를 넘어설 때 반복을 중단한다.

코·드·소·개

```
while (조건)
    서술문
```

기초 용어 정리
***반복문**: 특정한 조건을 만족하는 한 반복하여 실행하고자 하는 코드를 계속하여 실행하는 서술문

while문*은 가장 기본적인 형태의 반복문이다. while문은 if문과 비교했을 때 if 대신 while이 들어간다는 형태의 차이가 있다. 이 둘의 차이점은 if문은 조건을 만족할 때 한 번만 서술문을 실행하는 반면 while문은 조건을 만족하는 한 반복해서 서술문을 실행한다는 것이다.

손으로 익히는 코딩

```c
#include <stdio.h>

int main(void)
{
    int i = 1;
    while (i <= 10)
    {
        printf("%d\n", i);
        i++;
    }
}
```

실행 결과

```
1
2
3
4
5
6
7
8
9
10
```

1부터 10까지를 반복문을 이용하여 출력하는 예제이다. 지금이 몇 번째의 반복인가를 나타내는 변수 i를 1로 초기화한 후 i가 10 이하일 때, 즉 10번까지 반복할 수 있도록 조건을 걸었다.

Quick Tip

반복 횟수를 나타내는 변수로는 관습적으로 i를 사용합니다.

기초 용어 정리

* while문: 가장 기본적인 형태의 반복문으로 조건을 만족하는 한 반복해서 서술문을 실행함

```
#include <stdio.h>
#pragma warning(disable: 4996)

int main(void)
{
    int i = 1, n, sum = 0;
    scanf("%d", &n);

    while (i <= n)
    {
        sum += i;
        i++;
    }

    printf("%d", sum);
}
```

입력값

```
4
```

실행 결과

```
10
```

반복문은 단순히 중복되는 코드를 줄이는 용도 외에도 실행을 몇 번이나 해야 하는지 알 수 없을 때도 유용하게 사용할 수 있다. 위의 예제는 변수 i를 1부터 n까지 상승시키면서 그 모든 값을 sum에 하나씩 누적시켜 더한다. 반복문의 조건에서 사용된 n은 입력받은 값을 저장하는 변수이기에 프로그램을 실행할 때마다 반복되는 횟수가 달라진다.

```
#include <stdio.h>
#pragma warning(disable: 4996)

int main(void)
{
    int i = 1, n, fact = 1;
    scanf("%d", &n);

    while (i < n)
        i++;
```

```
    fact *= i;

    printf("%d", fact);
}
```

```
6
```

```
6
```

while문은 if문과 마찬가지로 이후에 오는 하나의 서술문을 반복한다. 그래서 서술문 둘 이상을 반복하고자 한다면 항상 이를 중괄호를 묶어 복합 서술문으로 만들어야 한다. 반복될 부분이 반복되지 않거나, 반대로 반복이 되지 않아야 하는 부분이 반복된다면 정상적인 결과가 나오지 않기에 이 부분은 유의가 필요하다.

위 예제는 입력받은 n에 대하여 n!, 팩토리얼을 계산하는 것을 의도하였다. 하지만 팩토리얼을 계산하기 위한 fact 변수의 계산이 반복되지 않기 때문에 실제 결과로는 n!이 아닌 n이 출력된다.

합 계산하기

입력
정수 s와 e를 입력받는다.

출력
s 이상 e 이하인 모든 정수의 합을 구한다.

s부터 e까지의 모든 정수의 합을 구하는 프로그램을 만들고자 한다. 이는 간단한 수식으로 한 번에 구할 수 있지만 여기서는 while문을 이용하여 구해 보자.

```c
#include <stdio.h>
#pragma warning(disable: 4996)

int main(void)
{
    int s, e;
    scanf("%d %d", &s, &e);

    int i = s, sum = 0;
    while (i <= e)
    {
        sum += i;
        i++;
    }

    printf("%d", sum);
}
```

입력값

2 5

실행 결과

14

s와 e를 입력받고, s와 e 사이의 모든 정수의 합을 구하는 프로그램이다. s부터 e까지 각 숫자에 대해서 하나씩 세어 가며 합을 계산하여 저장하기 위한 sum 변수에 저장한다.

```c
int i = s, sum = 0;
```

변수 i는 현재 세고자 하는 숫자를 저장하는 용도로 사용되며 s, s+1, s+2처럼 1씩 증가시켜 최종적인 e까지 도달한다. sum은 0부터 시작하여 s, s+1, s+2를 순서대로 더하고, 최종적으로 구하고자 하는 합을 계산한다.

```c
while (i <= e)
```

반복문의 조건은 i가 e 이하일 때이다. i는 s부터 1씩 증가할 것이고, 더하고자 하는 값은 e에서 끝나므로 e 이하로 조건을 걸어 주어 e를 넘어서는 순간 반복이 종료되게 한다.

```
{
    sum += i;
    i++;
}
```

마지막으로 while문의 서술문에서는 sum 변수에 현재 세고 있는 i 값을 더하고, 그 후 다음 값을 셀 수 있도록 i의 값을 1 증가시킨다.

각 자리의 숫자 출력하기

입력

양의 정수 n을 입력받는다.

출력

각 자릿수에 위치한 숫자들을 1의 자리부터 순서대로 출력한다. 0은 출력하지 않는다.

양의 정수 n에 대하여 각 자리에 있는 값들을 출력하는 프로그램이다. 문제의 핵심은 양의 정수 n이 얼마나 많은 자릿수를 가졌는지를 알 수 없을 때 각 자릿수의 숫자를 어떻게 분리하여 출력할지이다.

손으로 익히는 코딩

```c
#include <stdio.h>
#pragma warning(disable: 4996)

int main(void)
{
    unsigned int n;
    scanf("%u", &n);

    while (n != 0)
    {
        int a = n % 10;
        if (a != 0)
            printf("%d ", a);
        n /= 10;
    }
}
```

```
572
```

```
2 7 5
```

위의 예제에서는 어떠한 정수를 10으로 나눴을 때 나머지가 1의 자리에 위치하는 숫자임을 이용한다. 구하고자 하는 수 n의 1의 자리를 구한 후, 1의 자리를 제외한 나머지 자릿수에 대해서 반복적으로 연산을 수행하도록 한다.

```
while (n != 0)
```

반복문의 조건은 n이 0이 아닐 때이다. n의 각 자릿수를 처리하면서 숫자를 줄여 나간다면 더 이상 출력할 것이 없을 시점은 n이 0일 때이다. 그러므로 n이 0이 되자마자 프로그램이 종료될 수 있도록 while문의 조건을 잡아 준다.

```
int a = n % 10;
if (a != 0)
    printf("%d ", a);
```

a는 n을 10으로 나눈 나머지의 값이므로 n의 1의 자리에 위치하는 숫자이다. 이 값이 0이라면 출력하지 않고, 0이 아니라면 그 값을 그대로 출력한다.

```
n /= 10;
```

만약 n이 1234였다면 4를 출력했을 것이다. 4라는 값은 이미 처리가 완료되었으므로 나머지 123에 대해서 반복적으로 처리를 해 주면 되기 때문에 1의 자리를 없앨 수 있도록 n을 10으로 나누어 다시 저장한다.

do while

do while문*은 while문과 거의 비슷하지만 한 가지가 다르다. while문은 실행하기 전 먼저 조건을 확인하지만, do while문은 일단 실행을 한 번 하고서 그다음부터 조건을 본다.

기초 용어 정리

* do while문: 실행을 한 번 하고 나서 두 번째 실행부터 조건을 확인하는 반복문

```
do
    서술문
while (조건);
```

do while문은 do 뒤에 반복할 서술문이 오고, 그다음에는 while문과 마찬가지로 while과 소괄
호 안에 조건이 들어간다. 이때 while 옆 소괄호가 끝난 이후에는 세미콜론이 필요하다. do
while은 먼저 반복될 서술문이 오는 것으로 알 수 있듯 가장 처음에는 조건과 관계없이 한 번 실
행한다. 그 이후에는 while문과 동일하게 조건을 만족한다면 반복하고, 조건을 만족하지 않는
다면 반복을 끝낸다.

손으로 익히는 코딩

```c
#include <stdio.h>
#pragma warning(disable: 4996)

int main(void)
{
    int i = 0, j = 0;

    while (i > 0)
    {
        printf("%d ", i);
        i--;
    }
    do
    {
        printf("%d ", j);
        j--;
    }
    while (j > 0);
}
```

실행 결과

```
0
```

두 반복문 모두 조건은 항상 거짓이다. 일반적인 while문은 처음부터 조건에 따라 반복 여부를
결정하므로 이 경우 한 번도 반복하지 않는다. 하지만 do while은 조건과 관계없이 일단 한 번
실행하므로 한 번만 출력한다.

```
#include <stdio.h>
#pragma warning(disable: 4996)

int main(void)
{
    int x;
    do
    {
        scanf("%d", &x);
        printf("%d\n", x);
    }
    while (x != 0);
}
```

```
2
1
0
```

```
2
1
0
```

do while문은 조건에 들어가는 상태의 초깃값이 반복되는 부분에서 결정되는 특별한 경우에 유용하게 사용할 수 있다. 위의 예제의 경우 정수 0을 입력할 때까지 무한하게 입력받는데, 이 입력을 받는 부분이 반복문 안에 있으며 그 입력받은 값을 반복의 조건으로 사용하므로 do while을 사용하면 손쉽게 만들 수 있다.

업 다운 게임

입력

정수 x를 반복해서 입력받는다.

출력

미리 정해진 정수 n이 x보다 크다면 up, 작다면 down을 출력한다.
정수 n과 x가 같다면 x를 출력한 후 프로그램을 종료하고, 그렇지 않다면 반복한다.

미리 정해진 정수 n을 맞추는 프로그램이다. 자신이 입력한 정수가 n보다 크거나 작을 때에 이에 대한 정보를 알아낼 수 있고, 반복하여 값을 입력하여 최종적으로 정수 n을 맞춘다. 이 프로그램은 위의 예제처럼 입력이 반복되고, 입력으로 들어온 변수가 프로그램의 주된 상태가 되므로 do while문을 이용할 수 있다.

손으로 익히는 코딩

```c
#include <stdio.h>
#pragma warning(disable: 4996)

int main(void)
{
    int x, n = 21;
    do
    {
        scanf("%d", &x);
        if (x < n)
            printf("up\n");
        else if (x > n)
            printf("down\n");
        else
            printf("%d\n", x);
    }
    while (x != n);
}
```

입력값

```
30
15
21
```

```
down
up
21
```

프로그램은 입력을 do while문의 복합 서술문 안에 두어 반복하여 입력받을 수 있게 하고, do while은 틀렸을 때마다 반복해야 하기에 x와 n이 다를 때로 조건을 잡아 준다.

```
    do
    {
        scanf("%d", &x);
        if (x < n)
            printf("up\n");
        else if (x > n)
            printf("down\n");
        else
            printf("%d\n", x);
    }
```

프로그램이 시작하자마자 조건을 보지 않고 바로 do while문의 복합 서술문을 실행하여 입력받는다. 이 입력 받은 값이 n보다 클 때, 작을 때, 같을 때마다 그에 맞는 출력을 한다. 만약 반복문의 조건을 계속해서 만족한다면 위의 서술문이 반복되어 다시 입력받는다.

```
    while (x != n);
```

do while문의 복합 서술문에서 정답이었을 때에 그 값을 출력하는 처리는 이미 되어 있기에 나머지는 맞췄을 순간에 프로그램이 종료되어야 한다. 끝나는 조건이 x와 n이 같아질 때이므로 반복이 되는 조건은 x와 n이 다를 경우이다.

에러에서 배우기

프로그램에서의 변수의 값은 컴퓨터의 상태*를 나타낸다. 이 상태에서 가장 중요한 것은, 같은 상태라면 항상 연산을 수행하고 같은 결과를 낸다는 것이다.

```
    int y = x * 2 + 1;
    printf("%d", y);
```

기초 용어 정리
* **컴퓨터의 상태**: 컴퓨터가 가지고 있는 정보들을 바탕으로 하는 상태로, 대개 컴퓨터의 메모리에 저장된 값, 변수의 값을 의미

이 짧은 코드를 실행할 때 변수 x가 같다면 항상 같은 결과를 낸다. 이 프로그램이 몇 번 실행되든 몇 번 반복되든 그것과는 관계없다. 이는 단순한 두 줄의 코드를 넘어서 더욱 복잡한 코드로 이루어진 프로그램도 마찬가지이다. 컴퓨터의 상태가 같다면, 변수의 값이 같다면 이를 실행하는 프로그램은 항상 같은 결과를 계산한다.

반복문을 사용하여 반복할 때 상태가 바뀌지 않는다면 서술문을 실행했음에도 상태가 같다. 상태가 같다는 것은 다시 반복할 때도 똑같이 상태가 바뀌지 않는다는 뜻이며, 결국 영원히 상태가 변하지 않는다. 이렇게 된다면 반복문의 조건을 영원히 만족하여 무한 루프*에 빠질 수 있다.

> **Clear Comment**
>
> 무한 루프는 의도한 게 아니라면 명백한 오류입니다.

반복문을 사용할 때 가장 중요한 점은 상태를 바꾸어야 한다는 것이다. 즉, 반복문 내부에서 항상 상태가 바뀌어야 하며 이 바뀐 상태에 따라 조건이 참인지 거짓인지 결정되어야 한다.

① 초기화 : 상태는 변수이기에 반복을 시작하기 전 처음 값을 지정해야 한다.
② 조건 : 상태가 조건 안에 포함되어 상태가 바뀜에 따라 언젠간 반복이 종료되어야 한다.
③ 변화 : 반복 이전과 이후에는 상태가 변화해야 한다. 그렇지 않으면 무한 루프에 빠지게 된다.

```c
#include <stdio.h>
#pragma warning(disable: 4996)

int main(void)
{
    int n;
    scanf("%d", &n);

    while (n > 0)
        printf("%d\n", n);
}
```

입력값
```
3
```

실행 결과
```
3
3
3
3
...
```

기초 용어 정리
* **무한 루프**: 반복문의 조건이 영원히 반복하여 반복이 끝나지 않는 상태

위의 반복문은 반복이 되어도 n의 값이 바뀌지 않는다. 따라서 한 번 while문에 진입하면 무한 루프에 빠지게 되어 프로그램이 종료되지 않는다.

```c
#include <stdio.h>
#pragma warning(disable: 4996)

int main(void)
{
    int n;
    scanf("%d", &n);

    while (n >= 0)
    {
        printf("%d\n", n);
        n++;
    }
}
```

입력값
```
1
```

실행 결과
```
1
2
3
4
...
```

위의 반복문은 상태가 변하지만, 그 상태는 항상 양수이기에 영원히 조건을 만족하지 않는다. 그렇기에 이 경우도 무한 루프에 빠진다. 반복문은 프로그래머의 실수에 따라 무한 루프에 빠질 수 있기에 주의가 필요하며, 어떤 상태를 다루고 그 상태에 조건을 어떻게 걸어야 할지를 항상 생각하여야 한다.

> **Clear Comment**
>
> 위 예제는 엄밀히 말하면 무한 루프는 아닙니다. 부호가 있는 정수형 변수 int이기에 양의 최댓값을 넘어서는 순간 오버플로우가 발생하기 때문입니다. 보통의 경우 오버플로우 역시 오류로 취급되기에 사전에 이러한 문제를 방지하는 것이 좋습니다.

02

for, continue, break

for, continue, break

여기서는 무얼 배울까

모든 반복문은 상태를 제어하고 그 상태에 따라 반복할지 말지를 결정해야 한다. 이를 위하여 상태를 초기화하고, 상태를 변화시키고, 상태가 포함된 조건은 필수적이다. 그렇기에 while문을 이용하여 어떠한 코드를 반복시킬 때는 필연적으로 초기화와 변화, 그리고 조건이 포함될 수밖에 없다. C 언어에서는 이러한 필수적인 요소를 한 번에 묶어서 표현할 수 있는 for문이라는 조건문을 제공하는데 이번 절에서는 이 for문을 사용하는 방법을 배우고 그 예제를 살펴본다.

for문

for문*은 반복문의 필수적인 세 요소인 상태의 초기화, 상태의 변화, 그리고 상태에 대한 조건을 한데 모아서 표현하는 반복문이다.

코·드·소·개

```
for (초기화식; 조건식; 증감식)
    서술문
```

for문은 for 뒤에 오는 소괄호에 초기화식, 조건식, 증감식을 세미콜론으로 구분하여 넣고, 그 다음에 반복하여 실행할 서술문을 쓴다.

① 초기화식 : 반복을 시작하기 전 반복에 사용되는 상태(변수)를 초기화하는 부분이다.

② 조건식 : 반복을 위한 조건, while문의 오른쪽에 들어가는 조건과 같다.

③ 증감식 : 한 번의 반복이 끝나고서 상태가 갱신되는 부분이다. 주로 증가와 감소를 사용하기에 증감식이라는 이름이 붙었지만, 증감이 아니어도 무방하다.

기초 용어 정리

* **for문**: 상태를 초기화하고, 변화시키고, 그 상태를 포함하는 조건을 한데 모아서 표현하는 반복문

```
#include <stdio.h>

int main(void)
{
    int i = 1;
    while (i <= 5)
    {
        printf("%d\n", i);
        i++;
    }

    for (int j = 1; j <= 5; j++)
        printf("%d\n", j);
}
```

실행 결과

```
1
2
3
4
5
1
2
3
4
5
```

for문은 while문의 형태를 바꾼 반복문이므로 모든 for문은 while문으로 항상 바꿀 수 있다. 위의 두 반복문은 각각 while문과 for문으로 표현되었지만, 실제 연산은 같다.

```
#include <stdio.h>

int main(void)
{
    int i = 1;
    for (;i <= 5;)
    {
        printf("%d\n", i);
        i++;
```

```
        }
    }
```

```
1
2
3
4
5
```

경우에 따라서 초기화식, 조건식, 증감식 중에서 일부를 생략할 수 있다. 이때에 세미콜론으로
구분되는 각각의 식을 비워 두면 된다. 초기화식을 비워 둔다면 처음 반복문을 시작할 때에 아무
런 연산을 하지 않고, 증감식을 비워 둔다면 한 번의 반복이 끝날 때마다 추가적으로 하는 연산
이 없게 된다.

```c
#include <stdio.h>
#pragma warning(disable: 4996)

int main(void)
{
    for (;;)
        printf("infinite loop\n");
}
```

```
infinite loop
infinite loop
infinite loop
...
```

초기화식과 증감식처럼 조건식 역시 비워 두면 생략할 수 있는데, 이 경우 조건이 항상 참이 되
어 무한히 반복한다.

배수 출력하기

정수 n에 대해서 그의 배수를 m개 출력하는 프로그램이다. m의 값이 정해지지 않았기에 반복문을 이용하여 출력해야 하며, 여기에서는 for문을 이용한다.

손으로 익히는 코딩

```c
#include <stdio.h>
#pragma warning(disable: 4996)

int main(void)
{
    int n, m;
    scanf("%d %d", &n, &m);

    for (int i = 1; i <= m; i++)
        printf("%d ", n * i);
}
```

n의 배수는 크기 순서대로 n * 1, n * 2, n * 3, ... 으로 표현할 수 있다. m개의 배수를 출력해야 하므로 마지막으로 출력되는 값은 n * m이고, 이를 위하여 i를 1부터 m까지 증가시키면서 n * i를 출력한다.

짝수 출력하기

1부터 n까지의 모든 짝수를 출력하는 프로그램이다. 1부터 n까지의 값을 모두 순회하면서 짝수인 경우에만 출력해도 되지만, 짝수를 셀 때에는 2씩 증가시키면 된다는 사실을 이용하면 더 효율적으로 프로그램을 만들 수 있다.

손으로 익히는 코딩

```c
#include <stdio.h>
#pragma warning(disable: 4996)

int main(void)
{
    int n;
    scanf("%d", &n);

    for (int i = 2; i <= n; i += 2)
        printf("%d ", i);
}
```

입력값

13

실행 결과

2 4 6 8 10 12

1 이상 n 이하의 모든 짝수 중에서 가장 작은 짝수는 2이다. 그리고 어느 한 짝수 다음으로 작은 짝수는 2만큼의 차이가 난다. 따라서 변수 i는 현재 출력할 값으로 삼는다면 i는 2부터 시작하여 n 이하까지, 그리고 반복이 될 때마다 2씩 증가하도록 하면 모든 짝수를 출력할 수 있다.

continue

continue*는 반복문 내부에서 사용할 수 있는 서술문이다. 반복문 안에서 continue를 만나게 되면 나머지 서술문을 모두 생략한 다음 다시 반복문의 처음으로 돌아가 조건을 만족하는지를 확인한다.

기초 용어 정리

* continue: 반복문의 나머지 서술문을 생략한 다음 다시 반복문의 처음으로 돌아가 조건을 확인하도록 하는 서술문

```c
#include <stdio.h>

int main(void)
{
    for (int i = 1; i <= 10; i++)
    {
        if (i % 3 == 0)
            continue;
        printf("%d ", i);
    }
}
```

실행 결과

```
1 2 4 5 7 8 10
```

변수 i가 1부터 10까지 반복하면서 이를 출력하는 반복문인데, 만약 i가 3의 배수라면 continue를 실행한다. 이 경우 3의 배수가 아닌 경우는 값이 출력되고, 3의 배수라면 continue를 만나 출력을 생략하고 그다음 수를 확인한다.

break

break*는 continue와 마찬가지로 반복문 내부에서 사용할 수 있는 서술문인데, continue는 만날 때에 반복문의 위로 올라가는 것과는 달리 break는 만나는 그 순간 반복을 종료하고 반복문을 빠져나온다.

기초 용어 정리

* **break**: 반복문의 반복을 즉시 종료하는 서술문

```
#include <stdio.h>

int main(void)
{
    for (int i = 1; i <= 10; i++)
    {
        if (i % 3 == 0)
            break;
        printf("%d ", i);
    }
}
```

실행 결과

```
1 2
```

변수 i가 1부터 10까지 반복하면서 이를 출력하는 반복문인데, 만약 i가 3의 배수라면 break를 실행한다. 여기서 3의 배수가 아닌 1과 2는 출력되고 3의 배수인 3을 만나는 순간 반복을 종료하고 프로그램이 끝난다.

```
#include <stdio.h>
#pragma warning(disable: 4996)

int main(void)
{
    int i = 1;
    while (1)
    {
        printf("%d ", i);
        if (i >= 10)
            break;
        i++;
    }
}
```

만약 break가 하나 이상 있다면 그 반복문은 반복을 끝내는 조건이 둘 이상으로 만들 수 있다. break는 반복이 끝나는 조건이 둘 이상이거나 너무 복잡할 때 기존의 조건식 대신 사용할 수 있다.

소수 판정하기

입력

2 이상의 양의 정수 n을 입력받는다.

출력

n이 소수라면 1, 소수가 아니라면 0을 출력한다.

2 이상의 양의 정수 n에 대하여 그 정수가 소수인지 아닌지를 판정하는 프로그램이다. n의 조건
이 2 이상이므로 1 초과 n 미만인 모든 정수에 대해서 n의 약수가 존재한다면 소수가 아니고, n
의 약수가 존재하지 않는다면 소수임을 이용한다.

손으로 익히는 코딩

```c
#include <stdio.h>
#pragma warning(disable: 4996)

int main(void)
{
    int n;
    scanf("%d", &n);

    int isPrime = 1;
    for (int i = 2; i < n; i++)
    {
        if (n % i == 0)
        {
            isPrime = 0;
            break;
        }
    }
    printf("%d", isPrime);
}
```

입력값

17

실행 결과

1

전체적인 코드는 소수인지 아닌지를 확인해야 하는 정수를 반복문을 이용하여 하나씩 확인하는
데, 그 수가 n의 약수라면 그 즉시 반복을 종료하고 소수임을 알린다.

```
    int isPrime = 1;
```

isPrime은 n이 소수인지 아닌지를 계산하여 저장하기 위한 변수이다. 계산을 하기 전 초기에는
n이 소수라고 가정을 하고 시작하되, n보다 작은 정수 중에서 n의 약수가 존재한다면 소수가 아
니므로 isPrime을 0으로 바꾼다. 만약 모든 약수 후보를 보았지만 약수가 하나도 없다면
isPrime은 여전히 1이므로 소수이다.

```
    if (n % i == 0)
    {
        isPrime = 0;
        break;
    }
```

n보다 작은 i가 n의 약수라면 isPrime을 0으로 설정하고 프로그램을 종료한다. 여기서 break
를 사용하지 않아도 프로그램은 문제없이 동작하지만, 약수가 하나라도 존재한다면 그보다 큰
값들이 약수인지 아닌지를 확인할 필요 없이 소수가 아님은 자명하므로 더 이상 반복문을 이용
하여 값을 확인할 필요가 없다. 이렇게 되면 프로그램의 연산량이 줄어들어 더 빠른 소수 판정이
가능하게 된다.

에러에서 배우기

continue는 반복문의 남은 서술문을 실행하지 않고 코드의 위로 올라가 다시 조건을 보는 특성상 while과 함께 사용했
을 때 예상치 못한 무한 루프가 발생할 수 있다.

```
#include <stdio.h>

int main(void)
{
    int i = 1;
    while (i <= 10)
    {
        if (i % 3 == 0)
            continue;
        printf("%d ", i);
        i++;
    }
}
```

for문은 증감식이 따로 있어 항상 반복이 종료될 때마다 증감식이 실행이 되지만, while문으로 만든다면 그 증감식이 항상 실행되리라는 보장이 없다. 위의 예제는 while문으로 작성되어 증감식이 아래에 있다. i가 3의 배수가 아니라면 출력이 잘 되지만, 3의 배수인 3이 된다면 continue를 실행하여 증감식까지 전부 무시한다. 이렇게 되면 변수의 값이 3인 시점부터 반복이 될 때마다 상태는 변하지 않으며 무한 루프에 빠진다.

```
#include <stdio.h>
#pragma warning(disable: 4996)

int main(void)
{
    int i = 1;
    while (i <= 10)
    {
        if (i % 3 == 0)
        {
            i++;
            continue;
        }
        printf("%d ", i);
        i++;
    }
}
```

실행 결과

1 2 4 5 7 8 10

따라서 continue를 while문에서 사용하려면 continue로 반복이 넘어가는 모든 부분에서 상태가 바뀔 수 있도록 상태를 변화하는 부분을 추가해야 한다.

> **Clear Comment**
>
> continue는 3의 배수가 아닌 경우에만 출력하기처럼 처리하지 않을 예외를 다룰 때 유용하게 사용됩니다. continue로 인해 증감식이 실행되지 않는 문제는 for문으로 쉽게 해결되므로 while과 continue를 함께 쓸 때 발생하는 문제는 신경 쓰지 않아도 됩니다.

더 멋진 내일(Tomorrow)을 위한 내일(My Career) **내일은 C언어**

중첩 반복문

중첩 반복문

여기서는 무얼 배울까

반복 속의 반복은 주변에서 쉽게 찾아볼 수 있다. 1초가 반복되고, 1분이 반복되고, 1시간이 반복되는 시계처럼 말이다. 이번 절에서는 중첩문을 둘 이상 겹쳐서 사용하는 중첩 반복문에 대해서 배우고 이를 활용하는 실력을 키운다.

반복문 안의 반복문

if문을 중첩하여 사용하듯 while문이나 for문을 중첩하여 사용할 수 있다. 반복문이 중첩되면 바깥쪽 반복문은 안쪽 반복문을 반복하여 실행하며, 반복을 반복하는 형태를 띤다.

손으로 익히는 코딩

```c
#include <stdio.h>

int main(void)
{
    for (int i = 2; i <= 9; i++)
    {
        for (int j = 1; j <= 9; j++)
            printf("%2d*%2d=%2d  ", i, j, i * j);
        printf("\n");
    }
}
```

```
2* 1= 2   2* 2= 4   2* 3= 6   2* 4= 8   2* 5=10   2* 6=12   2* 7=14   2* 8=16   2* 9=18
3* 1= 3   3* 2= 6   3* 3= 9   3* 4=12   3* 5=15   3* 6=18   3* 7=21   3* 8=24   3* 9=27
4* 1= 4   4* 2= 8   4* 3=12   4* 4=16   4* 5=20   4* 6=24   4* 7=28   4* 8=32   4* 9=36
5* 1= 5   5* 2=10   5* 3=15   5* 4=20   5* 5=25   5* 6=30   5* 7=35   5* 8=40   5* 9=45
6* 1= 6   6* 2=12   6* 3=18   6* 4=24   6* 5=30   6* 6=36   6* 7=42   6* 8=48   6* 9=54
7* 1= 7   7* 2=14   7* 3=21   7* 4=28   7* 5=35   7* 6=42   7* 7=49   7* 8=56   7* 9=63
8* 1= 8   8* 2=16   8* 3=24   8* 4=32   8* 5=40   8* 6=48   8* 7=56   8* 8=64   8* 9=72
9* 1= 9   9* 2=18   9* 3=27   9* 4=36   9* 5=45   9* 6=54   9* 7=63   9* 8=72   9* 9=81
```

구구단을 2단부터 9단까지 순서대로 출력하는 예제이다. 두 개의 for문이 중첩된 형태로, 바깥쪽 반복문을 2~9를 반복하여 몇 단인지를 나타내고 안쪽 반복문은 i단에 대하여 1부터 9까지 곱한 결과를 출력한다.

```c
for (int j = 1; j <= 9; j++)
    printf("%2d*%2d=%2d   ", i, j, i * j);
```

때로는 프로그램 전체가 아닌 일부로 나누어 생각하는 것이 편할 때가 많다. 구구단을 출력하는 것은 결국 하나의 단을 출력하는 것을 반복하는 것이다. 그렇기에 먼저 i단에 대하여 곱셈 9개를 출력하는 것을 먼저 작성한다.

```c
for (int i = 2; i <= 9; i++)
{
    for (int j = 1; j <= 9; j++)
        printf("%2d*%2d=%2d   ", i, j, i * j);
    printf("\n");
}
```

안쪽 반복문이 완성되었다면 다음은 2~9단을 반복하여 실행하는 것이다. 안쪽 반복문을 잘 만들었다면 이는 더 이상 한 단을 출력하는 것은 생각하지 않아도 괜찮다. 만

Quick Tip
중첩 반복문에서의 변수로는 주로 i, j, k를 순서대로 사용합니다.

들어진 코드를 총 8번 반복하는 것만을 추가하면 되며, 여기서 신경 써야 할 부분은 반복에 대해서 i단이 출력이 되게끔 변수를 조작하는 것이다.

소수의 개수 세기

이전 예제로 보았던 소수 판정을 한 단계 발전시켜 소수의 개수를 세도록 하는 프로그램이다. 정수 하나가 소수인지 아닌지는 하나의 반복문을 이용하여 알 수 있으므로, 1 이상 n 이하의 정수 각각이 소수인지 아닌지를 확인할 수 있도록 중첩 반복문을 이용해야 한다.

손으로 익히는 코딩

```c
#include <stdio.h>
#pragma warning(disable: 4996)

int main(void)
{
    int n, cnt = 0;
    scanf("%d", &n);

    for (int i = 1; i <= n; i++)
    {
        int divisor = 0;
        for (int j = 1; j <= i; j++)
            if (i % j == 0)
                divisor++;

        if (divisor == 2)
            cnt++;
    }

    printf("%d", cnt);
}
```

입력값

100

여기에서는 소수를 판정하는 방법으로 약수의 개수를 세는 방법을 택했다. 어떤 양의 정수 n이 소수라면 1 이상 n 이하의 정수 중에서 n의 약수가 2개만 있어야 한다.

```
int divisor = 0;
for (int j = 1; j <= i; j++)
    if (i % j == 0)
        divisor++;

if (divisor == 2)
    cnt++;
```

반복문의 안쪽 부분에서는 양의 정수 i가 소수인지 아닌지를 검사한다. 반복문을 이용하여 i의 약수가 몇 개인지 그 개수를 세고, 약수의 개수가 2라면 소수이므로 소수의 개수를 나타내는 변수인 cnt를 증가시킨다.

```
for (int i = 1; i <= n; i++)
```

반복문의 안쪽이 i가 소수라면 cnt의 값을 증가시키는 역할을 하므로, i를 1부터 n까지 증가시키면서 n개의 정수 중에서 소수가 몇 개인지를 알아낼 수 있게 한다.

피타고라스 세 쌍

입력
양의 정수 n을 입력받는다.

출력
다음의 조건을 만족하는 정수 a, b, c 조합을 모두 출력한다.
$0 < a < b < c \leq n, a^2 + b^2 = c^2$

문제에서 설명하는 조건을 만족하는 세 수 a, b, c를 피타고라스 세 쌍이라고 한다. 삼각형 세 변의 길이가 피타고라스 세 쌍일 때에 그 삼각형은 직각 삼각형이다.

```c
#include <stdio.h>
#pragma warning(disable: 4996)

int main(void)
{
    int n;
    scanf("%d", &n);

    for (int a = 1; a <= n; a++)
        for (int b = a + 1; b <= n; b++)
            for (int c = b + 1; c <= n; c++)
                if (a * a + b * b == c * c)
                    printf("%d %d %d\n", a, b, c);
}
```

입력값

20

실행 결과

```
3 4 5
5 12 13
6 8 10
8 15 17
9 12 15
12 16 20
```

n 이하인 모든 a, b, c에 대해서 그 정수들이 피타고라스 세 쌍인지를 알아내야 한다. 여기서 모든 a, b, c의 조합을 확인해야 하므로 a에 대한 반복문, b에 대한 반복문, c에 대한 반복문을 모두 중첩하여 검사한다. 이때 a < b < c의 조건이 추가로 있으므로 b와 c를 1이 아닌 a + 1, b + 1로 시작하게 하여 항상 a < b < c를 만족하게 한다.

중첩 반복문에서의 continue와 break

반복문을 중첩한 형태에서도 역시 continue와 break를 사용할 수 있다. 둘 이상의 반복문이 중첩되었다면 그중 가장 안쪽에 있는 반복문에 대해서만 continue와 break가 동작한다.

```
#include <stdio.h>

int main(void)
{
    for (int i = 1; i <= 5; i++)
    {
        for (int j = 1; j <= i; j++)
        {
            printf("%d ", j);
            if (j == 3)
                break;
        }
        printf("\n");
    }
}
```

```
1
1 2
1 2 3
1 2 3
1 2 3
```

위 예제에서 안쪽 반복문은 1부터 i까지 j을 증가시키면서 j를 출력한다. 그리고 j가 3이 되는 순
간 break를 만나 반복문을 종료한다. 바깥쪽 반복문은 i를 1부터 5까지 증가시키는데, 반복문이
중첩된 상태에서 안쪽 반복문의 break를 만난다면 j를 바꾸는 안쪽 반복문을 종료시킨 후 반복
문 아래에 있는 줄 바꿈을 출력한 후 바깥쪽 반복문의 반복을 다시 시작한다.

손으로 익히는 코딩

```
#include <stdio.h>
#pragma warning(disable: 4996)

int main(void)
{
    int flag = 0;
    for (int i = 1; i <= 5; i++)
    {
        for (int j = 1; j <= i; j++)
        {
```

```
            printf("%d ", j);
            if (j == 3)
            {
                flag = 1;
                break;
            }
        }

        if (flag)
            break;

        printf("\n");
    }
}
```

```
1
1 2
1 2 3
```

안쪽의 break가 바깥쪽 반복문까지 종료되게 하기 위해서

continue도 break와 비슷하게 처리할 수 있습니다.

는 안쪽 반복문이 break되었을 때에 이를 바깥쪽 반복문에서 알 수 있게 해야 한다. 이를 위하여 안쪽 반복문을 실행하기 전 flag 변수를 0으로 설정해 두고, break를 만날 때 flag 변수를 1로 바꾸어 준다. 이제 안쪽 반복문이 끝났을 때 flag 변수가 0이라면 break를 만나지 않고 끝났다는 것을 의미하며 1이라면 break를 만나 끝났다는 것을 의미하기에 이때 break를 해 주면 된다.

별 찍기

별 찍기 문제는 중첩 반복문을 연습하기 위한 문제로 널리 알려져 있다. 문제가 제시한 특정한 패턴을 가진 출력을 따라서 출력할 수 있는 프로그램을 만드는 것이다.

삼각형 출력하기

삼각형의 크기인 n을 입력받아 그 크기를 가진 삼각형을 출력하고자 한다. 어떠한 문제에 대해서 이 문제를 한 번에 생각하는 것이 아니라 문제를 잘게 나누어 생각하는 것은 많은 경우에서 유용한 문제 해결 방법이다.

```
1 : *
2 : **
3 : ***
4 : ****
5 : *****
```

삼각형 전체가 아닌 한 줄씩을 보면 별이 1개, 2개, 3개, ... 줄 번호만큼 별이 출력되는 규칙을 알 수 있다. 즉, 이 삼각형의 한 줄을 출력하기 위해서는 별을 k개만큼 연달아서 출력하는 반복문이 필요하다는 것이다.

```
i를 1부터 n까지 반복한다.
    *을 i개 출력한다.
    줄 바꿈 한다.
```

한 줄에 대한 규칙을 찾았다면 이제 그보다 더 큰 삼각형 전체를 확인하자. 삼각형의 i번째 줄에는 별이 i개 필요하다. 삼각형의 한 줄을 출력하는 방법을 알고 있다면 i를 1부터 n까지 반복하며 한 줄씩 출력하도록 하여 문제를 해결할 수 있다.

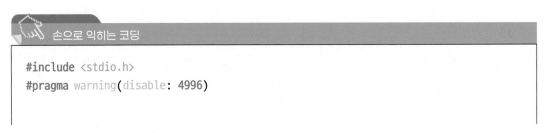

손으로 익히는 코딩

```c
#include <stdio.h>
#pragma warning(disable: 4996)
```

```
int main(void)
{
    int n;
    scanf("%d", &n);

    for (int i = 1; i <= n; i++)
    {
        for (int j = 1; j <= i; j++)
            printf("*");
        printf("\n");
    }
}
```

5

```
*
**
***
****
*****
```

바깥쪽 반복문에서는 1부터 n까지 반복하며 i번째 줄을 출력한다. i번째 줄을 출력하는 안쪽 반복문은 j를 1부터 i까지 반복하며 별을 출력한다. 삼각형의 모든 별을 하나씩 생각하면 문제는 복잡해지지만, 삼각형을 줄로, 줄을 별 하나로 나누어서 생각하면 문제를 쉽게 해결할 수 있다.

정사각형 출력하기

입력

n = 5

출력

```
*****
*   *
*   *
*   *
*****
```

정사각형의 크기인 n을 입력받아 정사각형을 출력하되 안쪽은 빈칸으로 두고 바깥쪽 외곽선에만 별을 출력하는 문제이다. 이 문제 역시 한 번에 모든 걸 생각한다면 복잡해지지만, 문제를 나누어 생각하면 수월하게 풀 수 있다.

① 문제를 나누기

```
1 : ***** : n개 출력
2 : *   * : 빈칸을 포함함
3 : *   * : 빈칸을 포함함
4 : *   * : 빈칸을 포함함
5 : ***** : n개 출력
```

정사각형의 줄은 별을 n개 출력하는 줄과 별을 2개, 빈칸을 n-2개 출력하는 줄로 나뉜다. 별을 n개 출력하는 것은 앞선 삼각형에서 했으니 빈칸을 포함하는 줄만을 고려하면 되는데, 이 줄은 빈칸을 n-2번 반복하여 출력하고 그 양옆에 별을 출력하는 것으로 해결할 수 있다.

```
*을 n개 출력한다.
n-2번 반복한다.
    가운데가 비어 있고 양옆에 *이 있도록 출력한다.
*을 n개 출력한다.
```

이제 정사각형 전체의 각 줄이 어떻게 이루어져 있는지를 확인해보면 첫 번째와 마지막에는 별이 n개 있는 줄이고, 나머지 n-2개의 줄은 빈칸을 포함하는 줄이다. 그러니 빈칸을 포함하는 줄과 마찬가지의 아이디어로 빈칸을 포함하는 줄을 n-2번 반복하여 출력하되 그 앞과 뒤에 n개의 별이 있는 줄을 출력하게 하여 반복이 되는 부분과 반복이 되지 않는 부분을 나누어 주면 된다.

```c
#include <stdio.h>
#pragma warning(disable: 4996)

int main(void)
{
    int n;
    scanf("%d", &n);

    for (int i = 1; i <= n; i++)
        printf("*");
    printf("\n");

    for (int i = 1; i <= n - 2; i++)
```

```
    {
        printf("*");
        for (int j = 1; j <= n - 2; j++)
            printf(" ");
        printf("*\n");
    }

    for (int i = 1; i <= n; i++)
        printf("*");
    printf("\n");
}
```

```
5
```

```
*****
*   *
*   *
*   *
*****
```

코드로 만들어 보면 이렇게 나타낼 수 있다. 이 문제에서의 핵심은 문제를 여러 부분으로 나누어서 생각하는 것이며, 이와 함께 어느 부분을 반복해야 하는지와 어느 부분을 반복하지 않는 것이 더 유리한지를 생각하는 것이 중요하다.

② 전체 패턴을 보기

```
(1,1) (1,2) (1,3) (1,4) (1,5)
(2,1) (2,2) (2,3) (2,4) (2,5)
(3,1) (3,2) (3,3) (3,4) (3,5)
(4,1) (4,2) (4,3) (4,4) (4,5)
(5,1) (5,2) (5,3) (5,4) (5,5)
```

문제를 나누지 않고 정사각형 전체의 패턴을 보면서도 문제를 해결할 수 있다. 중첩 반복문을 이용하여 n*n개의 문자를 출력한다고 생각한다면 각각의 문자에 대해서 (i, j) 순서쌍의 값이 모두 다르다. 이를 이용하여 i 또는 j가 1이거나 n인 위치에서만 별이 출력되고 그렇지 않은 부분은 빈 칸이 출력된다는 패턴을 찾을 수 있다.

```
#include <stdio.h>
#pragma warning(disable: 4996)

int main(void)
{
    int n;
    scanf("%d", &n);
    for (int i = 1; i <= n; i++)
    {
        for (int j = 1; j <= n; j++)
        {
            if (i == 1 || j == 1 || i == n || j == n)
                printf("*");
            else
                printf(" ");
        }
        printf("\n");
    }
}
```

입력값

5

실행 결과

```
*****
*   *
*   *
*   *
*****
```

문제를 해결하기 위한 아이디어를 그대로 코드로 작성하면 이렇게 만들 수 있다. 정사각형 모양의 별을 출력하는 방법으로는 이 두 가지의 방법 외에도 여러 방법이 있을 수 있고, 각 방법은 서로 다른 장단점을 갖고 있다. 별 찍기 문제 외에도 어느 문제를 푸느냐에 따라 접근 방법은 다양해지므로 여러 방향에서 생각하는 습관을 기르는 것은 실력을 키우는 좋은 방법이 된다.

1. 프로그램 작성하기

● 다음 조건에 맞게 입력과 출력이 이루어지는 프로그램을 작성하시오.

(1)

입력

양의 정수 a와 b를 입력받는다.

출력

a와 b의 최소공배수를 출력한다.

(2)

입력

2가 아닌 양의 짝수 n을 입력받는다.

출력

n=a+b를 만족하는 소수 a와 b를 출력한다.

● 다음 입력과 출력을 바탕으로 하는 규칙을 찾아 프로그램을 작성하시오.

입력

n = 7

출력
```
* * *
 * *
  * *
* * *
 * *
  * *
* * *
```

1. 프로그램 작성하기

● 다음 조건에 맞게 입력과 출력이 이루어지는 프로그램을 작성하시오.

(1)

> **입력**
>
> 양의 정수 a와 b를 입력받는다.
>
> **출력**
>
> a와 b의 최소공배수를 출력한다.

답 1권 챕터8 a8.1.c

a와 b의 최소공배수를 구하는 문제이다. a와 b의 최소공배수를 c라고 한다면 c는 a와 b 모두의 배수이다: 그러므로 a의 배수를 하나씩 보면서 b의 배수인 값이라면 즉시 반복을 종료하고 그 값을 출력한다.

(2)

> **입력**
>
> 2가 아닌 양의 짝수 n을 입력받는다.
>
> **출력**
>
> n=a+b를 만족하는 소수 a와 b를 출력한다.

답 1권 챕터8 a8.2.c

조건을 만족하는 소수 a와 b를 구하는 문제이다. a가 정해지면 자연스럽게 n−a로 b를 구할 수 있으므로, a를 2부터 하나씩 증가시키면서 a와 b가 소수인지를 확인한다.

● 다음 입력과 출력을 바탕으로 하는 규칙을 찾아 프로그램을 작성하시오.

> **입력**
>
> n = 7
>
> **출력**
> ```
> * * *
>  * *
>   * *
> * * *
>  * *
>   * *
> * * *
> ```

1권 챕터8 a8.3.c

패턴을 찾아 그에 해당하는 별을 출력하는 문제이다. 각 부분의 행과 열을 i와 j로 표현한다면 별이 출력되는 위치는 모두 i % 3 == j % 3 조건을 만족한다. 이를 조건문의 조건으로 사용하여 별 또는 공백을 출력한다.

키워드로 정리하기

● **반복문**은 반복하여 실행하고자 하는 코드를 특정한 조건을 만족하는 한 계속 반복하는 서술문을 말한다.

● C 언어의 반복문으로는 while문, do while문, for문이 있다.

● 반복문은 상태의 초기화, 변화, 조건이라고 하는 세 요소가 필요하고, for문은 이 세 요소를 한데 모아서 표현한다.

● 반복문 중간에서 분기의 역할을 하는 continue와 break가 있다.

● 중첩 반복문에서 continue와 break는 가장 안쪽의 반복문에 적용이 되므로, 바깥쪽 반복문에 적용하기 위해선 변수를 이용해야 한다.

예제 톺아보기

```c
#include <stdio.h>
#pragma warning(disable: 4996)

int main(void)
{
    int n;
    scanf("%d", &n);
    for (int i = 1; i <= n; i++) // (1)
    {
        for (int j = 1; j <= n; j++) // (2)
        {
            if (i == 1 || j == 1 || i == n || j == n) // (3)
                printf("*");
            else
                printf(" ");
        }
        printf("\n");
    }
}
```

(1) for문은 가장 자주 사용되는 반복문으로 초기화식, 조건식, 증감식을 한데 모아서 표현한다.

(2) 반복문이 둘 이상 중첩되면 이를 중첩 반복문이라고 한다. 일반적인 반복문보다 다루기 더 어렵지만, 상황에 따라 더 편리하고 다채로운 처리가 가능하다.

(3) 반복문에서 중요한 것은 매 반복마다 컴퓨터의 상태가 바뀌어야 한다는 점이다. 이는 중첩 반복문에서도 똑같이 작용하며, 위의 예제에서는 순서쌍 (i, j)가 계속해서 바뀌는 상태의 역할을 한다. 계속해서 변화하는 상태를 연산에 활용하는 것은 반복문에서 흔하게 볼 수 있는 응용이다.

CHAPTER

09

내 일 은   C 언 어

함수

01

함수의 선언과 정의

함수, 함수의 선언, 함수의 정의, 반환형, 함수명, 매개변수, 정의부, 반환

여기서는 무얼 배울까

C 언어의 구성 요소들을 배울 때 프로그래밍은 블록 장난감과도 같다고 이야기했다. 이는 작은 조각들 하나 하나를 모아서 거대한 작품을 만들어 내는 것이 프로그래밍의 과정과 비슷하기 때문이었다. 하지만 이러한 작품에 비해서 각각의 조각은 너무나도 작기에, 때로는 조각들을 합쳐서 조금 더 큰 부품을 만들어 내고, 부품과 부품을 합쳐서 큰 작품을 만들어 내는 것이 좋을 수도 있다. 이번 절에서는 C 언어를 이용하여 전체 프로그램을 이루는 부품인 함수에 대해서 배우고 이를 활용해 보는 시간을 갖는다.

함수

프로그래밍 언어에서 함수*, 프로시저, 서브 프로그램이라고 불리는 개념은 하나의 프로그램을 더 작은 기능 단위로 나눈 것으로 의미상으로 작은 프로그램과도 같다. C 언어에서 큰 프로그램을 만들 때 이 큰 프로그램들을 작은 프로그램인 함수로 나누어서 만들고, 이 함수들을 다시 합쳐서 큰 프로그램을 이루도록 한다.

프로그램

서브 프로그램	서브 프로그램
서브 프로그램	서브 프로그램

하나의 큰 프로그램, 큰 문제를 해결할 때 이를 나누지 않는다면 문제를 해결하는 데에 많은 어려움이 있다. 하지만 큰 문제를 작은 문제로 나누고 이를 함수 단위로 만들어서 구성한다면 더

기초 용어 정리
* **함수**: 하나의 프로그램을 더 작은 기능 단위로 나눈 것. 의미상으로 작은 프로그램과도 같음

쉽게 문제를 해결할 수 있으며, 만약 하나의 작은 문제가 여러 번 사용된다면 이를 위해 만든 함수를 여러 번 재사용할 수도 있다.

함수, 서브 프로그램은 작은 프로그램과 비슷하기에 일반적인 프로그램과 마찬가지로 입력, 처리, 출력으로 이루어진다. 함수는 0개 이상의 데이터를 입력으로 받아 이에 대한 연산을 수행하고, 0개 또는 1개의 결과를 출력으로써 내보낸다.

> **Clear Comment**
>
> C 언어의 함수는 수학에서의 함수와 의미가 조금 다릅니다. 프로그램이 입력과 출력이 없을 수 있듯이 C 언어의 함수도 입력과 출력이 없을 수 있습니다. 그러므로 처음 함수에 대해서 배울 때는 함수라는 이름보다는 서브 프로그램이라는 용어로 이해하는 것이 나을 수 있습니다.

코·드·소·개

```
반환형 함수명(매개변수)
{
        정의부
}
```

함수를 사용하기 위해서는 먼저 함수를 정의해야 한다. 함수를 정의하기 위해서는 다음 형식에 맞게 네 부분으로 나누어 작성한다.

① 반환형* : 함수의 처리 결과의 자료형을 나타낸다.

② 함수명** : 함수를 구분하는 이름이며 다른 함수와 중복되어선 안 된다.

Quick Tip

함수의 이름을 정하는 규칙은 변수와 동일합니다.

③ 매개변수*** : 함수의 입력으로 사용되는 변수이다.

④ 정의부**** : 함수를 처리하는 몸체 부분이다. 복합 서술문이어야 한다.

기초 용어 정리
* **반환형**: 함수의 처리 결과의 자료형을 나타냄
** **함수명**: 함수를 구분하는 이름이며 다른 함수와 중복되어선 안 됨
*** **매개변수**: 함수의 입력으로 사용되는 변수
**** **정의부**: 함수를 처리하는 몸체 부분

```
int add(int a, int b)
{
    return a + b;
}
```

위의 코드는 add라는 이름의 함수를 정의한다. 이 함수는 두 개의 정수를 입력으로 받아 이를 각각 변수 a와 b에 저장하고, 이 함수의 반환형은 정수이다. 함수의 정의부 내부에는 return이 있는데, 함수를 실행하는 중간에 return을 만나게 되면 return 옆에 있는 값이 함수의 출력으로 사용되며 함수를 종료한다. 함수의 처리가 끝나고 값을 넘겨주는 것을 반환한다고 표현하며 이때 반환된 값을 반환값*이라고 한다.

손으로 익히는 코딩

```
#include <stdio.h>
#pragma warning(disable: 4996)

int add(int a, int b)
{
    return a + b;
}

int main(void)
{
    int a, b;
    scanf("%d %d", &a, &b);
    printf("%d", add(a, b));
}
```

입력값

4 5

실행 결과

9

함수가 정의가 되었다면 그 아래 다른 함수에서 이 함수를 호출할 수 있다. 함수를 호출할 때는 함수의 이름을 쓰고, 그 옆에 소괄호를 달아 소괄호 안에 매개변수에 전달할 값들을 넣는다. 매개변수에 전달하는 이 값들을 인자**라고 부른다.

기초 용어 정리
* **반환값**: 함수의 계산 결과로서 반환되는 값
** **인자**: 매개변수로 전달되는 실제 값

부호 판별하기

매개변수

정수 하나를 입력받는다.

반환

음수면 -1, 양수면 1, 0이면 0을 반환한다.

매개변수로 전달받은 정수에 대하여 그 정수의 부호에 따라 -1, 1, 0을 반환하는 함수이다. 이와 같은 기능을 하는 코드는 간단하지만 이러한 코드가 사용되는 부분이 많다면 하나의 함수로 만들어서 사용하는 것이 더 나을 수 있다.

손으로 익히는 코딩

```c
#include <stdio.h>
#pragma warning(disable: 4996)

int sign(int n)
{
    if (n > 0)
        return 1;
    else if (n < 0)
        return -1;
    else
        return 0;
}

int main(void)
{
    int n;
    scanf("%d", &n);
    printf("%d", sign(n));
}
```

입력값

-16

sign 함수는 정수 값을 n이라는 정수형 매개변수로 전달받는다. 순서대로 양수, 음수, 0인지를 if문으로 확인하고, 그에 맞는 값을 반환한다. sign 함수가 정의된 이후에는 부호를 판별하기 위한 부분에서 추가적인 코드 없이 sign 함수를 호출함으로써 그 기능을 사용할 수 있다.

거듭제곱

매개변수

정수 b와 0 부호가 없는 정수 e를 매개변수로 받는다.

반환

b의 e제곱을 반환한다.

C 언어에서는 2의 제곱수가 아니라면 반복문을 이용하여 거듭제곱을 계산해야 한다. 거듭제곱이 필요할 때마다 반복문을 이용하는 것은 번거롭기에 하나의 함수로 만들어서 이를 사용하면 편리하고 간단하게 거듭제곱을 계산할 수 있게 된다.

손으로 익히는 코딩

```c
#include <stdio.h>
#pragma warning(disable: 4996)

int pow(int b, unsigned int e)
{
    int result = 1;
    for (unsigned int i = 0; i < e; i++)
        result *= b;
    return result;
}

int main(void)
{
    int b;
    unsigned e;
    scanf("%d %d", &b, &e);
    printf("%d", pow(b, e));
}
```

5 4

625

pow 함수는 b와 e라는 이름의 매개변수로 필요한 값을 전달받은 후 b의 e 제곱을 계산한다. 거듭제곱을 계산하는 것은 1부터 시작해서 b를 e번 곱한 것이기에 이를 반복문으로 계산한 후 최종적인 결과를 반환한다.

함수의 입력과 출력

C 언어의 함수는 입력이 없을 수도 있고 출력이 없을 수도 있다. 물론 입출력 둘 다 없을 수도 있다.

```c
#include <stdio.h>

int zero()
{
    return 0;
}

int main()
{
    printf("%d", zero());
}
```

0

입력이 없는 함수는 함수를 정의할 때 매개변수에 void를 쓰거나 비워 둔다. 이 경우 호출할 때도 인자로 아무런 값도 넣지 않아야 한다.

```c
#include <stdio.h>
#pragma warning(disable: 4996)

void print(int n)
{
    if (n % 2 == 0)
```

```
        printf("even");
    else
        printf("odd");
}

int main()
{
    int n;
    scanf("%d", &n);
    print(n);
}
```

```
4
```

```
even
```

출력이 없는 함수라면 반환형에 void를 쓴다. 반환형이 void는 함수는 출력이 없는 함수라는 뜻이며, 함수의 반환값이 없으므로 이 함수의 반환값을 사용하려고 한다면 오류가 발생한다.

```
#include <stdio.h>
#pragma warning(disable: 4996)

void print(int n)
{
    if (n % 2 == 0)
    {
        printf("even");
        return;
    }
    printf("odd");
}

int main()
{
    int n;
    scanf("%d", &n);
    print(n);
}
```

5

odd

출력이 없는 함수 또한 return을 사용할 수 있다. 이때 return은 기존의 값을 반환하고 함수를 종료한다는 의미에서 함수를 종료한다는 의미만을 남긴다. 위 예제에서 n이 짝수라면 return을 만나 함수가 종료되기에 그 아래에 있는 odd를 출력하는 printf()는 실행되지 않는다.

입력 함수

> **매개변수**
>
> 없다.
>
> **반환**
>
> scanf()로 정수 하나를 입력받고 반환한다.

사용자로부터 입력을 받는 것은 scanf()를 이용하여 할 수 있지만, 이를 위해선 변수를 만들고 입력받고 사용하는 과정을 모두 거쳐야 한다. 이러한 과정을 하나의 함수로 묶어서 입력받은 값을 바로 사용할 수 있게 한다면 편리하게 입력을 할 수 있을 것이다.

손으로 익히는 코딩

```c
#include <stdio.h>
#pragma warning(disable: 4996)

int readInt()
{
    int n;
    scanf("%d", &n);
    return n;
}

int main()
{
    printf("%d", readInt() + readInt());
}
```

readInt 함수는 호출이 되자마자 scanf()를 통해 사용자로부터 정수 하나를 입력받고 이를 바로 반환한다. 실제 계산이 필요한 부분에서는 더 이상 입력을 scanf()로 받을 필요 없이 readInt() 로 바로 값을 입력받아서 사용할 수 있다.

선언부와 정의부

일반적으로 main을 가장 위에 작성하고 나머지 함수를 그 아래에 배치하는 것을 선호한다. 하지만 지금까지 사용했던 방법으로는 정의를 한 다음 사용해야 하기에 이 방법이 불가한데, 이는 선언부를 따로 위에 작성해 주어 해결할 수 있다.

손으로 익히는 코딩

```c
#include <stdio.h>
#pragma warning(disable: 4996)

int max(int a, int b);

int main()
{
    int a, b;
    scanf("%d %d", &a, &b);
    printf("%d", max(a, b));
}

int max(int a, int b)
{
    if (a > b)
        return a;
    return b;
}
```

156 25

156

위의 코드는 함수의 선언부를 미리 main 위에 작성해 주고, 실제 정의는 main 아래에 있다. 이렇게 작성하면 함수를 사용하는 부분에서 함수가 선언되어 있기에 문제가 발생하지 않으며, 프로그램이 실제 실행될 때는 그 선언부와 일치하는 정의부를 실행한다.

```c
#include <stdio.h>
#pragma warning(disable: 4996)

int f(int n);
int g(int n);

int main()
{
    int n;
    scanf("%d", &n);
    printf("%d", f(n));
}

int f(int n)
{
    if (n % 2 == 0)
        return 0;
    return g(n);
}

int g(int n)
{
    if (n % 2 != 0)
        return 1;
    return f(n);
}
```

57

서로 다른 두 함수가 서로를 호출하는 경우는 선언과 정의를 분리해야만 한다. 그렇지 않으면 필연적으로 한 함수가 다른 함수의 위에 배치되기에 선언되지 않은 함수를 호출한다는 문제가 발생하지만 이렇게 선언부를 미리 작성해 둔다면 문제가 발생하지 않는다.

이진법 출력

매개변수

부호가 없는 정수 n을 입력받는다.

반환

n을 이진법으로 출력한다.

부호가 없는 정수 n을 출력하되 이진법으로 출력하는 함수이다.

```
141
= 128 + 8 + 4 + 1
= 10001101(2)
```

어떠한 정수를 이진법으로 출력할 때 가장 먼저 출력되는 것은 자릿수가 가장 높은 수이다. 위의 예에서 141을 구성하는 수 중에서 가장 큰 것은 128이므로 128부터 시작하여 64, 32, 16, 8, 4, 2, 1까지 순서대로 내려오며 1을 출력할지 0을 출력할지를 결정한다.

손으로 익히는 코딩

```c
#include <stdio.h>
#pragma warning(disable: 4996)

void printBinary(unsigned int n);

int main()
{
    unsigned int n;
    scanf("%u", &n);
    printBinary(n);
}
```

```
void printBinary(unsigned int n)
{
    int i = 1;

    while (i <= n)
        i *= 2;

    for (i /= 2; i > 0; i /= 2)
    {
        if (n < i)
        {
            printf("0");
        }
        else
        {
            printf("1");
            n -= i;
        }
    }
}
```

입력값

```
141
```

실행 결과

```
10001101
```

printBinary 함수는 가장 큰 자릿수의 값을 구하는 부분과 그 값에서부터 자릿수를 하나씩 내려
가며 0 또는 1을 출력할지 결정하는 부분으로 나뉜다.

```
    int i = 1;

    while (i <= n)
        i *= 2;
```

가장 먼저 입력받은 n보다 큰 2의 제곱수 중에서 가장 작은 값을 구하여 i에 저장한다. 입력으로
141이 들어왔다면 i는 256이 된다.

```
        for (i /= 2; i > 0; i /= 2)
```

i는 n보다 크기에 그보다 한 자리 더 작은 수부터 시작해야 한다. 그렇기에 반복문이 시작되기 전 i를 2로 나누어 자릿수를 낮춘다. 반복문에서 i가 의미하는 것은 n을 구성하기 위해서 i가 필요한지 아닌지를 각 반복에서 검사한다는 것이므로, i는 1까지만 확인하고 다음 반복에 대해서는 i를 2로 나눈다.

입력 141에 대해서 while문으로 256이라는 값을 얻고 이를 나누어 128부터 시작한다. 128부터 2로 나누어가며 64, 32, 16, 8, 4, 2, 1이 141을 이루는 데에 필요한지를 검사한다.

```
        if (n < i)
        {
            printf("0");
        }
        else
        {
            printf("1");
            n -= i;
        }
```

각 숫자에 대해서 n을 만드는 데에 i가 필요하지 않다면 0을 출력하고, 그렇지 않다면 1을 출력한 다음 n − i로 n을 설정한다. 141을 구성하는 데에 128이 필요하므로 이를 뺀 13을 다시 n에 저장한다. 그다음 수인 64는 13을 구성하는 데에 필요하지 않으므로 넘어가고, 이후 8에 도달했을 때 다시 1을 출력하고 13에서 8을 빼 5로 만든다.

에러에서 배우기

함수를 처음 사용할 때 쉽게 실수할 수 있는 부분은 함수를 선언하는 부분, 그리고 함수를 사용하는 부분이다.

```
#include <stdio.h>
#pragma warning(disable: 4996)

int main(void)
{
    int a, b;
    scanf("%d %d", &a, &b);
    printf("%d", add(a, b));
```

```
}

int add(int a, int b)
{
    return a + b;
}
```

함수를 사용하기 위해서는 그 윗부분에서 함수가 이미 선언되어 있어야 한다. 함수의 선언이란 이 이름의 함수는 반환 값이 어떻고 매개변수로 어떠한 값을 전달받는지를 나타낸다. 선언되지 않은 함수를 사용하고자 한다면 그 함수를 알 수 없어서 컴파일되지 않거나, 되더라도 경고가 함께 뜰 수 있다.

```
int f();
```
```
(LNK1120) 1개의 확인할 수 없는 외부 참조입니다.
```

함수에 대한 정의를 하지 않는다면 함수를 사용할 수 없음을 나타내는 오류가 발생한다.

```
int f() {}
int f() {}
```
```
(C2084) 'int f()' 함수에 이미 본문이 있습니다.
```

변수의 이름을 중복해서 사용할 수 없는 것과 마찬가지로 함수의 이름 또한 유일해야 한다.

```
int add(int a, int b)
{
    return a + b;
}

int main()
{
    print("%d", add(5));
}
```
```
(C2198) 'add': 호출에 인수가 너무 적습니다.
```

함수의 선언과 정의가 잘 되어 있다고 하더라도 선언된 규칙에 맞게 함수를 사용하지 않는다면 그에 해당하는 오류가 발생한다. 만약 매개변수가 2개가 필요한 함수에 하나의 인자만 넘기게 되면 그 수가 일치하지 않아 컴파일 오류가 발생한다.

02

main과 표준 함수

main 함수, 표준 함수, 헤더 파일

여기서는 무얼 배울까

C 언어는 무수히 많은 함수를 결합하여 하나의 거대한 프로그램을 구성한다. 그리고 C 언어의 모든 프로그램은 함수로 시작해서 함수로 끝나는 구조를 가진다. 그렇다면 가장 프로그램의 시작이 되는 가장 기본적인 함수는 무엇일까? 우리는 이미 이 질문에 답할 수 있다. 함수를 배우기도 전, 조건문과 반복문과 같은 기능을 배우기 전부터 사용해 왔던 main()이 바로 그러한 역할을 하는 함수이기 때문이다. 이번 절에서는 프로그램의 시작 함수인 main 함수를 자세하게 배우고, 이와 함께 프로그램을 구성하기 위한 몇 가지 추가적인 표준 함수들을 다룬다.

main 함수

```c
#include <stdio.h>

int main()
{
    printf("Hello, Function!");
    return 0;
}
```

C 언어 프로그램에서는 항상 있어야만 하는 main 함수가 있다. 이 main 함수*는 프로그램이 실행될 때 자동으로 호출되는 함수이기에 의미상으로 프로그램의 시작 지점을 나타낸다.

```c
    return 0;
```

기초 용어 정리

* **main 함수**: 프로그램이 실행될 때에 자동적으로 호출되는 함수로 프로그램의 시작 지점을 나타냄

main 함수는 일반적으로 int를 반환형으로 갖는다. 이 main 함수가 return을 만나 값을 반환했다는 의미는 main 함수가 종료되었다는 것이며, 이는 곧 프로그램이 끝났다는 의미와 같다. main 함수는 프로그램이 끝났을 때 이 프로그램이 잘 끝났다면 0을, 오류가 발생했다면 어떤 오류인지 알 수 있도록 오류 코드를 반환한다.

손으로 익히는 코딩

```c
#include <stdio.h>
#pragma warning(disable: 4996)

int main()
{
    int a, b;
    scanf("%d %d", &a, &b);

    if (b == 0)
        return -1;

    printf("%d", a / b);
    return 0;
}
```

입력값

```
5 0
```

실행 결과

위 예제는 두 정수를 입력받아 이 둘을 나눈 값을 출력한다. 이 프로그램에서는 나누는 값이 0일 때에 문제가 생길 수 있으므로 이를 조건문으로 검사하여 오류 코드인 −1을 출력한다. 사용자에게 −1이 0으로 나누려고 해서 발생하는 문제 코드라는 것을 알려 주었다면, 사용자가 프로그램을 사용하면서 이 오류 코드를 보고 자신의 사용에 문제가 있음을 알 수 있게 된다.

```c
#include <stdio.h>
#pragma warning(disable: 4996)

int main()
{
    int a, b;
    scanf("%d %d", &a, &b);
```

```
    if (b == 0)
        return -1;

    printf("%d", a / b);
}
```

```
5 0
```

만약 이 프로그램이 항상 잘 돌아간다는 것을 보장할 수 있다면 main 함수의 반환을 생략할 수 있다. 이 경우 return을 만나지 않고 프로그램이 종료될 때 항상 0을 반환한다.

```
#include <stdio.h>
#pragma warning(disable: 4996)

void main()
{
    int a, b;
    scanf("%d %d", &a, &b);

    if (b == 0)
        return -1;

    printf("%d", a / b);
}
```

```
5 0
```

나아가 반환하지 않는다면 반환값이 없다는 의미로 반환형을 void로 쓸 수 있다. 프로그램이 종료될 때는 항상 정수가 반환되기를 기대하므로 컴파일 과정에서 이 경우도 마찬가지로 0으로 반환하도록 만들어진다.

표준 함수

수많은 프로그래밍 언어에서는 많은 곳에서 자주 사용되는 기능들을 미리 함수로 만들어서 제공한다. C 언어에서도 마찬가지로 이러한 함수들이 있는데, 이 함수 중에서 C 언어 표준에 맞게 미리 설계되어 만들어진 함수를 표준 함수*라고 한다.

```
#include <stdio.h>
```

직접 만들지 않은 함수들을 사용할 때도 함수가 미리 선언되어 있어야 이를 사용할 수 있다. 하지만 이 모든 함수의 이름과 반환형, 매개변수를 외워서 그때마다 main 함수 위쪽에 작성하는 것은 번거롭기에, C 언어는 이 모든 작업을 자동으로 수행하는 기능을 제공한다. #include는 기본적인 전처리 지시자 중 하나로, #include가 있는 위치에 특정 파일의 모든 내용을 붙여 넣는 기능을 한다.

> **Clear Comment**
>
> C 언어로 작성된 소스 파일을 실행 파일로 만들 때 컴파일러 이전의 전처리 과정이 있습니다. 전처리에는 전처리기라는 프로그램이 관여하며, 전처리기에 어떤 걸 실행할지 알려 주는 명령어가 전처리 지시자입니다. 전처리 지시자는 책의 후반부에서 더 자세히 다룹니다.

```
_Check_return_opt_
_CRT_STDIO_INLINE int __CRTDECL printf(
    _In_z_ _Printf_format_string_ char const* const _Format,
    ...)
```

항상 사용했던 stdio.h라는 이름의 파일을 실제로 보면 scanf와 printf를 포함하여 입출력과 관련한 수많은 함수가 미리 선언되어 있다. #include를 이용한다면 이 파일에 적혀 있는 모든 함수의 선언을 한 번에 소스 코드 상단에 가져오기 때문에 이 함수들을 손쉽게 사용할 수 있게 된다. 이렇게 함수의 선언을 한데 모아 다른 파일에서 그 함수들을 사용할 수 있도록 하는 파일을 헤더 파일**이라고 한다.

> **Clear Comment**
>
> 실제 printf 함수의 선언을 살펴보면 직접 만들었던 함수보다 훨씬 복잡한 형태를 가지고 있습니다. 하지만 부가적인 기능을 하는 키워드들을 제외하면 함수의 선언을 이루는 반환형, 이름, 매개변수의 형태를 갖습니다.

기초 용어 정리

* **표준 함수**: C 언어 표준에 맞게 미리 설계되어 만들어진 함수로 대부분의 컴파일러에서는 표준 함수를 별도의 준비 없이 사용할 수 있게 함

** **헤더 파일**: 함수의 선언들을 한데 모아 다른 파일에서 그 함수들을 사용할 수 있도록 하는 파일로, .h 확장자를 가짐

math.h

stdio.h가 표준 입출력을 위한 함수들을 모아 놓았다면 math.h*는 표준 수학 함수들을 모아 놓은 헤더 파일이다. 거듭제곱, 루트, 삼각 함수를 비롯한 다양한 함수들을 제공하며, 프로그래머는 이러한 기능을 직접 구현할 필요 없이 math.h에 있는 함수들을 바로 사용하면 된다.

```
#include <stdio.h>
#include <math.h>
#pragma warning(disable: 4996)

int main()
{
    double num;
    scanf("%lf", &num);
    printf("%lf", sqrt(num));
}
```

입력값

2

실행 결과

1.414214

sqrt 함수는 루트를 씌운 값을 구하는 함수이다. 4를 넣는다면 2, 2를 넣는다면 1.414 정도의 값이 나온다. sqrt는 double형을 매개변수로 받아 double형을 반환하며, float를 사용하길 원한다면 뒤에 f를 붙인 sqrtf를 사용해야 한다.

기초 용어 정리

* math.h: 표준 수학 함수들을 모아 놓은 헤더 파일

```
#include <stdio.h>
#include <math.h>
#pragma warning(disable: 4996)

int main()
{
    double b, e;
    scanf("%lf %lf", &b, &e);
    printf("%lf", pow(b, e));
}
```

입력값

4 4

실행 결과

256.000000

pow 함수는 어떤 수의 거듭제곱을 계산하는 함수이다. 여기서 지수는 정수가 아닌 실수에 대해서도 사용이 가능하다.

pow 함수를 사용하면 반복문을 이용하여 거듭제곱을 구하던 코드와 비교했을 때 훨씬 코드가 간결해진다. 이처럼 함수는 문제를 나누어 작은 문제로 풀 수 있도록 하는 것 이상의 여러 의미가 있다. 어떤 한 기능에 대해서 함수를 만들면 그 기능을 여러 번 재사용할 수 있게 하며, 다른 사람이 만든 기능을 또 다른 사람이 사용할 수 있게 하여 생산성을 높일 수도 있다.

03

재귀 함수

✓핵심 키워드
재귀 함수, 종료 조건, 재귀 호출

여기서는 무얼 배울까

자기 자신으로 정의된다는 것은 흥미롭다. 이는 마치 자기 자신이 자기 부모와도 같고, 자기 자식과도 같다는 것과 비슷하다. 독특하게 정의되는 재귀 함수를 다뤄 보기 전, 먼저 구글에서 "재귀"를 검색해 보자. 재귀라는 검색어에 대해서 답을 찾기 위해서는 재귀라는 검색어에서 답을 찾아야 한다. 이를 처음 보는 사람이라면 당황할 수 있겠지만, 재귀라는 것을 배운다면 구글의 재치에 감탄할 수밖에 없게 될 것이다. 이번 절에서는 재귀라는 무엇인지와 재귀로 정의되는 함수를 만들고 사용해 본다.

재귀 함수

재귀 함수*는 자기 자신으로 정의되는 함수를 의미한다. 재귀 함수의 대표적인 예시로는 피보나치 수열을 구하는 함수가 있다.

```
f(x) = f(x - 1) + f(x - 2)
g(x) = x+4
```

함수 f(x)는 피보나치 수열을 구하는 함수로, 함수의 정의에 자기 자신인 f가 포함되어 있다. 이 경우 함수 f를 재귀 함수라고 한다. 이와는 다르게 함수 g는 정의에 함수 g가 없으므로 재귀 함수가 아니다.

기초 용어 정리

* **재귀 함수**: 자기 자신으로 정의되는 함수

```
#include <stdio.h>
#pragma warning(disable: 4996)

int fibo(int x);

int main()
{
    int x;
    scanf("%d", &x);
    printf("fibo(%d) = %d", x, fibo(x));
}

int fibo(int x)
{
    if (x <= 1)
        return x;
    return fibo(x - 1) + fibo(x - 2);
}
```

```
8
```

```
fibo(8) = 21
```

재귀적으로 정의된 형태는 이를 그대로 재귀 함수로 만든다면 직관적이고 쉽게 구현할 수 있다. 위 예제는 피보나치 수열을 함수로 만든 것인데, 가장 기본이 되는 0번째와 1번째에 해당하는 값은 그대로 반환하며 나머지에 대해서는 피보나치의 정의에 맞게 재귀 호출로 값을 계산하여 반환한다.

```
#include <stdio.h>
#pragma warning(disable: 4996)

int pow2(int n);
```

```
int main()
{
    int n;
    scanf("%d", &n);
    printf("2^%d = %d", n, pow2(n));
}

int pow2(int n)
{
    if (n == 0)
        return 1;
    return 2 * pow2(n - 1);
}
```

입력값

```
10
```

실행 결과

```
2^10 = 1024
```

재귀적으로 표현할 수 있다면 그 함수를 재귀 함수로 만들 수 있다. 위 예제는 2의 n제곱을 계산하는 함수인데, 2의 n제곱은 2의 n-1제곱에 2를 곱한 것으로 나타낼 수 있기에 역시 재귀 함수로 만들 수 있다.

종료 조건과 재귀 호출

재귀 함수는 자기 자신을 호출하는 재귀 호출*과 재귀 호출이 끝나고 고정된 값이 반환되는 종료 조건**으로 나뉜다. 피보나치 수열의 종료 조건은 0과 1로, 그때 반환되는 값은 각각 0과 1이다. 만약 재귀 함수에서 종료 조건이 없다면 재귀 호출이 영원히 끝나지 않는다.

```
#include <stdio.h>
#pragma warning(disable: 4996)

int fibo(int x);

int main()
```

기초 용어 정리
* **재귀 호출**: 재귀 함수에서 자기 자신을 호출하는 부분
** **종료 조건**: 재귀 호출이 끝나고 미리 정해진 고정된 값이 반환되기 위한 조건

```
{
    int x;
    scanf("%d", &x);
    printf("fibo(%d) = %d", x, fibo(x));
}

int fibo(int x)
{
    if (x <= 1)
        return -1;
    return fibo(x - 1) + fibo(x - 2);
}
```

```
8
```

```
fibo(8) = -34
```

재귀 함수에서는 재귀 호출로 이루어진 식 이외에도 종료 조건에서의 값이 중요하다. 재귀 함수의 모든 값은 종료 조건에서의 값으로부터 나오기 때문에 이 값이 잘못된다면 완전히 잘못된 결과가 계산된다.

손으로 익히는 코딩

```
#include <stdio.h>
#pragma warning(disable: 4996)

int fact(int n);

int main()
{
    int n;
    scanf("%d", &n);
    printf("%d! = %d", n, fact(n));
}

int fact(int n)
{
```

```
    if (n == 0)
        return 1;
    return n * fact(n - 1);
}
```

5

5! = 120

피보나치 수열은 재귀 호출을 할 때 자기 자신을 서로 다른 두 인자로 두 번 사용한다. 따라서 피보나치 수열의 종료 조건은 2개 이상이 되어야 한다. 하지만 팩토리얼을 계산하는 재귀 함수의 경우 재귀 호출 시 하나의 함수만을 호출하기에 종료 조건이 하나로 충분하다.

> **Clear Comment**
>
> 모든 경우가 그렇지는 않습니다. f(n)이 f(n-2)를 호출한다면 짝수는 짝수, 홀수는 호출을 호출하므로 홀짝 각각에 대한 종료 조건을 달아 주어야 합니다.

조합

> **입력**
> 양의 정수 n와 r를 입력받는다.
>
> **출력**
> n개 중에서 순서 없이 r개를 고르는 모든 조합의 경우의 수를 출력한다.

조합을 구하는 방법으로 팩토리얼을 이용하는 방법도 있지만, 재귀적인 관계식을 이용하여 구할 수도 있다.

```
C(n, r)
= 1 (n = r)
= 1 (r = 0)
= C(n - 1, r - 1) + C(n - 1, r)
```

조합을 위한 재귀 함수는 이와 같다. n과 r이 같거나 r이 0일 때가 종료 조건으로, 이 경우에 조합은 1이다. 그 외는 미리 정해진 재귀적인 관계식에 따라 그 값을 구한다.

```
#include <stdio.h>
#pragma warning(disable: 4996)

int C(int n, int r);

int main()
{
    int n, r;
    scanf("%d %d", &n, &r);
    printf("%dC%d = %d", n, r, C(n, r));
}

int C(int n, int r)
{
    if (n == r || r == 0)
        return 1;
    return C(n - 1, r - 1) + C(n - 1, r);
}
```

입력값

```
10 4
```

실행 결과

```
10C4 = 210
```

재귀 함수는 값을 구하기 위한 함수의 정의만 알 수 있다면 쉽게 구현할 수 있다.

최대공약수

입력

양의 정수 a, b를 입력받는다.

출력

a와 b의 최대공약수를 출력한다.

인류 최초의 알고리즘인 유클리드 호제법은 최대공약수를 구하는 재귀적인 방법이다.

```
GCD(a, b)
= a (b = 0)
= GCD(b, a % b)
```

유클리드 호제법을 이용한 재귀 함수는 이렇게 나타낼 수 있는데, 여기서 주의할 점은 a는 b 이상이어야 한다는 조건이 있다는 것이다.

손으로 익히는 코딩

```c
#include <stdio.h>
#pragma warning(disable: 4996)

int GCD(int a, int b);

int main()
{
    int a, b;
    scanf("%d %d", &a, &b);
    if (a >= b)
        printf("GCD(%d, %d) = %d", a, b, GCD(a, b));
    else
        printf("GCD(%d, %d) = %d", a, b, GCD(b, a));
}

int GCD(int a, int b)
{
    if (b == 0)
        return a;
    return GCD(b, a % b);
}
```

입력값

```
120 45
```

실행 결과

```
GCD(120, 45) = 15
```

이를 구현한 코드는 다른 재귀 함수와 크게 다르지는 않지만, a가 b 이상이어야 한다는 조건을 위해 main 함수에서 이를 검사하는 조건문을 추가하였다.

탑 다운과 바텀 업

재귀적으로 정의된 문제를 풀기 위한 접근 방식은 크게 탑 다운과 바텀 업으로 나눌 수 있다. 같은 문제를 풀기 위해 두 접근 방법 중 하나를 택할 수 있는데, 두 방법 모두 각자만의 장단점이 있다.

탑 다운 방식

탑 다운 방식은 문제를 위에서부터 아래로 내려가면서 풀어 나가는 방식으로, 재귀 함수를 이용한 문제 해결이 여기에 해당한다.

```
#include <stdio.h>
#pragma warning(disable: 4996)

int fibo(int x);

int main()
{
    int x;
    scanf("%d", &x);
    printf("fibo(%d) = %d", x, fibo(x));
}

int fibo(int x)
{
    if (x <= 1)
        return x;
    return fibo(x - 1) + fibo(x - 2);
}
```

입력값

8

실행 결과

fibo(8) = 21

재귀 함수를 이용한다면 f(10)을 계산하기 위하여 f(8)과 f(9)를 호출한다. 이 접근 방식은 문제를 풀기 위한 최종 목적지부터 시작하여 점차 내려가면서 문제를 해결한다.

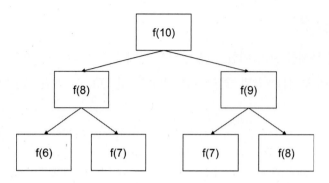

함수의 호출을 시각적으로 이렇게 표현할 수 있다. 궁극적으로 계산하고자 하는 f(10)부터 시작하여 이를 위한 f(9)와 f(8)을 호출한다. f(9)는 다시 f(8)과 f(7)을 필요로 하고, f(8)은 f(7)은 f(6)을 필요로 한다. 이처럼 문제를 푸는 흐름이 위에서 아래로 진행하는 방식이기에 탑 다운 방식이라는 이름으로 불린다.

탑 다운 방식의 장점은 재귀적인 정의를 그대로 재귀 함수로 표현하면 되므로 사람이 이해하기에 직관적이고 프로그램을 만드는 것도 빠르다는 것이다. 하지만 위의 그림에서 볼 수 있듯 이 방법은 바텀 업 방식에 비해 속도가 느리고 메모리 공간도 많이 차지한다는 단점이 있다. 메모이제이션이라는 최적화 기법을 사용한다면 속도를 개선할 수 있지만 그런데도 바텀 업보다는 느리다는 문제가 있다.

> **Clear Comment**
>
> 메모이제이션은 계산한 함숫값을 기억하여 다음에 필요로 할 때 중복되는 계산을 생략하는 방법입니다. 메모이제이션을 사용하려면 2권에서 배울 배열이 필요합니다.

바텀 업 방식

바텀 업 방식은 점화식으로의 접근을 사용한다. 점화식은 기본적으로 정의된 값을 시작으로 그 주변으로 점점 퍼져 나가면서 값이 정의되는 형태의 식을 말하는데, 이에 해당하는 식들이 바로 재귀 함수이다.

```
fibo(0) = 0
fibo(1) = 1
fibo(2) = fibo(1) + fibo(0) = 1 + 0 = 1
fibo(3) = fibo(2) + fibo(1) = 1 + 1 = 2
fibo(4) = fibo(3) + fibo(2) = 2 + 1 = 3
fibo(5) = fibo(4) + fibo(3) = 3 + 2 = 5
...
```

피보나치 수열의 값은 0과 1번째로 시작한다. 0과 1번째 값을 계산하면 그다음에 있는 2번째 값이 계산되고, 그다음 3번째 값이 계산된다. 이렇게 점점 정의되는 값이 퍼져 나가면서 궁극적으로는 모든 자연수에 대해서 함숫값이 정의되는데, 이러한 형태가 불이 퍼져 나가는 것과 닮았다고 하여 점화식이라는 이름이 붙었다.

최종적으로 계산하고자 하는 지점부터 내려오는 탑 다운과는 달리 바텀 업은 그 반대로 가장 처음에 정의되는 값부터 시작하여 위로 올라가면서 값을 계산해 나간다. 이렇게 계산하다가 구하고자 하는 지점에 도달하면 그때 계산을 종료한다.

손으로 익히는 코딩

```c
#include <stdio.h>
#pragma warning(disable: 4996)

int main()
{
    int n;
    scanf("%d", &n);

    if (n == 0)
    {
        printf("fibo(%d) = %d", n, n);
    }
    else
    {
        int n2 = 0;
        int n1 = 0;
        int n0 = 1;

        for (int i = 2; i <= n; i++)
        {
            n2 = n1;
            n1 = n0;
            n0 = n2 + n1;
        }

        printf("fibo(%d) = %d", n, n0);
    }
}
```

8

```
fibo(8) = 21
```

바텀 업 방식으로 문제를 해결할 때는 주로 반복문을 이용한다. 반복문을 시작하기 전의 변수 n0, n1, n2는 각각 f(n-0), f(n-1), f(n-2)를 의미한다. 0, 1번째 값은 이미 정의되어 있으니 2번째 값부터 반복문을 돌려서 계산하게 되는데, 반복할 때마다 재귀 함수의 정의에 맞게 f(n-0)의 값을 계산한다. 그 후 그다음 수를 계산해야 하기에 f(n-1)과 f(n-2)의 값을 바꾸고 다음 반복으로 넘어간다. 최종적으로 계산하고자 하는 값에 도달하면 반복을 종료한다.

바텀 업 방식은 탑 다운 방식과 비교해서 속도가 더 빠르고 메모리를 적게 사용한다는 장점이 있다. 하지만 위의 두 예제에서 볼 수 있듯 반복문을 사용하는 바텀 업 방식은 사람이 이해하기 어렵고 코드가 더 복잡해진다는 단점이 있다. 이론적으로 어떠한 문제를 탑 다운으로 해결할 수 있다면 바텀 업으로도 해결할 수 있고, 이 역도 성립한다. 따라서 때에 따라 어떠한 방식으로 문제를 해결할지는 프로그래머의 선택에 달려 있다.

> **Clear Comment**
>
> 피보나치와 같은 문제는 지금까지 배운 방법만으로 탑 다운과 바텀 업 방식으로 해결할 수 있지만, 조합과 같은 문제들은 배열이나 동적 할당을 필요로 합니다. 그러므로 현재로선 이러한 문제들은 바텀 업 방식으로 풀 수는 없습니다.

연습문제

1. 함수 정의하기

다음 조건에 맞는 매개변수를 받아 값을 반환하는 함수를 정의하시오.

(1)

> **매개변수**
>
> 문자 x를 입력받는다.
>
> **반환값**
>
> 문자 x가 대문자 알파벳이면 1, 소문자 알파벳이면 2, 둘 다 아니면 0을 반환한다.

(2)

> **매개변수**
>
> 정수 x, y를 입력받는다.
>
> **반환값**
>
> (0, 0)부터 (x, y)까지의 거리를 실수로 반환한다.

2. 프로그램 작성하기

시에르핀스키 사각형은 전체의 모습과 일부의 모습이 닮은 도형인 프랙탈 도형의 일종이다. 정사각형을 9개의 정사각형으로 나눴을 때 가운데의 정사각형을 비워 둔 형태가 1단계이고, n단계는 n-1단계의 정사각형들을 1단계의 형태로 한 번 더 나눠서 만든다. 다음은 시에르핀스키 사각형의 0단계부터 2단계의 모습이다.

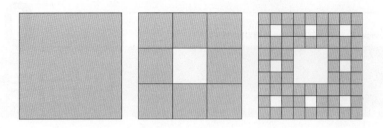

전체 정사각형의 한 변의 길이가 1이라고 할 때에 n단계 시에르핀스키 사각형의 둘레의 길이를 출력하시오. 1단계는 약 5.33이며 2단계는 약 8.89이다.

1. 함수 정의하기

다음 조건에 맞는 매개변수를 받아 값을 반환하는 함수를 정의하시오.

(1)

> **매개변수**
>
> 문자 x를 입력받는다.
>
> **반환값**
>
> 문자 x가 대문자 알파벳이면 1, 소문자 알파벳이면 2, 둘 다 아니면 0을 반환한다.

📋 1권 챕터9 a9.1.c

문자 하나를 매개변수로 받아 이를 대문자, 소문자, 그 외로 분리하여 값을 반환하는 함수이다. 문자의 아스키 코드를 이용하여 분기한다.

(2)

> **매개변수**
>
> 정수 x, y를 입력받는다.
>
> **반환값**
>
> (0, 0)부터 (x, y)까지의 거리를 실수로 반환한다.

📋 1권 챕터9 a9.2.c

math.h의 sqrt 함수를 이용하는 문제이다. (0, 0)부터 (x, y)까지의 거리는 x^2+y^2에 루트를 씌운 것이므로 표준 함수를 이용해 이를 계산한다.

2. 프로그램 작성하기

시에르핀스키 사각형은 전체의 모습과 일부의 모습이 닮은 도형인 프랙탈 도형의 일종이다. 정사각형을 9개의 정사각형으로 나눴을 때 가운데의 정사각형을 비워 둔 형태가 1단계이고, n단계는 n-1단계의 정사각형들을 1단계의 형태로 한 번 더 나눠서 만든다. 다음은 시에르핀스키 사각형의 0단계부터 2단계의 모습이다.

 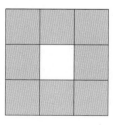 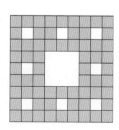

전체 정사각형의 한 변의 길이가 1이라고 할 때에 n단계 시에르핀스키 사각형의 둘레의 길이를 출력하시오. 1단계는 약 5.33이며 2단계는 약 8.89이다.

📑 1권 챕터9 a9.3.c

재귀 함수를 이용해 프랙탈 도형의 둘레를 구하는 문제이다. 프랙탈 도형은 재귀적으로 형태가 정의되어 있으므로 이에 대한 관계식을 이용해 둘레를 구하는 재귀 함수를 구하여 해결한다. 시에르핀스키 사각형의 둘레는 바깥을 제외한 안쪽의 둘레를 재귀 함수로 표현할 수 있는데, 이 함수는 S(n − 1) / 3 * 8 + 4 / 3이다. 자신보다 3만큼 작은 도형이 8개가 있고, 추가로 가운데 4/3만큼의 둘레가 추가되기 때문이다.

키워드로 정리하기

● **함수**는 프로그램을 더 작은 기능 단위로 나눈 것으로 의미상으로 작은 프로그램과도 같다.

● 함수는 **반환형, 함수명, 매개변수, 정의부**로 이루어져 있다.

● 함수를 사용하기 전에는 반드시 함수가 **선언**되어 있어야 하며, 선언과 **정의**는 분리될 수 있다.

● **main 함수**는 프로그램의 시작과 끝을 담당하는 함수이며 모든 프로그램에 필수적으로 하나씩 존재해야 한다.

● 직접 정의하지 않고도 사용할 수 있는 C 언어 **표준 함수**들이 있으며, 이들은 **헤더 파일**을 통해 사용할 수 있다.

● 함수의 정의에 자기 자신이 포함되는 함수를 **재귀 함수**라고 하며 재귀 함수는 **재귀 호출**과 **종료 조건**으로 구성된다.

예제 톺아보기

손으로 익히는 코딩

```
int GCD(int a, int b); // (1)

int GCD(int a, int b) // (2)
{
    if (b == 0) // (3)
        return a;
    return GCD(b, a % b); // (4)
}
```

(1) 함수를 사용하기 전 먼저 선언이 되어야 한다. 선언에는 함수의 반환형과 이름, 그리고 매개변수가 포함된다.

(2) 함수의 선언 이후에 실제 함수의 연산을 나타내도록 함수를 정의해야 한다. 함수 안에는 조건문, 반복문, 함수 호출, 변수 등 지금까지 사용한 모든 문법을 사용할 수 있다.

(3) 재귀 함수에서는 재귀 호출이 끝나는 부분인 종료 조건이 필요하다. 종료 조건이 없다면 무한히 재귀 호출이 발생하여 결과를 계산할 수 없게 된다.

(4) 종료 조건이 아닌 경우에는 재귀 호출을 통해 자기 자신으로 함숫값을 계산한다. 가능한 모든 입력에 대해서 항상 종료 조건으로 다가가게 프로그램을 작성해야 한다.

더 멋진 내일(Tomorrow)을 위한 내일(My Career)

내 일 은   C 언 어

스코프와 변수 지정자

01

변수와 스코프

스코프, 라이프타임, 지역 변수, 전역 변수

여기서는 무얼 배울까

C 언어의 변수들은 모든 위치에서 영원히 사용할 수 있는 것이 아니다. 변수들은 저마다 그 변수를 사용할 수 있는 범위와 기간이 정해져 있다. 범위를 넘어선 곳에선 그 변수를 쓸 수 없고, 사용 기간이 지난 변수는 내가 저장한 값이 그대로 유지가 될 것이라는 보장이 없어진다. 이번 절에서는 변수를 보다 심도 있게 다루기 위한 스코프와 라이프타임의 개념에 대해서 배운다.

스코프와 라이프타임

변수의 스코프

변수의 스코프*란 특정한 변수에 대해서 그 변수를 사용할 수 있는 범위를 의미한다. 일반적으로 변수의 스코프는 그 변수가 선언된 블록 안으로 제한된다.

```c
#include <stdio.h>
#pragma warning(disable: 4996)

int main()
{
    int a;
    scanf("%d", &a);

    if (a < 0)
    {
        int b = -a;
```

기초 용어 정리

* **변수의 스코프**: 특정한 변수에 대해서 그 변수를 사용할 수 있는 범위

```
        printf("%d", b);
    }
}
```

```
-4
```

```
4
```

위의 두 변수 a는 main 함수에 바로 선언되어 있고 변수 b는 main 함수 내부의 if문에 선언되어 있다. 변수의 스코프는 선언된 블록으로 제한되기에 변수 a는 변수의 선언 아래의 main 함수 모든 위치에서 사용할 수 있다. 그러나 변수 b는 스코프가 if문이기 때문에 이 if문 밖에서는 변수 b를 사용할 수 없다.

```c
#include <stdio.h>
#pragma warning(disable: 4996)

int main()
{
    int a;
    scanf("%d", &a);

    if (a < 0)
    {
        int b = -a;
        printf("%d", b);
    }
    else
    {
        int b = a;
        printf("%d", b);
    }
}
```

```
12
```

변수의 스코프에 포함되지 않은 곳이라면 그 변수를 사용할 수 없기 때문에 변수의 이름을 구분할 필요가 없다. 위의 if 절과 else 절에는 같은 이름을 가진 두 변수가 있다. 이때 이 두 변수의 스코프는 겹치지 않으므로 어느 위치에서 그 a를 사용하더라도 항상 한 변수를 가리킨다. 따라서 이 경우 변수의 이름을 같게 해도 문제없다.

```c
#include <stdio.h>
#pragma warning(disable: 4996)

int main()
{
    int x;
    scanf("%d", &x);

    if (x > 0)
    {
        int x;
        scanf("%d", &x);
        printf("%d\n", x * x);
    }

    printf("%d\n", x);
}
```

스코프와 스코프가 겹칠 때 변수의 이름이 같다면 더 가까운 스코프, 최근에 선언된 변수를 택하여 사용한다. 이 두 변수는 이름만 같을 뿐 서로 다른 변수이기 때문에 안쪽 if문이 끝나게 된다면 if문에 바깥에 있던 변수의 값을 그대로 다시 사용할 수 있다.

변수의 라이프타임

변수의 라이프타임*은 특정한 변수에 대해서 그 변수의 값이 유지되는 기간을 의미한다. 지금까지 정보를 담는 상자라고 표현했던 것은 실제 컴퓨터의 메모리를 나타내는데, 컴퓨터의 메모리는 무한하지 않기에 무한한 변수를 만들 수 없다. 따라서 더 이상 사용하지 않는 변수는 그 메모리 공간을 다시 컴퓨터에 반환하여 다른 프로그램, 혹은 지금 이 프로그램이 또다시 변수를 필요로 할 때 사용할 수 있게 한다. 변수의 라이프타임은 변수의 값이 유지가 되는 기간을 개념적으로 나타낸다.

```c
#include <stdio.h>
#pragma warning(disable: 4996)

int main()
{
    int a;
    scanf("%d", &a);

    if (a < 0)
    {
        int b = -a;
        printf("%d", b);
    }
}
```

입력값

-4

실행 결과

4

대다수의 변수는 스코프와 변수의 라이프타임이 비슷하다. 변수의 스코프를 벗어난다면 그 변수는 더 이상 사용하지 않는다고 보고 이때 라이프타임이 끝난다.

```c
#include <stdio.h>
#pragma warning(disable: 4996)

int main()
```

기초 용어 정리
* **변수의 라이프타임**: 특정한 변수에 대해서 그 변수의 값이 유지되는 기간

```
{
    int n;
    scanf("%d", &n);

    for (int i = 1; i <= n; i++)
    {
        int x = n * n;
        printf("%d\n", x);
    }
}
```

입력값

```
3
```

실행 결과

```
9
9
9
```

반복문 내부 변수의 라이프타임은 반복문의 시작과 끝까지 지속되지 않는다. 3번의 반복이 있다면 변수는 3번 생성되며 그 3개의 변수는 각각의 라이프타임을 갖는다. 즉, 반복문 안에서 선언된 변수는 다음 반복이 되어서도 그 값이 유지되지 않는다.

지역 변수

C 언어의 변수는 스코프와 라이프타임에 따라 그 종류를 나눌 수 있다. 지역 변수*는 함수 내에 선언된 가장 일반적인 변수로 스코프와 라이프타임이 선언된 블록으로 제한된다.

```
int sum(int n)
{
    int result = 0;
    for (int i = 1; i <= n; i++)
        result += i;
    return result;
}
```

기초 용어 정리
* **지역 변수**: 함수 내부에 선언된 변수로 스코프와 라이프타임이 선언된 블록으로 제한됨

지역 변수는 함수 안에서 선언된 것이므로 보통의 변수 외에도 매개변수나 for문의 초기화문에서 선언된 변수 또한 지역 변수이다. sum 함수에서 사용된 n, result, i 변수는 모두 지역 변수이다.

```c
int sum(int n)
{
    int result = 0;
    for (int i = 1; i <= n; i++)
        result += i;

    printf("%d\n", n);
    printf("%d\n", result);
    printf("%d\n", i); // error

    return result;
}
```

함수의 매개변수의 스코프는 그 함수의 전체이므로 해당 함수의 전 영역에서 사용할 수 있다. for문의 초기화식에서 선언된 변수는 스코프가 그 for문의 반복이 시작하기 직전부터 반복이 끝날 때까지이다. 따라서 초기화식에 있는 변수는 반복이 될 때마다 갱신하여 사용할 수 있으며 for문이 끝난 다음부터는 사용할 수 없다.

재귀 함수에서의 지역 변수

재귀 함수처럼 동일한 함수가 한순간에 여럿 호출될 수 있는 경우, 그 함수 안의 변수들은 호출될 때마다 별개의 변수가 생성되어 사용된다.

```c
int fact(int n)
{
    if (n == 0)
        return 1;
    return fact(n - 1) * n;
}
```

fact 함수는 지역 변수 n을 가지고 있다. fact 함수가 호출될 때마다 그 함수에 대한 개별적인 n 변수가 생성되어 그 변수를 사용한다. 만약 동시에 4개의 함수가 호출되었다면 그 호출된 함수에 대해서 4개의 n 변수가 존재한다.

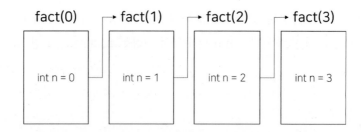

fact(0)부터 fact(3)까지 모든 호출에 대해서 n 변수는 따로 존재한다. fact(1)에서 n 변수를 수정한다면 fact(0)에 있는 n의 값이 바뀌는 것이지, 다른 3개의 n에 대해서는 아무런 영향이 없다. 지역 변수라는 단어의 의미는 이처럼 코드상에서 같은 위치에 있는 변수일지라도 상황에 따라 각각의 변수가 동적으로 생겨나 사용된다는 것이다.

전역 변수

전역 변수*는 지역 변수와는 반대로 함수 밖에서 선언된 변수이다. 전역 변수는 프로그램의 모든 부분에서 접근할 수 있고, 프로그램이 시작될 때부터 끝날 때까지 계속해서 사용할 수 있다.

손으로 익히는 코딩

```c
#include <stdio.h>
#pragma warning(disable: 4996)

double PI = 3.141592;

double area(double r)
{
    return PI * r * r;
}

int main()
{
    double r;
    scanf("%lf", &r);
    printf("S=%lf", area(r));
}
```

기초 용어 정리
* **전역 변수**: 함수 밖에서 선언된 변수

S=28.274328

위 코드에서 PI라는 이름의 전역 변수는 main 함수의 상단에서 3.141592로 초기화된다. 그다음 main 함수가 아닌 다른 함수에서 이 PI값을 계산에 사용한다. 상황에 따라 여러 변수가 생겨날 수 있는 지역 변수와는 달리 전역 변수는 항상 단 하나만이 존재하며, 어디에서 접근하느냐와 관계없이 같은 변수를 사용할 수 있다.

손으로 익히는 코딩

```c
#include <stdio.h>

int cnt;

void count()
{
    cnt++;
}

int main()
{
    for (int i = 0; i < 10; i++)
        count();
    printf("%d", cnt);
}
```

10

매개변수와 반환값만을 사용한다면 그 함수가 지금까지 몇 번 호출되었는지를 알아낼 수 없다. 함수의 호출 횟수를 매개변수와 반환값으로 사용하지 않는 이상 이를 기록할 방법이 없기 때문이다. 하지만 전역 변수를 사용하여 함수를 호출할 때마다 값을 증가시킨다면 전역 변수는 하나의 변수만을 나타내므로 이 변수가 계속 갱신되면서 호출 횟수를 셀 수 있다.

전역 변수는 초기화를 따로 하지 않더라도 쓰레기값이 아닌 기본값 0으로 시작한다.

```c
#include <stdio.h>

int cnt;

int mult(int n)
{
    cnt++;
    return cnt * n;
}

int main()
{
    for (int i = 0; i < 10; i++)
        printf("%d\n", mult(5));
}
```

실행 결과

```
5
10
15
20
25
30
35
40
45
50
```

매개변수 이외에 전역 변수를 함수의 계산에 사용하게 된다면 같은 매개변수를 넣었음에도 서로 다른 결과가 나올 수 있다. 입력과 별개로 함수 외부의 값과 동작으로 함수의 결과가 달라질 수 있는 것을 함수의 부작용*이라고 하며, 함수의 부작용은 사용자가 의도치 않은 결과를 낼 수 있다는 문제점을 가지고 있다. 또 전역 변수는 프로그램의 모든 곳에서 접근할 수 있기 때문에 변수의 값을 완전히 신뢰할 수도 없다. 하지만 상황에 따라 전역 변수를 사용할 때 더 간단하게 프로그램을 만들 수도 있으므로 함수의 구조와 역할을 잘 이해하고 사용하는 것이 중요하다.

기초 용어 정리
* **함수의 부작용**: 입력과 별개로 함수 외부의 값과 동작으로 함수의 결과가 달라질 수 있는 것

누적합 계산하기

함수를 호출할 때마다 매개변수로 받은 정수를 계속해서 더하여 그 누적합을 출력하는 함수를 만들고자 한다. 이러한 함수는 전역 변수를 누적합을 위한 변수로 만들어 두는 방식으로 구현할 수 있다.

손으로 익히는 코딩

```c
#include <stdio.h>
#pragma warning(disable: 4996)

int value = 0;

int sum(int n)
{
    value += n;
    return value;
}

int main()
{
    for (int i = 0; i < 10; i++)
    {
        int n;
        scanf("%d", &n);
        printf("%d\n", sum(n));
    }
}
```

입력값

```
5 7 2 1 0 4 6 3 1 2
```

```
5
12
14
15
15
19
25
28
29
31
```

전역 변수 value는 함수의 매개변수를 계속해서 더하여 저장하는 용도이다. sum 함수가 호출될 때마다 n의 누적 값을 value에 저장하고 이를 반환함으로써 함수를 호출하는 것만으로도 누적합을 계산할 수 있게 한다.

02

변수 지정자

✓ **핵심 키워드**

변수 지정자, 정적 지역 변수, const, register, 레지스터 변수

여기서는 무얼 배울까

지금까지 하나의 변수가 가질 수 있는 특성은 변수의 위치와 자료형만으로 결정되었다. 하지만 C 언어에는
이 둘 말고도 변수의 추가적인 특성을 부여하여 사용할 수 있다. 이번 절에서는 변수에 특성을 부여할 수 있
는 변수 지정자를 배우고, 이와 함께 변수 지정자가 지정된 변수의 스코프와 라이프타임도 함께 살펴본다.

변수의 선언문에서 자료형 앞에 특정한 키워드를 붙이면 특성이 추가된다. 이러한 키워드를 변
수 지정자*라고 한다.

static 키워드

지역 변수와 전역 변수에 static을 붙이면 스코프와 라이프타임이 바뀌며 이러한 변수들을 정적
변수라고 한다.

정적 지역 변수

정적 지역 변수**는 일반적인 지역 변수와 비교했을 때 스코프가 블록으로 같지만, 변수의 라이
프타임이 프로그램 실행 기간 전체가 된다. 그러므로 전역 변수와 비슷하게 프로그램이 시작되
는 시점에 변수가 생겨나고 프로그램이 끝날 때 라이프타임이 끝난다. 또 그 기간 동안은 유일하
게 하나의 변수만 존재하기에 전역 변수와 비슷하게 사용할 수 있다.

기초 용어 정리

* **변수 지정자**: 자료형 앞에 붙는 특별한 키워드들로 변수에 대한 특성을 추가함
** **정적 지역 변수**: 변수의 스코프는 블록이지만 변수의 라이프타임이 프로그램 실행 기간 전체인 변수

```
#include <stdio.h>

int count()
{
    static int cnt = 0;
    cnt++;
    return cnt;
}

int main()
{
    for (int i = 0; i < 10; i++)
        printf("%d\n", count());
}
```

실행 결과

```
1
2
3
4
5
6
7
8
9
10
```

함수의 호출 횟수를 세는 또 다른 예제이다. 여기서는 전역 변수 대신 정적 지역 변수를 사용했다. 전역 변수와 마찬가지로 함수를 여러 번 호출한다고 하더라도 같은 변수의 값을 바꾸기 때문에 값을 계속 누적하여 계산한다. 하지만 정적 지역 변수의 스코프는 블록으로 제한되어 있기에 변수의 값을 함수 밖에서는 사용할 수 없다.

누적합

앞서 전역 변수로 구현한 누적합을 정적 지역 변수로도 구현할 수 있다.

```c
#include <stdio.h>
#pragma warning(disable: 4996)

int sum(int n)
{
    static int value = 0;
    value += n;
    return value;
}

int main()
{
    for (int i = 0; i < 10; i++)
    {
        int n;
        scanf("%d", &n);
        printf("%d\n", sum(n));
    }
}
```

입력값

5 7 2 1 0 4 6 3 1 2

실행 결과

```
5
12
14
15
15
19
25
28
29
31
```

전역 변수를 함수 밖에서 사용할 필요가 없다면 전역 변수가 아닌 지역 변수로 구현하는 것이 더
나은 선택이 될 수 있다.

const, register 키워드

const와 register는 변수의 스코프와 라이프타임은 바꾸지 않지만 대신 프로그램의 안정성과 성능을 올리기 위해서 사용한다.

const 키워드

const 키워드*는 변수의 초기화를 제외한 모든 수정을 막아 상수 취급이 되도록 한다. 이러한 상수 취급의 변수를 간단히 상수라고 부르기도 한다.

```
double PI = 3.141592;
```

상수 취급의 변수는 원주율 파이나 자연상수처럼 특정 상수에 이름이 붙은 경우 사용할 수 있다. const를 사용하지 않더라도 변수를 이용하여 이름을 붙일 수는 있지만 이 경우에는 일반적인 변수이기에 그 값을 바꿀 수 있다. 원주율의 값을 마음대로 바꾸게 된다면 이를 사용하는 프로그램의 모든 부분에서 심각한 오류가 발생할 수 있으므로 const 키워드를 붙여 변경할 수 없게 막는 것이다.

손으로 익히는 코딩

```c
#include <stdio.h>
#pragma warning(disable: 4996)

const double PI = 3.141592;

double area(const double r)
{
    return PI * r * r;
}

int main()
{
    double r;
    scanf("%lf", &r);
    printf("S=%lf", area(r));
}
```

기초 용어 정리

* const 키워드: 변수의 초기화를 제외한 모든 값의 수정을 막아 상수 취급이 되도록 하는 변수 지정자

만약 함수의 매개변수가 값을 이용만 할 뿐 변수를 바꾸지 않는다면 이 역시 const 키워드를 붙여서 사용할 수 있다. 원주율의 예와 비슷하게 함수의 매개변수는 이를 이용하여 함수의 계산을 수행한다. 이때 프로그래머의 실수로 매개변수를 바꾼다면 함수의 결과에 오류가 생길 것이다. const 키워드는 이러한 프로그래머의 실수를 사전에 차단하고 함수를 만드는 과정에서 오류가 생기지 않도록 도와준다.

> **Clear Comment**
>
> const 키워드를 사용하는 이유는 프로그래머의 실수를 사전에 차단하는 것입니다. 그러므로 값을 바꾸지 않음이 확실하고, 값을 바꿨을 때에 문제가 생길 수 있는 모든 부분에 const를 추가하는 것은 좋은 습관입니다.

register 키워드

register 키워드*는 실제 컴퓨터에서 실행 파일로 만들어질 때 레지스터를 우선으로 사용하라는 의미이다. 컴퓨터에서 데이터를 저장하는 하드웨어는 메모리 말고도 레지스터가 있는데, 이 레지스터는 메모리보다 용량은 극히 작지만, 속도는 훨씬 빠르다는 특징을 가진다.

```
register int i = 0;
```

register 키워드를 변수에 붙이면 그 변수가 레지스터를 사용할 수 있도록 우선순위를 부여하며 이러한 변수를 레지스터 변수**라고 한다. 레지스터를 사용하는 변수는 그 속도가 메모리보다 빠르기에 다른 변수보다 자주 사용되는 변수가 레지스터를 사용하도록 하는 것이다.

기초 용어 정리

* **register 키워드**: 변수를 메모리가 아닌 레지스터를 사용하도록 지정하는 변수 지정자

** **레지스터 변수**: register 키워드가 붙은 변수가 레지스터를 사용하도록 우선순위가 부여됨

```
#include <stdio.h>
#pragma warning(disable: 4996)

int main()
{
    int n;
    scanf("%d", &n);

    int fact = 1;
    for (register int i = 1; i <= n; i++)
        fact *= i;

    printf("%d", fact);
}
```

입력값

```
10
```

실행 결과

```
3628800
```

register 키워드를 붙였다고 해서 그 모든 변수가 레지스터를 사용하지는 않는다. 컴퓨터에서
사용할 수 있는 레지스터는 그 양이 매우 적기에 레지스터를 사용할 수 있는 변수는 그 수가 적
다. 소스 파일을 컴파일하는 과정에서 register 키워드가 붙은 변수들이 레지스터를 사용할 수
있도록 하지만, 만약 레지스터의 양이 부족하다면 register 키워드가 무시되고 일반적인 메모리
를 사용하는 변수가 된다.

현재의 컴파일러는 최적화가 잘 되어 있어서 register 키워드를 붙이지 않더라도 레지스터 변수
가 될 수 있다. 그러므로 개발자들은 register 키워드에 대하여 깊이 생각하지 않고 프로그램을
만들어도 컴파일러의 최적화를 통해 더 빠른 프로그램을 기대할 수 있다.

03

연습문제

1. 약술형

● 변수 a, b, c, d의 스코프와 라이프타임을 쓰시오.

```c
#include <stdio.h>

int d = 0;

int main()
{
    const int a = 10;
    for (register int b = 0; b < 10; b++)
    {
        static int c = 0;
        c += b;
        d += c;
    }
    printf("c");
}
```

● const 키워드의 중요성을 간략히 서술하시오.

2. 함수 정의하기

다음 조건에 맞는 매개변수를 받아 값을 반환하는 함수를 정의하시오.

> **매개변수**
> 정수 n을 입력받는다.
>
> **반환값**
> 지금까지 매개변수로 입력받은 n 중에서 가장 큰 값을 반환한다.

1. 약술형

● 변수 a, b, c, d의 스코프와 라이프타임을 쓰시오.

```c
#include <stdio.h>

int d = 0;

int main()
{
    const int a = 10;
    for (register int b = 0; b < 10; b++)
    {
        static int c = 0;
        c += b;
        d += c;
    }
    printf("c");
}
```

답 a : main 함수 안에서 선언되었으므로 스코프와 라이프타임은 main 함수의 시작과 끝이다.

b : for문의 초기화식에서 선언되었으므로 스코프와 라이프타임은 반복문의 시작과 끝이다.

c : 반복문 내부에서 선언되었으므로 스코프는 반복문의 블록, 정적 지역 변수이므로 라이프타임은 프로그램 전체이다.

d : 전역 변수이므로 스코프와 라이프타임은 프로그램 전체이다.

● const 키워드의 중요성을 간략히 서술하시오.

답 바꾸어선 안 되는 값이나 함수로 수정해서 안 되는 값을 바꾸는 것을 막을 수 있기에 프로그래머의 잠재적인 실수를 방지한다.

2. 함수 정의하기

다음 조건에 맞는 매개변수를 받아 값을 반환하는 함수를 정의하시오.

매개변수

정수 n을 입력받는다.

반환값

지금까지 매개변수로 입력받은 n 중에서 가장 큰 값을 반환한다.

📄 1권 챕터10 a10.1.c

정적 지역 변수 또는 전역 변수에 최댓값을 저장하는 문제이다. 처음 함수가 호출될 때는 저장된 값이 없으므로 최댓값을 저장하는 변수에 바로 그 값을 저장해야 한다. 이를 위해서 함수의 호출 횟수나 변수가 비어 있는지를 나타낼 수 있는 변수를 추가로 둔다.

키워드로 정리하기

- **변수의 스코프**는 그 변수를 사용할 수 있는 범위를, **라이프타임**은 변수의 값이 유지되는 기간을 의미한다.
- 함수 안에서 선언된 **지역 변수**는 스코프와 라이프타임이 해당 블록으로 제한된다.
- 함수 밖에서 선언된 **전역 변수**는 스코프와 라이프타임이 프로그램 전체이므로 모든 위치에서 그 변수를 사용할 수 있다.
- 서로 다른 스코프에서 선언된 같은 이름의 변수 중에서 가장 최근에 선언된 변수가 사용된다.
- **정적 지역 변수**에 사용되는 static 키워드는 라이프타임을 프로그램 전체로 바꿀 수 있다.
- 변수 지정자인 register 키워드는 변수가 레지스터를 사용하도록, const 키워드는 변수를 수정할 수 없게 만든다.

더 멋진 내일(Tomorrow)을 위한 내일(My Career)

더 멋진 내일(Tomorrow)을 위한 내일(My Career)

비전공자 & 입문자를 위한 1:1 과외

족집게 식의
친절한
코멘트 & 팁

+

코딩이
손에 익을 수 있는
구성과 연습문제

+

입문자가
흔히 하는 실수를
분석한 에러 정리

+

코딩을 처음부터
끝까지 진행해 볼 수
있는 프로젝트

이해하기 쉬운 예시와 연습문제로 제대로 이해했는지 확인할 수 있었다. 특히 단순암기가 아닌, 코드마다 구체적인 설명이 있어서 확실한 이해를 통해 응용할 수 있게 되었다.
직장인 / 비전공자 / 회계학과 이○경

이 책은 배경지식에 대한 어떠한 전제도 없이 순수하게 C언어를 처음 접하는 사람들을 위해 기초부터 차근차근 접근할 수 있도록 돕고 있다. c언어를 배워야 하는 이유부터 시작하여, 중간중간 복습할 수 있는 기회도 만들어 두어 순차적인 학습이 용이하다.
직장인 / 비전공자 / 경영학과 전○은

비전공자라 프로그래밍 언어에 익숙하지 않았지만, 이 책에서는 일상생활에서 접할 수 있는 상황을 예시로 들며 설명하기 때문에 쉽게 이해할 수 있었다. 그리고 책에 수록된 프로젝트를 진행하면서 공부한 내용을 직접 활용해 보는 것이 학습에 큰 도움이 되었다.
대학생 / 비전공자 / 가정교육학과 정○서

프로그래밍에 관심이 있어서 C언어를 접하는 사람들이 A부터 Z까지 혼자서도 공부할 수 있도록 해 주는 든든한 책이다. 프로그래밍 언어를 단순히 알려주는 데 그치지 않고, 프로젝트까지 진행하여 공부뿐만 아니라 성취감도 같이 느낄 수 있어 훌륭한 프로그래머를 꿈꿀 수 있게 도와준다.
대학생 / 전공자 채○기

C언어를 배우는 데 있어서 필요하거나 의문이 들 수 있는 부분이 세밀하게 빠짐없이 답변되어 C언어를 첫걸음을 안전하게 내딛을 수 있게 해 준다.
대학생 / 전공자 이○솔

매우 구체적인 설명과 다양한 예제 코드를 통해 기초를 탄탄하게 다질 수 있는 책이다. Windows API, 기본적인 GUI 프로그래밍 등 비슷한 수준의 다른 책들이 다루지 않는 부분을 다루는 점도 큰 장점이다.
대학생 / 전공자 표○우

연습문제 해설 코드 파일 제공 | **실무 연습**을 위한 **프로젝트** 제공 | **무료 영상강의** 제공

● 더 멋진 내일 Tomorrow을 위한 내일 My Career ●

내일은

이우령 지음

C언어 C Programming

응용 실전편

비전공자&입문자를 위한 C언어의 모든 것!

입문자의 실수 패턴을 분석한 **에러 완벽 정리**

1:1 과외 학습 구성으로 실무 마스터

선린인터넷고 다년간 강의 경력자의 쉬운 용어로 배우는 독학 노하우 공개

김앤북
KIM & BOOK

내일은

이우령 지음

C언어

C Programming

응용 실전편

김앤북
KIM & BOOK

CONTENTS

더 멋진 내일(Tomorrow)을 위한 내일(My Career)
내 일 은 C 언 어

CONTENTS

내 일 은   C 언 어

더 멋진 내일(Tomorrow)을 위한 내일(My Career)

내 일 은   C 언 어

C 응용하기

01

UNIX와 C 언어

운영체제, UNIX

여기서는 무얼 배울까

우리는 1권에서 C 언어를 사용하기 위한 조건문, 반복문, 그리고 함수를 배웠다. 하지만 정작 중요한 질문에 대한 답은 아직도 내리지 않았다. 바로 '왜 C 언어를 배워야 하는가?'라는 질문이다. 이 세상에는 C 언어 이외에도 많은 프로그래밍 언어가 있고, 그러한 언어들 모두 지금까지 배워 왔던 요소들을 갖추고 있다. 그렇다면 많은 언어들 가운데 우리가 C 언어를 배워야 하는 이유는 무엇일까? 이번 절에서는 C 언어를 배워야만 하는 이유에 대해서 알아보고, C 언어의 중요성을 생각해 보는 시간을 갖는다.

언어의 목적

현대에는 셀 수 없이 많은 프로그래밍 언어가 있다. Java, C#, JavaScript, Python과 같이 컴퓨터 전공자가 아닌 사람들도 많이 들어 봤을 언어에서부터 일부 분야에서만 사용되는 특성화된 언어, 연구용으로 개발된 언어, 장난으로부터 시작된 언어도 있다. 이렇게 많은 언어 중에서 상용화되어 실제로 사용되는 언어만을 세도 적게는 수백, 많게는 수천이 넘어간다. 그 이유는 이 세상에는 모든 걸 손쉽게 할 수 있는 만능 언어가 존재하지 않기 때문이다. 따라서 언어는 저마다의 목적으로 설계되고, 그 목적에 맞게 사용된다.

프로그래밍 언어들은 그 언어가 탄생하게 된 배경과 목적이 있다. 그리고 그 배경과 목적에 맞게 설계되어 사용된다. 만약 언어의 목적이 빠른 개발이라면 그 문법과 사용법은 간단하고 축약된 형태가 많을 것이다. 반대로 언어의 목적이 안전한 프로그램을 만들기 위함이라면 프로그래머의 실수를 방지하기 위해 많은 제약이 들어갈 것이다. 프로그래밍 언어를 배울 때는 무작정 그 언어의 문법부터 배우기보단 어떠한 이유로 그 언어가 만들어졌는지 그 배경을 먼저 이해하는 것이 좋다.

지금 배우고 있는 C 언어는 운영체제를 만들기 위해서 설계된 언어이다. 운영체제*는 현대의 컴퓨터 시스템에서 가장 기초적이면서 필수적인 프로그램으로 컴퓨터의 CPU, GPU, RAM 같은 자원들을 관리하고 현재 실행 중인 여러 프로그램들을 제어하며 입출력을 비롯한 다양한 외부 기기들 간의 상호작용이나 네트워크까지도 관리한다. 지금의 모든 컴퓨터는 운영체제로 컴퓨터의 전반적인 시스템을 관리하고, 우리가 만든 프로그램은 이 운영체제의 도움을 받아 실행된다. 우리가 평소에 쉽게 볼 수 있는 Windows, MacOS, Android, IOS와 같은 것들이 바로 이런 운영체제들이다.

C 언어는 UNIX라는 이름의 운영체제를 만들기 위해 설계되었다. UNIX 또한 운영체제이기 때문에 C 언어는 운영체제가 해야 하는 작업을 위한 기능들과 문법을 포함하게 되었다. C 언어의 큰 특징이라고 할 수 있는 포인터는 운영체제가 필수적으로 다루어야 하는 메모리 관리를 위해 존재한다. 또 운영체제는 다양하고 많은 데이터를 다루기 때문에 C 언어에는 배열이나 구조체와 같은 데이터를 담고 관리하는 자료구조가 있다. 그리고 운영체제는 그 특성상 속도와 최적화에 많은 노력이 들어가기에 C 언어는 이런 부분을 세심하게 제어할 수 있도록 지원한다.

> **Clear Comment**
>
> 처음 전공자가 C 언어를 배우는 이유는 C 언어가 운영체제를 위해 설계되었고, 또 지금의 수많은 언어가 C 언어로부터 많은 영향을 받았기 때문입니다. C 언어는 컴퓨터구조, 논리회로, 수학, 운영체제, 자료구조, 알고리즘 등 매우 많은 부분에 걸쳐 있는 언어이기에 C 언어를 배움으로써 여러 방면의 지식을 함께 습득할 수 있습니다.

기초 용어 정리

* **운영체제**: 현대의 컴퓨터 시스템에서 가장 기초적이면서 필수적인 프로그램으로 컴퓨터의 CPU, GPU, RAM 같은 자원들은 관리하고 현재 실행 중인 여러 프로그램들을 제어하며 입출력을 비롯한 다양한 외부 기기들 간의 상호작용, 네트워크를 관리함

C 언어의 역사

UNIX와 C 언어가 어떻게 탄생하게 되었는지, 그리고 C 언어가 지금까지 어떻게 발전해 왔는지 간략하게 알아보도록 하자.

C 언어는 1972년에 벨 연구소의 데니스 리치와 켄 톰슨에 의해 개발되었다. 운영체제인 UNIX를 만들기 위해 개발되었으므로 UNIX가 개발되고 만들어짐에 따라 C 언어도 함께 발전했다. C 언어와 UNIX 이전까지 거의 모든 운영체제는 저급 프로그래밍 언어의 레벨에서 개발되었기 때문에 UNIX는 고급 프로그래밍 언어로 만들어진 최초의 운영체제 중 하나이다.

C 언어가 운영체제와 같은 시스템 소프트웨어를 개발하기에 적합하다는 것이 알려짐에 따라 이후에 만들어지는 많은 운영체제 또한 C 언어를 기반으로 개발되었고, 나아가 운영체제뿐만 아니라 다양한 응용 프로그램을 개발하는 데에도 많이 사용되었다. 현대의 많은 운영체제 역시 C 언어로 개발되거나 C 언어를 확장한 C++로 개발된 경우가 많다. 그리고 운영체제를 넘어서 평소에 자주 사용하는 많은 프로그램도 그 내부를 살펴보면 C 언어의 영향을 많이 받았음을 알 수 있다.

과거와 비교한다면 지금은 C 언어를 이용하여 실제 개발하는 분야가 많지는 않다. 하지만 C 언어의 영향을 받은 Java, C++, C# 등의 수많은 언어는 여전히 입지를 굳히며 널리 사용되고 있다. C 언어를 배운다는 것은 이런 언어들의 뿌리이자 컴퓨터의 핵심을 배운다는 것을 의미하며, 이를 배우면서 쌓은 지식은 다른 언어를 배우거나 컴퓨터의 여러 전공들을 배울 때 큰 도움이 된다.

02

더 멋진 내일(Tomorrow)을 위한 내일(My Career) **내일은 C언어**

CLI와 GUI

✓ 핵심 키워드

인터페이스, 명령줄 인터페이스, 그래픽 사용자 인터페이스

여기서는 무얼 배울까

1절에서는 C 언어를 배우는 근본적인 이유를 알아보았다. C 언어를 배우는 이유는 컴퓨터 과학의 넓은 지식을 배우고 프로그래밍 언어의 뿌리를 이해하는 등 여러 가지가 있지만, C 언어라는 프로그래밍 언어는 근본적으로 프로그램을 만들기 위한 도구이다. 그렇기에 C 언어를 배우는 우리의 최종적인 목적은 이를 이용해 최종적인 프로그램을 만드는 것이 될 것이다. 아직 여기에 대해 이야기를 하기에는 이른 감이 없지 않아 있지만, 그럼에도 우리의 최종 목적지를 미리 알아본다면 목적지까지 다다르는 과정이 조금은 흥미롭게 느껴질 것이다. 이번 챕터에서는 훗날 배우게 될 C 언어로 프로그램을 만드는 방법에 앞서 먼저 프로그램 인터페이스의 두 가지 유형인 CLI와 GUI를 이해하고, 각각의 인터페이스를 바탕으로 하는 요소들을 배워 본다.

컴퓨터의 인터페이스는 여러 가지 뜻이 있지만 우리가 사용하게 될 인터페이스*라는 용어는 컴퓨터와 사람이 상호작용하는 방법과 장치를 의미한다. 컴퓨터의 인터페이스는 여러 종류가 있지만 보편적으로는 명령줄 인터페이스와 그래픽 사용자 인터페이스가 있다.

명령줄 인터페이스

명령줄 인터페이스**(Command Line Interface)는 컴퓨터와 사람이 문자로 상호작용하는 인터페이스를 뜻한다. 컴퓨터는 사람에게 문자를 출력함으로써 정보를 알려 주고, 사람은 키보드로 문자를 입력해 컴퓨터의 계산에 필요한 정보를 알려 준다.

기초 용어 정리

* **인터페이스**: 컴퓨터와 프로그램이 상호작용하는 방법과 장치
** **명령줄 인터페이스**: 컴퓨터와 사람이 문자로 상호작용하는 인터페이스

명령줄 인터페이스에는 지금까지 계속해서 써 왔던 콘솔이 있다. 지금까지의 경험으로 알 수 있듯 명령줄 인터페이스는 모든 입력이 키보드를 통해 이루어지고, 모든 출력이 글자로 표시되므로 프로그램의 사용자에게 편리한 인터페이스는 아니다. 하지만 편의성과는 반비례하게 프로그래밍의 난이도는 더 쉽고 프로그램의 성능이 낮다는 장점이 있다.

운영체제가 하는 역할 중에서도 중요한 요소 중 하나는 인터페이스에 관한 것이다. 대부분의 일반적인 컴퓨터에서 사용하는 Windows나 MacOS와는 달리 마우스 없이 키보드만을 사용하는 명령줄 인터페이스 기반의 운영체제도 있다. 이러한 운영체제의 경우 키보드를 통해 명령어를 입력하여 프로그램을 실행하는 것을 기반으로 한다. 이러한 운영체제는 대표적으로 Unix와 Linux가 있다.

```
sprintf(prints[i][0], "%lld", blocks * bsize / bytes);
sprintf(prints[i][1], "%lld", used * bsize / bytes);
sprintf(prints[i][2], "%lld", avail * bsize / bytes);
sprintf(prints[i][3], "%lld", myuse);
printf(format0, 1, "Used", "Available", "MyUse%");
```

명령줄 인터페이스는 결국 컴퓨터와 사람의 상호작용이 전부 문자열로 이루어진다. 글자와 배경의 색을 바꾸는 등의 간단한 꾸밈이 가능하긴 하지만 결국 모든 정보의 전달은 문자열일 수밖에 없다. 그러므로 명령줄 인터페이스는 문자열의 처리가 핵심적인 기능이 된다.

그래픽 사용자 인터페이스

그래픽 사용자 인터페이스(Graphical User Interface)*는 그래픽 요소를 통해 컴퓨터와 사람이 상호작용하는 인터페이스를 말한다. 이러한 그래픽 요소에는 컴퓨터에서 흔하게 볼 수 있는 마우스 커서, 아이콘, 폴더, 메뉴창 등이 포함된다. 그래픽 사용자 인터페이스는 명령줄 인터페이스와 비교할 때 그 편의성이 훨씬 높고, 컴퓨터로 할 수 있는 범위가 더 광범위하다는 특징이 있다.

기초 용어 정리
* **그래픽 사용자 인터페이스**: 그래픽 요소를 통해 컴퓨터와 사람이 상호작용하는 인터페이스

컴퓨터가 그래픽 요소를 통해 사용자에게 더 다채로운 정보를 줄 수 있다면 사람은 컴퓨터에 다양한 입력 장치로 정보를 전달할 수 있다. 명령줄 인터페이스는 대부분의 입력이 키보드로 이루어지므로 사용자는 항상 키보드를 사용해야 하고, 컴퓨터는 입력받은 문자를 처리해야만 한다. 이와 달리 그래픽 사용자 인터페이스는 마우스부터 터치펜, 터치스크린 등 명령줄 인터페이스에서는 사용할 수 없었던 다양한 입력 장치를 사용할 수 있으며, 이를 활용하는 다양한 프로그램들이 있다.

그래픽 사용자 인터페이스는 이러한 장점들 덕분에 명령줄 인터페이스로는 불가능에 가까운 다양한 프로그램을 사용할 수 있게 한다. 하지만 할 수 있는 게 많다는 장점과는 반대로 그러한 프로그램을 만드는 난이도는 훨씬 높아진다. 명령줄 인터페이스는 키보드 입력과 문자 출력만 생각하면 됐던 반면, 그래픽 사용자 인터페이스는 이를 넘는 다양한 요소들을 고민해야 한다. 그러므로 그래픽 사용자 인터페이스로 좋은 프로그램을 만들기 위해선 그에 맞는 시간과 노력이 필요하다.

키워드로 정리하기

● 데니스 리치와 켄 톰슨이 개발한 C 언어는 UNIX를 개발하기 위해 만들어졌다.

● UNIX와 같은 **운영체제**는 컴퓨터의 자원 관리, 프로그램의 제어, 기기의 상호작용, 네트워크 등을 관리하는 컴퓨터의 기본적이고 필수적인 프로그램이다.

● **컴퓨터**에서의 인터페이스는 컴퓨터와 사람 사이의 상호작용하는 방법과 장치를 뜻한다.

● **명령줄 인터페이스**는 컴퓨터와 사람이 문자로 상호작용하는 인터페이스이다. 대표적인 예시로 콘솔이 있다.

● **그래픽 사용자 인터페이스**는 그래픽 요소를 통해 컴퓨터와 사람이 상호작용하는 인터페이스이다. 컴퓨터는 다양한 그래픽 요소로 정보를 주고, 사람은 다양한 입력 장치로 컴퓨터에 필요한 정보를 전달한다.

CHAPTER

02

내 일 은   C 언 어

배열

01

배열

배열, 배열 변수, 인덱스

여기서는 무얼 배울까

변수들은 모두 컴퓨터의 메모리 안에 저장된다. 컴퓨터는 프로그램을 실행할 때 변수들이 메모리의 어디에 저장되어 있는지 알고 있고, 변수를 사용할 때마다 그 메모리의 위치로 가서 값을 바꾸거나 얻을 수 있다. 컴퓨터의 메모리를 거대한 도서관으로 비유해 보자. 도서관에는 무수히 많은 책이 있고, 이 책 중에서 내가 원하는 책의 위치를 알고 있다면 그 책을 읽을 수 있다. 여기서 만약 시리즈로 구성된 책을 모두 읽기를 원한다면 그 책들이 한곳에 모여 있는 편이 도서관을 이용하기에 편할 것이다. 시리즈의 모든 책이 저마다 다른 책장에 꽂혀 있다면 그 위치를 모두 기억해야 하기 때문이다. 이번 절에서는 같은 시리즈의 책을 한곳에 모아놓는 것처럼 관련 있는 데이터를 메모리의 한곳으로 모아서 저장하는 자료구조인 배열에 대해서 배운다.

연속되고 관련된 변수들

지금까지 사용했던 변수들은 모두 저마다 다른 책꽂이에 꽂혀 있는 책들과도 같은 상태이다. 같은 지점에서 변수를 선언했어도 이 변수들은 메모리의 같은 위치에 있으리란 보장이 없다. 또 변수들이 의미적으로는 관련이 있어도 컴퓨터는 이들을 별개의 변수로 취급하기에 각각의 변수를 사용할 때 항상 그 변수의 이름을 지정해 주어야 한다.

```
#include <stdio.h>
#pragma warning(disable: 4996)

int main()
{
    int n1, n2, n3, n4, n5;
    scanf("%d %d %d %d %d", &n1, &n2, &n3, &n4, &n5);

    int max = n1;
    if (n2 > max) max = n2;
    if (n3 > max) max = n3;
```

```
    if (n4 > max) max = n4;
    if (n5 > max) max = n5;

    printf("%d", max);
}
```

5 7 3 1 2

7

만약 5개의 수를 입력받고 그중 가장 큰 값을 출력하고자 한다면 기존까지의 변수로는 이 변수들을 하나씩 모두 비교하여 그 값을 구해야만 했다. n1부터 n5까지의 모든 변수는 메모리 여기저기에 흩어져 있기에 그 변수를 사용하기 위해서 변수의 이름을 하나하나 사용해야 하기 때문이다.

배열은 이러한 문제를 해결하기 위한 좋은 방법이다. 배열 변수*는 같은 자료형을 가지는 하나 이상의 데이터를 연속된 메모리에 저장하는 변수이다. 배열 변수는 필요한 데이터를 한 곳에 모아 두기 때문에 마치 시리즈 전체가 한곳에 모여 있는 책들처럼 모든 변수를 외울 필요가 없다. 배열을 통해 데이터를 사용할 때에는 그저 데이터들이 모여 있는 하나의 위치와 그중 몇 번째에 해당하는지에 대한 순서만 알면 그 값을 사용할 수 있다.

> **Clear Comment**
>
> 배열은 같은 자료형의 데이터를 한 번에 모아서 저장하므로 대규모의 데이터를 다루기에 적합합니다. 적게는 몇 개의 데이터를 저장할 수도, 많게는 수백만 개가 넘어가는 데이터를 저장할 수도 있습니다.

배열의 사용

코 · 드 · 소 · 개

자료형 변수명[크기];

배열 변수는 하나 이상이 모인 변수이기에 선언과 초기화가 선행되어야 한다. 배열 변수를 선언할 때는 일반적인 변수처럼 변수의 자료형과 이름을 적어 주되 대괄호 안에 몇 개의 데이터를 담을지를 나타내는 크기를 넣는다.

기초 용어 정리

* **배열 변수**: 같은 자료형을 가지는 하나 이상의 데이터를 연속된 메모리에 저장하는 변수

```
자료형 변수명[크기] = { 값, 값, ... };
```

배열의 선언과 초기화를 함께하려면 대입 연산자 오른쪽
에 중괄호를 넣고, 그 안에 배열에 들어갈 값을 순서대로
넣는다. 배열의 크기보다 초기화에 지정한 값이 더 적다면
첫 원소부터 순서대로 넣되 남은 원소에는 기본값인 0을

넣는다. 또 배열의 크기를 생략하면 초기화에 사용된 값의 수로 배열의 크기가 지정된다.

```
변수명[인덱스]
```

배열은 하나 이상의 데이터를 연속된 메모리에 저장하므로 배열 변수의 이름과 함께 몇 번째 값
인지를 나타내는 인덱스*로 데이터 하나를 사용할 수 있다.

손으로 익히는 코딩

```c
#include <stdio.h>

int main()
{
    int arr[10] = { 1, 2, 3, 4, 5, 6, 7, 8, 9, 10 };
    arr[0] = 0;

    printf("arr[0] = %d\n", arr[0]);
    printf("arr[4] = %d\n", arr[4]);
    printf("arr[9] = %d\n", arr[9]);
}
```

실행 결과

```
arr[0] = 0
arr[4] = 5
arr[9] = 10
```

배열에 인덱스를 지정한다면 이는 하나의 데이터를 나타내므로, 기존의 변수와 똑같이 값을 대
입하거나 얻을 수 있다. 여기서 한 가지 주의할 점은 인덱스의 시작은 1이 아닌 0이라는 것이다.
만약 배열의 크기가 10이라면 인덱스는 0부터 9까지 사용할 수 있다.

기초 용어 정리
* **인덱스**: 배열 변수 안에서 몇 번째 값인지를 나타내는 번호

```
#include <stdio.h>
#pragma warning(disable: 4996)

int main()
{
    int arr[2];
    scanf("%d %d", &arr[0], &arr[1]);
    printf("%d %d", arr[0], arr[1]);
}
```

입력값

6 8

실행 결과

6 8

scanf()에 배열의 인덱스 하나를 지정하여 넣어 주면 입력받은 값이 배열의 해당 인덱스에 들어간다. 이 값 역시 다시 그 인덱스를 지정하여 출력할 수 있다.

소수 구하기

몇 번째 소수를 구하는 것처럼 미리 값을 계산할 수 있는 경우에는 그 값을 배열에 저장하여 곧바로 사용하는 방법이 있다.

```
#include <stdio.h>
#pragma warning(disable: 4996)

int main()
{
    int i;
    int prime[10] = { 0, 2, 3, 5, 7, 11, 13, 17, 19, 23 };

    scanf("%d", &i);
    printf("%d", prime[i]);
}
```

여기서는 9개의 소수를 미리 구하여 prime이라는 이름의
배열 변수에 저장했다. prime[i]로 i번째 소수의 값을 바
로 얻을 수 있으므로 추가적인 작업 없이 바로 원하는 결과
를 얻을 수 있다.

> **Quick Tip**
>
> 0번 인덱스를 사용하지 않고 1번 인덱스
> 부터 사용한다면 i번째 인덱스에 i번째 소
> 수가 저장됩니다. 이 방법은 배열을 보다
> 직관적으로 사용할 수 있게 합니다.

반복문에서의 배열

배열의 편리함은 반복문과 함께했을 때 비로소 나타난다. 배열의 인덱스를 지정할 때 상수뿐만
아니라 변수도 인덱스로 사용할 수 있다. 따라서 반복문을 이용하여 배열의 각 값을 설정하거나
사용한다면 많은 양의 데이터를 쉽게 처리할 수 있다.

손으로 익히는 코딩

```c
#include <stdio.h>

int main()
{
    int sum = 0;
    int arr[10] = { 1, 2, 3, 4, 5, 6, 7, 8, 9, 10 };

    for (int i = 0; i < 10; i++)
        sum += arr[i];

    printf("%d", sum);
}
```

위의 예제는 크기가 10인 정수형 배열에 미리 1부터 10까지의 값을 초기화하고, 그다음 반복문
을 이용해 배열 안의 값을 모두 더한다. 배열의 크기가 10이기에 변수 i를 0부터 9까지 바꾸면서

배열의 각 값을 sum 변수에 더한다.

손으로 익히는 코딩

```c
#include <stdio.h>
#pragma warning(disable: 4996)

int main()
{
    int max = 0;
    int arr[10];

    for (int i = 0; i < 10; i++)
        scanf("%d", &arr[i]);

    max = arr[0];
    for (int i = 1; i < 10; i++)
        if (arr[i] > max)
            max = arr[i];

    printf("%d", max);
}
```

입력값

5 2 1 9 5 2 4 0 1 10

실행 결과

10

입력 역시 반복문으로 더 간단하게 만들 수 있다. 위 예제는 10개의 정수를 먼저 입력받은 후 그
중 최댓값을 출력한다. 만약 정수가 10개가 아닌 100개, 1000개로 늘어난다고 하더라도 프로그
램은 크게 달라지지 않는다. 단지 배열의 크기와 반복 횟수를 늘리기만 하면 되기 때문이다. 만
약 입력하고자 하는 수의 개수도 사용자가 원하는 만큼 입력할 수 있게 한다면 필요한 데이터를
모두 수용할 수 있을 만큼 배열을 크게 잡아야 한다.

배열로 피보나치 수열 계산하기

배열에 이미 존재하는 값을 이용하여 배열의 새로운 값을 계산하는 방법은 피보나치 수열과 같은 재귀적인 문제를 쉽게 해결할 수 있게 한다.

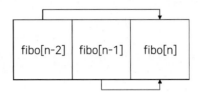

피보나치 수열은 이전의 두 값을 알고 있으면 현재의 값을 계산할 수 있다. 피보나치 수열의 각 값을 배열에 저장하고 나서, 반복문을 통해 피보나치 수열의 값을 하나씩 계산한다면 쉽게 값을 구할 수 있다.

손으로 익히는 코딩

```c
#include <stdio.h>
#pragma warning(disable: 4996)

int main()
{
    int fibo[128] = { 0, 1 };

    for (int i = 2; i < 128; i++)
        fibo[i] = fibo[i - 1] + fibo[i - 2];

    int n;
    scanf("%d", &n);
    printf("fibo[%d] = %d", n, fibo[n]);
}
```

입력값

8

실행 결과

fibo[8] = 21

0번째와 1번째 피보나치 수열의 값인 0과 1을 배열에 초기화해 주고 나서 2번째 값부터는 반복문으로 계산한다. i번째 값을 계산하고자 할 때는 이미 배열에 i-1번째와 i-2번째의 값이 저장되어 있기에 이 둘을 더하여 배열의 i번째에 저장한다.

빈도수 세기

배열의 각 인덱스는 기본적으로 순서의 의미가 있지만 경우에 따라 순서가 아닌 다른 의미를 부여할 수도 있다. 만약 정수형 배열 freq가 있을 때 freq[i]를 숫자 i가 나타난 빈도수로 사용한다면 이제부터 각 숫자가 몇 번의 빈도수를 가지는지를 배열로 저장할 수 있다.

```c
#include <stdio.h>

int main()
{
    int data[20] = { 1, 6, 2, 1, 6, 9, 0, 5, 3, 1, 2, 6, 7, 4, 1, 2, 5, 9, 0, 1 };
    int freq[10] = { 0, };

    for (int i = 0; i < 20; i++)
        freq[data[i]]++;

    for (int i = 0; i < 10; i++)
        printf("freq[%d] = %d\n", i, freq[i]);
}
```

실행 결과

```
freq[0] = 2
freq[1] = 5
freq[2] = 3
freq[3] = 1
freq[4] = 1
freq[5] = 2
freq[6] = 3
freq[7] = 1
freq[8] = 0
freq[9] = 2
```

데이터를 담고 있는 data 배열의 각 값을 순회하면서 해당 값의 빈도수를 하나씩 증가시킨다. 여기서 data[i]는 data 배열이 가지고 있는 실제 값을 의미하며 이 값을 freq 배열의 인덱스로 사용하여 각 빈도수를 계산한다.

변수를 선언할 때 그 크기를 지정하고, 값을 사용하는 곳에선 특정 인덱스를 지정하는 배열 변수의 특성상 크기와 인덱스와 관련된 부분에서 실수할 수 있다.

```
int arr[n];
```
(E0028) 식에 상수 값이 있어야 합니다.

배열의 선언에서 크기는 항상 상수여야 한다. 일부 컴파일러에선 변수로 배열의 크기를 지정하는 것을 허용하지만 그렇지 않은 컴파일러도 많으므로 변수로 크기를 지정하는 것은 지양하는 것이 좋다.

```
int arr[100000000000000];
```
(E0095) 배열이 너무 큽니다.

배열은 컴퓨터의 메모리에 존재한다. 따라서 무한정 큰 크기의 배열을 만들 수는 없다.

```
int arr[-1];
```
(E0094) 배열의 크기가 0보다 커야 합니다.

또 배열의 크기는 이름 그대로 크기이므로 0보다 커야 한다.

```
int arr[5] = { 1, 2, 3, 4, 5 };
printf("%d", arr[100]);
```

배열의 선언과 초기화가 정상적으로 이루어졌어도 이를 사용하는 부분에선 배열의 크기를 넘지 않는 인덱스를 사용해야 한다. 배열의 크기를 넘어서는 인덱스를 사용하면 그 위치에 어떠한 값이 있을지 보장할 수 없는 값이므로 잘못된 값이 나오거나 심한 경우 프로그램이 즉시 종료된다.

다차원 배열

✓ 핵심 키워드

다차원 배열, 행 우선, 열 우선

여기서는 무얼 배울까

책장에 일직선으로 책을 배치하는 경우도 있지만, 그보다는 여러 층으로 나뉜 책장에 2차원으로 책을 배치하는 것이 더 일반적이다. 만약 하나가 아닌 둘 이상의 책장이 있다면 책장을 구분할 필요가 있고, 책장이 있는 방이 여러 개라면 그 방도 구분할 필요가 있다. 이번 절에서는 값을 일직선으로 배치하는 기존의 배열을 넘어서 배열을 2차원, 3차원 이상으로 확장하여 사용하는 방법에 대해서 배운다.

다차원 배열

배열은 일직선으로 나열하는 1차원이 아닌 2차원, 3차원 이상으로도 사용할 수 있다. 이러한 배열을 다차원 배열*이라고 한다.

0, 0	0, 1	0, 2	0, 3	0, 4
1, 0	1, 1	1, 2	1, 3	1, 4
2, 0	2, 1	2, 2	2, 3	2, 4

1차원 배열이 인덱스 하나를 사용했다면 2차원 이상의 다차원 배열은 둘 이상의 인덱스를 사용하여 각각의 데이터에 접근할 수 있다.

코·드·소·개

```
자료형 변수명[크기1][크기2];
```

기초 용어 정리

* **다차원 배열**: 2차원 이상으로 사용할 수 있도록 만들어진 배열

다차원 배열의 선언에는 대괄호와 숫자가 그 차원만큼 필요하다. [5][5]라면 5*5 크기의 2차원 배열로 여기에는 25개의 데이터를 담을 수 있고, [5][5][5]라면 5*5*5 크기의 3차원 배열로 125개의 데이터를 담을 수 있다.

손으로 익히는 코딩

```c
#include <stdio.h>
#pragma warning(disable: 4996)

int main()
{
    int r, c;
    int arr2d[10][10];

    scanf("%d %d", &r, &c);
    arr2d[r][c] = 10;

    printf("%d", arr2d[r][c]);
}
```

입력값

```
4 7
```

실행 결과

```
10
```

다차원 배열은 1차원 배열의 사용법과 거의 같다. 단지 데이터 하나를 나타내기 위한 인덱스가 여럿 필요하다는 차이점만이 있다.

배열의 행 우선과 열 우선

다차원 배열에서 왼쪽의 인덱스가 나타내는 것이 행이라면 행 우선*, 열이라면 열 우선**이라고 한다. C 언어의 배열은 이 중에서 행 우선을 사용한다.

M[0][0] = 1	M[0][1] = 2	M[0][2] = 3	M[0][3] = 4	M[0][4] = 5
M[1][0] = 6	M[1][1] = 7	M[1][2] = 8	M[1][3] = 9	M[1][4] = 10
M[2][0] = 11	M[2][1] = 12	M[2][2] = 13	M[2][3] = 14	M[2][4] = 15

위의 그림은 3*5 크기의 배열을 만들었을 때를 그림으로 표현한 것이다. 배열의 크기에서 왼쪽이 행을 나타내기에 이 배열은 3행 5열의 행렬이라고 할 수 있다. 이 행렬에서 [1][2] 인덱스의 값을 얻는다면 표시된 위치에 있는 8을 얻는다. [1][2] 인덱스는 2행 3열을 의미한다. 여기서 주의할 점은 인덱스는 항상 0부터 시작한다는 점이다.

좌표 평면의 한 점을 표현할 때 대개 (x, y)로 표현한다. 좌표 평면을 행렬로 바꿔서 생각해 보면 x가 열, y가 행인데, 열이 왼쪽에 나타나기에 이는 열 우선이다. C 언어의 배열을 이용하여 좌표 평면을 표현할 때는 배열은 행 우선, 좌표 평면은 열 우선이기에 사용하는 데에 주의가 필요하다.

```
int M1[3][3] = { { 1, 2, 3 }, { 4, 5, 6 }, { 7, 8, 9 } };
int M2[3][3] = { { 1, 2, 3 }, { 4 } };
int M3[3][3] = { 1, 2, 3, 4, 5, 6, 7, 8, 9 };
```

다차원 배열 역시 선언과 함께 초기화를 해 줄 수 있다. 2차원 배열의 경우 중괄호를 겹쳐서 바깥쪽은 행, 안쪽은 행에 대한 열을 나누어 입력한다. M2는 2번째 행에서 하나의 열만 입력되었으므로 나머지는 기본값인 0으로 채워지고, 3번째 행은 전체가 0으로 채워진다. 다차원 배열 또한 메모리에서 연속된 공간에 일직선으로 배치되므로 M3처럼 행과 열 구분 없이 1차원 배열처럼 초기화하는 것도 가능하다.

기초 용어 정리
* **행 우선**: 2차원 배열에서 왼쪽의 인덱스가 나타내는 것이 행인 경우
** **열 우선**: 2차원 배열에서 왼쪽의 인덱스가 나타내는 것이 열인 경우

다차원 배열의 활용

다차원 배열은 그 특성상 평면, 입체 정보를 표현하거나 여러 하위 그룹으로 나뉜 데이터를 표현하는 데에 유용하게 사용된다.

평균 계산

> **입력**
>
> 학생 수 n을 입력받는다.
> n명의 학생 각각에 대해서 국어, 영어, 수학 점수를 정수로 입력받는다.
>
> **출력**
>
> 학생 각각의 평균 점수를 n개 출력한다.

학생 n명에 대한 정보를 모두 입력받은 후에 그 평균을 구하여 출력하는 문제이다. 입력과 동시에 출력한다면 점수에 대한 정보를 저장할 필요가 없지만, 여기서는 입력과 출력이 모두 따로 이루어지므로 점수를 모두 저장해야 한다.

손으로 익히는 코딩

```c
#include <stdio.h>
#pragma warning(disable: 4996)

int main()
{
    int n;
    int score[200][3];

    scanf("%d", &n);
    for (int i = 0; i < n; i++)
        scanf("%d %d %d", &score[i][0], &score[i][1], &score[i][2]);

    for (int i = 0; i < n; i++)
        printf("%.2f\n", (score[i][0] + score[i][1] + score[i][2]) / 3.0f);
}
```

입력값

```
2
5 4 3
3 2 1
```

```
4.00
2.00
```

문제에 대해서 코드로 작성하면 이렇다. 여기서는 입력받은 값을 저장하기 위한 2차원 배열 score를 선언하였고, 출력하는 부분에선 이 배열을 이용하여 평균을 계산하여 출력한다.

```
int score[200][3];
```

점수를 저장하기 위한 score 배열은 크기가 200 * 3으로 첫 번째인 200은 최대 200명의 학생을 저장할 수 있다는 의미이며 두 번째인 3은 국영수 3개의 점수를 저장하겠다는 의미이다. 그러므로 score[i][j]는 i번째 학생의 j 과목의 점수가 되며 국어, 영어, 수학은 각각 정수 0, 1, 2에 대응된다.

```
scanf("%d %d %d", &score[i][0], &score[i][1], &score[i][2]);
```

scanf 함수로 입력받는 부분에서는 i번째 학생에 대한 세 과목의 점수를 입력받는다.

```
printf("%.2f\n", (score[i][0] + score[i][1] + score[i][2]) / 3.0f);
```

이후 평균을 출력하는 부분에선 score 배열에 저장된 값으로 평균을 계산하여 출력한다. 여기서는 계산과 동시에 출력하였지만, float 배열을 선언한 후 배열에 평균값을 저장하여 사용해도 좋다.

행렬 곱셈

행렬은 2차원 배열로 나타낼 수 있으며, 행렬의 곱셈은 두 배열을 곱하여 새로운 배열을 계산하는 것과도 같다.

$$\begin{pmatrix} a_{0,0} \ a_{0,1} \\ a_{1,0} \ a_{1,1} \end{pmatrix}\begin{pmatrix} b_{0,0} \ b_{0,1} \\ b_{1,0} \ b_{1,1} \end{pmatrix} = \begin{pmatrix} a_{0,0}b_{0,0} + a_{0,1}b_{1,0} \ \ a_{0,0}b_{0,1} + a_{0,1}b_{1,1} \\ a_{1,0}b_{0,0} + a_{1,1}b_{1,0} \ \ a_{1,0}b_{0,1} + a_{1,1}b_{1,1} \end{pmatrix}$$

2*2 행렬 둘을 곱할 때의 그 수식은 이와 같다. 행렬 a와 b, 그리고 이 둘을 곱한 결과는 2*2 크기의 2차원 배열로 나타낸다.

```
#include <stdio.h>#include <stdio.h>
#pragma warning(disable: 4996)

int main()
{
    int a[2][2] = { { 1, 2 }, { 3, 4 } };
    int b[2][2] = { { 5, 6 }, { 7, 8 } };
    int c[2][2];

    c[0][0] = a[0][0] * b[0][0] + a[0][1] * b[1][0];
    c[0][1] = a[0][0] * b[0][1] + a[0][1] * b[1][1];
    c[1][0] = a[1][0] * b[0][0] + a[1][1] * b[1][0];
    c[1][1] = a[1][0] * b[0][1] + a[1][1] * b[1][1];

    printf("%3d %3d   %3d %3d   %3d %3d\n", a[0][0], a[0][1], b[0][0],
        b[0][1], c[0][0], c[0][1]);
    printf("%3d %3d * %3d %3d = %3d %3d\n", a[1][0], a[1][1], b[1][0],
        b[1][1], c[1][0], c[1][1]);
}
```

실행 결과

```
 1   2    5   6    19  22
 3   4 *  7   8 =  43  50
```

배열을 이용하여 행렬의 곱셈을 코드로 만들면 이렇다. 여기서는 곱셈의 결과를 저장하는 배열의 값을 반복문을 사용하지 않고 작성했지만, 행렬의 크기를 알 수 없거나 클 때는 반복문을 이용하여 계산하는 것도 좋은 방법이다.

03

배열과 함수

배열, 함수

여기서는 무얼 배울까

연속된 메모리에 여러 값이 저장되는 배열을 하나의 거대한 값이라고 생각한다면 이 값 또한 함수의 입력과 출력으로 충분히 사용할 수 있을 것이다. 함수의 매개변수로 배열을 사용하는 것은 많은 프로그램에서 자주 사용되는 방법인데, 여기서 주의할 점은 기존에 사용했던 정수, 실수와 같은 값과 지금부터 다루게 될 배열은 그 성질이 다르다는 것이다. 이번 절에서는 함수에서 배열을 사용하는 방법과 그 특징에 대해서 배우고, 이를 이용한 몇 가지 예제를 소개한다.

매개변수로 전달되는 1차원 배열

배열을 매개변수로 전달하기 위해선 먼저 매개변수의 자료형을 배열로 지정할 필요가 있다.

코 · 드 · 소 · 개

```
반환형 함수명(자료형 변수명[크기]);
```

매개변수로 배열을 사용할 때는 변수 선언과 마찬가지로 이름 오른쪽에 대괄호를 표시한다. 그리고 이 매개변수에 인자로 배열을 넘길 때는 배열의 특정 인덱스가 아닌 배열 변수의 이름 그 자체를 넣어서 전달하여 사용한다.

손으로 익히는 코딩

```c
#include <stdio.h>

int sum(int arr[5])
{
    int result = 0;
    for (int i = 0; i < 5; i++)
```

```
        result += arr[i];
    return result;
}

int main()
{
    int arr[5] = { 1, 2, 3, 4, 5 };
    printf("%d", sum(arr));
}
```

```
15
```

배열이 아닌 변수의 값을 함수에 전달할 때는 그 변수의 값이 복사되어 매개변수에 저장되었다. 그러나 배열은 배열 자체가 복사되지 않는다. 매개변수의 배열과 그 변수에 전달되는 인자의 배열은 실제로 같은 배열을 나타내며, 함수에서 값이 바뀌면 원본 배열의 값에 영향을 미친다. 이 둘은 복사본의 관계가 아닌 완전히 같은 배열이기 때문이다.

손으로 익히는 코딩

```
#include <stdio.h>

void doubleArr(int arr[5])
{
    for (int i = 0; i < 5; i++)
        arr[i] *= 2;
}

int main()
{
    int arr[5] = { 1, 2, 3, 4, 5 };

    doubleArr(arr);
    for (int i = 0; i < 5; i++)
        printf("%d ", arr[i]);
}
```

```
2 4 6 8 10
```

함수의 매개변수로 배열을 넘겨준다는 것은 배열에 있는 모든 값을 전부 복사해서 넘겨주는 것이 아니다. C 언어에서는 그 대신 배열의 원본을 가리킬 수 있는 주소만을 전달한다. 따라서 함수로 배열이 전달되었다면 그 배열의 원본을 그대로 사용할 수 있기 때문에 함수에서 배열의 값을 바꿀 때 함수를 호출한 곳의 배열 값이 바뀐다.

손으로 익히는 코딩

```c
#include <stdio.h>

void printArr(int arr[], int size)
{
    for (int i = 0; i < size; i++)
        printf("%d ", arr[i]);
}

int main()
{
    int arr[5] = { 1, 2, 3, 4, 5 };
    printArr(arr, 5);
}
```

실행 결과

```
1 2 3 4 5
```

매개변수 안의 배열은 그 크기만큼의 새로운 공간이 생기는 것이 아니다. 그러므로 배열 변수의 이름 오른쪽에 대괄호 안에 들어가는 숫자는 큰 의미가 없으며 이를 생략할 수도 있다. 따라서 매개변수로 전달된 배열은 배열의 크기를 나타내는 정수와 함께 전달하는 경우가 많다.

```c
void printArr(const int arr[], int size)
{
    for (int i = 0; i < size; i++)
        printf("%d ", arr[i]);
}
```

원본 배열의 수정을 막고 싶다면 매개변수에 const를 붙여서 사용할 수 있다. const 키워드가 붙은 매개변수는 그 값을 수정할 수 없으므로 원본 배열을 수정할 수 없게 되며, 따라서 원본 배열이 수정되지 않음을 보장할 수 있다.

매개변수로 전달되는 다차원 배열

2차원 이상의 배열을 매개변수로 전달하는 경우 역시 1차원 배열과 비슷하다. 매개변수의 오른쪽에 대괄호로 배열 변수임을 나타내고, 함수를 호출하는 곳에서는 인자로 배열 변수의 이름만을 넣는다.

손으로 익히는 코딩

```
#include <stdio.h>

int maxArr(const int arr[3][3])
{
    int max = arr[0][0];
    for (int i = 0; i < 3; i++)
        for (int j = 0; j < 3; j++)
            if (arr[i][j] > max)
                max = arr[i][j];
    return max;
}

int main()
{
    int arr[3][3] = { 1, 2, 3, 9, 8, 7, 6, 5, 4 };
    printf("%d", maxArr(arr));
}
```

실행 결과

9

함수에서 다차원 배열을 매개변수로 받았다면 기존 다차원 배열을 사용한 것과 동일하게 사용할 수 있다. 그리고 역시 배열의 모든 값이 복사된 것이 아니기에 함수 안에서 배열을 수정한다면 그 원본에 영향이 간다.

```c
int maxArr(const int arr[][3], int row, int col)
{
    int max = arr[0][0];
    for (int i = 0; i < row; i++)
        for (int j = 0; j < col; j++)
            if (arr[i][j] > max)
                max = arr[i][j];
    return max;
}
```

배열의 크기를 생략하고자 하는 경우에는 첫 번째 크기에 대해서만 생략할 수 있다. 이는 배열의 구조 때문에 발생하는 문제인데, 1차원의 경우 i번째 값을 얻고자 할 때 배열의 크기가 필요하지 않다. 하지만 2차원의 경우 i번째 행과 j번째 열에 있는 값을 얻고자 한다면 열의 크기 c를 알고 있어야 i * c + j로 위치를 계산할 수 있기 때문이다.

> **Clear Comment**
> 다차원 배열도 실제 메모리에선 모든 값이 연속된 메모리에 일직선으로 놓입니다. 따라서 다차원 배열의 한 인덱스를 찾기 위해선 각 인덱스와 함께 배열의 크기가 필요합니다.

손으로 익히는 코딩

```c
#include <stdio.h>

int multArr(const int arr[], int size)
{
    int result = 1;
    for (int i = 0; i < size; i++)
        result *= arr[i];
    return result;
}

int main()
{
    int arr[3][3] = { 1, 2, 3, 9, 8, 7, 6, 5, 4 };
    printf("%d %d %d", multArr(arr[0], 3), multArr(arr[1], 3), multArr(arr[2], 3));
}
```

```
6 504 120
```

2차원 배열을 1차원 배열의 배열이라고 생각한다면 3*3크기의 정수형 배열은 크기가 3인 정수형 배열을 3개 모은 배열의 배열로 봐도 무방하다. 이를 이용한다면 2차원 배열 중 하나의 행을 1차원 배열 변수로 취급하여 매개변수로 전달하여 사용할 수 있다.

배열을 처리하는 함수

배열과 그 배열의 크기를 매개변수로 전달받고 이를 처리하는 함수는 여러 곳에서 유용하게 사용할 수 있다. 아래의 예제는 대표적인 그러한 함수들을 설명한다.

배열 뒤집기

크기가 n인 배열 안의 값의 순서를 뒤집는 방법은 0번 인덱스와 n-1번 인덱스를, 1번 인덱스와 n-2번 인덱스를 순서대로 뒤바꾸는 것이다. 일반적으로 쓰면 i번째 인덱스와 n-1-i번째 인덱스를 뒤바꾸는 작업을 반복하는 것이다.

손으로 익히는 코딩

```c
#include <stdio.h>

void reverse(int arr[], int size)
{
    for (int i = 0; i < size / 2; i++)
    {
        int tmp = arr[i];
        arr[i] = arr[size - 1 - i];
        arr[size - 1 - i] = tmp;
    }
}

int main()
{
    int arr[6] = { 1, 2, 3, 4, 5, 6 };

    reverse(arr, 6);
    for (int i = 0; i < 6; i++)
        printf("%d ", arr[i]);
}
```

위에서 설명한 방법을 반복적으로 수행하도록 반복문으로 구현한다. 매 반복마다 양 끝의 값이
동시에 처리되므로 반복 횟수는 size가 아닌 size/2이다.

배열 더하기

크기가 같은 두 배열의 값을 각각 더하여 같은 크기의 새로운 배열을 만든다고 하자. 그렇다면
배열의 덧셈을 수행하는 함수는 const로 값이 바뀌지 않는 두 배열 a와 b가 필요하고 a와 b를
더한 결과를 저장할 배열을 전달받는 부분인 c가 필요하다.

손으로 익히는 코딩

```c
#include <stdio.h>

void addArr(const int a[], const int b[], int c[], int size)
{
    for (int i = 0; i < size; i++)
        c[i] = a[i] + b[i];
}

int main()
{
    int a[5] = { 1, 2, 3, 4, 5 };
    int b[5] = { 6, 7, 8, 9, 10 };
    int c[5];

    addArr(a, b, c, 5);
    for (int i = 0; i < 5; i++)
        printf("%d + %d = %d\n", a[i], b[i], c[i]);
}
```

실행 결과

```
1 + 6 = 7
2 + 7 = 9
3 + 8 = 11
4 + 9 = 13
5 + 10 = 15
```

c 배열은 매개변수이지만 실제 쓰임새는 연산의 출력이다. 이러한 사용법은 배열이 가지는 독특한 특징이다. 배열에 대한 연산을 함수로 분리하여 구현한다면 코드의 가독성이 높아지고, 또 해당 기능이 필요할 때마다 함수 호출 한 번으로 그 기능을 사용할 수 있기에 코드의 재사용성이 높아진다는 장점이 생긴다.

04

연습문제

1. 함수 정의하기

다음 조건에 맞는 매개변수를 받아 값을 반환하는 함수를 정의하시오.

(1)

매개변수

문자형 배열 arr과 크기 size를 입력받는다.

반환값

배열에 포함된 대문자의 수를 반환한다.

(2)

매개변수

정수형 배열 arr과 크기 size, 크기가 2인 정수형 배열 result를 입력받는다.

처리

arr에서 가장 큰 값을 result의 0번 인덱스, 가장 작은 값을 result의 1번 인덱스에 저장한다.

반환값

없음

(3)

매개변수

양의 정수 n과 정수형 배열 result을 입력받는다.

처리

result 배열에 n의 약수를 오름차순으로 저장한다.

반환값

n의 약수의 수를 반환한다.

1. 함수 정의하기

다음 조건에 맞는 매개변수를 받아 값을 반환하는 함수를 정의하시오.

(1)

> **매개변수**
>
> 문자형 배열 arr과 크기 size를 입력받는다.
>
> **반환값**
>
> 배열에 포함된 대문자의 수를 반환한다.

📋 2권 챕터2 a2.1.c

문자형 배열을 함수에 전달해 대문자의 수를 세는 문제이다. 대문자는 관계 연산자로 알아낼 수 있으므로 반복문을 통해 각 글자가 대문자인지 검사하고, 맞다면 변수의 값을 증가하여 반환한다.

(2)

> **매개변수**
>
> 정수형 배열 arr과 크기 size, 크기가 2인 정수형 배열 result를 입력받는다.
>
> **처리**
>
> arr에서 가장 큰 값을 result의 0번 인덱스, 가장 작은 값을 result의 1번 인덱스에 저장한다.
>
> **반환값**
>
> 없음

📋 2권 챕터2 a2.2.c

배열을 이용해 2개의 연산 결과를 내보내는 문제이다. 매개변수로 전달된 배열은 복사본이 아니기에 원본 수정이 가능하다. 따라서 함수에서 계산된 최솟값과 최댓값을 배열에 저장하면 함수 밖에서 그 결과를 사용할 수 있다.

(3)

📋 2권 챕터2 a2.3.c

배열을 이용해 둘 이상의 연산 결과를 내보내는 문제이다. (2) 문제와 비슷하지만 여기서는 몇 개의 값이 계산의 결과가 될지 알 수 없으므로, 그 크기를 함수의 반환값으로 대신 알려 준다.

키워드로 정리하기

● **배열**은 같은 자료형을 가지는 하나 이상의 데이터를 연속된 메모리에 저장하며 대용량의 데이터를 다루기에 용이하다.

● 배열은 각각의 값이 순서대로 배치되어 있고, 이러한 값에 접근할 때는 값의 순서를 나타내는 **인덱스**를 이용한다.

● 배열의 값을 2차원 이상의 형태로 배치할 때 이러한 배열을 **다차원 배열**이라고 한다.

● 함수에 배열을 전달하면 배열이 복사되지 않고 원본을 그대로 함수에서 사용할 수 있다.

예제 톺아보기

```c
#include <stdio.h>

void reverse(int arr[], int size) // (1)
{
    for (int i = 0; i < size / 2; i++)
    {
        int tmp = arr[i];
        arr[i] = arr[size - 1 - i]; // (2)
        arr[size - 1 - i] = tmp;
    }
}

int main()
{
    int arr[6] = { 1, 2, 3, 4, 5, 6 }; // (3)

    reverse(arr, 6); // (4)
    for (int i = 0; i < 6; i++)
        printf("%d ", arr[i]); // (5)
}
```

(1) 함수의 매개변수로 배열을 사용할 때는 변수의 선언처럼 변수명 뒤에 대괄호를 붙인다. 배열의 크기는 생략할 수 있지만 그러한 경우 그 크기를 나타내는 정수와 함께 전달한다.

(2) 함수에 전달된 배열은 복사본이 아니므로 그 값을 수정하면 원본 배열도 동일하게 변경된다. 둘은 같은 배열이기 때문이다.

(3) 배열 변수의 선언은 변수명 뒤에 대괄호로 그 크기를 넣는다. 배열 변수를 초기화하려면 중괄호 안에 배열에 들어갈 값을 순서대로 넣는다.

(4) 함수에 배열 변수를 전달할 때는 인덱스를 지정하지 않고 배열의 이름을 그대로 전달한다.

(5) 배열의 값 하나를 사용할 때는 대괄호 안에 사용하고자 하는 값의 순서인 인덱스를 넣어서 사용한다.

내 일 은   C 언 어

문자열

(리눅스용 & 맥용 설명 PDF 제공)

01

문자열

리눅스용 설명(PDF 제공)

✓ 핵심 키워드

문자열, 널 문자, 문자열 배열

여기서는 무얼 배울까

C 언어의 값의 종류에는 정수와 실수, 문자와 문자열이 있다고 했다. 그리고 문자열의 경우 문자를 이어 붙인 것이므로 정수, 실수, 문자와는 그 성격이 다르다고 설명했다. 앞선 설명처럼 문자열의 정체는 여러 문자를 순서대로 이어 붙인 것이다. 그리고 우리는 그러한 자료형은 배열로 표현할 수 있음을 지난 절에서 배웠다. 이번 절에서는 문자열의 사용 방법에 대해서 배우고, 문자열을 이용한 몇 가지 예제를 배운다.

문자 배열, 문자열

문자열은 문자들을 담은 배열이다. 다른 배열과의 차이점은 문자열의 마지막에는 문자의 끝을 나타내는 특수한 문자인 널 문자*가 있다는 것이다.

```c
char string[6] = { 'H', 'e', 'l', 'l', 'o', '\0' };
```

문자 배열을 문자열로 사용하기 위해서는 다른 배열과 마찬가지로 필요한 문자들을 순서대로 넣되 마지막에 널 문자인 \0을 추가해야 한다. 널 문자 자체가 문자열의 끝을 나타내므로 문자열이 필요한 많은 경우에서 문자열의 길이를 따로 명시하지 않아도 되는 이점이 있다.

> **Quick Tip**
>
> 문자열의 길이는 배열의 크기보다 작아도 됩니다. 널 문자 이후의 값들은 무시되기 때문입니다.

기초 용어 정리

* **널 문자**: 문자열의 끝을 나타내는 특수한 문자

```
#include <stdio.h>

int main()
{
    char string[6] = { 'H', 'e', 'l', 'l', 'o', '\0' };
    printf("%s", string);
}
```

```
Hello
```

printf()의 첫 인자로는 출력할 형식 문자열이 필요하다. 이 문자열은 문자열 상수가 아니라 문자열을 나타내는 배열 변수여도 괜찮기에 앞서 만든 문자열을 그대로 출력할 수 있다.

```
#include <stdio.h>

int main()
{
    char string[14] = "Hello, World!";
    printf("%s", string);
}
```

```
Hello, World!
```

문자 배열은 문자열 상수로도 초기화할 수 있다. 이 경우 마지막 인덱스에 자동으로 널 문자가 들어가게 된다. 배열의 크기는 문자열의 길이에 추가로 널 문자가 필요하므로 저장할 문자열의 길이가 13이라면 배열의 크기는 최소 14여야 함에 주의해야 한다.

> **Quick Tip**
>
> 선언과 초기화를 같이 하는 경우 배열의 크기를 생략할 수 있습니다.

대문자로 출력하기

문자열 또한 배열이므로 문자열 역시 반복문으로 처리할 수 있다. 다른 배열과 차이가 있다면 문자열은 그 크기를 나타내는 값을 따로 저장하지 않았다는 것인데, 이는 반복문의 종료 조건을 널 문자를 만났을 때로 지정하면 해결되는 문제이다.

```
#include <stdio.h>

int main()
{
    char string[14] = "Hello, C!";
    for (int i = 0; string[i] != '\0'; i++)
    {
        if ('a' <= string[i] && string[i] <= 'z')
            printf("%c", string[i] - 'a' + 'A');
        else
            printf("%c", string[i]);
    }
}
```

실행 결과

```
HELLO, C!
```

한 글자씩 배열의 원소를 순회하되 반복문의 조건으로 그 글자가 널 문자가 아니어야 함을 지정
했다. 널 문자를 만나기 전까지는 정상적인 문자열의 글자들이므로 대문자로 출력하고, 널 문자
를 만났다면 문자열이 끝났다는 의미이므로 여기서 반복문을 종료한다.

```
        if ('a' <= string[i] && string[i] <= 'z')
            printf("%c", string[i] - 'a' + 'A');
        else
            printf("%c", string[i]);
```

배열 변수 string은 문자열이므로 string의 원소 하나하나는 글자를 나타낸다. 그러므로
string[i]는 하나의 문자이며, 이전에 했었던 문자를 처리하고 출력하는 방식을 그대로 사용할
수 있다.

문자열 입력

문자열을 저장하기 위한 문자 배열을 만들었다면 이를 이용하여 scanf()로 입력받을 수 있다.

```
#include <stdio.h>
#pragma warning(disable: 4996)

int main()
{
    char string[1024];
    scanf("%s", string);
    printf("%s", string);
}
```

입력값

```
STRING
```

실행 결과

```
STRING
```

printf()와 동일하게 scanf()에서 문자열을 입력받을 때는 %s를 이용한다. 그 밖의 경우와 한 가지 다른 점은 문자, 상수, 실수 변수는 변수의 이름 왼쪽에 &가 필요했지만, 문자열을 입력받을 때는 필요하지 않다는 것이다.

Clear Comment

문자열의 입력에서 &가 필요하지 않는 이유는 2권 챕터5 포인터에서 설명합니다.

```
#include <stdio.h>
#pragma warning(disable: 4996)

int main()
{
    char string[1024];

    for (int i = 0; i < 5; i++)
    {
        scanf("%s", string);
        printf("%s\n", string);
    }
}
```

```
aa bb cc dd ee
```

```
aa
bb
cc
dd
ee
```

scanf()로 문자열을 입력받는다면 기존 배열에 있는 값들을 무시한 채로 새로운 문자들을 덮어씌운다. 기존에 저장된 문자열보다 더 짧은 길이의 문자열을 입력받는다면 이전 문자열의 일부가 남아 있을 수는 있지만, 처음 등장하는 널 문자 이후의 문자들은 무시하기 때문에 문제가 없다. scanf()로 문자열을 입력받을 때는 다른 자료형과 마찬가지로 공백 문자를 기준으로 나눈다.

글자 수 세기

문자열의 길이, 즉 글자 수를 세는 것은 문자열에서 기본적으로 필요한 연산이다. 이를 실제로 구현하는 방법은 간단한데, 주어진 문자열을 널 문자를 만날 때까지 반복하면서 글자 수를 저장하는 변수의 값을 1씩 증가시키면 된다.

```c
#include <stdio.h>
#pragma warning(disable: 4996)

int main()
{
    char string[1024];
    scanf("%s", string);

    int len = 0;
    for (int i = 0; string[i] != '\0'; i++)
        len++;

    printf("%d", len);
}
```

```
Hello!
```

여기서는 scanf 함수로 문자열을 입력받은 후 문자열을 반복문으로 순회하며 문자열의 길이를 구했다. 이렇게 구한 문자열의 길이는 문자열 뒤집기와 같은 또 다른 연산에 이용된다.

문자열 배열

배열의 배열은 2차원 배열로 표현할 수 있기에 2차원 배열을 문자열 배열로 활용할 수 있다.

```c
char string[4][1024] = { "Hi", "Hello", "World", "C" };
```

문자열 배열을 초기화할 때는 중괄호 안에 문자열 상수를 넣을 수 있다. 이때 배열의 크기는 가장 긴 문자열을 저장할 수 있을 만큼으로 지정해야 한다.

손으로 익히는 코딩

```c
#include <stdio.h>
#pragma warning(disable: 4996)

int main()
{
    char string[4][1024];

    for (int i = 0; i < 4; i++)
        scanf("%s", string[i]);

    for (int i = 0; i < 4; i++)
        printf("%s\n", string[i]);
}
```

입력값

```
Hello
World
C
Lang
```

```
Hello
World
C
Lang
```

문자열 배열의 한 인덱스를 지정하면 이는 곧 문자열이다. 그러므로 하나의 반복문으로 문자열 배열 안의 각 문자열을 입력받거나 출력할 수 있다.

문자열 연결하기

둘 이상의 문자열을 이어 붙여 새로운 문자열을 만들 때는 결과를 담을 문자 배열에 널 문자 이전에 나오는 모든 글자를 순서대로 붙인 후 마지막에 널 문자를 추가한다.

손으로 익히는 코딩

```c
#include <stdio.h>

int main()
{
    char string[4][1024] = { "str1", "str2", "str3", "str4" };
    char result[1024];
    int len = 0;

    for (int i = 0; i < 4; i++)
    {
        for (int j = 0; string[i][j] != '\0'; j++)
        {
            result[len] = string[i][j];
            len++;
        }
    }
    result[len] = '\0';

    printf("%s", result);
}
```

실행 결과

```
str1str2str3str4
```

여기서는 4개의 문자열 str1, str2, str3, str4를 한 번에 담을 수 있도록 문자열 배열을 만들고, 4개의 문자열을 이어 붙여 새로운 문자열인 result를 만들도록 하였다.

```c
int len = 0;
```

새로운 문자열 result를 만들 때 어느 위치에 글자를 추가할지를 알고 있어야 하므로 이를 저장하기 위한 변수 len을 선언한다.

```c
for (int i = 0; i < 4; i++)
{
    for (int j = 0; string[i][j] != '\0'; j++)
    {
        result[len] = string[i][j];
        len++;
    }
}
```

i번째 문자열을 추가하는 부분에서는 문자열의 j번째 글자를 구할 수 있도록 반복문을 중첩하여 구성하고, len번째 위치에 해당하는 글자를 추가한 다음 len을 하나 증가시켜 그다음에 글자를 추가할 수 있도록 한다.

```c
result[len] = '\0';
```

앞의 반복문에선 널 문자를 제외한 글자만을 추가했으므로 모든 문자를 붙인 이후에는 완전한 문자열이 될 수 있도록 마지막에 널 문자를 추가하여 마무리한다.

02

main 함수의 매개변수

✓핵심 키워드

명령 인수

여기서는 무얼 배울까

지금까지의 모든 프로그램에서의 main 함수에는 매개변수가 없었다. main 함수의 매개변수는 존재하지 않아서 사용하지 않았던 것이 아니라 사용하지 않았기 때문에 생략했던 것이다. main 함수로 받는 매개변수는 프로그램을 실행하는 시점에 몇 개의 문자열들을 프로그램에 넘겨줄 수 있는데, 이를 명령 인수*라고 한다. 명령 인수를 이용하면 프로그램 실행 이후에 추가적인 키보드 입력 없이도 원하는 입력에 대한 처리를 수행하게 할 수 있다. 이번 절에서는 이러한 명령 인수를 다뤄 보는 시간을 갖는다.

명령 인수

손으로 익히는 코딩

```c
#include <stdio.h>

int main(int argc, char* argv[])
{
    for (int i = 0; i < argc; i++)
        printf("%s\n", argv[i]);
}
```

명령 인수를 main 함수에서 사용하려면 매개변수로 문자열 배열의 크기와 문자열 배열을 추가해야 한다. 매개변수의 이름은 자유롭게 지정할 수 있지만 관습적으로 argc(argument count), argv(argument vector)를 사용한다.

기초 용어 정리

* **명령 인수**: 프로그램을 실행하는 시점에 넘겨줄 수 있는 문자열들

위 예제 프로그램을 작성하고 실행시키면 이 프로그램의 경로와 이름만이 출력된다. 명령 인수는 기본적으로 배열의 첫 원소에는 프로그램의 경로와 이름이 들어가고 그 뒤부터 프로그램을 실행할 때 전달한 문자열들이 저장된다. 지금은 아무런 문자열 없이 바로 실행만 하였기 때문에 프로그램의 이름만이 나오게 된 것이다.

Visual Studio에서 설정하기

Visual Studio에서 명령 인수에 문자열을 넣어서 실행하려면 이에 대한 설정이 필요하다.

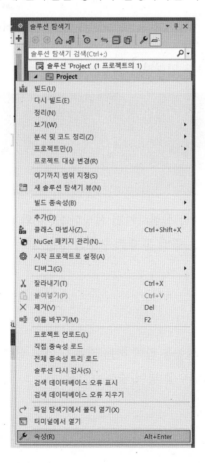

① 솔루션 탐색기에서 프로젝트를 우클릭한 후 속성에 들어간다.

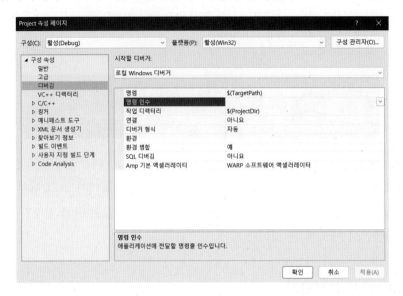

② 구성 속성 → 디버깅 → 명령 인수로 들어간다.

③ 사용하고자 하는 명령 인수를 입력하여 적용한다.

명령 인수를 설정한 다음 다시 실행시키면 설정한 Hello와 World가 한 줄에 하나씩 출력된다. 명령 인수에 들어간 값은 공백 문자로 구분되어 문자열 배열에 들어가기 때문에 두 줄에 나눠서 출력된 것이다.

터미널에서 실행하기

Visual Studio에서 컴파일과 실행을 함께 하는 경우가 아닌 실행 파일을 사용하는 경우라면 터미널에서 실행함으로써 명령 인수를 넣어 줄 수 있다.

Files

① 프로젝트의 실행 파일(.exe)이 존재하는 폴더로 이동한 다음 우클릭 → 터미널에서 열기를 선택한다. 해당 기능이 안 보일 경우, 추가 옵션 표시에서 선택할 수 있다.

```
PS C:              \Project\Debug> .\Project.exe Hello World
C:              \Project\Debug\Project.exe
Hello
World
PS C:              \Project\Debug>
```

② 켜진 콘솔에서 .\실행파일명.exe 명령인수를 입력하여 프로그램을 실행한다.

명령행 인자의 활용

명령행 인자를 이용하여 프로그램을 만들었다면 프로그램 실행 이후에 scanf()로 입력받지 않아도 내가 원하는 입력값에 대해 처리하도록 만들어 줄 수 있다.

문자열 비교하기

두 문자열이 같은지 비교하는 방법은 간단하다. 첫 번째 조건은 두 문자열의 길이가 같아야 한다는 것이고, 두 번째 조건은 두 문자열을 구성하는 각각의 글자가 모두 일치해야 한다는 것이다.

```c
#include <stdio.h>

int main(int argc, char* argv[])
{
    int isSame = 0;
    for (int i = 0;; i++)
    {
        if (argv[1][i] == '\0' && argv[2][i] == '\0')
        {
            isSame = 1;
            break;
        }
        else if (argv[1][i] == '\0' || argv[2][i] == '\0' || argv[1][i] != argv[2][i])
        {
            isSame = 0;
            break;
        }
    }

    printf("%d", isSame);
}
```

위의 예제는 명령 인수로 두 문자열을 받고, 두 문자열이 같다면 isSame이 1, 다르다면 0이 나오도록 연산을 수행한다.

```c
    for (int i = 0;; i++)
```

문자열의 길이는 곧바로 알 수 없으므로 조건을 비워 둔 채로 for문을 시작한다. i는 현재 비교하고 있는 글자의 위치이다.

```c
        if (argv[1][i] == '\0' && argv[2][i] == '\0')
        {
            isSame = 1;
            break;
        }
```

현재 보고 있는 글자가 두 문자열 모두 널 문자라면 이 둘은 같은 문자열이다. 중간에 다른 문자가 나오는 즉시 반복을 멈출 것이므로 널 문자까지 도달했다는 것은 그 앞에 있는 모든 글자가 동일하다는 의미이고, 또 글자 수까지 똑같다는 뜻이기 때문이다.

```
else if (argv[1][i] == '\0' || argv[2][i] == '\0' || argv[1][i] != argv[2][i])
{
    isSame = 0;
    break;
}
```

1번 문자열이 먼저 끝나거나, 2번 문자열이 먼저 끝나거나, 1번 문자열과 2번 문자열의 글자가 서로 다르다면 즉시 반복을 종료한다. 이 세 경우에 해당하면 두 문자열은 서로 다르기에 isSame을 0으로 설정하고, 그렇지 않다면 지금까지 확인한 모든 글자는 동일하므로 그 뒤를 더 반복하여 검사를 진행한다.

알파벳 빈도수 세기

정수의 빈도수를 배열에 저장해서 사용하듯 알파벳의 빈도수 또한 배열에 저장할 수 있다. 알파벳 a, b, c를 순서대로 0, 1, 2의 인덱스로 나타내는 것이 효과적이므로 문자에 알파벳 a를 빼서 배열의 인덱스를 구할 수 있게 한다.

손으로 익히는 코딩

```c
#include <stdio.h>

int main(int argc, char* argv[])
{
    int cnt[26] = { 0, };

    for (int i = 1; i < argc; i++)
    {
        for (int j = 0; argv[i][j] != '\0'; j++)
        {
            if ('a' <= argv[i][j] && argv[i][j] <= 'z')
                cnt[argv[i][j] - 'a']++;
        }
    }
```

```
        for (int i = 0; i < 26; i++)
            printf("%c : %d\n", 'a' + i, cnt[i]);
}
```

위의 예제에서는 알파벳 소문자의 빈도수만을 셌지만 몇 개의 조건문과 수식을 이용해 다른 문
자에 대한 빈도수도 셀 수 있다.

```
int cnt[26] = { 0, };
```

cnt 배열은 알파벳 소문자 26자의 빈도수를 저장하기 위한 배열이다. 0번 인덱스부터 순서대로
a, b, c, … 의 빈도수가 저장된다.

```
for (int i = 1; i < argc; i++)
{
    for (int j = 0; argv[i][j] != '\0'; j++)
```

명령 인수로 들어올 모든 문자열에 대해서 각각의 글자를 반복하는 부분이다. argv[i]는 명령 인
수 중 하나의 문자열을 의미하므로 argv[i][j]는 그 문자열을 이루는 한 문자이다.

```
if ('a' <= argv[i][j] && argv[i][j] <= 'z')
    cnt[argv[i][j] - 'a']++;
```

argv[i][j]가 알파벳 소문자라고 한다면 여기에 문자 a를 빼서 a로부터 얼마나 떨어진 글자인지
를 구할 수 있다. 이 값이 cnt 배열의 인덱스로 사용된다.

```
for (int i = 0; i < 26; i++)
    printf("%c : %d\n", 'a' + i, cnt[i]);
```

글자를 모두 센 이후 이를 출력하기 위한 반복문이다. 알파벳 26자를 모두 출력하는데, 0번 인
덱스를 다시 알파벳 a로 바꿔 주기 위해 문자 a에 인덱스를 더하여 그 문자를 구한다.

03

표준 문자열 함수

∨ 핵심 키워드

string.h

여기서는 무얼 배울까

"바퀴를 다시 발명하지 말라."

이 말이 나타내는 의미는 간단하다. 다른 사람들이 만든 것을 이해하고 사용할 필요는 있지만, 이를 처음부터 직접 연구하고 만들 필요는 없다는 뜻이다. 이 의미는 컴퓨터에서도 동일하게 사용된다. 원리를 알고 이해를 하는 것은 중요하지만, 처음부터 그 모든 걸 다시 할 필요는 없다. 이는 C 언어의 많은 함수에서도 똑같이 적용되고, 문자열 역시 그러한 많은 함수가 있다. 이번 절에서는 C 언어가 제공하는 표준 문자열 함수들을 배우고 이를 활용하는 시간을 갖는다. 한 가지 유념할 점은, 단순히 기능을 알고 사용하는 것도 중요하지만 작동원리를 이해하는 것도 그에 못지않게 중요하다는 것이다.

string.h

문자열을 처리하기 위한 함수 중에서 특히나 자주 사용되는 함수들이 있다. 이러한 함수들은 여러 언어에서 그에 대한 함수나 문법을 제공하는 경우가 많은데, C 언어에서는 string.h*라고 하는 헤더 파일을 추가하여 사용할 수 있다.

```
#include <string.h>
```

stdio.h를 추가하여 입출력을 사용하듯 string.h를 추가하기만 하면 여기에 포함된 다양한 문자열 함수들을 곧바로 쓸 수 있다. C 언어가 자체적으로 지원하는 string.h에 포함된 문자열 처리 함수들을 표준 문자열 함수**라고 한다. 이 함수들은 표준으로 지정되어 있기에 어떠한 환경으로 가더라도 문제없이 사용할 수 있다.

기초 용어 정리

* **string.h**: 자주 사용되는 문자열 관련 함수들을 모아 놓은 헤더 파일
** **표준 문자열 함수**: C 언어가 자체적으로 지원하는 stringh.h에 포함된 문자열 처리 함수

strlen

strlen 함수는 문자열의 길이를 반환한다. 여기서 널 문자는 제외한다.

```c
#include <stdio.h>
#include <string.h>
#pragma warning(disable: 4996)

int main()
{
    char string[1024];
    scanf("%s", string);
    printf("len : %d", strlen(string));
}
```

CLanguage

len : 9

strlen 함수의 인자로 특정한 문자열을 넣으면 그 문자열의 길이를 곧바로 사용할 수 있다.

strcpy

strcpy는 한 문자열을 복사하여 다른 문자열에 붙여 넣는 함수이다.

```c
#include <stdio.h>
#include <string.h>
#pragma warning(disable: 4996)

int main()
{
```

```
    char src[1024], dest[1024];
    scanf("%s", src);

    strcpy(dest, src);
    printf("%s", dest);
}
```

CLanguage

CLanguage

strcpy의 첫 번째 인자로는 붙여 넣어질 문자열, 두 번째 인자로는 복사할 문자열이 필요하다. 복사할 문자열은 문자열 상수여도 괜찮지만 붙여 넣어질 문자열은 상수가 아닌 배열이어야 한다.

strcmp

strcmp는 두 문자열을 사전 순으로 비교하는 함수이다. 왼쪽이 사전 순으로 앞선다면 음수, 오른쪽이 더 앞선다면 양수, 두 문자열이 같다면 0이 반환된다.

손으로 익히는 코딩

```
#include <stdio.h>
#include <string.h>
#pragma warning(disable: 4996)

int main()
{
    char a[128], b[128];
    scanf("%s %s", a, b);

    int r = strcmp(a, b);
    if (r < 0)
        printf("%s <%s", a, b);
    else if (r > 0)
        printf("%s > %s", a, b);
    else
```

```
        printf("%s = %s", a, b);
}
```

```
Apple Apple
```

```
Apple = Apple
```

strcmp는 두 문자열이 같을 때 0이 반환되는 걸 이용하여 두 문자열이 같은지를 알아낼 수 있고, 또 사전 순으로 비교하는 기능이기에 문자열 배열을 사전 순으로 정렬할 때도 strcmp를 쓸 수 있다.

strcat

strcat은 하나의 문자열 뒤에 다른 문자열을 이어 붙이는 기능을 하는 함수이다.

```
#include <stdio.h>
#include <string.h>
#pragma warning(disable: 4996)

int main()
{
    char a[128], b[128];
    scanf("%s %s", a, b);

    strcat(a, b);
    printf("%s", a);
}
```

```
pine apple
```

```
pineapple
```

strcat의 첫 번째 인자는 왼쪽에 위치할 문자열, 두 번째 인자는 오른쪽에 위치할 문자열이다. 실제 처리는 첫 번째 문자열 뒤에 두 번째 문자열을 붙이는 방식으로 이루어지고, 따라서 strcat 함수가 호출된 후에는 첫 번째 매개변수로 전달한 문자열이 수정된다.

여기서 소개한 함수들 이외에도 string.h에는 많은 문자열을 위한 함수가 있다. string.h에 포함되는 함수는 대부분 문자열을 다루는 상황에서 자주 사용되는 일반적인 함수들이기에 그 기능과 사용법을 익혀 두면 모두 유용하게 사용할 수 있다.

문자열 함수 구현

string.h에 원하는 함수가 없는 경우 직접 함수를 구현하여 사용해야 하는 경우도 있고, 혹은 string.h에는 있지만 사용하기 더 쉽도록 함수를 직접 만드는 경우도 있다. 다음의 예제들은 표준 문자열 함수는 아니지만 자주 사용되는 기능들을 함수로 만든 것이다.

substr 함수

substr 함수는 한 문자열의 특정한 부분을 잘라 내어 새로운 문자열을 만드는 기능을 한다.

```
void substr(const char src[], char dest[], int l, int r);
```

substr의 매개변수는 원본 문자열인 src, 잘라 낸 문자열이 담길 dest, 잘라 낼 범위를 나타내는 정수 l과 r이다. l과 r은 원본 인덱스의 인덱스를 나타내며 l번 이상, r번 미만의 구간으로 사용한다.

```
void substr(const char src[], char dest[], int l, int r)
{
    int i = 0;
    for (int j = l; j < r; j++)
    {
        dest[i] = src[j];
        i++;
    }
    dest[i] = '\0';
}
```

함수의 정의에서는 반복문을 이용하여 한 글자씩 dest에 복사하여 넣는다. dest는 0번 인덱스, src는 l번 인덱스부터 시작하며 모든 글자가 복사된 후에는 끝을 나타내는 널 문자를 마지막에 추가한다.

```
int main()
{
    const char src[] = "Hello, World!";
    char dest[1024];

    substr(src, dest, 7, 12);
    printf("%s", dest);
}
```

원본 문자열은 Hello, World를 담고 있다. 여기서 l = 7, r = 12로 지정했으므로 dest에 저장되는 결과는 7번 인덱스부터 11번 인덱스에 해당하는 글자인 World이다.

trim 함수

trim 함수는 문자열 양 끝에 존재하는 공백 문자를 없애는 기능을 한다. 여기서는 간단한 구현을 위해 띄어쓰기만 지우도록 하였다.

```
void trim(const char src[], char dest[]);
```

trim 함수의 매개변수는 substr과 비슷하게 원본 문자열인 src, 결과가 저장될 dest가 있다.

```
void trim(const char src[], char dest[])
{
    int l = 0, r = strlen(src) - 1;

    while (src[l] == ' ')
        l++;

    if (src[l] == '\0')
    {
        dest[0] = '\0';
        return;
    }

    while (src[r] == ' ')
        r--;

    substr(src, dest, l, r + 1);
}
```

trim 함수는 잘라 낼 위치인 l과 r을 먼저 계산한 다음 substr으로 이를 잘라 낸다. 여기서 사용된 substr은 위에서 작성한 함수이다.

```c
int l = 0, r = strlen(src) - 1;
```

잘라 낼 위치를 나타낼 변수인 l과 r이다. l은 왼쪽이므로 0으로 시작하고, r은 오른쪽이므로 문자열의 길이에서 1을 뺀 위치에서 시작한다.

```c
while (src[l] == ' ')
    l++;

if (src[l] == '\0')
{
    dest[0] = '\0';
    return;
}
```

l을 한 칸씩 오른쪽으로 이동하면서 띄어쓰기인지 아닌지를 체크한다. 띄어쓰기가 아닌 문자를 만나게 된다면 그 위치에서 반복문을 멈추는데, 만약 멈추게 된 이유가 널 문자라면 문자열 전체가 띄어쓰기였다는 의미이기에 r을 계산할 필요 없이 길이가 0인 문자열을 dest에 저장한다.

```c
while (src[r] == ' ')
    r--;

substr(src, dest, l, r + 1);
```

r 역시 l과 비슷하게 띄어쓰기가 아닐 때까지 왼쪽으로 이동시킨다. 결과적으로 얻은 l과 r은 띄어쓰기가 아닌 위치를 나타내게 되는데, substr 함수는 r보다 작은 인덱스까지만 사용하므로 r + 1을 넣어 줌으로써 r번 인덱스까지 잘리게 한다.

04

연습문제

1. 프로그램 작성하기

다음 조건에 맞게 입력과 출력이 이루어지는 프로그램을 작성하시오.

(1)

입력

문자열을 입력받는다.

출력

문자열의 대소문자를 뒤바꾸어 출력한다. 알파벳이 아닌 문자는 그대로 출력한다.

(2)

입력

문자열 a와 b를 입력받는다.

출력

a 안에 b가 포함되면 1, 그렇지 않으면 0을 출력한다.

1. 프로그램 작성하기

다음 조건에 맞게 입력과 출력이 이루어지는 프로그램을 작성하시오.

(1)

> **입력**
>
> 문자열을 입력받는다.
>
> **출력**
>
> 문자열의 대소문자를 뒤바꾸어 출력한다. 알파벳이 아닌 문자는 그대로 출력한다.

📄 2권 챕터3 a3.1.c

입력받은 문자열의 대소문자를 바꾸어 출력하는 문제이다. 문자열의 문자를 순회하여 소문자라면 대문자, 대문자라면 소문자로 바꾼 후 모두 수정된 문자열을 출력한다.

(2)

> **입력**
>
> 문자열 a와 b를 입력받는다.
>
> **출력**
>
> a 안에 b가 포함되면 1, 그렇지 않으면 0을 출력한다.

📄 2권 챕터3 a3.2.c

문자열 안에 다른 문자열이 포함되는지를 검사하는 문제이다. 이를 푸는 가장 단순한 방법은 a의 몇 번째 인덱스부터 b가 포함되는지를 첫 번째 반복문으로 잡고, a의 i번째 인덱스부터 시작하여 b의 모든 글자가 동일한지를 검사하는 두 번째 반복문으로 해결하는 것이다.

키워드로 정리하기

● **문자열**은 문자의 배열이다. 문자열은 **널 문자**(\0)를 통해 끝을 나타낸다.
● scanf()와 printf()을 통한 문자열의 입출력이 가능하다. 여기서는 &가 필요하지 않다.
● 문자열은 배열이므로 2차원 배열을 통해 **문자열 배열**을 사용할 수 있다.
● **명령 인수**는 프로그램을 시작하기 전에 입력으로 전달할 수 있는 문자열들이다.
● string.h에는 **표준 문자열 함수**가 포함되어 있어 이를 이용해 문자열을 처리할 수 있다.

예제 톺아보기

```
void substr(const char src[], char dest[], int l, int r)
{
    int i = 0;
    for (int j = l; j < r; j++) // (1)
    {
        dest[i] = src[j]; // (2)
        i++;
    }
    dest[i] = '\0'; // (3)
}
```

(1) 문자열은 배열이므로 반복문과 인덱스 연산자를 통해 각각의 글자에 접근할 수 있다. 시작 인덱스
    와 끝이 정해져 있는 경우 이를 조건에 넣고, 그렇지 않다면 널 문자를 조건에 넣는다.
(2) 매개변수로 전달된 배열이 복사되지 않음을 이용하여 매개변수로 문자열을 출력할 수 있다. 이렇게
    사용하고자 한다면 매개변수에 const가 들어가선 안 된다.
(3) 문자열의 끝에는 널 문자가 있다. 널 문자는 문자열의 길이를 따로 알지 않더라도 문자열을 처리할
    수 있다는 장점이 있다.

내 일 은   C 언 어

구조체와 사용자 정의 자료형

01

구조체

구조체, 멤버 변수

여기서는 무얼 배울까

배열을 도서관의 책들의 묶음에 비유했다면 이번에 배울 또 다른 자료구조인 구조체는 물건들이 모여 있는 상자라고 생각할 수 있다. 만약 공구 상자를 구조체로 생각한다면 공구 상자 안의 도구들이 각각의 데이터이고, 이 각각의 도구들은 도구들에 붙은 이름표로 구별한다. 배열과 마찬가지로 구조체를 사용하지 않았다면 각기 다른 상자에 이러한 도구들이 담겨 있을 테지만, 묶어서 사용할 때 더 편리한 데이터들을 한데 모아서 사용하는 것이 구조체의 특징이자 장점이 된다. 이번 절에서는 이러한 구조체의 사용법을 배우며 구조체를 만들고 사용하는 예제들을 소개한다.

구조체

구조체*는 묶을 수 있는 서로 다른 자료형들의 데이터를 하나로 묶어서 사용하는 자료구조로, 구조체 내부의 데이터에 접근하기 위해서는 이름으로 구분한다.

0	1	2	3	4	5	6

Name	Age	Gender

구조체와 배열은 여러 데이터를 묶는다는 공통점이 있지만 그 외에 여러 차이점도 있다. 배열은 통일된 자료형만을 사용하지만, 구조체는 여러 자료형이 섞여 있어도 상관없다. 또 배열의 각 데이터는 그 순서인 인덱스로 참조하지만, 구조체는 데이터에 붙은 이름으로 참조한다. 마지막으로 배열은 필요에 따라 원하는 크기에 맞게 변수를 만들어서 사용할 수 있지만 구조체는 미리 정

기초 용어 정리
* **구조체**: 묶을 수 있는 서로 다른 자료형들의 데이터를 하나로 묶어서 사용하는 자료구조

의된 형태와 크기를 그대로 사용해야만 한다는 차이가 있다. 이러한 특징 때문에 배열은 대용량의 데이터를 다루기에 적합하고, 구조체는 복잡한 데이터를 다루기에 적합하다.

```
struct 구조체명 {
    자료형 변수명;
    자료형 변수명;
    ...
};
```

구조체를 이루는 각각의 데이터를 멤버 변수*라고 하는데, 구조체를 사용하기 위해선 먼저 구조체에 포함되는 멤버들의 자료형과 이름, 그리고 구조체의 이름을 정의해야 한다. 구조체의 정의 마지막에는 세미콜론이 필요하다.

손으로 익히는 코딩

```c
#include <stdio.h>
#pragma warning(disable: 4996)

struct rectangle {
    int color;
    float width, height;
};

int main()
{
    struct rectangle r1;
    scanf("%d %f %f", &r1.color, &r1.width, &r1.height);
    printf("%d %.2f %.2f", r1.color, r1.width, r1.height);
}
```

입력값

```
2 10 20
```

실행 결과

```
2 10.00 20.00
```

기초 용어 정리
* **멤버 변수**: 구조체를 이루는 각각의 데이터

구조체를 사용하는 곳에서는 정수나 실수를 쓰던 것과 비슷하게 구조체를 담는 변수를 이용한다. 구조체의 각 데이터를 참조할 때는 . 뒤에 멤버의 이름으로 접근할 수 있는데, 이는 배열의 인덱스와 비슷하게 하나의 변수라고 생각하여 입력과 출력을 할 수 있다.

> **Clear Comment**
>
> C의 scanf()와 같은 입력 함수들은 문자, 문자열, 실수, 정수에 대해서만 지원합니다. 직접 만든 구조체의 입력은 지원하지 않으므로 구조체의 멤버 변수 각각에 대해서 따로 입력해야 합니다.

선언된 구조체는 하나의 자료형으로 사용되고, 구조체를 나타내는 자료형은 〈struct 구조체명〉의 형태로 쓴다.

```
struct rectangle r2 = { 5, 2.0f, 3.0f };
```

초기화 역시 배열과 비슷하게 중괄호 안에 필요한 모든 데이터를 넣어 줄 수 있다. 구조체는 일반적으로 내부의 멤버가 어떤 순서인지가 중요하지 않지만, 예외적으로 초기화를 할 때는 데이터를 순서대로 넣어 주기 때문에 이를 알고 있어야 한다.

typedef

C 언어에서 구조체는 그 이름에 struct가 기본적으로 포함되어 있다. 이는 코드의 길이가 길어지며 사용하기가 번거로워진다는 문제점이 있는데, 이를 해결하기 위해서 typedef를 사용할 수 있다.

> 코 · 드 · 소 · 개
>
> ```
> typedef 자료형 별명;
> ```

typedef*는 배열과 구조체를 포함한 모든 자료형의 이름에 별명을 붙일 수 있는 기능이다. 왼쪽에는 기존 자료형, 오른쪽에는 그 자료형에 새롭게 붙일 이름이 들어간다. 이렇게 새로운 별명이 붙은 자료형은 새로운 이름으로 사용할 수 있으며, typedef는 새로운 자료형을 만드는 것이 아니기에 기존의 이름과 혼용하여 사용할 수 있다.

기초 용어 정리

* **typedef**: 배열과 구조체를 포함한 모든 자료형의 이름에 별명을 붙일 수 있는 기능

```
typedef int size;
size len = 10;
```

typedef로 int에 대한 새로운 별명인 size를 부여하면, 이제부터 int 대신 size로 정수 자료형을 사용할 수 있다. size는 int의 새로운 별명이므로 int와 size는 동일하다.

손으로 익히는 코딩

```
#include <stdio.h>

typedef struct rectangle {
    int color;
    float width, height;
} rect;

int main()
{
    rect r2 = { 5, 2.0f, 3.0f };
}
```

구조체는 구조체를 정의함과 동시에 typedef를 붙일 수 있다. typedef의 전체적인 구조는 동일하나 단지 기존 자료형의 위치에 구조체의 정의가 들어가는 차이가 있다.

구조체의 활용

좌표 구조체

2차원상의 점 하나를 나타내기 위해서는 두 개의 수 x, y가 필요하다. x와 y는 개별적으로 쓰이기보다는 둘을 묶어 하나의 좌표로 사용하므로 이를 구조체로 만들어서 사용하는 것이 더 유리하다.

```
#include <stdio.h>

typedef struct position {
    int x, y;
} pos;

int main()
{
    pos a = { 1, 2 };
    pos b = { 1, 2 };

    if (a.x == b.x && a.y == b.y)
        printf("a = b");
    else
        printf("a != b");
}
```

실행 결과

```
a = b
```

위 예제에서는 두 좌표를 비교하기 위해 x와 y를 각각 따로 비교하였는데, 그 이유는 구조체에 대해서는 여러 연산자가 정의되지 않기 때문이다. 정의되지 않는 연산자에는 비교, 논리, 산술 연산자 등이 있다. 따라서 필요한 상황에 따라 멤버 변수 각각에 대해서 연산식을 작성해야 한다.

국영수 점수 구조체

한 사람에 대해서 국어, 영어, 수학 점수를 저장하고자 하는 경우, 그 3개의 점수를 묶은 구조체를 만들어서 활용할 수 있다. 구조체 대신 배열을 사용하는 방법도 있지만 이 경우 각 과목을 정수로 바꾸어 기억해야 한다는 단점이 있다.

```
#include <stdio.h>
#pragma warning(disable: 4996)

struct score {
    int kor, eng, math;
```

```
    } kim, lee;

int main()
{
    scanf("%d %d %d", &kim.kor, &kim.eng, &kim.math);
    scanf("%d %d %d", &lee.kor, &lee.eng, &lee.math);

    printf("%.2f\n", (kim.kor + kim.eng + kim.math) / 3.0f);
    printf("%.2f\n", (lee.kor + lee.eng + lee.math) / 3.0f);
}
```

입력값

```
80 70 90
60 50 70
```

실행 결과

```
80.00
60.00
```

위의 예제에서는 구조체를 선언함과 동시에 전역 구조체 변수를 만드는 방법을 이용했다. struct로 구조체를 만들고서 중괄호와 세미콜론 사이에 변수의 이름을 넣으면 그 이름을 갖는 전역 변수를 만들 수 있다.

구조체는 정수나 배열 자료형과는 달리 사용하기 전에 먼저 선언되어야 하는 자료형이다. 그러므로 구조체를 처음 사용한다면 구조체를 선언하는 과정에서 몇 가지 실수를 범하기 쉽다.

```
struct pos {
};
```
(C2016) C를 사용하려면 구조체 또는 공용 구조체에 멤버가 하나 이상 있어야 합니다.

구조체는 하나 이상의 데이터를 묶은 자료형이다. 따라서 모든 구조체는 적어도 하나의 멤버 변수가 있어야 한다.

```
struct pos {
    int x, y;
}
```
(E0065) ';'가 필요합니다.

구조체의 선언은 복합 서술문이 아니다. 그러므로 선언의 마지막에는 항상 세미콜론이 있어야 한다.

```
struct pos {
    int x = 1, y = 1;
}
```
(C2059) 구문 오류: '='

구조체의 멤버 변수는 초기화할 수 없다. .cpp 파일은 위와 같이 코드를 작성할 수 있지만, .c 파일로 C 언어를 사용하고 있다면 불가능한 문법이다.

```
struct pos {
    int x;
    int x;
}
```
(C2020) 'x': 'struct' 멤버 재정의

구조체의 멤버 변수는 일반적인 변수와 규칙이 비슷하다. 변수 명명 규칙도 동일하며, 또 변수의 이름이 중복되어선 안된다는 점도 같다.

구조체의 활용

여기서는 무얼 배울까

배열 변수가 반복문과 만났을 때 더욱 효과적으로 쓸 수 있던 것처럼 구조체는 함수와 만났을 때 더욱 효과적으로 쓸 수 있다. 구조체는 관계가 있는 데이터를 묶어서 한 번에 사용할 수 있는 자료구조이기에 구조체로 데이터를 묶어 한 번에 함수에 전달하거나, 반대로 함수로부터 구조체를 반환받을 수도 있다. 이번 절에서는 기본적인 구조체의 사용을 넘어 구조체에 대한 응용을 배운다.

중첩 구조체

구조체는 여러 데이터를 묶은 것이며, 여기서 데이터는 또 다른 구조체가 될 수도 있다.

```
typedef struct position {
    int x, y;
} pos;

typedef struct circle {
    pos p;
    int r;
} circle;
```

구조체 안에 구조체를 넣어 중첩된 형태로 구조체를 사용할 수 있다. 여기서 주의할 점은 함수와 마찬가지로 구조체를 사용할 때 위에 그 구조체가 먼저 정의되어야 한다는 것이다. 그렇기에 순서가 반대가 되면 경우에 따라 경고 또는 오류가 발생한다. 또 구조체 안에 자기 자신이 포함되는 것처럼 순환되는 구조의 구조체는 만들 수 없다.

```
#include <stdio.h>

typedef struct position {
    int x, y;
} pos;

typedef struct circle {
    pos p;
    int r;
} circle;

int main()
{
    circle a;
    a.r = 5;
    a.p.x = 2;
    a.p.y = 4;
}
```

중첩 구조체는 일반적인 구조체를 사용할 때와 비슷하다. 단지 구조체 안의 구조체 안의 데이터를 참조하기 위해 .을 2번 쓰는 과정이 달라질 뿐이다.

```
circle a = { { 2, 4 }, 5 };
```

중첩 구조체의 초기화는 중첩된 형태에 맞게 중괄호를 사용하여 데이터를 채워 넣는다. 이 경우도 데이터의 순서에 맞게 값이 초기화되므로 순서에 맞게 데이터를 넣어 주어야 한다.

Clear Comment

C 언어의 구조체는 선언과 초기화를 한 번에 할 수 있지만, 선언 이후에 값을 변경할 때는 여러 값을 동시에 넣을 수 없습니다.

매개변수로서의 구조체

배열을 매개변수로 사용하듯 구조체 역시 매개변수로 사용할 수 있는데, 배열과 다른 점은 구조체는 매개변수로 사용할 때 인자로 넘어오는 값을 복사하여 사용한다는 것이다. 따라서 정수 매개변수를 바꾸어도 기존의 인자가 영향을 받지 않는 것처럼 매개변수의 구조체를 바꾸어도 기존 값이 바뀌지 않는다.

손으로 익히는 코딩

```c
#include <stdio.h>

typedef struct position {
    int x, y;
} pos;

int distSq(pos a, pos b)
{
    return (a.x - b.x) * (a.x - b.x) + (a.y - b.y) * (a.y - b.y);
}

int main()
{
    pos a = { 1, 2 };
    pos b = { 2, 3 };
    printf("distSq(a, b) = %d", distSq(a, b));
}
```

실행 결과

```
distSq(a, b) = 2
```

매개변수로 구조체를 사용하는 것은 일반적인 변수를 사용하는 것과 동일하다. 단지 둘 이상의 데이터를 구조체로 묶고, 이를 한 번에 매개변수에 전달한다는 차이만 있다. 하지만 이 작은 차이에서 발생하는 의미는 프로그램을 만드는 과정을 더 직관적이고 이해하기 쉽게 만들어 준다.

BMI 계산하기

키와 몸무게를 포함한 한 사람의 정보를 구조체로 저장했다면 키와 몸무게로 계산하는 BMI는 한 사람의 정보를 받아서 계산하는 함수로 구할 수 있다.

```c
#include <stdio.h>

typedef struct pInfo {
    float height, weight;
} pInfo;

float calcBMI(pInfo p)
{
    return 10000.0f * p.weight / (p.height * p.height);
}

int main()
{
    pInfo kim = { 177.5f, 75.2f };
    printf("BMI : %.2f", calcBMI(kim));
}
```

실행 결과

```
BMI : 23.87
```

BMI를 구하는 식을 그대로 함수로 만들었다면 이제부터 사람에 대한 정보를 담은 구조체가 있을 때 그 사람의 BMI를 한 번에 구할 수 있다.

회색조

회색조는 우리가 흔히 흑백 이미지라고 부르는 것이다. 컴퓨터는 하나의 색상을 나타내기 위해서 빨간색, 초록색, 파란색에 대한 값을 저장하고, 이 3가지 빛을 적절히 섞어 여러 색을 표현한다. 컬러 이미지를 회색조 이미지로 바꾸는 공식은 여럿이 있지만 그중 가장 간단한 것은 빨간색, 초록색, 파란색에 대한 수치를 평균 내어 설정하는 것이다.

손으로 익히는 코딩

```c
#include <stdio.h>

typedef struct color {
    float r, g, b;
} color;
```

```
float toGrayscale(color c)
{
    return (c.r + c.g + c.b) / 3.0f;
}

int main()
{
    color x = { 1.0f, 0.5f, 0.0f };
    printf("%.2f", toGrayscale(x));
}
```

```
0.50
```

위 예제에는 빨간색, 초록색, 파란색의 수치를 하나로 묶은 color 구조체에 대해서 그 색상을 회색조로 바꾸는 함수가 있다. 실제 함수가 하는 역할은 세 값에 대한 평균을 구해서 반환하는 것이 끝이지만 구조체와 멤버 변수의 이름, 그리고 함수의 이름을 통해 단순히 평균을 구하는 것이 아닌 컬러 이미지를 회색조 이미지로 바꾸는 기능을 한다는 것을 알 수 있다.

반환값으로서의 구조체

반환값의 자료형으로 구조체를 쓰면 함수의 결과를 구조체로 반환할 수 있다. 반환의 대상이 구조체라는 특징이 있을 뿐 기존의 함수와 큰 차이는 없다.

```
typedef struct position {
    int x, y;
} pos;

pos negate(pos p)
{
    pos result = { -p.x, -p.y };
    return result;
}
```

반환값의 자료형이 구조체인 함수는 이를 반환하기 위해서 먼저 구조체 변수를 만들어야 한다. 함수를 실행하며 그 변수의 값을 적절하게 바꿔 준 후 그 변수를 반환하여 함수를 호출한 부분으로 값을 넘긴다.

```c
int main()
{
    pos a = { 5, 10 };
    printf("-a.x = %d", negate(a).x);
}
```

함수가 반환한 구조체의 한 멤버만이 필요하다면 따로 구조체 변수를 만들지 않고 바로 멤버에 접근하여 값을 쓸 수 있다. 이 방법은 한 멤버에 대한 접근에서 유용한 방법으로 둘 이상의 멤버를 사용할 때는 추천하지 않는다.

손으로 익히는 코딩

```c
#include <stdio.h>

typedef struct position {
    int x, y;
} pos;

pos doublePos(pos p)
{
    pos result = { 2 * p.x, 2 * p.y };
    return result;
}

int main()
{
    pos a = { 5, 10 };
    pos b = doublePos(doublePos(a));
    printf("4a = (%d, %d)", b.x, b.y);
}
```

실행 결과

```
4a = (20, 40)
```

함수의 반환을 그대로 다른 함수의 인자로 사용해야 한다면, doublePos()처럼 함수 안에 함수를 넣고 사용하면 된다. 만약 함수의 반환을 하나의 함수가 아닌 여러 곳에서 사용해야 한다면 구조체 변수에 저장하여 그 변수를 사용하는 방법이 더 나을 수 있다.

몫과 나머지

배열과 구조체를 배우기 전까지는 함수의 반환값은 항상 하나만 존재할 수 있었다. 그러나 이제는 둘 이상의 값을 묶는 구조체를 배웠으므로, 이를 이용하여 반환값으로 둘 이상의 값을 사용할 수 있게 되었다.

손으로 익히는 코딩

```c
#include <stdio.h>
#pragma warning(disable: 4996)

typedef struct result {
    int quotient, remainder;
} result;

result divMod(int a, int b)
{
    result r = { a / b, a % b };
    return r;
}

int main()
{
    int a, b;
    scanf("%d %d", &a, &b);

    result r = divMod(a, b);
    printf("%d = %d * %d + %d", a, b, r.quotient, r.remainder);
}
```

입력값
```
9 4
```

실행 결과
```
9 = 4 * 2 + 1
```

위의 예제는 몫과 나머지를 함수 한 번으로 구한다. 몫과 나머지, 두 개의 값을 반환해야 하므로 이 둘을 묶는 구조체를 선언하고서 이를 함수의 반환값으로 사용한다. 지금은 간단한 예시를 보였지만, 복잡한 연산의 결과를 여럿 반환해야 하는 경우 이와 같은 방법으로 편하게 사용할 수 있다.

03

구조체와 배열

배열이 포함된 구조체, 구조체의 배열

여기서는 무얼 배울까

배열이 대규모의 데이터를 다루기에 용이하고 구조체가 복잡한 데이터를 다루기에 용이하다면, 복잡한 대규모의 데이터를 다루기 위해서는 무엇을 써야 할까? 이 질문에 대한 답은 간단하다. 바로 배열과 구조체를 함께 사용하면 되기 때문이다. 이번 절에서는 지금까지 배운 배열과 구조체를 하나로 묶어 보다 복잡한 데이터를 효과적으로 다루는 예제들을 살펴본다.

배열이 포함된 구조체

다른 자료형과 마찬가지로 배열 역시 구조체 안의 멤버로 넣을 수 있다. 구조체 안의 배열은 구조체 변수마다 개별적인 공간을 차지하여 각각 별개의 데이터를 담는다.

손으로 익히는 코딩

```c
#include <stdio.h>
#pragma warning(disable: 4996)

typedef struct student {
    char name[128];
    int number;
    int gender;
} student;

int main()
{
    student kim;
    scanf("%s %d %d", kim.name, &kim.number, &kim.gender);
    printf("%s %d %d", kim.name, kim.number, kim.gender);
}
```

```
kim 10101 0
```

```
kim 10101 0
```

구조체의 배열 멤버는 이름으로 접근했을 때 일반적인 배열과 동일하게 사용된다. 이는 문자의 배열인 문자열도 마찬가지인데, 위의 예제에서는 scanf()를 이용해 문자열을 포함한 각 구조체의 멤버를 초기화시켰다.

> **Clear Comment**
>
> 배열이 포함되었다고 하더라도 구조체는 구조체이기에, 그 값을 함수로 전달한다면 구조체를 이루는 모든 값, 심지어 배열까지도 복사됩니다. 배열 하나만 함수에 전달할 때는 복사본이 생기지 않지만, 구조체 안의 배열은 복사된다는 것을 잊지 않아야 합니다.

구조체의 배열

동일한 구조체를 여럿 사용하고자 하는 경우는 구조체를 배열로 묶어서 사용할 수 있다.

코 · 드 · 소 · 개

```
구조체명 변수명[크기];
```
---

int형 배열을 선언할 때 배열 이름 앞에 int를 붙여 주듯 구조체 배열을 선언할 때는 그 구조체의 이름을 배열 이름 앞에 붙인다. 선언된 구조체 배열은 인덱스를 이용해 하나의 구조체에 접근할 수 있으며, 이렇게 접근한 구조체는 일반적인 구조체와 동일하게 사용한다.

손으로 익히는 코딩

```c
#include <stdio.h>

typedef struct circle {
    int x, y, r;
} circle;

int main()
{
    circle circles[] = {
```

```
        { 1, 1, 1 },
        { 2, 5, 3 },
        { 3, 7, 2 }
    };

    for (int i = 0; i < 3; i++)
        printf("#%d : %d, %d, %d\n", i + 1, circles[i].x, circles[i].y,
            circles[i].r);
}
```

```
#1 : 1, 1, 1
#2 : 2, 5, 3
#3 : 3, 7, 2
```

구조체의 배열은 복합적인 자료가 여럿 저장된 경우 유용하게 사용된다. 한 사람의 정보를 구조체 변수 하나로 표현할 수 있다면 둘 이상의 사람은 이에 대한 구조체를 배열로 만들어서 관리할 수 있다. 이렇게 되면 복합적이고 많은 데이터를 직관적이고 쉽게 처리할 수 있다는 장점이 생긴다.

```
typedef struct student {
    char name[128];
    int number;
    int gender;
} student;

student students[] = {
    { "kim", 10101, 1 },
    { "lee", 20202, 0 }
};
```

배열과 구조체의 중첩에는 제한이 없다. 필요에 따라 배열과 구조체를 엮어서 자료를 저장할 수 있다. 여기서 중요한 점은 배열의 한 인덱스에 접근할 때, 그리고 구조체의 한 멤버에 접근할 때 그 데이터가 어떠한 자료형인지, 또 어떠한 데이터인지를 제대로 파악하는 것이다.

구조체와 배열 예제

조건을 만족하는 데이터 세기

복잡하고 많은 데이터 사이에서 특정 조건을 만족하는 데이터의 수를 세거나 그러한 데이터를 뽑아내는 필터링은 쉽게 만나 볼 수 있는 문제이다.

```c
#include <stdio.h>

typedef struct student {
    char name[128];
    int kor, eng, math;
} student;

float calcAvg(student x)
{
    return (x.kor + x.eng + x.math) / 3.0f;
}

int countFiltered(student students[], int size)
{
    int cnt = 0;
    for (int i = 0; i < size; i++)
        if (calcAvg(students[i]) >= 90.0f)
            cnt++;
    return cnt;
}

int main()
{
    student students[] = {
        { "kim", 100, 100, 100 },
        { "lee", 80, 70, 90 },
        { "park", 90, 80, 100 }
    };
    int cnt = countFiltered(students, 3);
    printf("%d", cnt);
}
```

2

이 예제는 주어진 학생 배열에서 평균 점수가 90점이 넘는 학생들의 수를 구한다.

```c
typedef struct student {
    char name[128];
    int kor, eng, math;
} student;
```

student 구조체는 학생의 정보를 나타내며 국어, 영어, 수학에 대한 점수와 이름을 저장한다.

```c
float calcAvg(student x)
{
    return (x.kor + x.eng + x.math) / 3.0f;
}
```

calvAvg()는 학생 1명에 대해서 점수의 평균을 구하여 반환하는 함수이다. 평균이 필요한 부분에서 이 식을 그대로 사용해도 되지만, 함수 단위로 적절히 나눠진 기능은 코드의 가독성과 재사용성을 높인다.

```c
int countFiltered(student students[], int size)
{
    int cnt = 0;
    for (int i = 0; i < size; i++)
        if (calcAvg(students[i]) >= 90.0f)
            cnt++;
    return cnt;
}
```

countFiltered는 평균 점수가 90 이상인 학생의 수를 반환한다. 매개변수로 구조체 배열인 students와 그 크기인 size를 받고서 반복문을 통해 그 학생의 평균 점수가 90점 이상인지 검사한다.

알람

날짜와 시간에 대한 정보는 우리의 생각보다 더 복잡하다. 하루의 시간을 나타내는 정보는 기본적으로 시, 분, 초로 나뉘며 여기에 추가로 밀리초나 오후와 오전에 대한 정보가 있을 수 있다. 날짜는 연, 월, 일에 요일이 있을 수 있다. 이러한 각각의 정보를 구조체로 표현한다면, 최종적으로 특정 날짜, 특정 시간에 울리는 알람은 구조체를 모은 정보라고 볼 수 있고, 이 정보를 배열로 저장하는 것도 가능하다.

손으로 익히는 코딩

```c
#include <stdio.h>

typedef struct time {
    int h, m, s;
} time;

typedef struct date {
    int y, m, d;
} date;

typedef struct alarm {
    date d;
    time t;
    char comment[128];
} alarm;

int main()
{
    alarm alarms[] = {
        { { 2023, 9, 1 }, { 10, 30, 0 }, "alarm #1" },
        { { 2023, 10, 24 }, { 14, 00, 0 }, "alarm #2" }
    };

    for (int i = 0; i < 2; i++)
        printf("%d/%d/%d : %s\n", alarms[i].d.y, alarms[i].d.m, alarms[i].d.d,
            alarms[i].comment);
}
```

실행 결과

```
2023/9/1 : alarm #1
2023/10/24 : alarm #2
```

위 예제는 세 구조체 time, date, alarm이 있고 alarm 구조체 안에는 문자열과 다른 두 구조체가 있다.

```c
typedef struct time {
    int h, m, s;
} time;

typedef struct date {
    int y, m, d;
} date;

typedef struct alarm {
    date d;
    time t;
    char comment[128];
} alarm;
```

time, date, alarm 구조체는 각각 시간에 대한 정보, 날짜에 대한 정보, 그리고 알람에 대한 정보를 갖는다. 알람은 어떤 날짜의 어떤 시간에 알람이 울릴지를 알아야 하므로 안에 두 구조체가 있고, 알람에 대한 설명도 함께 저장할 수 있다.

```c
int main()
{
    alarm alarms[] = {
        { { 2023, 9, 1 }, { 10, 30, 0 }, "alarm #1" },
        { { 2023, 10, 24 }, { 14, 00, 0 }, "alarm #2" }
    };

    for (int i = 0; i < 2; i++)
        printf("%d/%d/%d : %s\n", alarms[i].d.y, alarms[i].d.m, alarms[i].d.d,
            alarms[i].comment);
}
```

구조체를 사용하는 부분은 복잡해 보일 수 있지만 자료형을 하나씩 따라가면 어렵지 않다. alarms는 alarm 배열이므로 alarms[i]는 alarm 구조체이다. 그리고 alarm[i].d는 date 구조체이고, alarm[i].d.y는 정수 자료형이다. 구조체와 배열이 복잡하게 엮인 경우 지금 사용하고자 하는 값이 어떤 자료형인지 헷갈리기 쉬우므로 실수하지 않게 천천히 값을 파악하며 자료형을 따라가는 것이 중요하다.

04

열거형

열거형

여기서는 무얼 배울까

앞서 우리는 C 언어의 기본적인 자료구조인 배열과 구조체를 살펴보았다. 이 두가지를 활용하는 것만으로도 충분히 효율적인 프로그램을 만들 수 있겠으나, 아직 모든 문제를 효과적으로 해결할 수는 없다. 한 가지 예를 들어 보자면 요일에 대한 정보가 있다. 월요일부터 일요일까지 7종류의 정보를 어떻게 저장하는 것이 효율적일까? 요일은 가짓수가 여럿일 뿐 데이터 자체가 둘 이상인 것이 아니기에 배열과 구조체는 사용할 수 없다. 이번 절에서 배우게 될 열거형은 이러한 문제를 해결하기 위한 좋은 도구이다.

열거형

제한된 종류 중에서 어떠한 것에 해당하는지에 대한 데이터를 담고 싶다면 열거형을 유용하게 사용할 수 있다. 열거형*은 데이터의 가짓수가 제한되어 있고, 이 데이터에 종류를 제외한 어떤 정보도 없을 때 쓸 수 있는 자료형이다.

코·드·소·개

```
enum 열거형명 {
    경우1, 경우2, ...
};
```

열거형을 사용하기 위해선 구조체와 마찬가지로 열거형에 대한 정의가 필요하다. 이 정의에는 열거형의 이름과 이 열거형에 포함되는 데이터들이 포함된다.

```
enum dayOfTheWeek {
    SUN, MON, TUE, WED, THU, FRI, SAT
};
```

요일은 월요일부터 일요일까지 7개의 종류가 있고, 이 외의 요일은 존재하지 않는다. 위의 예제는 요일을 표현하기 위한 열거형을 만들고 이 열거형에 각 요일을 나타내는 이름을 넣었다.

기초 용어 정리

* **열거형**: 데이터의 가짓수가 제한되어 있을 때에 각각의 가짓수에 이름을 붙여 사용하는 자료형

```
#include <stdio.h>

enum dayOfTheWeek {
    SUN, MON, TUE, WED, THU, FRI, SAT
};

int main()
{
    enum dayOfTheWeek today = SUN;
    if (today == SUN)
        printf("today is sunday!");
}
```

실행 결과

```
today is sunday!
```

열거형의 사용 또한 구조체와 유사하다. 열거형으로 변수를 만들고 나서 이 변수에 적절한 값을 대입해 주는데, 이 대입해 주는 값은 위에서 정의한 각 요일을 그대로 넣어 줄 수 있다. 이 각각의 값에 대한 비교 연산이 가능하기에 조건문과 반복문에서도 활용할 수 있다.

열거형은 내부적으로도, 그리고 실제 코드에서 사용할 때도 int형과 동일하게 취급한다. 열거형 변수는 곧 int형 변수와 같으며 열거형 안에 정의한 각각의 값들은 특정한 정수 하나와 같다.

```
enum dayOfTheWeek {
    SUN = 1, MON = 2, TUE = 3, WED = 4, THU = 5, FRI = 6, SAT = 7
};
```

열거형 안의 각 값이 실제로 어떤 정수를 가질지를 명시할 수 있다. 각 값에 등호와 특정한 정수를 넣으면 되는데 이를 생략한다면 순서대로 0, 1, 2가 자동으로 매겨진다.

```
enum dayOfTheWeek today = SUN;
printf("%d", today);
```

열거형 변수에 값을 담았다면 그 값에 해당하는 정수가 변수에 담겼다는 것을 의미한다. 그렇기에 열거형 변수를 정수로 출력하게 된다면 값에 해당하는 정수가 출력된다.

```
enum dayOfTheWeek today = 1;
```

열거형 변수에 정수를 그대로 담을 수 있다. 열거형의 값에 해당하는 정수였다면 그 값을 대입한 것과 동일하다. 추가로 열거형의 값에 해당하지 않는 정수도 담을 수 있는데, 이는 열거형은 곧 정수이므로 기존 int형 변수가 저장할 수 있는 모든 정수를 저장할 수 있기 때문에 가능한 것이다.

열거형 예제

불리언 자료형

C 언어는 기본 자료형으로 불리언 자료형, 참과 거짓만을 나타내는 자료형이 없다. 그러므로 대부분의 경우 정수 자료형으로 참은 1, 거짓을 0으로 저장한다. 여기서 정수 1과 0에 각각 참과 거짓이라는 이름을 붙였다는 것은 이를 열거형으로 좀 더 쉽게 사용하도록 만들 수 있다는 것을 의미한다.

손으로 익히는 코딩

```c
#include <stdio.h>
#pragma warning(disable: 4996)

typedef enum bool {
    true = 1, false = 0
} bool;

int main()
{
    int a, b;
    scanf("%d %d", &a, &b);

    if (a > b == true)
        printf("a > b");
    else
        printf("a <= b");
}
```

bool이라는 이름의 열거형을 선언하고, 여기에는 true와 false를 각각 1과 0으로 지정하였다. 1과 0은 그 자체로 정수의 의미를 갖기 때문에 상황에 따라 참인지 1인지 헷갈릴 수 있겠으나, 열거형을 통해 true라고 이름을 붙이면 이는 정수가 아닌 참이라는 뜻으로 명시하게 되는 것이다.

국적

몇 가지의 제한된 가짓수 중에서 하나를 골라서 저장해야 하는 경우라면 모두 열거형을 사용할 수 있다. 하나의 국적을 가진 사람을 저장하고자 한다면, 저장하고자 하는 각 나라를 모아서 열거형으로 만들면 된다. 단순히 정수로 각각의 나라를 나누어 표현하는 것보다 훨씬 가독성이 높은 코드를 만들 수 있다.

```
typedef enum nation {
    KOREA, JAPAN, CHINA
} nation;

typedef struct pInfo {
    char name[128];
    nation nationality;
    int age;
} pInfo;
```

배열과 구조체, 열거형의 적절한 조화는 가독성을 높이고 효율적인 프로그램을 작성할 수 있게 한다.

05

연습문제

1. 구조체 만들기

다음의 데이터를 포함하는 구조체를 선언하시오.

(1)

 물건 구조체

이름
가격
무게

(2)

 집 구조체

주소
방의 수
크기

(3)

 영수증 구조체

날짜
시간
물건
가격
가게 이름

1. 구조체 만들기

다음의 데이터를 포함하는 구조체를 선언하시오.

(1)

> **물건 구조체**
>
> 이름
> 가격
> 무게

🖥 2권 챕터4 a4.1.c

물건에 대한 정보를 담는 구조체이다. 구조체의 이름은 문자열, 가격은 정수, 무게는 실수 자료형으로 구성한다.

(2)

> **집 구조체**
>
> 주소
> 방의 수
> 크기

🖥 2권 챕터4 a4.2.c

집에 대한 정보를 담는 구조체이다. 주소는 문자열, 방의 수는 정수, 크기는 실수 자료형으로 구성한다.

(3)

> **영수증 구조체**
>
> 날짜
> 시간
> 물건
> 가격
> 가게 이름

🖥 2권 챕터4 a4.3.c

영수증에 대한 정보를 담는 구조체이다. 날짜와 시간은 각각에 대한 구조체를 따로 만들고, 물건은 (1)의 구조체를 사용한다. 가게 이름은 문자열로 구성한다.

키워드로 정리하기

● **구조체**는 서로 다른 자료형을 묶는 자료구조로 **멤버 변수**라고 불리는 각각의 데이터는 그에 대한 이름으로 접근한다.

● 구조체 안에 배열이 포함될 수 있고, 구조체로 배열을 만들 수 있다. 구조체 안에 배열이 포함되어도 함수의 매개변수로 전달될 때는 배열을 포함한 모든 값이 복사된다.

● 구조체 안의 멤버 변수에 접근할 때는 . **연산자**를 사용한다. 접근한 멤버 변수는 그 자료형에 해당하는 변수처럼 사용할 수 있다.

● 제한된 가짓수 중에서 하나의 상태만을 가질 수 있는 정보는 **열거형**으로 저장하는 것이 효과적이다.

● 이름이 너무 길거나 복잡한 자료형에 대해서는 **typedef**를 통해 새로운 별명을 부여할 수 있다.

예제 톺아보기

```c
#include <stdio.h>

typedef struct circle { // (1)
    int x, y, r;
} circle;

int main()
{
    circle circles[] = { // (2)
        { 1, 1, 1 },
        { 2, 5, 3 },
        { 3, 7, 2 }
    };

    for (int i = 0; i < 3; i++)
        printf("#%d : %d, %d, %d\n", i + 1, circles[i].x, circles[i].y,
            circles[i].r); // (3)
}
```

(1) 구조체는 사용하기 전 선언이 필요하다. 구조체 안에는 구조체를 구성하는 멤버 변수의 자료형과 이름이 포함되고, 멤버 변수의 자료형은 다른 구조체나 배열이 될 수 있다. typedef는 자료형에 별명을 부여하는 기능이다.

(2) 구조체를 연속된 메모리에 배치하여 배열로 활용할 수 있다. 구조체의 초기화는 배열처럼 중괄호로 각각의 값을 묶는다.

(3) 구조체의 멤버 변수에 접근하기 위해선 . 연산자를 사용한다. 이렇게 접근한 멤버 변수는 하나의 독립된 변수로 scanf()나 printf()에서 사용할 수 있다.

더 멋진 내일(Tomorrow)을 위한 내일(My Career)

05

내 일 은   C 언 어

포인터

01

메모리와 정보

✓ 핵심 키워드

메모리, 메모리 주소, 변수의 주소

여기서는 무얼 배울까

지금까지 배운 것들은 모두 C 언어에 국한된 내용이 아니다. 다른 프로그래밍 언어를 배우더라도 비슷하게 변수가 있고, 자료형이 있고, 반복문과 조건문, 그리고 함수가 있다. 하지만 이제부터 등장하는 포인터라는 개념은 현재의 프로그래밍 언어 중에서 쉽게 찾아볼 수 없는 C 언어만의 강력한 무기이다. 이번 챕터부터 2권의 마지막까지, 우리는 C 언어의 꽃이라고 불리는 포인터를 학습하고, C 언어를 다룰 수 있는 개발자로서 첫발을 떼어 보자.

컴퓨터의 메모리

컴퓨터는 계산을 위한 데이터, 계산 결과, 그리고 현재 실행 중인 프로그램까지 모두 메모리에 저장한다. 우리가 어떤 프로그램을 사용한다는 것은 그 프로그램을 컴퓨터의 메모리에 올려 두었다는 의미이고, 이 메모리에 있는 프로그램을 CPU가 실행시켜 계산을 수행한다.

0	1	2	3	4	5	6	7	8	9

컴퓨터에 필요한 모든 것을 저장하는 메모리는 데이터를 바이트 단위로 저장하며 각 바이트의 위치는 메모리 주소*라고 부르는 특별한 숫자로 접근하고 관리한다. 프로그램을 실행할 때 모든 데이터는 이 주소를 통해 실제 값을 사용하거나 변경하게 되며, 이러한 메모리의 접근과 관리에 대한 복잡한 과정은 운영체제가 대신 수행한다.

컴퓨터의 메모리, 즉 RAM은 8GB, 16GB 등의 용량을 가지고 있다. 1GB는 약 10억 바이트와 같은데, 8GB 용량의 RAM 하나는 80억 바이트 이상의 데이터를 저장할 수 있다는 의미이다. 우

기초 용어 정리

* **메모리 주소**: 메모리의 위치를 나타내는 숫자

리가 사용하는 컴퓨터는 수십, 수백억 바이트가 넘는 용량의 메모리를 관리하고, 메모리 주소로 데이터를 접근 및 사용하고 있는 것이다.

변수의 주소

C 언어에서 계속해서 사용해 왔던 변수 또한 컴퓨터의 메모리에 저장된다. 따라서 변수마다 그 변수가 메모리의 어디에 저장되었는지를 나타내는 변수의 주소*가 있다. 개념적으로 두 변수가 서로 다른 메모리에 저장된다면 그 둘은 다른 변수이며, 하나의 변수가 바뀌더라도 다른 변수에 영향이 없다.

```c
int f(int x)
{
    return 2 * x;
}

int main()
{
    int x = 5;
    int y = f(x);
}
```

인자로 넘겨준 x 변수와 매개변수의 x 변수는 각각의 메모리 주소를 갖고 있다. 이 둘은 단지 함수를 호출할 때 값을 복사해서 넘겨주기만 했을 뿐 그 이상의 관계가 없는 독립적인 변수이다.

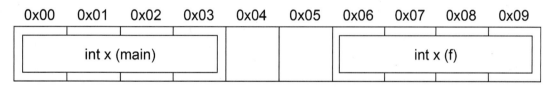

컴퓨터의 내부에선 변수에 대하여 이름이 아닌 메모리의 주소로 접근한다. 변수에 이름을 붙여서 사용하는 것은 개발자의 편의를 위한 것이며, 실제 컴퓨터는 변수들을 이름으로 구분하지 않는다.

기초 용어 정리

* **변수의 주소**: 변수가 저장되는 위치의 메모리 주소

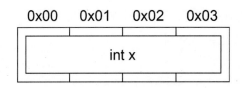

개발자가 사용하고자 하는 값을 모두 주소로 사용하는 것은 불가능하다. 모든 값에 대하여 그 주소를 기억하는 것은 어려울뿐더러 항상 같은 값이 같은 주소에 있으리란 보장이 없기 때문이다. 따라서 변수로 이름을 붙인 값을 사용함으로써 특정한 값을 저장하는 메모리 공간에 대해서 이름을 붙이고, 프로그램을 만드는 과정에서 주소 대신 이 변수의 이름을 사용하는 것이다. 이 변수가 실제 메모리의 어디를 나타내는지는 개발자의 몫이 아닌 실행 파일을 만들어주는 컴파일러와 실행된 프로그램을 관리하는 운영체제의 몫이다.

02

포인터 변수

포인터, 포인터 변수, 주소 연산자, 참조 연산자, 널 포인터

여기서는 무얼 배울까

1절에서 우리가 사용해 왔던 모든 변수는 메모리의 특정한 공간에 있는 데이터를 사용하기 쉽도록 이름을 붙인 것이었음을 배웠다. 그러면 이제 한 단계 더 나아가서 변수의 이름을 버려서 메모리의 주소만을 남겨 보자. 우리는 이 메모리 주소를 어떻게 활용할 수 있을까? 그 해답은 바로 화살표에 있다. 이번 절에서는 포인터를 배우고, 이를 저장하여 활용할 수 있는 포인터 변수를 다룬다.

포인터

현재 실행 중인 프로그램의 데이터는 모두 메모리에 저장된다. 메모리에 저장된 데이터들은 개념적으로 거대한 배열에 저장되었다고 이해할 수 있다.

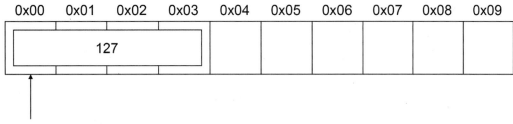

Pointer (0x00)

이 거대한 배열에서 필요한 값을 얻기 위해서는 그 값에 해당하는 인덱스, 즉 메모리 주소가 필요하다. 변수로 만들어 그 변수의 이름을 사용하는 것이 아닌 이상 메모리의 특정한 한 위치를 가리키는 것이 필요한데, 이를 포인터*라고 한다. 포인터는 메모리의 한 위치를 가리키는 역할을 하므로 주로 메모리 주소로 표현된다.

사용하고자 하는 데이터가 변수에 저장되어 있고, 그 변수의 이름을 알고 있다면 변수를 통하여

기초 용어 정리

* **포인터**: 메모리의 특정한 위치를 가리키는 것

그 데이터에 접근할 수 있다. 이는 변수를 사용함으로써 포인터를 사용하는 과정을 생략해 준 것이라고 할 수 있다. 만약 변수로 표현되지 않은 데이터에 접근하고자 한다면 이를 위한 포인터가 필요하다. 어떠한 포인터가 내가 필요한 데이터를 가리키고 있다면 그 포인터를 이용하여 메모리의 한 지점에 접근할 수 있다.

주소 연산자와 참조 연산자

주소 연산자

이미 존재하는 변수를 가리키는 포인터를 얻고자 한다면 변수가 저장된 메모리 주소를 얻으면 된다. 특정 변수가 저장된 메모리 주소를 얻는 연산자를 주소 연산자*라고 한다.

코·드·소·개

```
&변수;
```

변수의 왼쪽에 &를 붙이면 그 변수가 저장된 메모리 주소가 반환된다. 주소 연산자는 변수를 위한 연산자이기에 상수에는 사용할 수 없다.

손으로 익히는 코딩

```c
#include <stdio.h>

int main()
{
    int a = 5;
    printf("%d\n", a);
    printf("%p", &a);
}
```

실행 결과

```
5
00FFF844
```

---

* 기초 용어 정리
주소 연산자: 특정 변수가 저장된 메모리 주소를 얻는 연산자

위의 예제는 변수의 주소를 출력한다. %p는 메모리 주소
를 출력하기 위한 형식 지정자로, 여기서는 &a로 a의 주
소 값을 출력하도록 하였다.

Quick Tip

메모리 주소는 정수이므로 정수 형식 지
정자를 사용해도 됩니다.

위 예제를 여러 번 실행시켰을 때 그 결과를 보면 서로 다른 주소가 출력됨을 볼 수 있다. 이는
같은 프로그램의 같은 변수라고 할지라도 이 변수가 저장되는 메모리의 공간은 달라질 수 있다
는 뜻이다. 따라서 주소 연산자로 주소를 얻는 것이 아닌 직접 주소를 지정하여 사용하는 것은
불가능하다.

참조 연산자

특정한 데이터를 가리킬 포인터가 있다면 그 포인터를 이용하여 가리키고 있는 데이터를 참조할
수 있다. 참조 연산자*는 메모리 주소를 참조하여 저장된 값을 가져오는 기능을 하는 연산자이다.

코·드·소·개

```
*주소;
```

메모리 주소를 나타내는 값 왼쪽에 *을 붙이면 그 포인터가 가리키는 값을 참조한다. 변수에 주
소 연산자를 이용하여 주소를 알아냈다면, 그 주소에 참조 연산자를 붙인 것이 실제 변수의 값이
된다.

손으로 익히는 코딩

```
#include <stdio.h>

int main()
{
    int a = 5;
    *(&a) = 10;
    printf("%d", a);
}
```

기초 용어 정리
* **참조 연산자**: 메모리 주소를 참조하여 저장된 값을 가져오는 기능을 하는 연산자

```
10
```

위 예제는 변수에 주소 연산자와 참조 연산자를 연달아서 사용한다. 포인터에 참조 연산자를 이용하여 얻은 값은 변수의 복사본이 아닌 기존에 있던 그 변수와 동일하며, 여기에 새로운 값을 대입하면 기존 변수의 값이 바뀐다.

포인터 변수

메모리를 가리키는 포인터는 이를 변수에 저장할 때 비로소 그 역할이 발휘된다. 포인터 변수*는 포인터를 저장하는 변수로, 포인터는 메모리 주소로 표현되므로 포인터 변수는 주소를 저장하는 변수라고도 할 수 있다.

```
int* p1;
char* p2;
struct pos* p3;
```

포인터 변수는 가리키고자 하는 데이터의 자료형 오른쪽에 *을 붙여 포인터 변수임을 나타낸다. int*는 정수를 가리키는 포인터의 자료형으로 이 포인터의 값을 참조하면 정수의 값을 얻는다는 것을 의미한다.

주소는 단순히 숫자만을 나타내기에 그 주소가 가리키는 위치에 있는 것이 정수인지 실수인지 알 수 없다. 따라서 C 언어는 가리키는 값의 자료형에 해당하는 포인터를 추가함으로써 자료형을 통해 그 포인터가 어떠한 자료형을 가리키고 있는지를 알 수 있게 하였다.

손으로 익히는 코딩

```c
#include <stdio.h>

int main()
{
    int a = 5;
    int* p = 0;
    p = &a;
```

기초 용어 정리

* **포인터 변수**: 포인터를 저장하는 변수

```
    *p = 10;
    printf("%d", a);
}
```

```
10
```

포인터 변수는 다른 변수와 사용법이 동일하다. 포인터 변수에는 가리키고 싶은 값의 주소를 저장한다. 여기서는 변수 a의 주소를 넣어 주었고, 포인터 변수에 참조 연산자를 사용하여 다시 그 변수를 참조한다. 포인터 변수는 변수를 가리키므로 포인터 변수를 참조한 것과 원본 변수는 완전히 동일한 대상을 나타낸다.

포인터 변수를 초기화할 때는 주로 0을 넣는다. 0으로 저장된 포인터는 널 포인터*라고 부르며, 가리키는 게 없는 포인터라는 의미이다. 널 포인터를 사용하기 위해서 0 대신 NULL을 사용하는 경우도 많다.

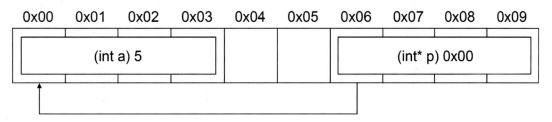

포인터 변수 또한 변수이므로 메모리의 특정한 위치에 그 값이 저장된다. 단지 변수에 저장된 값이 다른 메모리를 가리키는 포인터라는 차이점이 있는 것이다. 이에 따라 포인터 변수와 다른 변수와의 관계는 다음 그림처럼 화살표로 나타낼 수 있다. 포인터 변수에 저장된 값은 다른 변수가 있는 메모리의 한 위치를 가리키며 참조 연산자를 사용한다는 것은 저 화살표에 따라 그 메모리에 접근하여 값을 참조한다는 것을 의미한다.

기초 용어 정리
* **널 포인터**: 가리키는 게 없는 포인터

03

함수와 포인터

함수, 포인터

여기서는 무얼 배울까

변수의 주소, 포인터만으로는 이를 활용할 수 있는 부분이 많지 않다. 포인터는 메모리를 다룰 수 있게 하는
도구일 뿐이기 때문이다. 포인터는 지금까지 배워 온 조건문과 반복문, 함수, 그리고 자료구조와 결합했을 때
비로소 그 가치가 생겨난다. 이번 절에서는 포인터를 활용하는 여러 방법 중 함수와 포인터를 함께 사용하는
방법들을 익힌다. 그리고 이 과정에서 지금까지 포인터를 배우지 않았기 때문에 해소할 수 없었던 다양한 궁
금증에 대한 답도 함께 찾아보자.

매개변수로서의 포인터

변수의 스코프는 변수를 사용할 수 있는 범위를 지정할 뿐, 변수가 아닌 접근에 대해서는 범위를
지정하지 않는다. 변수를 통해 값에 접근하는 것이 아닌 대표적인 방법은 포인터인데, 포인터를
이용한다면 라이프타임이 끝나지 않은 변수에 대하여 함수의 스코프 밖에서 접근할 수 있다.

👆 **손으로 익히는 코딩**

```c
#include <stdio.h>

void add(int* p, int v)
{
    *p += v;
}

int main()
{
    int x = 5;
    add(&x, 10);
    printf("%d", x);
}
```

위 예제는 함수의 매개변수로 포인터 변수가 사용되었다. 이 포인터 변수는 수정하고자 하는 값이 있는 메모리 주소를 전달받고, 이 포인터를 참조하여 그 값을 수정한다. add 함수를 호출하고 그 값을 반환할 때까지 인자로 전달한 변수 x는 라이프타임이 끝나지 않으므로 add 함수 안에서 x의 주소를 이용하여 main 함수 안에 있는 x의 값을 수정할 수 있다.

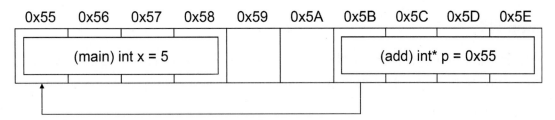

위 예제를 실행하는 중간의 메모리는 이렇게 나타낼 수 있다. 변수 x의 스코프는 main 함수이므로 변수의 이름을 이용하여 직접 다른 함수에서 사용할 수는 없다. 하지만 변수 x의 주소를 add 함수의 매개변수 p에 복사하여 저장한다면 매개변수 p에는 변수 x의 주소가 있으므로 이를 참조하여 값을 바꿀 수 있으며, 이렇게 참조한 것은 변수 x와 동일하므로 그 변화가 main 함수에 그대로 반영된다.

함수에 무언가를 전달할 때 값을 복사하여 전달하면 call by value, 복사하지 않는다면 call by reference라고 한다. 포인터를 함수에 전달하는 것을 call by reference라고 설명하는 책이 간혹 있는데, 이는 잘못된 설명이다. 포인터의 전달 또한 메모리 주소를 포인터 변수에 복사해서 전달하는 것이므로 이 역시도 call by value이다. 따라서 C 언어에는 call by reference가 존재하지 않는다.

scanf()의 매개변수

스코프 밖에서 변수의 값을 바꾸기 위해선 그 변수의 주소를 인자로 넘기는 것이 유일한 방법이라고 할 수 있다.

```
int a;
scanf("%d", &a);
```

scanf() 함수의 매개변수에 무엇이 들어가는지를 다시 살펴보면 형식 문자열 뒤에 값을 입력받을 변수에 &를 붙여서 사용했다. 이 &는 이번 챕터에서 배운 주소 연산자로서, 함수의 인자로 값을 바꾸고자 하는 변수의 주소를 넘겨주었다는 것을 이해할 수 있다.

위의 짧은 예제에서 변수 a는 자신이 선언된 블록이 그 변수를 사용할 수 있는 스코프가 된다. scanf()의 함수 내부는 변수 a의 스코프 밖이므로 일반적인 방법으로는 a에 입력받은 값을 저장할 수 없으므로, 대신 변수의 주소 값을 받아서 변수의 값을 바꾸도록 구현된 것이다.

swap 함수

다른 함수에서 선언된 변수의 값을 바꾸는 함수는 대부분 포인터를 이용하여 만든다. swap 함수는 포인터를 이용하는 대표적인 함수의 예시로, 두 개의 변수를 받아 그 값을 서로 뒤바꾸는 역할을 한다.

손으로 익히는 코딩

```c
#include <stdio.h>

void swap(int* a, int* b)
{
    int tmp = *a;
    *a = *b;
    *b = tmp;
}

int main()
{
    int a = 1, b = 2;
    swap(&a, &b);
    printf("%d %d", a, b);
}
```

실행 결과

2 1

swap 함수를 정의하고 사용하는 예제이다.

```
void swap(int* a, int* b)
{
    int tmp = *a;
    *a = *b;
    *b = tmp;
}
```

swap 함수는 함수 밖에서 선언된 변수의 값을 바꿔야 하므로 두 변수에 대한 주소를 매개변수로 받는다. 먼저 tmp 변수에 a 포인터가 가리키고 있는 값을 저장한 후, a 포인터가 가리키는 위치에 b 포인터가 가리키는 값을 넣는다. 이후 b 포인터가 가리키는 곳에 임시로 저장해 었던 tmp의 값을 넣으면 a와 b의 두 값이 뒤바뀐 결과가 나오게 된다.

```
int main()
{
    int a = 1, b = 2;
    swap(&a, &b);
    printf("%d %d", a, b);
}
```

이를 사용하는 부분에서는 바꾸고자 하는 두 변수를 swap 함수에 전달하되, 포인터가 전달될 수 있도록 주소 연산자를 붙인다.

2차 방정식 풀기

포인터 매개변수는 함수 바깥의 값을 바꿀 수 있다는 것을 이용하여, 포인터를 이용하여 둘 이상의 값을 함수의 출력으로 활용할 수 있다.

> **매개변수**
> 정수 a, b, c와 실수형 포인터 x, y를 입력받는다.
>
> **처리**
> x와 y가 가리키는 변수에 $ax^2+bx+c=0$의 해를 저장한다.
>
> **반환값**
> 2차 방정식의 실근의 수를 반환한다.

2차 방정식을 풀어서 실근의 수와 실근의 값을 구하는 함수를 만들고자 한다. 여기서 함수의 출력이라고 할 수 있는 값은 최대 3개인데, 구조체를 사용하는 방법으로도 만들 수 있지만 여기서는 포인터 매개변수를 이용하여 구현해 보자.

손으로 익히는 코딩

```c
#include <stdio.h>
#include <math.h>

int quadraticEquation(int a, int b, int c, float* x, float* y)
{
    int D = b * b - 4 * a * c;
    if (D == 0)
    {
        *x = -b / (2.0f * a);
        return 1;
    }
    else if (D > 0)
    {
        *x = (-b + sqrt(D)) / (2.0f * a);
        *y = (-b - sqrt(D)) / (2.0f * a);
        return 2;
    }
    return 0;
}

int main()
{
    float x = 0;
    float y = 0;
    int cnt = quadraticEquation(1, 2, -5, &x, &y);

    if (cnt == 1)
        printf("%.2f", x);
    else if (cnt == 2)
        printf("%.2f %.2f", x, y);
}
```

실행 결과

```
1.45 -3.45
```

문제의 조건에 맞도록 작성된 함수와 그 함수를 사용하는 예제이다.

```
int quadraticEquation(int a, int b, int c, float* x, float* y)
```

함수의 매개변수는 a, b, c, x, y가 있다. a, b, c는 함수의 처리를 위한 입력 변수이고, x와 y는 함수 외부에 결과를 전달하기 위한 출력 변수이다.

```
int D = b * b - 4 * a * c;
if (D == 0)
{
    *x = -b / (2.0f * a);
    return 1;
}
```

매개변수로 입력된 a, b, c를 이용하여 실근의 수를 파악한 후에 그에 맞는 계산을 수행한다. 만약 판별식 D가 0이라면 실근이 하나이므로 포인터 변수 x를 참조하여 그 위치에 실근의 답을 저장한 후 1을 반환한다.

```
float x = 0;
float y = 0;
int cnt = quadraticEquation(1, 2, -5, &x, &y);
```

이 함수를 사용하기 위해서는 계산의 결과를 받아 올 실수형 변수가 필요하므로 이를 미리 선언해 두고, 함수를 호출할 때는 a, b, c는 정수의 값을, x와 y는 결과를 저장할 변수의 주소로 전달한다. 위 예제에서 보여 주는 포인터를 이용해 계산 결과를 함수 밖에 전달하는 방법은 C 언어에서 자주 사용되는 테크닉이다.

반환값으로서의 포인터

함수의 반환형을 포인터로 지정하면 메모리 주소를 반환할 수 있다. 여기서 가장 신경 써야 하는 것은 바로 변수의 라이프타임인데, 라이프타임이 끝난 변수의 주소를 반환할 경우 이를 참조할 때 예상하지 못한 문제가 발생할 수 있음에 주의해야 한다.

```
#include <stdio.h>

int* f(int* p)
{
    *p *= 2;
    return p;
}

int main()
{
    int a = 5;
    int* p = f(&a);
    printf("%d", *p);
}
```

실행 결과

```
10
```

위 예제는 함수에 두 변수의 주소를 넘겨주면 그중 더 큰 변수의 주소를 반환한다. 이 함수는 매개변수에 전달된 주소를 그대로 반환하므로, 라이프타임이 끝나지 않은 변수의 주소를 넘겨주었다면 그 반환 또한 라이프타임이 끝나지 않았음이 보장된다.

```
printf("%d", *f(&a));
```

함수의 반환값이 메모리 주소이므로 함수를 호출하자마자 바로 참조 연산자를 사용하는 것도 가능하다. 아까의 main 함수와 같은 기능을 하지만 함수의 반환값을 저장하는 변수 없이 곧바로 사용한다는 차이가 있다.

```
int* f()
{
    int a = 7;
    return &a;
}
```

위 예제의 경우와는 다르게 지역 변수의 주소를 반환값으로 전달하고자 한다면 메모리에 대한 문제가 발생한다. 함수를 호출한 곳에서는 함수가 반환한 주소가 라이프타임이 끝나지 않았음을 가정하겠지만 실제로는 그렇지 않다. 이럴 경우 사용하고자 하는 주소에 내가 원하는 값이 그대로 유지되리란 보장이 없으며 경우에 따라서 프로그램에 오류가 발생하여 강제로 종료되는 경우가 생긴다.

포인터를 다루는 것이 어려운 이유는 포인터가 가리키는 값이 정상적인 값인지, 라이프타임은 얼마나 남았는지, 어떤 자료형인지 등의 정보를 명확하게 알 수 없기 때문이다. 그러므로 포인터를 다룰 때는 항상 그 포인터가 가리키는 값에 대한 정보를 제대로 알고 사용하는 것이 중요하다.

에러에서 배우기

포인터를 사용하는 과정에서 발생할 수 있는 오류는 다양하지만, 공통으로 잘못된 값을 가리키는 포인터를 사용하려고 할 때 발생한다.

```
int* p = 0;
*p = 5;
```
```
(C6011) NULL 포인터 'p'을(를) 역참조하고 있습니다.
```

널 포인터는 가리키는 대상이 없음을 나타낸다. 그러므로 0이 저장된 포인터에는 참조 연산자를 사용할 수 없다.

```
int* p = 100;
*p = 5;
```

널 포인터가 아니더라도 상수를 직접 넣는 등 현재 사용할 수 없는 메모리에 접근하는 것은 불가능하다. 이러한 경우 쓰기 액세스 위반이 발생하며 프로그램이 강제로 종료된다.

> **Clear Comment**
>
> 포인터는 프로그램이 컴파일되기 전에 문제가 있을지 정확하게 알아내기가 어렵습니다. 그러므로 문제가 있는 코드여도 컴파일 오류가 발생하지 않아 그대로 실행될 때가 많고, 그대로 실행된다면 대부분 프로그램이 실행되는 도중에 오류가 발생해 강제로 종료됩니다.

```
int* f()
{
    int x;
    return &x;
}
```
```
(C4172) 지역 변수 또는 임시: x의 주소를 반환하고 있습니다.
```

함수의 지역 변수는 그 함수가 종료될 때 라이프타임이 끝난다. 따라서 그 지역 변수의 포인터를 반환하는 행위는 라이프타임이 끝나 사용할 수 없는 변수의 주소를 반환하는 것을 의미하므로 해서는 안 된다.

04

연습문제

1. 함수 정의하기

다음 조건에 맞는 매개변수를 받아 값을 반환하는 함수를 정의하시오.

(1)

> **매개변수**
>
> 두 정수형 포인터 a와 b를 입력받는다.
>
> **처리**
>
> *a가 *b보다 더 작다면 둘의 값을 바꾼다.
>
> **반환값**
>
> 없음

(2)

> **매개변수**
>
> 정수형 포인터 p와 정수 x를 입력받는다.
>
> **처리**
>
> p가 널 포인터가 아니라면 p를 기억하고 *p를 x로 바꾼다.
> p가 널 포인터라면 기존에 저장한 *p를 x로 바꾼다.
>
> **반환값**
>
> 없음

(3)

> **매개변수**
>
> 정수형 포인터 p를 입력받는다.
>
> **반환값**
>
> 지금까지 매개변수로 들어온 포인터 중 가리키는 값이 가장 큰 것을 반환한다.

1. 함수 정의하기

다음 조건에 맞는 매개변수를 받아 값을 반환하는 함수를 정의하시오.

(1)

> **매개변수**
>
> 두 정수형 포인터 a와 b를 입력받는다.
>
> **처리**
>
> *a가 *b보다 더 작다면 둘의 값을 바꾼다.
>
> **반환값**
>
> 없음

답 2권 챕터5 a5.1.c

포인터를 이용한 swap 함수의 응용문제이다. 두 정수 a와 b가 있을 때 항상 a 〉 b가 되도록 하는 함수이다. swap 함수의 예에서 if문 하나를 추가함으로써 해결할 수 있다.

(2)

> **매개변수**
>
> 정수형 포인터 p와 정수 x를 입력받는다.
>
> **처리**
>
> p가 널 포인터가 아니라면 p를 기억하고 *p를 x로 바꾼다.
> p가 널 포인터라면 기존에 저장한 *p를 x로 바꾼다.
>
> **반환값**
>
> 없음

답 2권 챕터5 a5.2.c

가장 최근에 매개변수로 들어온 포인터를 기록하고, 값이 들어오면 기록한 포인터에 값을 반영하는 문제이다. 널 포인터로 조건문을 분기하고, 정적 지역 변수로 포인터 변수를 저장한다. 이러한 응용은 string.h의 strtok에서 볼 수 있다.

(3)

> **매개변수**
>
> 정수형 포인터 p를 입력받는다.
>
> **반환값**
>
> 지금까지 매개변수로 들어온 포인터 중 가리키는 값이 가장 큰 것을 반환한다.

📋 2권 챕터5 a5.3.c

정적 지역 변수를 이용하여 최댓값을 구하는 문제이다. 포인터가 아닌 변수를 사용할 때는 처음 함수를 호출했는지 알 수 있도록 변수가 하나 더 필요했지만, 포인터는 값이 비어 있다는 의미의 널 포인터가 있으므로 변수 하나만으로 해결할 수 있다.

챕터 요약 정리

키워드로 정리하기

● 컴퓨터의 **메모리**는 **메모리 주소**라고 부르는 특별한 숫자로 접근하고 관리한다. 변수 또한 메모리에 저장되므로 변수들은 모두 **변수의 주소**를 갖는다.

● **포인터**는 메모리의 특정한 위치를 가리킨다. 이러한 포인터를 저장하는 변수를 포인터 **변수**라고 한다. 포인터 변수에 0이 저장되면 이를 **널 포인터**라고 부른다.

● 포인터는 주소를 나타내는 정수이므로 포인터가 가리키는 값의 자료형을 지정하기 위해서 포인터 자료형에는 추가적인 자료형에 대한 정보가 포함된다.

● 변수로부터 주소를 얻는 연산자를 **주소 연산자**, 주소가 가리키는 값을 참조하는 연산자를 **참조 연산자**라고 한다.

● 포인터를 이용하면 변수의 스코프와 관계없이 값을 전달하고 수정할 수 있다.

손으로 익히는 코딩

```
#include <stdio.h>

int* f(int* p) // (1)
{
    *p *= 2; // (2)
    return p; // (3)
}

int main()
{
    int a = 5;
    int* p = f(&a); // (4)
    printf("%d", *p); // (5)
}
```

(1) 함수의 매개변수와 반환값으로 포인터를 사용할 수 있다. 단 포인터가 가리키는 값이 라이프타임이 끝나지 않은 변수여야 한다.

(2) 매개변수로 포인터가 전달되었다면 그 포인터가 가리키는 값을 함수 안에서 수정할 수 있다.

(3) 함수가 포인터를 반환한다면 그 포인터는 반환한 위치에서도 라이프타임이 끝나지 않음을 보장해야 한다.

(4) 변수에 주소 연산자를 붙여 그 변수가 저장된 메모리 주소를 얻을 수 있다. 이는 포인터 변수에 저장하거나 함수에 전달하여 다양한 연산에 사용할 수 있다.

(5) 주소 연산자나 함수로부터 얻은 포인터는 참조 연산자를 통해 그 값을 얻을 수 있다. 포인터가 가리키는 값을 참조했다는 것은 그 값 자체를 의미하는 것이므로, 값을 사용하고 변경하는 것 모두 가능하다.

더 멋진 내일(Tomorrow)을 위한 내일(My Career)

06

내 일 은   C 언 어

포인터의 활용

01

void 포인터와 주소의 연산

✓ 핵심 키워드

void 포인터, 주소의 연산

여기서는 무얼 배울까

정수를 가리키는 포인터 int*를 "저 정수"라고 해 보자. 그렇다면 float*는 저 실수, char*는 저 문자라고 부를 수 있을 것이다. 저 정수, 저 실수, 저 문자만으로도 충분히 많은 것을 할 수 있었지만, 이번에는 가리키는 대상의 정보를 제외하고서 단순히 "저것"에 집중해 보자. 이제는 가리키고자 하는 대상이 정수인지, 실수인지는 중요하지 않다. 그저 가리키고 있다는 의미만이 가장 중요한 요소가 되는 것이다.

void 포인터

포인터는 가리키고 있는 메모리 주소에 어떠한 종류의 값이 있는지를 자료형으로 나타낸다. 가령 int*는 정수를 담고 있는 메모리를 가리키고 있는 것처럼 말이다. 하지만 경우에 따라 가리키고 있는 값의 자료형을 알지 못하거나 알 필요가 없을 수도 있다. void 포인터*는 가리키는 값의 자료형에 대한 정보 없이 메모리의 주소만을 저장하는 자료형이다.

🖑 손으로 익히는 코딩

```c
#include <stdio.h>

int main()
{
    int a = 5;
    void* vp = &a;
    printf("%d", *(int*)vp);
}
```

기초 용어 정리

* **void 포인터**: 가리키는 값의 자료형에 대한 정보 없이 메모리의 주소만을 저장하는 자료형

5

기존에 정수 포인터 변수에 저장했던 것을 void 포인터 변수에 담을 수 있다. 변수 vp는 변수 x의 주소를 저장하고 있긴 하지만 자신이 가리키는 것이 어떤 자료형인지는 알지 못한다. 따라서 void 포인터 변수를 참조하기 위해서는 형 변환 연산자를 이용하여 자료형을 명시해 주어야 한다.

```
printf("%d", *vp); // error
```

형 변환 연산자 없이 참조 연산자를 사용하고자 한다면 오류가 발생한다. 따라서 void 포인터를 이용할 때는 이 포인터가 어떠한 자료형을 가리키고 있는지 프로그래머가 인지할 필요가 있다.

정수를 부호 없는 정수로 바꾸기

void 포인터는 가리키는 대상의 자료형을 명시하지 않고 자신이 원하는 자료형의 포인터로 바꾸어 사용할 수 있다. 만약 void 포인터가 실제로 가리키는 값은 부호가 있는 정수인데 이를 부호가 없는 정수로 형 변환하여 참조한다면 어떻게 될까?

손으로 익히는 코딩

```
#include <stdio.h>

int main()
{
    int a = -1;
    void* vp = &a;
    printf("%u", *(unsigned int*)vp);
}
```

4294967295

실제 데이터가 저장된 변수 a의 값은 변하지 않는다. 그러므로 메모리에는 여전히 −1에 해당하는 비트가 저장되어 있을 것이다. 여기서 달라지는 점은 그 비트를 해석하는 방식이다. 부호가 없는 정수를 가리키는 포인터로 형 변환된 vp는 자신이 가리키는 값이 부호가 없다고 생각한다. 그러므로 실제로는 부호가 있더라도, 그 비트를 부호가 없다고 해석하고 이를 출력한다. 부호가 있는 정수 −1을 부호가 없는 정수로 바꾸어 해석하면 정수 자료형이 가지는 최댓값이 나타난다.

자료형이 정해지지 않는 함수

void 포인터는 C 언어에서 자료형에 제한받지 않고 값을 저장할 수 있는 유일한 방법이다. 만약 함수에서 둘 이상의 자료형에 대하여 연산을 지원하고자 한다면 void 포인터를 이용할 수 있다.

```c
int maxInt(int a, int b)
{
    if (a > b)
        return a;
    return b;
}

float maxFloat(float a, float b)
{
    if (a > b)
        return a;
    return b;
}
```

매개변수로 받은 두 수 가운데에 더 큰 수를 반환하는 함수를 만든다고 하자. 만약 int, float에 대한 함수를 만들려면 서로 다른 이름과 매개변수를 가진 2개의 함수를 만들어야 한다.

손으로 익히는 코딩

```c
#include <stdio.h>

typedef enum type {
    INT, FLOAT
} type;

void* max(type t, void* a, void* b)
{
    if (t == INT)
    {
        int ra = *(int*)a;
        int rb = *(int*)b;
        if (ra > rb)
```

```
            return a;
        return b;
    }
    else if (t == FLOAT)
    {
        float ra = *(float*)a;
        float rb = *(float*)b;
        if (ra > rb)
            return a;
        return b;
    }
}

int main()
{
    int a = 5, b = 10;
    float x = 10.0f, y = 5.0f;

    int ab = *(int*)max(INT, &a, &b);
    float xy = *(float*)max(FLOAT, &x, &y);

    printf("%d %.2f", ab, xy);
}
```

실행 결과

```
10 10.00
```

여기서 void 포인터를 이용한다면 이를 하나의 함수로 합칠 수 있다. 단 매개변수인 포인터 변수는 어떤 자료형인지 알 수 없으므로 자료형을 나타내는 열거형을 함께 받고, 이 값에 따라서 int, float 포인터를 참조하여 계산한다. 반환값 역시 어떠한 자료형인지 알 수 없으므로 매개변수로 들어온 void 포인터를 그대로 반환하게 한 후 실제로 사용하는 부분에서 자신이 원하는 자료형으로 형 변환을 할 수 있게 한다.

Clear Comment

이러한 테크닉은 일반적으로 많이 쓰이는 것은 아니지만, 시스템 프로그램처럼 저급의 프로그램을 만들 때는 자주 만나게 될 수 있습니다. 이와 비슷한 방식은 이미 printf()에서 만나 봤습니다.

stdlib의 qsort

C 언어의 헤더 파일인 stdlib.h에는 배열을 정렬하는 함수인 qsort가 있다. 이 qsort는 정수 배열을 오름차순으로 정렬하는 단순한 기능을 넘어 자신이 원하는 자료형을 원하는 정렬 기준을 사용하여 정렬할 수 있게 한다.

```
#include <stdio.h>
#include <stdlib.h>

int comp(void* a, void* b)
{
    int ra = *(int*)a;
    int rb = *(int*)b;
    return ra - rb;
}

int main()
{
    int arr[] = { 10, 9, 8, 7, 6, 5, 4, 3, 2, 1 };
    qsort(arr, 10, sizeof(int), comp);

    for (int i = 0; i < 10; i++)
        printf("%d ", arr[i]);
}
```

실행 결과

```
1 2 3 4 5 6 7 8 9 10
```

qsort를 이용하여 주어진 정수형 배열을 오름차순으로 정렬하는 예제이다. qsort에서 핵심이 되는 부분은 위 예제에서 comp 함수에 해당하는 두 값을 비교하는 부분이다.

```
int comp(void* a, void* b)
{
    int ra = *(int*)a;
    int rb = *(int*)b;
    return ra - rb;
}
```

qsort는 두 값을 비교하여 더 작은 값을 왼쪽, 더 큰 값을 오른쪽에 두는 연산을 기본으로 한다. 여기서 qsort는 원하는 자료형에 원하는 정렬 기준을 사용할 수 있게 하였으므로, 이 비교 함수는 void 포인터로 받아 원하는 자료형으로 바꾸어 사용할 수 있게 하고, 이에 대한 연산 또한 자신이 원하는 대로 작성할 수 있다.

> **Clear Comment**
>
> 지금 qsort 함수를 소개하는 이유는 실제 void 포인터가 사용되는 사례를 보이기 위함입니다. qsort의 사용 방법을 이해하고 외우는 것은 현재로선 불필요합니다.

주소의 연산

C 언어에서 포인터는 주소를 다루기 위해서 덧셈과 뺄셈 연산을 지원한다. 정수와 실수에서 사용하던 덧셈과 뺄셈은 산술 연산에 해당했지만, 포인터에서의 덧셈과 뺄셈은 가리키고 있는 곳을 몇 칸 이동시켜 다른 메모리를 가리킨다는 것을 의미한다.

손으로 익히는 코딩

```c
#include <stdio.h>

int main()
{
    int a = 5;
    int* p = &a;
    printf("%p %p", p, p + 2);
}
```

실행 결과

```
00D9FE64 00D9FE6C
```

포인터에 정수를 더하거나 빼면 포인터가 가리키는 자료형이 차지하는 크기와 정수의 곱만큼 이동한다. 만약 int 자료형이 4바이트의 크기를 가진다면 위 예제에선 int 자료형 2개의 크기인 8만큼 더해진다.

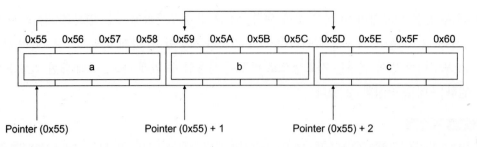

포인터의 덧셈과 뺄셈은 의미적으로 포인터가 가리키는 자료형이 메모리에 연속적으로 배치되어 있다고 생각한다. 포인터에 i만큼 더한다는 것은 이 연속된 데이터 중에서 i번째에 해당하는 위치로 이동한다는 것이다.

🔸 손으로 익히는 코딩

```c
#include <stdio.h>

int main()
{
    int a = 5, b = 6;
    int* pa = &a;
    int* pb = &b;
    printf("%p %p %d", pa, pb, pa - pb);
}
```

🔹 실행 결과

```
00EFF7D0 00EFF7C4 3
```

포인터에서 포인터를 빼면 두 주소 사이의 거리가 계산된다. 여기서 거리는 두 정수 사이의 뺄셈 결과가 아닌 이를 자료형의 크기로 나눈, 즉 몇 개의 자료형만큼의 거리가 떨어져 있는지를 계산한다. 연산의 결과가 거리이므로 그 값은 정수로 나오게 된다.

02

다중 포인터와 const

다중 포인터, const

여기서는 무얼 배울까

포인터를 사용하는 것은 말장난과도 같다. 포인터, 정수를 가리키는 포인터, 포인터를 가리키는 포인터, 포인터를 가리키는 포인터를 가리키는 포인터, 바꿀 수 없는 것을 가리키는 포인터, 포인터를 바꿀 수 없는 것. 각 단어는 얼핏 보면 비슷하게 보일 수 있지만 단어가 가지는 뜻을 생각해 보면 저마다의 특징이 다르다는 것을 알 수 있을 것이다. 가령 바꿀 수 없는 것을 가리키는 포인터와 포인터를 바꿀 수 없는 것은 바꿀 수 없는 것이 무엇이냐의 차이가 있는 것처럼 말이다. 본격적으로 더욱 복잡해지고 다양해진 포인터를 다뤄 보자. 숙달할 수 있다면 분명 포인터의 매력에 빠질 것이다.

다중 포인터

포인터를 가리키는 포인터

포인터 변수 역시 주소를 저장하기 위해 메모리의 일정 공간을 차지한다. 이 포인터 변수가 차지하는 메모리 또한 그 주소를 가지고 있으며, 포인터를 저장한 메모리 주소를 가리키는 포인터를 만들어 낼 수 있다. 다중 포인터*는 포인터를 가리키는 포인터로, 다중 포인터를 참조하면 그 포인터가 참조하는 다른 포인터가 나온다.

```
int** a;
char*** c;
```

다중 포인터 변수를 만들려면 가리키고자 하는 포인터 자료형에 *을 하나 더 붙인다. int**는 int*를 가리키는 포인터이고 char***는 char**를 가리키는 포인터이다.

기초 용어 정리

* **다중 포인터**: 포인터를 가리키는 포인터로, 다중 포인터를 참조하면 그 포인터가 참조하는 다른 포인터가 나옴

```c
#include <stdio.h>

int main()
{
    int a = 5;
    int* ap = &a;
    int** app = &ap;

    printf("%d", **app);
}
```

실행 결과

```
5
```

위 예제에서는 정수형 변수 a가 있고 이 변수를 가리키는 ap, ap를 가리키는 app가 있다. app
은 다중 포인터이므로 최종적인 정수를 얻기 위해서는 참조 연산자를 2번 사용해야 한다.

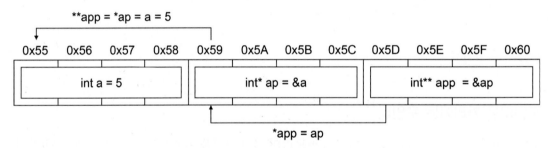

위 예제의 변수와 포인터의 관계를 그림으로 나타내면 이렇다. 포인터 변수에서 시작하는 화살
표는 이를 참조했을 때 어떠한 값이 나오는지를 의미한다.

다중 포인터를 이용할 때는 포인터와 변수, 값 사이의 관계를 완벽하게 파악해야 한다. 포인터를
참조했을 때 어떠한 값이 나오게 될지는 C 언어가 보장하지 않으므로 이를 제대로 인지하지 않
고 사용하면 대부분의 상황에서 오류가 발생한다.

함수에서의 다중 포인터

함수의 매개변수와 반환 역시 다중 포인터를 사용할 수 있는데, 이 경우 일반적인 포인터를 사용
할 때보다 그 구조가 더 복잡해지므로 만들고자 하는 프로그램과 기능을 제대로 파악하지 않는
다면 실수를 범하기 쉽다.

```c
#include <stdio.h>

typedef enum type {
    INT
} type;

int max(type t, void* a, void* b, void** result)
{
    if (t == INT)
    {
        if (a == NULL || b == NULL)
        {
            *result = NULL;
            return -1;
        }

        int ra = *(int*)a;
        int rb = *(int*)b;
        if (ra > rb)
            *result = a;
        else
            *result = b;
        return 0;
    }
}

int main()
{
    int a = 5, b = 10;
    int* result = NULL;

    int err = max(INT, &a, &b, &result);
    if (!err)
        printf("%d", *result);
}
```

실행 결과

```
10
```

위 예제는 앞서 보았던 max 함수를 보완한 것이다. 이전의 max 함수는 void 포인터 a와 b가 널 포인터인지를 검사하지 않았기에 만약 두 포인터가 널 포인터였다면 오류가 발생했다. 그러나 이제는 함수의 반환값이 더 큰 포인터가 아닌 에러 코드이고, 더 큰 포인터는 매개변수로 전달받은 다중 포인터에 저장함으로써 이러한 문제를 해결했다.

```
int max(type t, void* a, void* b, void** result)
```

max 함수는 자료형에 대한 정보와 두 값을 나타낼 void 포인터 a와 b, 그리고 두 포인터 중에서 더 큰 포인터를 저장할 주소를 나타내는 다중 포인터가 있다. 함수의 반환값으로 사용했던 void 포인터를 대신 매개변수로 전달된 변수로 저장하기 위해선 void 포인터를 가리키는 포인터, 다중 포인터가 필요하다.

```
if (a == NULL || b == NULL)
{
    *result = NULL;
    return -1;
}
```

void 포인터 a 또는 b가 널 포인터라면 함수의 처리가 불가능하다. 이 경우 함수의 출력에 해당하는 result를 널 포인터로 지정한 다음 에러 코드인 -1을 반환한다.

```
int ra = *(int*)a;
int rb = *(int*)b;
if (ra > rb)
    *result = a;
else
    *result = b;
return 0;
```

널 포인터가 아니라면 형 변환과 참조 연산자를 이용해 값을 구하고, 더 큰 값에 해당하는 포인터를 result가 가리키는 변수에 저장한다. 이 경우 오류가 발생하지 않았기에 오류가 없음을 나타내는 에러 코드인 0을 반환한다.

```
int main()
{
    int a = 5, b = 10;
    int* result = NULL;

    int err = max(INT, &a, &b, &result);
    if (!err)
        printf("%d", *result);
}
```

이 함수를 사용하는 부분에선 비교하고자 하는 두 변수는 포인터의 형태로, 값을 저장하고자 하는 포인터 변수는 다중 포인터의 형태로 넘겨준다. 함수의 반환값은 에러 코드이므로 이 에러 코드가 0이라면 문제가 없이 함수가 실행되었다는 의미이고, 0이 아니라면 함수의 처리 과정에서 문제가 생겼다는 의미이다.

const와 포인터

변하지 않는 포인터

포인터 변수를 상수 취급이 되게 한다면 포인터 변수에 저장된 주소를 다른 주소로 바꿀 수 없다. 기존 상수로 취급되는 변수를 사용하는 경우와 비슷하다.

> 손으로 익히는 코딩

```
#include <stdio.h>

int main()
{
    int a = 7;
    int* const p = &a;
    p = NULL; // error
}
```

포인터 자료형 오른쪽에 const 키워드를 붙인다면 그 변수에 저장된 주소로 다른 주소로 바꿀 수 없게 제한된다. 따라서 처음 지정된 값이 항상 유지가 됨을 보장할 수 있기에 코드의 안정성이 높아진다.

```
void add(int* const p, int v)
{
    *p += v;
}
```

이를 주로 사용할 수 있는 부분은 함수의 매개변수로, 매개변수에 const를 붙일 때 얻을 수 있는 이점이 그대로 적용된다. 위 함수의 매개변수인 p는 상수로 취급되므로 함수가 호출될 때 넘어온 주소가 계속 유지된다. 따라서 함수가 끝나기 전까지 그 변수에 저장된 주소를 신뢰할 수 있다.

상수를 가리키는 포인터

매개변수로 포인터를 넘기되, 포인터가 가리키는 값을 바꾸고 싶지 않을 경우 포인터를 가리키는 대상을 상수로 고정할 수 있다. 상수를 가리키는 포인터를 참조하면 그 값은 변수가 아닌 상수로 취급되므로 값을 바꿀 수 없다.

손으로 익히는 코딩

```
#include <stdio.h>

int main()
{
    int a = 11;
    const int* p = &a;

    *p = 9; // error
}
```

포인터 자료형의 왼쪽에 const를 붙이면 정수 변수의 주소를 포인터로 받되 이를 상수로 취급한다. 즉, 포인터 변수를 참조하여 값을 사용할 수는 있지만 그 값을 바꿀 수는 없다는 뜻이다.

```
int comp(const void* a, const void* b)
{
    const int ra = *(const int*)a;
    const int rb = *(const int*)b;
    return ra - rb;
}
```

상수로 취급되는 변수를 사용하는 목적이 코드의 안정성을 높이기 위함이듯, 상수를 가리키는 포인터의 목적 또한 코드에 신뢰성을 부여하기 위함이다. 만약 포인터 변수에 주소를 넘겨주는 함수에서 그 참조한 값을 직접 수정한다면 기존의 값이 바뀐다. 함수의 목적이 기존 변수의 값을 바꾸는 것이 아니라면 이러한 일을 사전에 막는 것이 중요하며, 상수를 가리키는 포인터는 이를 가능하게 한다.

03

연습문제

1. OX 퀴즈

● void 포인터는 모든 자료형을 가리킬 수 있는 포인터이다.

● void 포인터는 덧셈과 뺄셈 연산이 가능하다.

● 다중 포인터에 참조 연산자를 사용하면 포인터가 참조된다.

2. 약술형

● const int*와 int* const의 차이는?

● 포인터에 const 키워드를 붙여서 얻을 수 있는 이점은?

1. OX 퀴즈

● void 포인터는 모든 자료형을 가리킬 수 있는 포인터이다.

📋 O. void 포인터는 자료형에 상관없이 모든 주소를 가리킬 수 있다.

● void 포인터는 덧셈과 뺄셈 연산이 가능하다.

📋 X. 포인터의 덧셈과 뺄셈은 가리키는 대상의 자료형에서 영향을 받는다. 따라서 가리키는 대상의 자료형이 없는 void 포인터는 덧셈과 뺄셈이 정의되지 않는다.

● 다중 포인터에 참조 연산자를 사용하면 포인터가 참조된다.

📋 O. 다중 포인터는 포인터를 가리키는 포인터이므로 참조 대상이 포인터이다.

2. 약술형

● const int*와 int* const의 차이는?

📋 const int*는 포인터가 가리키는 대상이 상수이므로 정수 상수를 가리키는 포인터이다. int* const는 포인터 변수를 다른 주소로 바꿀 수 없다.

● 포인터에 const 키워드를 붙여서 얻을 수 있는 이점은?

📋 포인터는 참조를 통해 다른 위치에 있는 변수의 값을 수정할 수 있다. 만약 그 변수가 수정해서는 안 되는 변수라면 이를 const로 사전에 막을 수 있다.

키워드로 정리하기

● 가리키는 대상의 자료형에 대한 정보가 없는 포인터를 void 포인터라고 한다.

● 포인터와 정수의 덧셈과 뺄셈, 포인터와 포인터의 뺄셈 연산이 있다. 이는 포인터에서 특정 거리만큼 이동하거나 포인터 사이의 거리를 계산하는데, 이 거리는 바이트 단위가 아닌 몇 개의 포인터가 가리키는 자료형이 있는지를 나타낸다.

● 포인터를 가리키는 포인터를 **다중 포인터**라고 한다. 다중 포인터에 접근하기 위해선 참조 연산자를 여러 번 사용해야 한다.

● 포인터 자료형의 오른쪽에 const를 붙이면 다른 주소로 바꿀 수 없고, 왼쪽에 const를 붙이면 포인터가 가리키는 값을 바꿀 수 없다.

그림으로 정리하기

몇 가지 포인터를 그림으로 표현하면 다음과 같다.

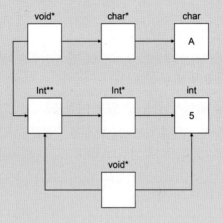

내 일 은   C 언 어

배열과 포인터

01

배열의 이름과 주소

배열의 이름, 인덱스 연산자

여기서는 무얼 배울까

앞서 배운 배열의 개념은 정수와 실수 같은 다른 자료형과 비교했을 때 사뭇 다르다는 것을 느꼈을 것이다. 배열을 제대로 이해하기 위해선 포인터와 메모리를 알고 있어야 했기에 배열 챕터에선 단지 배열을 사용하는 방법만을 다뤘던 것이다. 이번 절에서는 지금까지 쌓은 포인터와 메모리에 대한 지식을 바탕으로 실제 배열이 메모리에서 어떻게 저장되는지에 대해, 그리고 포인터와 배열을 함께 사용하는 방법에 대해 배운다.

배열의 이름

배열은 연속된 메모리에 저장되므로 배열의 모든 원소는 일정한 간격을 둔 주소에 위치한다. 포인터에는 산술 연산이 가능하므로 배열의 시작 주소와 시작부터 얼마만큼 떨어져 있는지에 대한 정보가 있다면 배열의 원하는 위치에 접근할 수 있다.

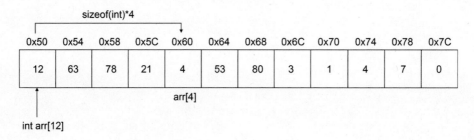

배열의 이름*은 배열이 위치하는 메모리의 첫 주소를 의미하며, 배열의 한 인덱스를 지정하여 접근하는 것은 배열의 이름에서 인덱스만큼 떨어진 위치의 주소를 참조하는 것이다.

기초 용어 정리

* **배열의 이름**: 배열이 위치하는 메모리의 첫 주소를 의미함

```c
#include <stdio.h>

int main()
{
    int arr[12] = { 12, 63, 78, 21, 4, 53, 80, 3, 1, 4, 7, 0 };
    printf("%p", arr);
}
```

실행 결과

```
008FFBE4
```

배열을 함수의 인자로서 넘겨줄 때처럼 인덱스를 사용하지 않고 배열을 그대로 사용한다면 배열의 첫 주소를 의미한다. 따라서 이 주소를 출력하면 배열의 첫 주소를 확인할 수 있다.

```c
#include <stdio.h>

int main()
{
    int arr[12] = { 12, 63, 78, 21, 4, 53, 80, 3, 1, 4, 7, 0 };
    printf("%p\n", arr);
    printf("%p\n", &arr[0]);
    printf("%p\n", &arr[1]);
    printf("%p\n", &arr[2]);
}
```

실행 결과

```
00EFF9D8
00EFF9D8
00EFF9DC
00EFF9E0
```

int형 배열의 이름과 0번, 1번, 2번 인덱스 각각의 주소를 출력한다면 이름과 0번은 같고, 1번과 2번은 각각 시작 주소로부터 int 자료형이 가지는 크기만큼 떨어져 있음을 알 수 있다.

주소의 연산과 배열의 인덱스

```
#include <stdio.h>

int main()
{
    int arr[12] = { 12, 63, 78, 21, 4, 53, 80, 3, 1, 4, 7, 0 };
    printf("%p = %p\n", arr + 5, &arr[5]);
    printf("%p = %p\n", arr + 8, &arr[8]);
}
```

실행 결과

```
00EFFDD0 = 00EFFDD0
00EFFDDC = 00EFFDDC
```

배열에서 특정한 인덱스에 접근한 다음 그 주소를 확인하는 것과 배열의 이름에서 그 인덱스를 더한 것은 같다. 전자와 후자 모두 연속된 메모리 주소를 갖는 데이터 중에서 시작 주소로부터 특정한 거리만큼 떨어진 주소에 접근하는 것이기 때문이다.

손으로 익히는 코딩

```
#include <stdio.h>

int main()
{
    int arr[12] = { 12, 63, 78, 21, 4, 53, 80, 3, 1, 4, 7, 0 };
    for (int i = 0; i < 12; i++)
        printf("%d\n", *(arr + i));
}
```

실행 결과

```
12
63
78
21
4
53
80
3
```

```
1
4
7
0
```

배열의 특정 인덱스에 있는 값을 참조하는 인덱스 연산자는 배열에 대하여 더하기 연산자와 참조 연산자를 함께 쓰는 것을 하나로 합친 것과 같다.

배열의 입력

지금까지 scanf()로 배열을 입력하고자 하는 경우 인자로 &arr[i]와 같은 형태의 값을 넣었다. &arr[i] 형태는 배열의 특정 위치의 주솟값을 알아내기 위함이었는데, 이는 arr + i와 동일한 값이었음을 알 수 있다.

```c
#include <stdio.h>
#pragma warning(disable: 4996)

int main()
{
    int arr[10];
    for (int i = 0; i < 10; i++)
        scanf("%d", arr + i);
    for (int i = 0; i < 10; i++)
        printf("%d\n", arr[i]);
}
```

입력값

```
1 2 3 4 5 6 7 8 9 0
```

실행 결과

```
1
2
3
4
5
6
7
```

```
8
9
0
```

arr + i는 배열의 이름인 arr에 인덱스만큼 이동시킨 메모리의 주소를 나타낸다. scanf()는 값을 저장하고자 하는 메모리의 주소를 인자로 전달해야 하므로 주소 연산자와 인덱스 연산자 없이 입력받을 수 있다.

포인터 변수로 배열 접근

배열의 이름은 메모리 주소이며 인덱스 연산자는 포인터에 인덱스를 더한 후 참조 연산자를 하나로 묶는 기능을 한다. 그렇기에 배열의 이름을 다른 포인터 변수에 저장하고서 그 포인터 변수에 인덱스 연산자를 사용할 수 있다.

손으로 익히는 코딩

```c
#include <stdio.h>

int main()
{
    int arr[12] = { 12, 63, 78, 21, 4, 53, 80, 3, 1, 4, 7, 0 };
    int* arr2 = arr;
    for (int i = 0; i < 12; i++)
        printf("%d\n", arr2[i]);
}
```

실행 결과

```
12
63
78
21
4
53
80
3
1
4
7
0
```

arr2는 arr과 같은 메모리 주소를 저장하고 있으므로 둘이 가리키는 배열은 동일한 배열이다. 따라서 arr2도 arr처럼 인덱스 연산자로 특정 값을 참조할 수 있다.

포인터로 문자열 순회

반복문을 통해 인덱스를 0부터 끝까지 순회하는 방식은 배열을 이용하는 가장 간단한 방법이지만, 포인터와 배열의 성질을 이용한다면 다른 방법으로도 배열을 순회할 수 있다.

손으로 익히는 코딩

```c
#include <stdio.h>

int main()
{
    const char* string = "Hello, World!";
    for (const char* iter = string; *iter != '\0'; iter++)
        printf("%c", *iter);
}
```

실행 결과

```
Hello, World!
```

포인터에 정수를 더하면 그만큼 이동한 위치의 메모리 주소를 가리킨다. 이를 이용하여 1을 증가시키면 현재 가리키고 있는 원소의 다음 원소를 가리킬 수 있고, 이 방법으로 포인터를 이용하여 원소를 순회할 수 있다. 이렇게 포인터를 이용하여 원소를 순회하는 방식은 특히 문자열에서 유용하게 쓰이는데, 위 예제에서 iter 포인터는 문자열을 한 글자씩 순회하는 포인터이고, 이 포인터에 참조 연산자를 쓰면 현재 가리키는 한 글자를 가져올 수 있다.

다차원 배열의 메모리 구조

다차원 배열은 실제 메모리에서 1차원의 연속된 메모리에 저장된다. 단지 사용할 때 의미적으로 다차원으로 사용할 수 있도록 몇 가지의 편리한 기능이 제공되는 것이다.

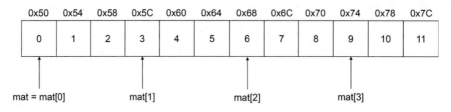

4*3 크기의 2차원 int형 배열 mat가 있다고 했을 때 mat[0]부터 mat[3]까지는 모두 1차원 배열을 나타내며, 이들 역시 배열의 이름이라고 할 수 있다. 이 배열들은 2차원 배열을 이루는 부분 배열들이기에 mat[0]과 mat[1]처럼 인접한 배열들 사이에는 배열의 크기만큼의 차이가 난다.

```
#include <stdio.h>

int main()
{
    int mat[4][3] = { 0, 1, 2, 3, 4, 5, 6, 7, 8, 9, 10, 11 };
    printf("%d = %d", mat[0][3], mat[1][0]);
}
```

실행 결과
```
3 = 3
```

2차원 배열의 모든 원소가 연속됨을 이해했다면 그 크기를 넘어서는 인덱스에 접근하는 코드에 대해서 문제가 없음을 알 수 있다. 4*3의 2차원 배열에서 [0][3]는 0번째 1차원 배열을 넘어서 1번째 1차원 배열에 도달한다. 즉, [0][3] 인덱스와 [1][0] 인덱스는 같은 주소를 가리킨다.

포인터를 통한 2차원 배열 순회

다차원 배열은 2개 이상의 인덱스를 이용하여 접근하기에 일반적으로는 중첩 반복문을 이용하여 각각의 값을 순회한다. 실제 메모리에서 다차원 배열은 모두 연속된 메모리에 저장되므로 기존의 방법이 아닌 포인터를 이용하여 접근할 수 있다.

```
#include <stdio.h>

int main()
{
    int mat[4][3] = { 0, 1, 2, 3, 4, 5, 6, 7, 8, 9, 10, 11 };
    int* p = mat;
    for (int i = 0; i < 12; i++)
        printf("%d\n", p[i]);
}
```

실행 결과

```
0
1
2
3
4
5
6
7
8
9
10
11
```

배열의 이름인 mat은 12개의 정수가 저장된 연속된 메모리의 첫 주소를 나타낸다. 이를 정수형 포인터 변수 p에 저장하면 이제부터 p는 1차원 배열과 동일하게 사용할 수 있다.

배열 변수와 포인터 변수의 차이

배열 변수는 포인터와 대부분의 특성이 비슷하지만, 포인터와는 달리 배열은 배열의 크기라는 정보가 함께 있다.

```
#include <stdio.h>

int main()
{
    int mat[4][3] = { 0, 1, 2, 3, 4, 5, 6, 7, 8, 9, 10, 11 };
    int* p = mat;
    printf("%d %d %d", sizeof(mat), sizeof(mat[0]), sizeof(p));
}
```

실행 결과

```
48 12 4
```

mat과 mat[0], p는 셋 다 동일한 주소를 가리킨다. 하지만 sizeof로 그 값의 크기를 보면 모두가 다른 값을 나타낸다. sizeof에 배열의 이름을 넣으면 배열 전체의 크기가 반환된다. int의 크기가 4바이트라고 가정한다면 위의 예제에서 mat은 48바이트, mat[0]은 12바이트이다. 그러나 포인터 변수는 배열의 크기에 대한 정보를 가지고 있지 않으므로 단순히 자신이 담고 있는 주소가 몇 바이트의 정수로 표현되는지를 반환한다.

```
#include <stdio.h>

int main()
{
    int mat[4][3] = { 0, 1, 2, 3, 4, 5, 6, 7, 8, 9, 10, 11 };
    int* p = mat;
    printf("%p %p", mat + 1, p + 1);
}
```

실행 결과

```
006FFDC4 006FFDBC
```

배열과 포인터는 산술 연산에서도 차이가 나타난다. 정수를 더하거나 빼면 그만큼 이동하는 것은 같지만, 배열과 포인터는 한 칸의 크기가 다르다. 위 예제에서 mat은 크기가 3인 정수형 배열 4개를 담고 있는 배열이라고 생각할 수 있다. 그러므로 mat + 1은 &mat[1]과 같다. 하지만 정수형 포인터 p는 자신이 가리키는 것이 정수이므로 단순히 정수 하나의 크기만큼 이동한 위치의 주소를 가리킨다. 이 둘의 차이를 제대로 이해하고 있다면 상황에 맞게 배열과 포인터를 유연하게 사용할 수 있을 것이다.

02

포인터 배열

포인터 배열

여기서는 무얼 배울까

배열은 동일한 자료형을 연속된 메모리에 저장하는 자료구조이다. 배열은 저장하고자 하는 대상이 모두 같은
자료형이어야 한다는 제약만 있을 뿐 특정 자료형으로만 만들 수 있다는 조건은 없다. 따라서 정수형 배열은
물론 구조체 배열, 심지어는 포인터로 이루어진 배열도 만들 수 있다. 이번 절에서는 포인터 배열을 이용하여
둘 이상의 포인터를 모으고, 이를 이용한 여러 테크닉과 예제들을 다뤄 본다.

포인터 배열

포인터로 배열을 만들면 연속된 메모리에 여러 포인터를 저장할 수 있다.

손으로 익히는 코딩

```c
#include <stdio.h>

int main()
{
    int a = 1;
    int b = 2;

    int* arr[2] = { &a, &b };
    printf("%d %d", *arr[0], *arr[1]);
}
```

실행 결과

```
1 2
```

포인터 배열의 선언은 저장하고자 하는 자료형인 포인터 자료형을 명시한다. 선언 이후에 배열을 사용할 때는 필요한 주소를 배열 각각의 인덱스에 저장하고, 사용할 때도 각각의 인덱스에 접근하여 사용한다.

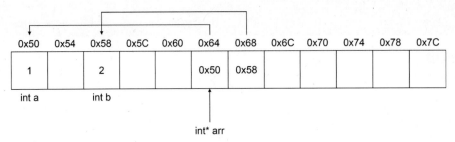

이를 나타낸 그림을 보면 배열 변수에 저장된 포인터가 그에 해당하는 각각의 주소를 참조하는 형태를 띤다. 그 각각의 주소는 연속된 메모리에 저장이 되리란 보장은 없지만, 그에 대한 주소가 연속된 주소인 배열에 저장되어 있으므로 이에 대한 반복문 연산을 수월하게 할 수 있다.

손으로 익히는 코딩

```c
#include <stdio.h>

int main()
{
    int a = 1;
    int b = 2;

    int* arr[2] = { &a, &b };
    for (int i = 0; i < 2; i++)
        *arr[i] += 10;

    printf("%d %d", a, b);
}
```

실행 결과

11 12

연속되지 않은 변수를 한 번에 바꿀 때 포인터 배열을 이용한다면 반복문으로 한 번에 처리할 수 있다. 변수의 주소를 포인터 배열에 넣는 작업은 직접 해 주어야 하지만, 이후에 그 값들을 사용하고 바꿀 때는 포인터 배열의 각 인덱스를 참조하면 된다.

독립적인 변수의 최댓값

배열이 아닌 독립적으로 존재하는 변수들 사이에서 최댓값을 구하고자 한다면 그 변수들의 주소로 배열을 만든 후 반복문을 이용하는 것이 좋은 방법이다.

```
#include <stdio.h>

int main()
{
    int a = 1, b = 5, c = 3, d = 10, e = 8;
    int* arr[] = { &a, &b, &c, &d, &e };

    int max = *arr[0];
    for (int i = 1; i < 5; i++)
        if (*arr[i] > max)
            max = *arr[i];

    printf("max : %d", max);
}
```

실행 결과
```
max : 10
```

앞서 보인 포인터 배열을 이용한 일괄 처리를 이용하여 여러 변수를 배열로 모아 최댓값을 구했다.

```
    int a = 1, b = 5, c = 3, d = 10, e = 8;
    int* arr[] = { &a, &b, &c, &d, &e };
```

서로 관계없는 5개의 정수형 변수 a, b, c, d, e가 있다. 이 다섯 변수를 한 번에 모아서 처리하거나 함께 연산에 쓰이는 경우가 많다면 이들의 주소를 모은 배열을 만들어 준다.

```
    int max = *arr[0];
    for (int i = 1; i < 5; i++)
        if (*arr[i] > max)
            max = *arr[i];
```

처리하고자 하는 값들의 주소를 모았다면 그다음은 일반적인 배열의 연산과 비슷하다. 약간의 차이가 있다면 변수가 저장하는 값이 정수가 아닌 정수를 가리키는 포인터이므로 *arr[i]처럼 인덱스 연산자에 항상 참조 연산자를 붙여야 정수를 얻을 수 있다는 것이다.

연속되지 않는 다차원 배열

배열의 이름이 포인터의 일종이므로, 포인터 배열에 배열의 이름을 저장한다면 다차원 배열처럼 사용할 수 있다.

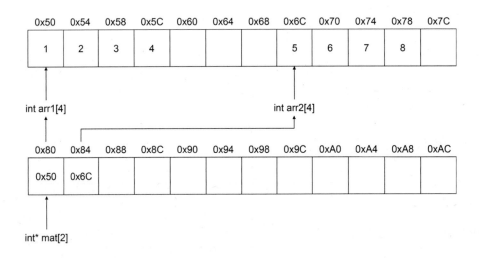

1차원 배열을 여럿 선언한다면 이 배열들이 연속된 메모리에 저장되리란 보장은 없다. 하지만 각각의 배열의 이름을 한 번에 모아 놓은 포인터 배열이 있다면 두 차례의 인덱스 연산자로 원하는 데이터에 접근할 수 있다.

손으로 익히는 코딩

```
#include <stdio.h>

int main()
{
    int arr1[] = { 1, 2, 3, 4 };
    int arr2[] = { 5, 6, 7, 8 };
    int* mat[] = { arr1, arr2 };
```

```
        for (int i = 0; i < 2; i++)
            for (int j = 0; j < 4; j++)
                printf("%d\n", mat[i][j]);
    }
```

```
1
2
3
4
5
6
7
8
```

위 예제는 이를 코드로 구현한 것이다. 포인터 배열 mat에 인덱스 연산자를 사용하면 그에 해당하는 배열의 이름, 즉 주소가 나오며 여기에 한 번 더 인덱스 연산자를 사용하면 1차원 배열의 한 인덱스에 접근하게 된다.

```
int arr1[] = { 1, 2, 3, 4 };
int arr2[] = { 5, 6, 7, 8, 9, 10 };
int* mat[] = { arr1, arr2 };
```

2차원 배열을 연속된 메모리에 한 번에 선언할 때와는 달리 이 경우 각각의 1차원 배열의 길이는 모두 달라도 괜찮다. 배열을 모으는 포인터 배열은 배열의 이름만을 저장할 뿐이기 때문이다.

2차원 배열에서 배열의 크기를 넘어가더라도 괜찮을 수 있었던 것과는 다르게 이러한 배열에서는 그 크기에 대한 제한이 확실해야 한다. 각각의 1차원 배열은 서로 다른 위치에 있으므로 그 배열의 크기를 넘어선다면 어떠한 주소를 가리키는지에 대한 보장이 없어진다.

문자열 상수 배열

main 함수의 명령 인수를 위한 문자열 배열의 자료형은 const char*[]이었다. 이를 해석해 보면 const char*로 이루어진 배열이란 뜻이고, const char*는 수정할 수 없는 문자 배열을 가리키는 포인터이다. 문자열 상수도 배열처럼 자신의 메모리 주소를 갖기 때문에 이를 const char*로 저장할 수 있으며, 결론적으로 const char*[]는 문자열 상수를 저장하는 배열로 해석할 수 있다.

```c
#include <stdio.h>

int main()
{
    const char* strings[] = {
        "Hello",
        "World"
    };

    for (int i = 0; i < 2; i++)
        printf("%s\n", strings[i]);
}
```

실행 결과

```
Hello
World
```

문자열 상수인 "Hello"와 "World"는 문자열이므로 배열과 마찬가지로 메모리 주솟값을 가진다. 이를 저장하기 위한 const char* 자료형의 배열을 만든 후 저장하면 다양한 길이의 문자열 상수를 저장하는 배열로 사용할 수 있다.

03

포인터 매개변수와 배열

포인터 매개변수

여기서는 무얼 배울까

지금까지 배운 내용들의 흐름을 다시 생각해 보자. 우리는 새로운 개념과 그 응용을 배우고, 그 후 이들을 사용하는 기능을 함수로 만들어서 사용해 왔다. 이전 챕터에서는 포인터와 배열의 관계와 그 응용에 대해서 살펴보았으니, 이제 남은 것은 이들을 이용하여 함수를 만들어서 사용해 볼 차례다. 포인터와 함수, 그리고 배열과 함수를 사용하는 것과 이번 절에서 다루는 내용은 크게 다르지 않지만, 이를 하나로 합쳐서 만들어 낸 기능은 더 강력한 힘을 발휘한다.

포인터 매개변수로 전달되는 배열

1차원 배열을 함수에 전달하는 경우에 포인터 변수와 배열 변수는 다른 점이 없다. 단지 매개변수 선언의 차이가 있을 뿐이다.

> 코·드·소·개
>
> 반환형 함수명(자료형* 변수명, ...)

배열 변수와 마찬가지로 포인터로 배열의 이름을 전달하는 경우에도 그 크기와 주소를 함수에 전달한다. 이렇게 전달된 메모리 주소는 배열의 이름이므로 인덱스 연산자를 사용하여 각 데이터에 접근할 수 있다.

> 손으로 익히는 코딩

```c
#include <stdio.h>

int sum(int* arr, int n)
{
    int result = 0;
```

```
    for (int i = 0; i < n; i++)
        result += arr[i];
    return result;
}

int main()
{
    int arr[5] = { 1, 2, 3, 4, 5 };
    int result = sum(arr, 5);
    printf("%d", result);
}
```

실행 결과

15

배열 매개변수를 사용하는 예제와 포인터 매개변수를 사용하는 예제는 비슷하다. 위 예제는 배열을 포인터 매개변수로 전달받은 후 그 원소들을 더한 값을 반환한다.

손으로 익히는 코딩

```
#include <stdio.h>

int sum(int* arr, int n, int m)
{
    int result = 0;
    for (int i = 0; i < n; i++)
        for (int j = 0; j < m; j++)
            result += arr[i * m + j];
    return result;
}

int main()
{
    int arr[3][3] = { 1, 2, 3, 4, 5, 6, 7, 8, 9 };
    int result = sum(arr, 3, 3);
    printf("%d", result);
}
```

실행 결과

45

다차원 배열도 포인터 매개변수에 전달할 수 있다. 위 예제에서는 정수형 포인터로 함수의 이름을 전달하고서 2차원 인덱스를 1차원으로 인덱스로 표현하여 접근하였다. n행 m열 크기의 행렬에서 i행, j열의 값을 1차원 인덱스로 얻고자 한다면 i * m + j를 이용한다.

연속되지 않는 배열을 전달받는 매개변수

1차원 배열의 이름들을 모은 포인터 배열이 있다고 한다면 이 배열을 다른 함수에서 사용하기 위해선 포인터 배열이나 이중 포인터로 전달받아야 한다.

포인터 배열

위 예제에서 2차원 배열로 사용하고자 하는 배열은 포인터 배열이기에, 함수에 배열을 전달하는 방법을 그대로 사용할 수 있다.

손으로 익히는 코딩

```c
#include <stdio.h>

void printStrs(const char* strings[], int size)
{
    for (int i = 0; i < size; i++)
        printf("%s\n", strings[i]);
}

int main()
{
    const char* strings[] = {
        "RED", "GREEN", "BLUE"
    };
    printStrs(strings, 3);
}
```

실행 결과

```
RED
GREEN
BLUE
```

strings 배열은 서로 다른 메모리에 있는 세 문자열을 모은 배열이다. printStrs 함수는
strings 배열을 인자로 받을 수 있도록 포인터 배열의 자료형을 갖는다.

이중 포인터

배열의 이름은 연속된 데이터의 첫 주소를 나타내는 포인터이다. 포인터 배열의 이름도 마찬가
지로 연속된 데이터의 첫 주소를 나타내는 포인터인데, 이때 그 연속된 데이터가 포인터이므로
포인터를 가리키는 포인터, 즉 이중 포인터가 된다.

손으로 익히는 코딩

```c
#include <stdio.h>

void printStrs(const char** strings, int size)
{
    for (int i = 0; i < size; i++)
        printf("%s\n", strings[i]);
}

int main()
{
    const char* strings[] = {
        "RED", "GREEN", "BLUE"
    };
    printStrs(strings, 3);
}
```

실행 결과

```
RED
GREEN
BLUE
```

위 예제는 앞선 포인터 배열 예제와 거의 비슷하다. 기존 const char* 배열은 문자열 상수를 담
는 배열이었고, 여기서는 배열 대신 이중 포인터를 사용했다는 점이 다르다.

더 멋진 내일(Tomorrow)을 위한 내일(My Career) **내일은 C언어**

연습문제

1. 함수 정의하기

다음 조건에 맞는 매개변수를 받아 값을 반환하는 함수를 정의하시오.

(1)

매개변수

문자열 상수 str과 정수 n을 입력받는다.

반환값

str의 끝에서 n글자에 해당하는 문자열 상수를 반환한다.

(2)

매개변수

문자열 상수 배열 arr과 배열의 크기 n을 입력받는다.

반환값

사전 순으로 가장 앞선 문자열 상수를 반환한다.

(3)

매개변수

정수형 배열 arr과 배열의 크기 n을 입력받는다.

처리

반복문 없이 재귀 함수로 구현한다.

반환값

arr의 원소의 합을 출력한다.

1. 함수 정의하기

다음 조건에 맞는 매개변수를 받아 값을 반환하는 함수를 정의하시오.

(1)

> **매개변수**
> 문자열 상수 str과 정수 n을 입력받는다.
>
> **반환값**
> str의 끝에서 n글자에 해당하는 문자열 상수를 반환한다.

📋 2권 챕터7 a7.1.c

수정할 수 없는 문자열 상수의 일부분을 잘라내는 문제이다. 문자열의 시작 주소를 달리하면 문자열의 시작 위치를 바꿀 수 있음을 이용한다. 문자열 str은 모든 글자를 포함하지만, str + 1은 두 번째 글자부터 시작한다는 사실을 응용하면 된다.

(2)

> **매개변수**
> 문자열 상수 배열 arr과 배열의 크기 n을 입력받는다.
>
> **반환값**
> 사전 순으로 가장 앞선 문자열 상수를 반환한다.

📋 2권 챕터7 a7.2.c

배열에서 가장 큰 값을 문자열의 형태로 바꾼 문제이다. 사전 순으로 가장 앞선 문자열을 구하는 것은 string.h의 strcmp 함수를 이용한다.

(3)

> **매개변수**
> 정수형 배열 arr과 배열의 크기 n을 입력받는다.
>
> **처리**
> 반복문 없이 재귀 함수로 구현한다.
>
> **반환값**
> arr의 원소의 합을 출력한다.

📋 2권 챕터7 a7.3.c

정수형 배열의 원소의 합을 구하되 재귀 함수로 해결하는 문제이다. (1)과 마찬가지로 배열의 시작 주소를 1 증가시키고, 배열의 크기를 1 감소시키면서 재귀적으로 합을 계산한다.

키워드로 정리하기

● **배열의 이름**은 배열이 위치한 메모리의 첫 번째 주솟값이고, 배열의 이름은 메모리 주소이므로 포인터 변수에 저장할 수 있다.

● 포인터에 대해서 더하기 연산과 참조 연산을 하나로 합친 연산자가 **인덱스 연산자**이다. 인덱스 연산자는 배열이 아닌 일반적인 포인터에도 똑같이 사용할 수 있다.

● 배열의 자료형을 포인터로 지정하면 **포인터 배열**을 만들 수 있다. 포인터 배열은 인덱스 연산자 후 참조 연산자나 추가적인 인덱스 연산자로 각 값에 접근할 수 있다.

● 포인터 배열의 각 원소가 배열의 이름이라면 연속되지 않은 각각의 배열을 한데 모아 다차원 배열처럼 사용할 수 있다.

● 함수의 매개변수로 배열을 전달하는 경우 매개변수를 배열 또는 포인터로 지정한다.

예제 톺아보기

```c
#include <stdio.h>

void printStrs(const char** strings, int size) // (1)
{
    for (int i = 0; i < size; i++)
        printf("%s\n", strings[i]); // (2)
}

int main()
{
    const char* strings[] = { // (3)
        "RED", "GREEN", "BLUE"
    };
    printStrs(strings, 3); // (4)
}
```

(1) 배열은 연속된 메모리의 첫 주소와 자료형, 그리고 그 크기로 이루어진다. 그러므로 void 포인터가 아닌 포인터와 원소의 크기를 함께 매개변수로 사용하면 포인터 변수로 배열을 사용할 수 있다.

(2) 이중 포인터를 이용한 2차원 배열은 각각의 원소에 포인터가 저장되어 있다. 이 포인터 역시 연속된 메모리의 첫 주소를 가리키는 배열의 이름이므로 이를 하나의 배열로 사용할 수 있다.

(3) 문자열 상수는 연속된 메모리에 저장되어 있으므로 그 첫 주소를 const char* 자료형에 저장할 수 있다. 이를 배열로 만들면 문자열 상수 배열이다.

(4) 배열의 이름은 그 자체로 메모리 주소이므로 포인터가 필요한 곳에 배열의 이름을 전달할 수 있다.

더 멋진 내일(Tomorrow)을 위한 내일(My Career)

내 일 은   C 언 어

구조체와 포인터

01

구조체 포인터

구조체 포인터, 화살표 연산자

여기서는 무얼 배울까

구조체는 그저 몇 가지 값을 묶은 하나의 데이터이다. 그러나 구조체가 담고 있는 것이 단순한 데이터의 모음
일지라도 그 구조체에 어떤 의미를 부여하느냐에 따라 그 가치는 달라질 수 있다. 누군가에게 추억이 있는 인
형이 있다고 한다면, 그 인형과 똑같이 생긴 인형은 추억이 담긴 인형과 같다고 볼 수는 없다. 그렇기에 추억
이 담긴 그 인형은 그 존재만으로 가치가 있는 것이며, 인형의 복제품에는 그러한 가치가 없다. 컴퓨터의 구
조체도 마찬가지로 같은 값을 가지고 있는 두 구조체는 똑같다고 할 수 없다. 그 구조체가 언제, 어디에, 어떻
게 쓰이느냐에 따라 그 가치가 달라질 수 있기 때문이다. 이번 절에서는 단순히 값을 저장하는 구조체를 뛰어
넘어 그 가치를 담을 수 있도록 포인터와 구조체를 함께 다루는 방법을 배운다.

구조체 포인터

구조체 포인터*는 구조체를 가리키는 포인터로, 참조했을 때의 값이 구조체이다.

손으로 익히는 코딩

```c
#include <stdio.h>

typedef struct teddyBear {
    char owner[128];
    float size;
} teddyBear;

int main()
{
    teddyBear myBear = { "owner", 2.0f };
```

기초 용어 정리

* **구조체 포인터**: 구조체를 가리키는 포인터

```
        teddyBear* pBear = &myBear;

        printf("owner : %s", (*pBear).owner);
}
```

```
owner : owner
```

여기에는 문자열과 실수를 담을 수 있는 teddyBear 구조체가 있다. 구조체 포인터는 구조체의 주소를 가리키므로 참조 연산자를 통해 구조체를 얻은 후 원하는 멤버에 접근한다.

코·드·소·개

포인터->멤버

참조 후 하나의 멤버에 접근하는 것은 구조체 포인터에서 자주 사용되는데, C 언어에는 이를 하나로 묶은 연산자인 화살표 연산자*가 있다.

```
printf("owner : %s", pBear->owner);
```

화살표 연산자는 구조체 포인터에 사용하여 구조체의 멤버에 접근하는 기능을 한다. 위 예제의 (*pBear).owner와 pBear->owner는 같은 의미이다. 화살표 연산자는 산술과 참조를 하나로 합친 인덱스 연산자와 그 목적이 유사하다고 볼 수 있다.

함수와 구조체 포인터

구조체 포인터를 함수의 매개변수와 반환값으로 사용하는 것 역시 int, float와 같은 자료형의 포인터를 사용하는 것과 크게 다르지 않다. 기존의 방법과 포인터를 사용하는 방법 사이의 가장 큰 차이점은 데이터에 대한 복사가 이루어지는지이다. 구조체 매개변수를 통해 데이터를 옮긴다면 그 데이터는 복사본이므로 원본과는 다른 존재이다. 하지만 구조체를 포인터를 통해 함수에 전달한다면 그 포인터가 가리키는 구조체는 원본과 동일하다. 이는 단순히 값이 똑같다는 의미를 넘어 완전히 똑같은 존재를 나타낸다는 것이다.

기초 용어 정리
* **화살표 연산자**: 구조체 포인터를 참조하여 하나의 멤버에 접근하는 것을 하나로 묶은 연산자

벡터의 정규화

x, y(혹은 그 이상)로 나타내는 벡터는 벡터의 크기를 1로 만드는 정규화 연산이 있다. 주어진 벡터를 정규화한 형태로 반환하는 함수는 포인터 없이도 만들 수 있지만 입력으로 들어온 벡터를 정규화하여 값을 바꾸는 데는 포인터가 필요하다.

```
#include <stdio.h>
#include <math.h>

typedef struct vector {
    float x, y;
} vector;

void normalize(vector* p)
{
    float size = sqrtf(p->x * p->x + p->y * p->y);
    p->x /= size;
    p->y /= size;
}

int main()
{
    vector v = { 1.0f, 2.0f };
    normalize(&v);
    printf("%.2f, %.2f", v.x, v.y);
}
```

실행 결과

```
0.45, 0.89
```

2차원 벡터를 입력으로 받고, 벡터를 정규화하여 크기를 1로 만드는 함수의 예제이다.

```
void normalize(vector* p)
{
    float size = sqrtf(p->x * p->x + p->y * p->y);
    p->x /= size;
    p->y /= size;
}
```

벡터를 정규화하는 함수인 normalize는 구조체 포인터를 매개변수로 받는다. 이 함수는 정규화된 새로운 벡터를 반환하는 것이 아닌 기존에 있던 벡터의 값 자체를 바꾸는 게 목적이므로 구조체를 포인터로 받고 이를 화살표 연산자로 수정하는 것이다. 벡터를 정규화하기 위해선 벡터의 x, y에 벡터의 크기를 나눠 주면 된다.

```
int main()
{
    vector v = { 1.0f, 2.0f };
    normalize(&v);
    printf("%.2f, %.2f", v.x, v.y);
}
```

정규화 함수를 호출할 때는 바꾸고자 하는 벡터의 주솟값을 인자로 넘긴다. 함수는 구조체 포인터를 받아 값을 수정하므로 main 함수에 있던 벡터 v의 값이 변경되므로 정규화된 벡터를 바로 사용할 수 있다.

구조체 입력 함수

scanf()가 포인터를 매개변수로 받아 입력값을 저장하듯 구조체도 비슷한 방식으로 함수를 만들어 입력 처리를 간단하게 만들 수 있다.

손으로 익히는 코딩

```
#include <stdio.h>
#pragma warning(disable: 4996)

typedef struct vector {
    float x, y;
} vector;

void readVector(vector* p)
{
    scanf("%f %f", &p->x, &p->y);
}

int main()
{
    vector v;
```

```
    readVector(&v);
    printf("%.2f, %.2f", v.x, v.y);
}
```

```
5 10
```

```
5.00, 10.00
```

readVector 함수는 벡터 포인터를 매개변수로 전달받은 후 scanf()로 실수를 입력받아 그 값을
저장한다.

```
    scanf("%f %f", &p->x, &p->y);
```

여기서 scanf()의 인자로 들어간 &p->x의 연산자 우선순위는 화살표 연산자가 먼저, 그다음이
주소 연산자이다. 따라서 구조체 포인터 p의 멤버 변수인 x에 접근한 후 x의 메모리 주소를 알
아낸 다음 scanf에 전달한다.

구조체, 배열, 포인터

구조체와 배열, 그리고 포인터를 함께 사용하는 것은 여러 장점이 있지만 해결하고자 하는 문제
와 프로그램에 대해 정확히 알고 있어야 실수 없이 사용할 수 있다. 아래에는 이 셋을 활용하는
몇 가지 예제를 소개한다.

구조체 포인터 배열

서로 다른 위치에서 선언된 변수를 일괄적으로 처리하기 위해 포인터 배열로 묶었듯 구조체 역
시 마찬가지의 방법을 사용하면 분산된 구조체를 반복문으로 처리할 수 있다.

```c
#include <stdio.h>

typedef struct vector {
    float x, y;
} vector;

void addVectors(vector** arr, int size, vector value)
{
    for (int i = 0; i < size; i++)
    {
        arr[i]->x += value.x;
        arr[i]->y += value.y;
    }
}

int main()
{
    vector v = { 1, 1 };
    vector u = { 2, 2 };
    vector x = { 3, 3 };
    vector y = { 4, 4 };

    vector* arr[] = { &v, &u, &x };
    addVectors(arr, 3, y);

    for (int i = 0; i < 3; i++)
        printf("%.2f, %.2f\n", arr[i]->x, arr[i]->y);
}
```

실행 결과

```
5.00, 5.00
6.00, 6.00
7.00, 7.00
```

addVectors 함수는 매개변수로 벡터 포인터 배열을 전달받은 후, 배열에 있는 모든 벡터에 value 벡터의 값을 더하는 기능을 한다.

```c
void addVectors(vector** arr, int size, vector value)
{
    for (int i = 0; i < size; i++)
    {
        arr[i]->x += value.x;
        arr[i]->y += value.y;
    }
}
```

addVectors의 매개변수 arr은 벡터를 가리키는 이중 포인터이다. 배열 안에 있는 값이 벡터 포인터이므로 이를 배열로 만들기 위해 이중 포인터를 사용한 것이다. arr[i]는 배열의 한 인덱스에 접근했기 때문에 그 자료형은 벡터 포인터이다. 그러므로 멤버 변수를 참조하기 위해서 화살표 연산자를 사용한다.

```c
int main()
{
    vector v = { 1, 1 };
    vector u = { 2, 2 };
    vector x = { 3, 3 };
    vector y = { 4, 4 };

    vector* arr[] = { &v, &u, &x };
    addVectors(arr, 3, y);

    for (int i = 0; i < 3; i++)
        printf("%.2f, %.2f\n", arr[i]->x, arr[i]->y);
}
```

main 함수에서는 한 번에 처리하길 원하는 벡터들의 주소를 모아 배열로 만들고 이를 addVectors 함수에 전달한다. 함수의 처리가 완료된 후에는 기존 벡터 변수인 u, v, x를 그대로 사용하거나 arr 배열에 있는 포인터로 바뀐 값을 사용할 수 있다.

문자열을 담은 구조체 처리

구조체를 함수로 전달하여 값을 수정하고자 할 때, 구조체 안에 배열과 문자열이 있어도 지금까지 했던 방법과 똑같은 방법으로 진행하면 된다.

```
#include <stdio.h>
#include <string.h>

typedef struct person {
    char name[128];
    int age;
} person;

void setPersonValue(person* p, const char* name, int age)
{
    strcpy(p->name, name);
    p->age = age;
}

int main()
{
    person kim;
    setPersonValue(&kim, "Kim", 25);
    printf("%s %d", kim.name, kim.age);
}
```

실행 결과

```
Kim 25
```

setPersonValue는 person 구조체 포인터를 매개변수로 전달받은 후 그 구조체의 값을 변경하는 기능을 한다.

```
void setPersonValue(person* p, const char* name, int age)
{
    strcpy(p->name, name);
    p->age = age;
}
```

구조체 포인터 p는 화살표 연산자로 name과 age에 각각 접근할 수 있다. age의 경우 정수형 멤버 변수이기에 대입 연산자로 값을 바꿀 수 있지만 name은 문자열이므로 string.h의 strcpy를 이용해 문자열 전체를 복사하였다. 여기서는 문자열 함수를 하나만 사용했지만 경우에 따라 문자열에 인덱스 연산자를 적용하여 글자 단위로 직접 처리할 수도 있다.

포인터를 갖는 구조체

포인터를 갖는 구조체, 깊은 복사, 얕은 복사

여기서는 무얼 배울까

무언가를 공유한다는 것은 현실에서나 컴퓨터에서나 언제나 흥미롭다. 공유하는 자원은 모두가 동일한 대상을
똑같이 사용할 수 있기 때문이다. 프로그래밍에서 데이터의 공유는 그 쓰임새가 많다. 똑같은 데이터를 중복해
서 만들 필요가 없어지고, 누군가가 데이터를 수정한다면 다른 이들도 수정된 데이터를 곧바로 사용할 수 있기
때문이다. 이번 절에서는 다양한 구조체들이 동일한 대상을 공유해서 가질 수 있도록 하는 방법을 배운다.

포인터를 갖는 구조체

포인터를 갖는 구조체는 그렇지 않은 구조체와 의미상으로 큰 차이는 없다. 그러나 포인터가 없
는 구조체는 자신이 필요한 모든 데이터를 한데 모아서 사용하는 반면 포인터는 필요한 데이터
가 존재하는 메모리의 주소를 대신 갖고 있다는 차이가 있다.

```c
typedef struct wheel {
    int size;
} wheel;

typedef struct bicycle {
    wheel* frontWheel;
    wheel* backWheel;
} bicycle;
```

위 예제에서 wheel 구조체는 크기를 나타내는 정수형 멤버 변수가 있고, bicycle 구조체는 앞바
퀴와 뒷바퀴에 대한 포인터 멤버 변수를 가지고 있다. bicycle 구조체는 자신을 구성하는 두 바
퀴를 포인터로 가리키기만 할 뿐이기에 바퀴와 자전거에 대한 정보가 메모리의 같은 위치에 있
지 않다.

```
typedef struct person {
    char name[128];
} person;

typedef struct dog {
    char name[128];
    person* owner;
} dog;
```

실제 값을 가지고 있는 것이 아닌 그 값의 주소를 가지고 있다면, 하나의 대상을 여러 구조체가 공유할 수 있다. 위 예제에서 dog 클래스는 자신의 이름을 저장할 문자열 멤버 변수, 그리고 자신의 주인을 가리키는 포인터가 있다. 둘 이상의 개가 같은 사람을 가리킨다면 이 둘은 같은 주인을 공유하는 개가 되는 것이다.

인벤토리

물건을 저장할 수 있는 인벤토리는 게임에서 흔하게 볼 수 있는 시스템이다. 인벤토리 안에는 여러 종류의 아이템이 있고, 필요에 따라 아이템을 넣거나 뺄 수 있다.

손으로 익히는 코딩

```
#include <stdio.h>

typedef struct item {
    char name[128];
    int price;
} item;

typedef struct inventory {
    item* items[10];
} inventory;

int main()
{
    item sword = { "sword", 100 };
    item bow = { "bow", 200 };

    inventory myInventory;
```

```
        myInventory.items[0] = &sword;
        myInventory.items[1] = &bow;
    }
```

item 구조체는 물건의 이름과 가격을 담고 있고, inventory 구조체는 그러한 item을 배열로 저장한다. items 배열 변수는 item 포인터에 대한 배열이므로 물건에 대한 정보를 담는 것이 아닌, 물건을 가리키는 포인터를 저장한다. 따라서 배열의 원소를 바꾸면 물건을 넣거나 뺄 수 있고, 배열 안의 포인터에 접근하면 물건 그 자체를 수정할 수도 있다.

구조체 안에 구조체 포인터를 넣는 경우는 크게 2가지이다. 그 대상이 공유될 수 있는 경우, 그리고 또 하나는 완전한 종속 관계가 아닐 경우이다. A가 B를 가지고 있으며, 이 관계가 영원히 바뀌지 않는다면 포인터로 가리킬 필요가 없다. 그러나 A가 B를 가지고 있다가 중간에 B가 아닌 B'으로 바뀔 수 있다면 구조체 포인터를 이용하는 것이 더 효과적이다.

깊은 복사와 얕은 복사

구조체의 값은 다른 변수나 함수의 매개변수에 대입될 때 그 값이 복사된다는 특징이 있다. 이때 구조체가 포인터를 갖고 있을 경우라면 포인터가 가리키는 값이 아닌 포인터가 저장하고 있는 주소가 복사된다.

손으로 익히는 코딩

```
#include <stdio.h>

typedef struct wheel {
    int size;
} wheel;

typedef struct bicycle {
    wheel* frontWheel;
    wheel* backWheel;
} bicycle;

int main()
{
    wheel wheelA = { 2 };
    wheel wheelB = { 2 };
```

```
    bicycle bicycleA = { &wheelA, &wheelB };
    bicycle bicycleB = bicycleA;

    printf("%p = %p", bicycleA.frontWheel, bicycleB.frontWheel);
}
```

```
0053FC8C = 0053FC8C
```

위 예제에서는 bicycle 자료형의 bicycleA를 초기화한 후 그 값을 bicycleB에 그대로 복사하여
붙여 넣었다. 여기에서 bicycleA의 멤버 변수는 메모리 주소를 나타내는 포인터이기에
bicycleB에는 그 메모리 주소를 그대로 복사하게 되고, 결과적으로 두 자전거는 같은 바퀴를 공
유하고 있는 상태가 된다.

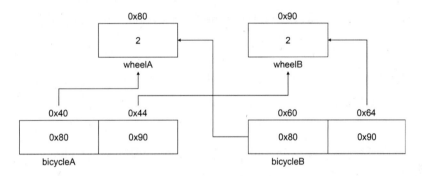

bicycleA와 bicycleB는 서로 독립된 메모리를 차지하고 있지만, 둘이 저장하고 있는 포인터는
같은 대상을 가리킨다. 이처럼 포인터가 포함된 값을 복사할 때 그 포인터가 가리키는 대상은 복
사하지 않을 경우를 얕은 복사*라고 하며, 얕은 복사가 이루어졌다면 서로 다른 두 변수가 같은
대상을 가리킬 수 있다는 문제가 있다.

손으로 익히는 코딩

```
#include <stdio.h>

typedef struct wheel {
    int size;
```

기초 용어 정리
* **얕은 복사**: 포인터가 포함된 값을 복사할 때에 그 포인터가 가리키는 대상을 복사하지 않는 복사

```
    } wheel;

    typedef struct bicycle {
        wheel* frontWheel;
        wheel* backWheel;
    } bicycle;

    int main()
    {
        wheel wheelA = { 2 };
        wheel wheelB = { 2 };
        bicycle bicycleA = { &wheelA, &wheelB };

        wheel wheelA2 = wheelA;
        wheel wheelB2 = wheelB;
        bicycle bicycleB = { &wheelA2, &wheelB2 };

        printf("%p != %p", bicycleA.frontWheel, bicycleB.frontWheel);
    }
```

```
0055FB04 != 0055FADC
```

포인터가 가리키는 대상까지 모두 복사하는 깊은 복사*를 위해서는 복사하고자 하는 대상이 가지고 있는 모든 포인터에 대해서 그 대상을 복사한 다음에 구조체의 값을 구성해야 한다. 위 예제에서는 포인터가 가리키는 대상이 바퀴이므로 바퀴를 먼저 wheelA2와 wheelB2로 복사하고나서, 복사한 바퀴로 새로운 자전거 bicycleB를 만들었다.

자기 참조 구조체

포인터를 갖는 구조체 중 특히 자기 자신과 동일한 자료형의 포인터를 갖는 구조체를 자기 참조 구조체**라고 한다. 구조체가 다른 구조체를 포함하고 있을 때 포인터를 사용하지 않는다면 그 구조가 순환되지 않아야 한다. 그러므로 포인터를 이용하는 자기 참조 구조체는 하나의 구조체가 자신과 동일한 종류의 구조체를 가질 수 있는 유일한 방법이다.

기초 용어 정리
* **깊은 복사**: 포인터가 가리키는 대상까지 모두 복사하는 복사
** **자기 참조 구조체**: 자기 자신과 동일한 자료형의 포인터를 갖는 구조체

```
typedef struct person {
    char name[128];
    struct person* mother;
    struct person* father;
} person;
```

위 예제에서 person 구조체는 자신의 이름과 함께 두 부모에 대한 포인터를 멤버 변수로 가지고 있다. 자기 참조 구조체로 정의된 person은 사람들에 대한 데이터를 추가한 후, 포인터를 이용하여 부모 자식 관계에 대한 정보를 추가할 수 있다.

Quick Tip
자기 참조 구조체에선 typedef로 추가된 이름을 쓸 수 없습니다. 따라서 struct person* 에서 struct를 생략할 수 없습니다.

기차

기차는 여러 칸으로 이루어져 있다. 구조체로 기차 한 칸에 대한 정보를 저장한다면, 한 칸과 다른 칸이 연결되는 것은 포인터로 표현할 수 있다.

손으로 익히는 코딩

```
#include <stdio.h>

typedef struct traincar {
    int number;
    int passenger;
    struct traincar* link;
} traincar;

int main()
{
    traincar car1 = { 1, 20 };
    traincar car2 = { 2, 30 };
    traincar car3 = { 3, 25 };

    car1.link = &car2;
    car2.link = &car3;
    car3.link = NULL;
}
```

traincar 구조체는 한 칸의 정보와 함께 연결되는 다른 칸에 대한 포인터를 가지고 있다. 기차 칸들은 모두 다른 메모리 주소에 있지만, 포인터로 연결된 모든 칸은 마치 연속된 하나의 기차처럼 사용할 수 있다.

```
printf("total : %d",
    car1.passenger +
    car1.link->passenger +
    car1.link->link->passenger);
```

이와 같이 연결된 구조체의 경우 일반적으로 가장 처음에 있는 하나의 데이터만을 사용한다. 위 예제에서는 car1이 가장 앞에 위치하는 기차의 칸이므로 car1에서 link를 통해 원하는 위치의 칸에 접근할 수 있다.

책임자

자기 참조 구조체는 자신과 동일한 종류의 개체를 가리킬 수 있는 구조체인데, 자신과 동일한 종류에는 자기 자신도 포함된다.

손으로 익히는 코딩

```
#include <stdio.h>

typedef struct person {
    char name[128];
    struct person* honcho;
} person;

int main()
{
    person kim = { "kim" };
    person lee = { "lee" };
    kim.honcho = lee.honcho = &kim;
}
```

사람을 나타내는 person 구조체는 이름과 그 사람에 대한 책임자가 있다. 어떤 이가 잘못을 했을 때 그에 대한 책임을 지는 사람이 있다고 한다면, 책임자는 자기 자신일 수도, 아닐 수도 있다.

```
kim.honcho = lee.honcho = &kim;
```

kim과 lee는 둘 다 책임자가 kim이다. lee는 책임자가 자신이 아니고, kim은 책임자가 자기 자신이므로 kim은 구조체 내부의 포인터 변수가 가리키는 것이 자기 자신이다. 이 경우 포인터가 스스로를 가리키므로 kim.honcho->honcho->honcho ... 처럼 무한히 참조할 수 있다.

03

연습문제

1. 서술형

● 깊은 복사와 얕은 복사의 차이점에 대해 서술하시오.

● 구조체가 포인터를 가질 때 얻을 수 있는 이점을 서술하시오.

2. 모두 고르기

다음 중 문제가 없는 구조체 정의를 모두 고르시오.

(1)
```
typedef struct person {
    char name[128];
    char address[128];
    person* child;
} person;
```

(2)
```
typedef struct person {
    char name[128];
    char address[128];
    void* child;
} person;
```

(3)
```
typedef struct person {
    char name[128];
    char address[128];
    struct person* child;
} person;
```

(4)
```
typedef struct person {
    char name[128];
    char address[128];
    person child;
} person;
```

1. 서술형

● 깊은 복사와 얕은 복사에 차이점에 대해 서술하시오.

> 📑 얕은 복사는 구조체를 복사할 때 구조체의 포인터 멤버 변수가 가리키는 대상을 복사하지 않는 것을 말하고, 깊은 복사는 가리키는 대상까지 모두 복사하는 것을 말한다. 얕은 복사가 발생하면 포인터가 가리키는 대상을 복사본과 공유한다는 문제가 생긴다.

● 구조체가 포인터를 가질 때 얻을 수 있는 이점을 서술하시오.

> 📑 구조체가 포인터를 가지면 둘 이상의 구조체와 동일한 대상을 공유하여 보유할 수 있으며, 구조체 안의 값을 바꿔야 하는 경우에도 포인터라면 그 값을 쉽게 바꿀 수 있다는 장점이 있다. 또 포인터를 이용한 자기 참조 구조체는 자기 자신과 같은 자료형의 데이터를 포함할 수 있는 유일한 방법이다.

2. 모두 고르기

다음 중 문제가 없는 구조체 정의를 모두 고르시오.

(1)
```
typedef struct person {
    char name[128];
    char address[128];
    person* child;
} person;
```

> 📑 X, 자기 참조 구조체 내부에선 typedef로 만들어진 이름을 사용할 수 없다.

(2)
```
typedef struct person {
    char name[128];
    char address[128];
    void* child;
} person;
```

> 📑 O, 구조체는 void 포인터를 포함할 수 있다.

(3)
```
typedef struct person {
    char name[128];
    char address[128];
    struct person* child;
} person;
```

📑 O. 자기 참조 구조체의 예이다.

(4)
```
typedef struct person {
    char name[128];
    char address[128];
    person child;
} person;
```

📑 X, 구조체 안에는 포인터가 아닌 방법으로 자기 자신이 포함될 수 없다.

키워드로 정리하기

● **구조체 포인터**는 구조체를 가리키는 포인터이다. 구조체 포인터의 멤버 접근은 **화살표 연산자**를 이용한다.

● 구조체는 포인터를 포함할 수 있다. 포인터를 포함하는 구조체는 대상을 공유할 수 있을 때, 또는 완전한 종속 관계가 아닐 때에 유용하다.

● 대입 연사자로 포인터를 포함하는 구조체를 복사하면 포인터가 가리키는 대상은 복사되지 않는다. 이를 **얕은 복사**라고 한다.

● 포인터가 가리키는 대상까지도 복사하는 완전한 복사를 **깊은 복사**라고 한다.

● 구조체가 자기 자신과 같은 종류의 구조체를 가리키는 경우를 **자기 참조 구조체**라고 한다. 자기 참조 구조체는 자기 자신을 가리킬 수 있다.

예제 톺아보기

```c
#include <stdio.h>

typedef struct person {
    char name[128];
    struct person* honcho; // (1)
} person;

int main()
{
    person kim = { "kim" };
    person lee = { "lee" };
    kim.honcho = lee.honcho = &kim; // (2)

    printf("%s", lee.honcho->name); // (3)
}
```

(1) 구조체에 포인터가 포함되면 포인터가 가리키는 대상을 둘 이상의 구조체가 가질 수 있다. 이는 공유 대상을 가지는 구조체를 만들 수 있게 한다.
자기 자신에 대한 구조체 포인터를 가지고 있다면 그러한 구조체를 자기 참조 구조체라고 한다. 자기 참조 구조체는 자신과 똑같은 자료형을 저장할 수 있는 유일한 방법이다.

(2) 구조체에 포인터가 있다면 대입 연산자를 복사할 때 얕은 복사가 일어난다. 얕은 복사는 포인터가 가리키는 대상을 복사하지 않으므로 의도치 않게 동일한 대상을 가리킬 수 있다는 문제가 있다. 이를 해결하는 깊은 복사를 위해서는 포인터가 가리키는 모든 대상도 복사해야 한다.

(3) 구조체 포인터가 가리키는 구조체의 멤버에 접근하기 위해선 화살표 연산자를 이용한다.

PART

02

내 일 은 C 언 어

더 멋진 내일(Tomorrow)을 위한 내일(My Career)

CHAPTER

09

내 일 은   C 언 어

동적 할당

01

동적 할당

✓핵심 키워드
정적 할당, 동적 할당, 메모리 누수

여기서는 무얼 배울까

지금까지 사용했던 모든 데이터는 프로그램이 실행되면 자동으로 그 값이 생성되고 삭제되었다. 변수의 라이프타임이 시작되면 필요한 값을 저장할 메모리가 할당되고, 라이프타임이 끝날 때 해제된다. 이러한 메모리의 할당과 반환은 컴퓨터가 자동으로 수행하기에 편리하지만, 내가 데이터를 만들고, 삭제하고, 사용하는 것에 큰 제약이 생긴다. 수많은 적들이 있는 게임을 생각해 보자. 게임의 적들은 게임이 진행됨에 따라 유동적으로 생성되고, 체력이 0이 되면 게임에서 삭제되어야 한다. 이런 데이터는 컴퓨터가 아닌 프로그래머가 직접 제어해야 한다는 것은 쉽게 이해할 수 있을 것이다. 이번 절에서는 프로그래머가 직접 데이터를 생성 및 삭제할 수 있는 동적 할당에 대해서 배운다.

미리 정해진 변수의 라이프타임에 따라 컴퓨터가 자동으로 수행하는 메모리 할당을 정적 할당[*]이라고 한다. 반면 컴퓨터가 아닌 프로그래머가 필요할 때마다 메모리를 원하는 만큼 할당하는 것을 동적 할당^{**}이라고 한다.

```
int f()
{
    int arr[10];
}
```

위 예제의 배열은 함수가 호출될 때마다 배열이 저장될 메모리를 컴퓨터가 마련하여 할당한 다음 그 메모리를 배열로 사용한다. 정적 할당된 값은 프로그램을 컴파일하는 시점에서 이미 그 메모리의 크기가 정해져 있고, 할당된 메모리는 라이프타임이 끝날 때 자동으로 해제된다. 따라서 위의 배열을 상황에 맞게 더 큰 크기로 만들거나 줄일 수 없고, 함수가 종료된다면 배열의 값을 사용할 수 없다.

기초 용어 정리
* **정적 할당**: 미리 정해진 변수의 라이프타임에 따라 컴퓨터가 자동적으로 수행하는 메모리 할당
** **동적 할당**: 프로그래머가 필요할 때마다 메모리를 원하는 만큼 할당하는 것

```
int f(int n)
{
    int* arr = malloc(sizeof(int) * n);
}
```

프로그램의 동적 할당은 정적 할당의 이러한 문제를 해결한다. 동적 할당은 프로그램이 실행되는 도중에 필요에 따라서 메모리가 할당되고, 필요가 없어질 때 그 메모리를 해제한다. 이러한 메모리의 할당과 해제는 미리 정해진 스코프나 라이프타임에 영향을 받는 것이 아니므로 더 유연한 프로그램을 만들 수 있게 도와준다. 위의 간단한 예제는 크기가 n인 정수형 배열을 동적으로 만드는데, 동적 할당은 원하는 크기에 맞는 배열을 생성할 수 있으며 함수가 끝나더라도 그 값이 없어지지 않고 유지된다.

> **Clear Comment**
>
> 동적 할당은 프로그램 실행 중간에 얼마나 많은 메모리를 할당할지, 언제 할당할지, 얼마나 자주 할당할지 등이 동적으로 결정되기에 동적 할당이라고 부릅니다.

malloc과 free

malloc

stdlib.h에 포함된 malloc 함수는 매개변수에 들어온 메모리의 크기만큼 연속된 메모리를 동적 할당하여 그 주소를 반환한다. 만약 할당에 실패한다면 NULL이 반환된다.

> **코·드·소·개**
>
> ```
> void* 변수명 = malloc(바이트);
> ```

malloc이 호출된 후 반환한 값은 이제부터 프로그래머가 자유롭게 사용할 수 있도록 할당된 공간으로, 할당을 해제하지 않는 한 계속해서 사용할 수 있다. malloc 함수가 반환하는 것은 그 메모리를 가리키는 포인터이므로 이 포인터를 다른 함수에서 사용하거나 변수에 저장하여 사용한다.

```
#include <stdio.h>
#include <stdlib.h>

int main()
{
    int* n = malloc(sizeof(int));
    *n = 10;
    printf("%d", *n);
}
```

```
10
```

malloc 함수의 매개변수는 메모리 크기 하나이다. int형 데이터를 저장할 수 있는 바이트만큼의 메모리를 할당한다면 int 하나를 저장할 수 있는 공간을 할당하므로 여기에 int형 데이터를 저장할 수 있다.

free

동적 할당된 메모리는 해제하기 전까지 메모리에 계속해서 남아 있다. 사용이 다 끝난 데이터가 메모리에 남아 있다면 그만큼 메모리의 낭비가 생기므로 사용이 끝날 때마다 메모리 할당을 해제해야 하는데, stdlib.h의 free 함수가 이 역할을 한다.

```
free(포인터 변수);
```

free 함수는 인자로 동적 할당된 메모리의 주소를 넘기면 그 할당된 메모리를 해제하여 다시 자유롭게 사용할 수 있도록 한다.

```
#include <stdio.h>
#include <stdlib.h>

int main()
{
```

```
    int* n = malloc(sizeof(int));
    *n = 10;
    printf("%d", *n);
    free(n);
}
```

```
10
```

더 이상 사용하지 않는 동적 할당된 메모리를 free 함수로 그때마다 메모리 할당을 해제해야 한다. 오늘날의 컴퓨터는 프로그램이 종료될 경우에 동적 할당된 메모리가 모두 자동으로 해제되지만, 가능하다면 동적 할당된 메모리는 직접 해제하는 습관을 기르는 것이 좋다.

동적 할당을 해제하지 않아 사용하지 않고 낭비되는 메모리가 점차 늘어나는 것을 메모리 누수*라고 한다. 메모리 누수가 심해지면 컴퓨터의 성능이 점점 저하되다가 끝내 프로그램이 강제로 종료될 수 있다.

배열과 구조체의 동적 할당

배열의 동적 할당

malloc은 주어진 크기만큼의 메모리를 할당할 뿐 그 메모리에 어떤 값이 저장될지에 대해서는 나타내지 않는다. 그러므로 특정 자료형을 n개 저장할 수 있는 공간을 할당한다면 이를 배열로 활용할 수 있다.

손으로 익히는 코딩

```
#include <stdio.h>
#include <stdlib.h>

int main()
{
    int* arr = malloc(10 * sizeof(int));
```

기초 용어 정리
* **메모리 누수** : 동적으로 할당되었지만 해제하지 않아 사용하지 않는 메모리 공간이 점차 늘어나는 것

```c
    for (int i = 0; i < 10; i++)
        arr[i] = i;

    for (int i = 0; i < 10; i++)
        printf("%d\n", arr[i]);

    free(arr);
}
```

실행 결과

```
1
2
3
4
5
6
7
8
9
10
```

int형 데이터 10개를 저장할 수 있는 크기를 할당하면 여기에 int형 데이터 10개를 저장할 수 있다. 이 메모리는 연속되어 있으므로 배열과 동일하게 인덱스 연산자로 각 값을 저장하고 사용하는 것이 가능하다.

손으로 익히는 코딩

```c
#include <stdio.h>
#include <stdlib.h>
#pragma warning(disable: 4996)

int main()
{
    int n, *arr;
    scanf("%d", &n);
    arr = malloc(n * sizeof(int));

    for (int i = 0; i < n; i++)
        arr[i] = i;
```

```
    for (int i = 0; i < n; i++)
        printf("%d\n", arr[i]);

    free(arr);
}
```

```
3
```

```
0
1
2
```

동적 할당은 프로그램이 실행되는 도중에 그 크기가 정해지므로 정적 할당된 배열과는 달리 상황에 맞게 작거나 큰 배열을 할당할 수도 있다. 배열을 동적 할당하여 사용한다면 그렇지 않은 경우와 비교했을 때 메모리를 낭비하지 않으므로 더 적은 메모리를 사용할 수 있다.

구조체의 동적 할당

구조체를 저장할 수 있는 공간을 할당하여 그 위치에 구조체를 저장할 수 있다.

손으로 익히는 코딩

```c
#include <stdio.h>
#include <stdlib.h>

typedef struct pos {
    int x, y;
} pos;

int main()
{
    pos* a = malloc(sizeof(pos));
    a->x = 10;
    a->y = 5;
    printf("%d, %d", a->x, a->y);
```

```
        free(a);
}
```

```
10, 5
```

구조체 포인터 a는 pos 구조체를 저장할 수 있는 주소를 가지고 있다. a는 포인터이므로 화살표
연산자를 통해 각 멤버에 쉽게 접근할 수 있다.

손으로 익히는 코딩

```c
#include <stdio.h>
#include <stdlib.h>
#pragma warning(disable: 4996)

typedef struct pos {
    int x, y;
} pos;

int main()
{
    int n;
    pos** arr;

    scanf("%d", &n);
    arr = malloc(sizeof(pos*) * n);
    for (int i = 0; i < n; i++)
    {
        int x, y;
        scanf("%d %d", &x, &y);

        arr[i] = malloc(sizeof(pos));
        arr[i]->x = x;
        arr[i]->y = y;
    }

    for (int i = 0; i < n; i++)
        printf("%d, %d\n", arr[i]->x, arr[i]->y);

    for (int i = 0; i < n; i++)
```

```
            free(arr[i]);
        free(arr);
}
```

입력값

```
3
1 1 2 2 3 3
```

실행 결과

```
1, 1
2, 2
3, 3
```

위 예제에서는 동적 할당된 pos 구조체를 배열에 저장하는 방법을 보여 준다.

```
int n;
pos** arr;

scanf("%d", &n);
arr = malloc(sizeof(pos*) * n);
```

arr 배열은 동적 할당된 pos를 저장하는 배열이다. 동적 할당된 pos는 pos 포인터이므로 이 포인터를 저장하는 배열은 pos**이다. 여기서는 arr도 동적 할당으로 메모리를 할당하였다.

```
for (int i = 0; i < n; i++)
{
    int x, y;
    scanf("%d %d", &x, &y);

    arr[i] = malloc(sizeof(pos));
    arr[i]->x = x;
    arr[i]->y = y;
}
```

arr 배열이 생성된 직후에는 그 안에 들어갈 구조체들이 없다. 그러므로 먼저 arr 배열 안에 동적 할당된 구조체의 포인터를 저장한 후 x와 y 값을 설정한다. arr[i]는 구조체 포인터이므로 화살표 연산자로 멤버에 접근한다.

```
    for (int i = 0; i < n; i++)
        free(arr[i]);
    free(arr);
```

사용이 모두 끝난 포인터는 할당을 해제해야 하는데, 이 예제에서는 구조체와 배열 모두 동적 할
당이 되었기에 이 둘 다 해제해야 한다. 여기서 만약 배열을 먼저 할당 해제하였다면 배열에 저
장된 각각의 구조체에 접근할 수 없게 되므로 메모리 누수에 주의해야 한다.

에러에서 배우기

포인터와 동적 할당은 강력한 무기이지만 그만큼 실수하기 쉽다는 단점이 있다. 포인터와 동적 할당의 단점 중 하나는
이러한 실수를 사전에 발견하기 어렵다는 것이다. 대부분의 오류는 컴파일 단계에서 걸러 내기가 어렵고, 실제 프로그
램이 실행되고 나서야 발견할 수 있기에 오류를 찾고 해결하는 난도가 더 높다.

```
people* x = malloc(sizeof(people));
printf("%s", x->name);
```

동적 할당은 메모리에 대한 초기화를 하지 않는다. 따라서 동적 할당 직후에 값을 채우지 않고 곧바로 쓰려고 한다면 그
안에 쓰레기값이 존재한다.

```
free(x);
free(x);
```

이미 할당 해제된 메모리는 한 번 더 해제해선 안 된다. 해제할 수 없는 메모리를 해제하고자 할 경우에도 오류가 발생
한다.

```
free(x);
printf("%s", x->name);
```

해제된 메모리를 가리키고 있는 포인터를 댕글링 포인터라고 하며, 댕글링 포인터 역시도 잘못된 사용이다. 댕글링 포
인터는 둘 이상의 포인터가 같은 대상을 가리키고 있을 경우 흔하게 발생한다. 한 포인터에서 할당을 해제하고 널 포인
터로 변경하면 나머지 포인터도 반영해야 하는데, 포인터의 수가 많아지면 지금 해제한 메모리를 어떤 포인터가 가리키
고 있는지 파악하기가 어렵다.

포인터와 동적 할당해서 발생하는 문제를 해결하는 근본적인 해결책은 실수하지 않는 것이다. 조건문과 반복문, 함수와 비
교해서 포인터를 다루는 것은 매우 어렵기 때문에 포인터와 동적 할당을 다루는 부분에선 실수하지 않도록 집중해야 한다.

calloc과 realloc

C 언어에는 기본적인 동적 할당인 malloc 이외에 calloc과 realloc이라는 이름의 두 함수가 있다.

1. calloc

calloc 함수는 malloc 함수와 같은 기능을 한다. 차이점은 동적 할당하고자 하는 메모리의 크기를 한 번에 전달하느냐, 크기와 수를 나눠서 전달하느냐에 있다.

코·드·소·개

```
포인터 변수명 = calloc(개수, 크기);
```

calloc 함수는 의미상 배열을 위한 메모리를 동적 할당하는 데에 적절하다. calloc의 두 매개변수 중 하나는 한 원소의 크기이고 나머지 하나는 그러한 원소가 몇 개 있는지를 알려 준다. 이는 배열에서 한 원소의 크기와 배열의 크기를 의미한다.

```c
#include <stdio.h>
#include <stdlib.h>
#pragma warning(disable: 4996)

int main()
{
    int* arr = calloc(5, sizeof(int));
    for (int i = 0; i < 5; i++)
        scanf("%d", arr + i);
    for (int i = 0; i < 5; i++)
        printf("%d ", arr[i]);
    free(arr);
}
```

위 예제는 calloc 함수를 이용해 크기가 5인 정수형 배열을 만드는 것을 보여 준다. calloc은 malloc이 하는 역할과 완전히 동일하지만 배열의 크기와 원소 자료형의 크기를 따로 제공하므로 둘 중 무엇을 선택하여 사용할지는 개발자의 취향에 달렸다.

2. realloc

realloc은 동적 할당된 공간의 크기를 바꾸는 기능을 한다.

코·드·소·개

```
포인터 변수명 = realloc(포인터, 크기);
```

realloc 함수는 동적 할당된 메모리를 가리키는 포인터를 받은 후, 그 영역을 주어진 크기로 더 확장시키거나 축소시킬 수 있는지 확인한다. 만약 가능하다면 그에 맞게 동적 할당된 크기를 수정하고, 더 늘릴 수 없다면 다른 위치를 찾는다. 다른 위치에 메모리 할당이 가능하다면 기존의 모든 값을 새로운 위치로 복사하고 기존의 포인터는 할당 해제한다.

```c
#include <stdio.h>
#include <stdlib.h>
#pragma warning(disable: 4996)

int main()
{
    int* arr = malloc(5 * sizeof(int));
    int* tmp = realloc(arr, 10 * sizeof(int));

    if (tmp != NULL)
        free(arr);
    else
        arr = tmp;

    // do something...

    free(arr);
}
```

위 예제는 realloc을 사용하는 예제이다. 처음에 동적 할당된 정수 5개 크기의 메모리를 realloc으로 확장하고자 한다. 해당하는 위치를 더 확장할 수 있다면 확장하고, 그렇지 않고 새로운 위치로 할당했다면 그 값을 기존의 변수였던 arr에 저장한다.

realloc은 새로운 위치에 할당될 때 기존의 포인터는 자동으로 할당 해제하지만, 만약 NULL이 반환되면 기존의 포인터를 해제하지 않는다. 흔하게 발생하는 경우는 아니지만 해제되지 않은 주소를 가리키는 포인터가 존재하지 않는다면 메모리 누수가 발생하므로 realloc을 사용하는 부분에선 realloc가 널 포인터를 반환하는지를 검사해 줄 필요가 있다.

02

동적 자료구조

가변 길이 배열, 연결 리스트

여기서는 무얼 배울까

C 언어가 기본적으로 제공하는 자료구조는 배열과 구조체이다. 컴퓨터 공학에서는 배열과 구조체 이외에도 상황에 맞게 사용할 수 있는 굉장히 다양한 자료구조가 있는데, C 언어는 기본적인 배열과 구조체만을 제공하고, 다른 자료구조에 대해서는 동적 할당을 통해 직접 만들어서 사용하게 한다. 이번 절에서는 배열과 구조체, 동적 할당을 통해 만들 수 있는 자료구조 중에서 가장 대표적인 자료구조인 가변 길이 배열과 연결 리스트를 배우고 만드는 시간을 갖는다.

동적 할당으로 만들 수 있는 대표적인 것으로는 가변 길이 배열과 연결 리스트가 있다. 이름에서 알 수 있듯 이 둘은 데이터를 순서에 맞게 저장하는 기능을 하는데, 일반적인 배열과 비교했을 때 둘은 각각의 장단점이 있기에 상황에 맞게 둘을 선택하여 사용한다.

가변 길이 배열

가변 길이 배열*은 고정된 크기를 가진 일반적인 배열과는 다르게 필요에 따라 그 크기가 가변적으로 변하는 배열을 의미한다. 가변 길이 배열은 처음 배열이 생성된 이후에 지속적으로 크기가 바뀌므로 일반 배열보다 속도가 더 느리지만, 메모리를 더 유동적으로 사용할 수 있다.

구조체와 함수의 선언

가변 길이 배열은 일반 배열처럼 연속된 메모리를 저장할 포인터와 그 크기를 나타내는 정보가 필요하다. 그리고 여기에 추가로 효율적인 처리를 위해 현재 할당된 메모리의 크기도 저장하는 경우가 있다. 여기에서는 메모리와 크기를 나타내는 두 변수를 묶어 하나의 구조체를 만든다.

기초 용어 정리

* **가변 길이 배열**: 고정된 크기가 아닌 필요에 따라 그 크기가 가변적으로 변하는 배열

```
typedef struct array {
    int* data;
    int size, capacity;
} array;
```

array 구조체는 실제 데이터가 담길 배열을 저장하는 data, 현재 담고 있는 데이터의 수인 size, 마지막으로 할당된 메모리의 크기인 capacity로 구성된다.

```
array* init();
void append(array* v, int value);
int* index(array* v, int i);
```

이번에 구현할 함수는 init, append, index로 3가지이다. init은 기본적인 값을 채워 빈 가변 길이 배열을 만드는 함수, append는 배열의 뒤에 값을 추가하는 함수, index는 접근하고자 하는 인덱스의 주소를 가져오는 함수이다.

초기화와 데이터 추가

```
array* init()
{
    array* v = malloc(sizeof(array));
    v->data = malloc(sizeof(int) * 2);
    v->size = 0;
    v->capacity = 2;
    return v;
}
```

init 함수는 malloc을 통해 배열과 구조체를 동적 할당하여 빈 가변 길이 배열을 반환한다. 이 배열은 비어 있으므로 size는 0이고, 메모리 할당을 int 2개로 시작했기 때문에 capacity는 2이다.

```
void append(array* v, int value)
{
    if (v->size == v->capacity)
    {
        v->capacity *= 2;
        int* newData = malloc(sizeof(int) * v->capacity);
        for (int i = 0; i < v->size; i++)
            newData[i] = v->data[i];
        free(v->data);
        v->data = newData;
    }
    v->data[v->size] = value;
    v->size++;
}
```

append는 가변 길이 배열의 뒤에 데이터를 하나 추가하는 역할을 한다.

```
    if (v->size == v->capacity)
    {
        v->capacity *= 2;
        int* newData = malloc(sizeof(int) * v->capacity);
        for (int i = 0; i < v->size; i++)
            newData[i] = v->data[i];
        free(v->data);
        v->data = newData;
    }
```

v->size와 v->capacity가 같다면 현재 할당된 모든 메모리에 데이터가 가득 찼다는 의미이기에 기존의 배열을 삭제하고 더 큰 배열을 만들어야 한다. 여기에서는 capacity를 2배로 늘려 새로운 배열을 만들고, 기존에 있던 모든 데이터를 새 배열로 옮긴 후 기존의 배열은 할당 해제한다. 데이터를 추가할 때마다 공간이 부족하면 공간을 2배 늘리기 때문에 데이터의 수에 맞게 알맞은 크기를 할당하여 사용한다.

```
    v->data[v->size] = value;
    v->size++;
```

데이터를 저장할 공간을 확보했다면 배열에 값을 저장하고 size를 1 증가시킨다.

안전한 인덱스 접근

배열은 할당된 범위 밖으로 넘어갈 수 있는 문제점이 있지만, 지금 만들고 있는 가변 길이 배열은 현재 할당된 크기와 사용하고 있는 크기를 저장한다. 이를 이용하면 기존의 인덱스 연산자보다 안전하게 배열을 사용할 수 있는 인덱스 접근 함수를 만들 수 있다.

```
int* index(array* v, int i)
{
    if (v->size <= i)
        return NULL;
    return v->data + i;
}
```

index 함수는 매개변수로 들어온 i가 배열의 크기보다 크거나 같은지를 검사한다. 만약 그렇다면 배열의 크기를 넘어선 인덱스이므로 널 포인터를 반환하여 접근할 수 없음을 알려 준다. 크기에 문제가 없다면 v->data + i로 그 위치에 대한 포인터를 반환하여 그 값을 사용할 수 있게 한다.

```
int* p = index(v, 3);
if (p)
    *p = 10;
```

이를 사용하고자 한다면 index 함수에 인자로 가변 길이 배열의 포인터와 인덱스를 넣어 사용한다. 그 반환값이 널 포인터가 아니라면 사용할 수 있고, 널 포인터라면 사용할 수 없다.

> **Clear Comment**
> 가변 배열은 데이터가 삭제된 후 크기를 줄이는 작업도 필요합니다. 이는 여러분들의 숙제로 남겨 두겠습니다.

연결 리스트

배열은 순서가 있는 데이터를 연속된 메모리에 저장한다. 이와 달리 연결 리스트라는 이름의 자료 구조는 순서가 있는 데이터를 연속되지 않은 메모리에 저장한다. 연결 리스트는 기차의 칸처럼 데이터 하나를 저장할 수 있는 노드 구조체가 있고, 이 노드는 다른 노드를 포인터로 연결한다.

구조체와 초기화

연결 리스트에는 기본적으로 리스트를 구성하는 노드 구조체가 필요하다. 여기서는 이에 추가로 리스트의 크기를 나타내는 size와 노드 구조체의 시작을 하나의 구조체로 묶는다.

```
typedef struct node {
    int value;
    struct node* next;
} node;

typedef struct list {
    struct node* head;
    int size;
} list;
```

node 구조체는 하나의 데이터를 저장하는 구조체, list 구조체는 연결 리스트를 뜻하는 구조체이다. node는 다음 순서의 node를 가리킬 수 있는 포인터가 있고, list 구조체는 첫 번째 node를 가리키는 head가 있다. 첫 번째 이후의 데이터는 노드에서 노드를 이동하면서 구한다.

```
list* init()
{
    list* li = malloc(sizeof(list));
    li->head = NULL;
    li->size = 0;
    return li;
}
```

빈 연결 리스트를 만드는 부분에서는 head를 널 포인터, size를 0으로 설정한다.

삽입과 삭제

배열과 비교했을 때 연결 리스트의 장점은 리스트 중간에 삽입과 삭제가 빠르고 쉽다는 것이다. 여기에서는 리스트의 첫 위치에 값을 추가하거나 삭제하는 예제를 소개한다.

```
void appendFirst(list* li, int value)
{
    node* first = malloc(sizeof(node));
    node* second = li->head;

    first->value = value;
    first->next = second;
    li->head = first;
    li->size++;
}
```

첫 위치에 값을 추가한다는 것은, 기존에 있던 첫 번째 값은 두 번째 값으로 위치가 밀린다는 의미이다. 그러므로 기존의 첫 번째 노드는 second에 임시로 저장하고서 first에는 새로운 노드를 생성하여 값을 넣는다. 이후 first의 다음을 second로 설정한 다음 연결 리스트의 head를 새로 만들어진 구조체인 first로 설정하면 끝이다.

```
void removeFirst(list* li)
{
    if (li->size > 0)
    {
        node* first = li->head->next;
        free(li->head);
        li->head = first;
        li->size--;
    }
}
```

삭제도 추가와 비슷하다. 첫 번째 값을 지우면 기존의 두 번째 값이 첫 번째가 되므로 이를 first에 임시로 저장한다. 이후 연결 리스트의 head를 삭제하고 first에 임시로 저장한 노드를 붙이면 삭제가 끝난다.

데이터 순회

연결 리스트는 연속된 메모리에 저장되어 있지 않으므로 인덱스 연산자를 사용할 수 없다. 대신 특정한 위치를 찾거나 모든 값을 순회하기 위해서는 head 포인터부터 한 개씩 이동해야 한다.

```
for (node* now = li->head; now; now = now->next)
    printf("%d\n", now->value);
```

node 포인터형 변수 now는 각 값을 순회하기 위한 변수이다. 처음에는 연결 리스트의 첫 값인 head부터 시작하여 값을 사용하고, for문의 한 반복문이 끝나면 다음 값을 순회하도록 now를 now->next로 설정한다. 이 반복문은 더 이상의 값이 없을 때인 now가 NULL일 때까지 지속된다.

1. 함수 정의하기

다음 조건에 맞는 매개변수를 받아 값을 반환하는 함수를 정의하시오.

(1)

매개변수

연결 리스트 li와 정수 x를 입력받는다.

처리

연결 리스트의 마지막에 x를 추가한다.

반환값

없음

(2)

매개변수

가변 길이 배열 v와 정수 i를 입력받는다.

처리

v[i]를 제거하고 그 오른쪽에 있는 모든 원소를 왼쪽으로 한 칸 당긴다.

반환값

없음

1. 함수 정의하기

다음 조건에 맞는 매개변수를 받아 값을 반환하는 함수를 정의하시오.

(1)

> **매개변수**
>
> 연결 리스트 li와 정수 x를 입력받는다.
>
> **처리**
>
> 연결 리스트의 마지막에 x를 추가한다.
>
> **반환값**
>
> 없음

📄 2권 챕터9 a9.1.c

연결 리스트의 처음이 아닌 마지막에 값을 추가하는 문제이다. 연결 리스트가 비어 있을 경우와 비어 있지 않을 경우를 나누어 처리한다. 비어 있다면 첫 원소의 데이터를 추가하고, 비어 있지 않다면 마지막 노드까지 이동하여 그 노드에 새로운 노드를 붙인다.

(2)

> **매개변수**
>
> 가변 길이 배열 v와 정수 i를 입력받는다.
>
> **처리**
>
> v[i]를 제거하고 그 오른쪽에 있는 모든 원소를 왼쪽으로 한 칸 당긴다.
>
> **반환값**
>
> 없음

📄 2권 챕터9 a9.2.c

가변 길이 배열의 중간 인덱스를 삭제하는 문제이다. v[i + 1]부터 마지막 인덱스까지 하나씩 순회하며 하나 이전의 인덱스로 값을 붙여 넣는다. 가변 길이 배열은 size와 capacity가 따로 있으므로 동적 할당을 다시 할 필요는 없다.

키워드로 정리하기

● 미리 정해진 변수의 라이프타임에 따라 컴퓨터가 자동으로 수행하는 할당을 **정적 할당**이라고 한다.

● 프로그래머의 필요에 따라 메모리를 원하는 만큼 할당하는 것을 **동적 할당**이라고 한다.

● 동적 할당과 구조체, 배열을 이용하면 순서가 있는 데이터를 저장할 수 있는 자료구조인 가변 길이 배열과 연결 리스트를 만들 수 있다.

● **가변 길이 배열**은 처음 초기화된 이후에 값이 추가되거나 삭제됨에 따라 유동적으로 배열의 크기가 변하는 배열이다.

● **연결 리스트**는 연속되지 않은 각각의 값을 포인터로 연결하여 사용하는 자료구조이다.

그림으로 정리하기

가변 길이 배열과 연결 리스트는 다음과 같은 형태로 구성된다.

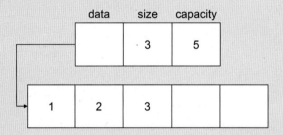

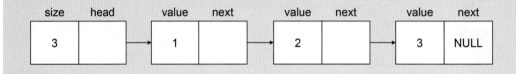

CHAPTER

10

일
은

C
언
어

입출력 함수

01

문자의 입출력

✓핵심 키워드

입력 버퍼, getchar(), putchar()

여기서는 무얼 배울까

C 언어의 대표적이고도 기본적인 입출력 함수는 printf()와 scanf()이다. 우리는 지금까지 이 두 함수를 이용하여 많은 프로그램을 만들었지만, 이 두 함수에 대해서, 특히 scanf 함수에 대해서는 완전히 알고 있는 것은 아니다. C 언어의 입력에는 입력 버퍼라고 하는 숨은 존재가 있다. 그렇기에 입력 버퍼를 제대로 이해하고 있어야 C 언어의 입력을 완전히 사용할 수 있다고 볼 수 있다.

또 printf()와 scanf() 이외에 C 언어에는 다양한 특징을 가지고 있는 여러 입출력 함수가 있다. 어떤 함수는 문자 하나를, 어떤 함수는 공백 문자를 포함한 한 줄 전체를 입력하거나 출력할 수도 있다. 이번 챕터에서는 C 언어 입력에 대한 개념을 다지기 위해 입력 버퍼의 개념에 대해서 배우고, 계속해서 사용해 왔던 printf()와 scanf()가 아닌 새로운 입출력 함수를 다루고 실습해 본다. 그리고 이번 절은 그중 문자를 중심으로 다룬다.

입력 버퍼

C 언어의 입력 함수들은 입력을 요청할 때마다 즉시 키보드로부터 입력을 받는 것이 아니다. C 언어에서는 입력 버퍼*라고 하는 입력한 값을 임시로 저장하는 공간이 있다. 입력 버퍼가 비어 있다면 입력을 요청하고, 입력 버퍼에 값이 있다면 그 값을 빼내어 사용한다. 우리가 둘 이상의 입력을 할 때 스페이스 바로 한 번에 입력하거나 엔터를 여러 번 쳐 각각 따로 입력하는 방법 둘 다 가능했던 이유가 바로 입력 버퍼의 존재 덕분이다.

기초 용어 정리

* **입력 버퍼**: 입력한 값을 임시적으로 저장하는 공간. 입력 버퍼가 비어 있다면 입력을 요청하고 비어 있지 않다면 그 값을 빼내어 사용함

입력 버퍼의 처리

```
#include <stdio.h>
#pragma warning(disable: 4996)

int main()
{
    int a, b;
    scanf("%d%d", &a, &b);
}
```

위 예제에서는 2번의 scanf()를 통해 두 정수를 입력받는다. 이 프로그램에 대해 띄어쓰기로 구분되는 1 2를 입력했을 때를 예시로 입력 버퍼의 변화를 살펴보자.

0	1	2	3	4

프로그램이 시작되었다면 입력을 받은 것이 없으므로 입력 버퍼가 비어 있다. 이 상태에서 scanf()를 만나면 입력 버퍼가 비어 있으므로 사용자로부터 입력을 기다린다.

0	1	2	3	4
1		2	\n	

입력한 값이 입력 버퍼로 들어가기 위해서는 엔터를 눌러야 한다. 그러면 줄 바꿈을 포함하여 사용자가 입력한 모든 문자가 입력 버퍼에 저장된다.

0	1	2	3	4
	2	\n		

입력 버퍼에 문자가 저장되면 입력 함수가 요청한 입력을 입력 버퍼에서 빼내어 처리한다. 여기서는 정수 하나를 요청하였고 입력 버퍼의 처음 부분에 정수 1이 있으므로 이를 버퍼에서 제거하고 변수에 저장한다.

입력 함수는 자신이 필요한 값만을 제거하므로 입력 버퍼에는 띄어쓰기가 여전히 남아 있다. 하지만 %d 형식 지정자의 경우 정수를 만나기 전까지의 모든 공백 문자를 무시하므로 첫 위치에 있는 띄어쓰기는 무시하고 그 뒤의 2를 변수에 저장한다.

최종적인 결과로는 두 변수에 1과 2가 각각 저장되고 나서 입력 버퍼에는 줄 바꿈 문자 하나만 남는다.

위의 그림을 보고 알 수 있듯 입력 버퍼는 어떤 걸 입력하고 어떤 형식 지정자로 그 값을 빼내느 냐에 따라 입력 버퍼 안의 데이터가 달라질 수 있다. 특히 정수와 실수 형식 지정자의 경우 자신이 필요한 문자만을 빼내고 나머지는 유지하므로 여기에 뒤따르는 몇 가지 문제점이 생긴다.

문자에서의 문제점과 해결 방법

입력 버퍼의 대표적인 문제점은 엔터로 입력 버퍼에 값을 넣었을 경우 줄 바꿈 문자가 입력 버퍼에 포함된다는 것이다. 그리고 문자 입력인 %c는 줄 바꿈도 입력받으므로 다음과 같은 코드에서 잘못된 입력을 받는다.

```c
#include <stdio.h>
#pragma warning(disable: 4996)

int main()
{
    int i;
    char c;
    scanf("%d%c", &i, &c);
    printf("'%d', '%c'", i, c);
}
```

입력값

1

실행 결과

'1', '
'

처음 정수를 입력받은 후 입력 버퍼에 남은 문자는 줄 바꿈이다. 따라서 그 뒤에 추가적인 문자를 입력받았더라도 가장 처음에 있는 문자가 줄 바꿈이므로 문자 변수에는 줄 바꿈이 저장된다.

```
#include <stdio.h>
#pragma warning(disable: 4996)

int main()
{
    int i;
    char c;
    scanf("%d %c", &i, &c);
    printf("'%d', '%c'", i, c);
}
```

```
1 a
```

```
'1', 'a'
```

이러한 문제를 해결하는 방법의 하나는 형식 지정자의 앞에 띄어쓰기를 추가하는 것이다. 이 띄어쓰기는 앞에 나오는 모든 공백 문자를 무시하겠다는 의미와도 같아서 입력 버퍼에 있는 줄 바꿈을 무시하고 그다음 문자를 얻을 수 있다.

```
#include <stdio.h>
#pragma warning(disable: 4996)

int main()
{
    int i;
    char c;

    scanf("%d", &i);
    getchar();
    scanf("%c", &c);

    printf("'%d', '%c'", i, c);
}
```

다른 방법은 뒤에서 배울 getchar()를 이용하는 것이다. 이 함수는 문자 하나를 입력받는 기능을 하므로 getchar()를 통해 줄 바꿈을 제거한 후 scanf()로 줄 바꿈 뒤의 문자를 입력받는다. 단, getchar()를 이용하는 방법은 입력 버퍼에 있는 한 문자를 지우는 것이므로 공백 문자가 둘 이상이라면 문제가 해결되지 않는다.

입력값

```
1 a
```

실행 결과

```
'1', 'a'
```

문자 입출력 함수

printf()와 scanf()는 다양한 기능을 사용할 수 있지만 그 사용법이 비교적 복잡하므로 간단하게 한 문자씩 입력받거나 출력한다면 한 문자에 대한 입출력 함수를 사용하는 것이 좋은 선택일 수 있다.

getchar()

손으로 익히는 코딩

```c
#include <stdio.h>

int main()
{
    char c = getchar();
    printf("%c", c);
}
```

```
X
```

실행 결과

```
X
```

getchar()*는 입력 버퍼에서 한 문자를 가져온 후 바로 반환한다. 함수의 반환값이 문자이므로 변수를 사용하지 않고도 입력받은 문자를 사용할 수 있다.

기초 용어 정리

* getchar(): 입력 버퍼에서 한 문자를 가져온 후 바로 반환하는 함수

putchar()

```
#include <stdio.h>

int main()
{
    putchar('A');
}
```

```
A
```

putchar()*는 매개변수로 들어온 문자를 출력하는 기능을 한다.

```
#include <stdio.h>

int main()
{
    char ch;
    while ((ch = getchar()) != '\n')
        putchar(ch);
}
```

```
Hi, C!
```

```
Hi, C!
```

getchar()와 putchar()를 함께 사용하여 문자열 변수 없이도 입력받은 문자열을 그대로 출력하는 기능을 만들 수 있다.

기초 용어 정리

* putchar(): 매개변수로 들어온 문자를 출력하는 함수

02

문자열의 입출력

gets(), puts(), sscanf(), sprintf()

여기서는 무얼 배울까

지금까지 해 왔던 모든 입출력은 키보드로부터 입력받아 변수에 저장하거나, 문자열을 콘솔에 출력하는 것이었다. 여기서 잠깐 생각을 전환해 보자. 키보드로부터 입력받은 것이 결국 문자열이라면, 기존에 있던 문자열에서 값을 가져와 변수에 저장하는 것은 어떨까? 또, 문자열을 가공하여 콘솔에 출력하는 것이 아닌 문자열을 가공하여 다시 문자열에 저장하는 것은 어떨까? 미리 정답부터 말하자면 둘 다 가능하다. 이번 절에서는 지난 절에 이어 C 언어의 문자열 입출력 함수들을 사용해 보고, 콘솔과 키보드가 아닌 문자열 그 자체에 대한 입출력 함수들을 배워 본다.

문자열 입출력 함수

scanf()로 문자열에 대한 입력, printf()로 문자열에 대한 출력을 할 수 있지만 앞서 설명했듯이 둘은 그 기능이 비교적 복잡하다. 또 scanf()는 기본적으로 공백 문자를 기준으로 입력받기 때문에 띄어쓰기를 포함한 문자열을 입력받기 어렵다는 단점이 있다. C 언어에는 이러한 문제를 해결할 수 있는 두 가지 입출력 함수를 제공한다.

gets()

🖐 **손으로 익히는 코딩**

```c
#include <stdio.h>
#pragma warning(disable: 4996)

int main()
{
    char str[128];
    gets(str);
```

```
    printf("%s", str);
}
```

입력값
Hi, C!

실행 결과
Hi, C!

gets()*는 입력 버퍼에서 줄 바꿈 직전까지의 모든 문자를
입력받는다. 입력 버퍼에서 줄 바꿈 문자는 제거하고, 문
자열 변수의 마지막에는 널 문자를 추가한다.

> **Quick Tip**
>
> gets()는 버퍼 오버플로우가 발생할 수 있
> 는 함수입니다. 이후 나올 여러 함수들도
> 같은 취약점이 있습니다.

puts()

손으로 익히는 코딩

```
#include <stdio.h>

int main()
{
    char* str = "Hello, World!";
    puts(str);
}
```

실행 결과
Hello, World!

puts()**는 gets()의 역할과는 정반대로 주어진 문자열을 그대로 출력한다.

기초 용어 정리

* **gets()**: 입력 버퍼에서 줄 바꿈 직전까지의 모든 문자들을 입력받는 함수. 입력 버퍼에서 줄 바꿈을 제거한 후 문자열
  마지막에 널 문자를 추가함
** **puts()**: 주어진 문자열을 출력하는 함수

```
#include <stdio.h>
#pragma warning(disable: 4996)

int main()
{
    char str[128];
    gets(str);
    puts(str);
}
```

입력값

```
Hello, C!
```

실행 결과

```
Hello, C!
```

getchar()와 putchar()를 함께 사용했을 때 효과적이었던 것처럼 puts()와 gets()를 함께 사용하는 경우도 많다.

문자열에 대한 입출력

앞서 소개한 모든 함수들은 표준 입출력, 키보드로부터 입력받아 콘솔에 출력하는 기능을 하였다. 그러나 C 언어에는 입출력의 대상이 문자열인 독특한 함수들이 있다.

sscanf()

sscanf()*는 scanf()와 비슷하지만, 키보드로부터 입력받는 게 아닌 주어진 문자열로부터 입력받는 함수이다.

코·드·소·개

```
sscanf(버퍼, 형식문자열, 인자, ...);
```

기초 용어 정리
* sscanf(): 주어진 문자열로부터 형식에 맞게 입력받는 함수

sscanf()는 scanf()의 매개변수 앞에 입력으로 사용할 문자열이 추가로 필요하다. sscanf()는
키보드 대신 해당 문자열로부터 형식 문자열에 맞게 값을 입력받아 주어진 변수에 저장하는 기
능을 한다.

```c
#include <stdio.h>
#pragma warning(disable: 4996)

int main()
{
    int a, b;
    sscanf("1 5", "%d %d", &a, &b);
    printf("%d %d", a, b);
}
```

실행 결과

```
1 5
```

위 예제에서 sscanf()는 "1 5"를 입력 버퍼로 사용한다. 형식 문자열에서는 2개의 정수를 요구하
므로 입력 버퍼의 1과 5를 입력받아 각각 a와 b에 저장한다.

```c
#include <stdio.h>
#pragma warning(disable: 4996)

int main()
{
    int n;
    sscanf("127", "%d", &n);
    printf("%d", n);
}
```

실행 결과

```
127
```

scanf()는 입력 버퍼가 문자열이므로 문자열로 이루어진 정수나 실수를 다른 자료형으로 바꾸
는 기능으로도 활용할 수 있다. 위 예제에서 문자열 127은 형식 문자열 %d를 통해 정수로 변환
된 후 n에 저장된다.

sprintf()

sprintf()*도 printf()와 비슷하다. 형식 문자열에 맞게 출력하는 것은 동일하지만, sprintf()는 주어진 문자열에 출력한다는 점이 다르다.

```
sprintf(버퍼, 형식문자열, 인자, ...);
```

sscanf()와 마찬가지로 printf()의 매개변수 앞에 출력할 문자열 변수가 필요하다. sprintf()는 형식 문자열에 맞게 출력할 문자열을 구성한 후 콘솔이 아닌 해당 문자열 변수에 저장한다.

손으로 익히는 코딩

```c
#include <stdio.h>
#pragma warning(disable: 4996)

int main()
{
    int a = 1, b = 2;
    char buffer[128];

    sprintf(buffer, "%d + %d = %d", a, b, a + b);
    puts(buffer);
}
```

실행 결과

```
1 + 2 = 3
```

위 예제에서 %d + %d = %d의 형식 문자열에 1, 2, 3의 값이 들어가 출력할 문자열은 1 + 2 = 3이다. printf()라면 이 문자열이 콘솔에 출력되겠지만 sprintf()는 콘솔이 아닌 주어진 문자열 변수에 해당 문자열을 저장한다. buffer에 저장된 문자열이 1 + 2 = 3이므로 이를 puts로 출력하면 콘솔에 1 + 2 = 3이 출력된다.

기초 용어 정리

* sprintf(): 주어진 형식에 맞게 문자열을 구성한 후 주어진 문자열 배열에 출력하는 함수

1. OX 퀴즈

- scanf()는 입력 버퍼를 사용하는 함수이다.

- gets()는 띄어쓰기를 기준으로 입력받는다.

- sprintf()는 출력할 문자열 변수를 마지막 인자로 넣는다.

2. 프로그램 작성하기

다음 조건에 맞게 입력과 출력이 이루어지는 프로그램을 작성하시오.

(1)

입력

정수 n과 실수 f를 입력받는다.

출력

f를 소수점 아래 n 자리까지 출력한다.

(2)

입력

띄어쓰기를 포함하여 한 줄을 입력받는다.

출력

입력에서 모든 띄어쓰기를 없앤 결과를 출력한다.

해설 및 정답

1. OX 퀴즈

● scanf()는 입력 버퍼를 사용하는 함수이다.

　📑 O, scanf()는 입력 버퍼를 이용한다. 입력 버퍼가 비어 있다면 키보드 입력을 기다리고, 비어 있지 않다면 입력 버퍼에서 형식 지정자에 맞는 값을 빼내어 변수에 저장한다.

● gets()는 띄어쓰기를 기준으로 입력받는다.

　📑 X, gets()는 줄 바꿈을 기준으로 입력받는다.

● sprintf()는 출력할 문자열 변수를 마지막 인자로 넣는다.

　📑 X, sprintf()는 출력할 문자열 변수를 첫 인자로 넣는다.

2. 프로그램 작성하기

다음 조건에 맞게 입력과 출력이 이루어지는 프로그램을 작성하시오.

(1)

> 입력
>
> 정수 n과 실수 f를 입력받는다.
>
> 출력
>
> f를 소수점 아래 n 자리까지 출력한다.

　📑 2권 챕터10 a10.1.c

　소수를 소숫점 n자리까지 출력하되 n이 변수인 문제이다. 이는 printf()의 형식 지정자를 통해 구현할 수 있지만, 여기서는 sprintf()로 형식 문자열을 구성하는 것을 의도한다.

　형식 문자열 %.%df에서 정수 n을 출력하면 그 결과는 %.nf이다. 이 결과 자체를 형식 문자열로 사용하면 문제에서 이야기하는 결과를 낼 수 있다. 문자열에서 단독으로 %를 쓰려면 %%로 대신 사용해야 함에 주의하자.

(2)

> 입력
>
> 띄어쓰기를 포함하여 한 줄을 입력받는다.
>
> 출력
>
> 입력에서 모든 띄어쓰기를 없앤 결과를 출력한다.

　📑 2권 챕터10 a10.2.c

　gets()를 이용하는 간단한 입력 문제이다. 문자열을 입력받은 후 반복문을 통해 띄어쓰기를 제외한 모든 문자를 출력한다.

키워드로 정리하기

● **입력 버퍼**는 키보드로부터 입력받은 문자들이 임시로 저장되는 공간이다. 입력 함수는 입력 버퍼를 사용하되 비어 있다면 키보드 입력을 기다린다.

● 공백 문자를 제거하지 않는다면 입력 버퍼에는 띄어쓰기나 줄 바꿈 등이 남아 있을 수 있다. 이는 scanf()에 공백 문자를 추가하는 등의 방법으로 해결해야 한다.

● 문자 하나를 입출력 받는 함수인 getchar()와 putchar()가 있다.

● 줄 바꿈을 기준으로 문자열을 입력받는 gets(), 문자열을 출력하는 puts()가 있다.

● 키보드와 콘솔을 사용하지 않고 문자열에 대하여 입력과 출력을 하는 sprintf()와 sscanf()가 있다.

더 멋진 내일(Tomorrow)을 위한 내일(My Career)

문자열과 한글

01

안전한 입력과 문자열

버퍼 오버플로우, _s 함수

여기서는 무얼 배울까

1권 챕터4 '변수와 입력'의 더 알아보기를 읽었다면 scanf()와 같은 함수들로 인해 발생할 수 있는 문제점을 배웠을 것이다. 버퍼 오버플로우는 입력받을 대상의 길이를 알 수 없을 때 입력이 들어올 것으로 예상되는 공간을 넘어서 수정되어선 안 되는 값을 수정하는 것을 의미한다. 크기가 10인 문자열 변수에 길이가 100인 문자열을 넣으려고 하는 문제가 바로 이것이다. 이번 절에서는 버퍼 오버플로우를 해결하기 위해서 만들어진 안전한 표준 입력 함수와 문자열 처리 함수들을 알아본다.

안전한 표준 입력 함수

버퍼 오버플로우 문제는 근본적으로 입력받을 수 있는 크기를 넘어섰기 때문에 발생한다. 그러므로 이러한 문제를 해결하기 위해서 고안된 안전한 표준 입력 함수들은 문자와 문자열에 대하여 최대로 입력받을 수 있는 크기를 제한하는 방식으로 사용한다.

> 코·드·소·개
>
> ```
> scanf_s(형식문자열, 값, 크기, ...)
> ```

안전한 표준 입력 함수들은 기존 함수의 이름 뒤에 _s가 붙는다. 여기서 s는 secure라는 뜻이다. 대표적인 함수는 scanf_s()가 있는데, 이 함수는 scanf()와 하는 역할은 거의 동일하지만 문자나 문자열을 입력받을 때마다 그 크기를 지정해 주어야 한다는 차이가 있다.

> 🔧 **Clear Comment**
>
> _s 함수들은 C 언어의 표준 함수이지만 컴파일러가 필수적으로 지원해야 하는 기능이 아닙니다. 그렇기에 _s 함수들을 지원하지 않는 일부 컴파일러에서는 기존의 함수들을 사용해야 합니다.

scanf_s()

```
#include <stdio.h>

int main()
{
    char str[128];
    int n;

    scanf_s("%s %d", str, 128, &n);
    printf("%s\n%d", str, n);
}
```

입력값

scanf_s 17

실행 결과

scanf_s 17

위 예제에서는 scanf_s()로 문자열과 정수를 입력받고자 한다. 문자열은 널 문자를 포함하여 그 값을 저장할 수 있는 최대 크기를 지정해야 하기에 str 뒤에 128을 붙이고, 이후에 나오는 정수 는 크기를 지정하지 않고 그대로 주솟값을 전달한다.

```
#include <stdio.h>

int main()
{
    char str[128];
    int n;

    scanf_s("%s %d", str, 4, &n);
    printf("%s\n%d", str, n);
}
```

입력값

hi 4

```
hi 4
```

문자열 최대 길이는 실제 배열의 크기보다 작아도 상관없다. 단 지정한 크기보다 더 긴 문자열을 입력한다면 잘못된 값이 입력되어 프로그램이 정상적으로 작동하지 않으므로 주의해야 한다. 문자의 경우 1로 크기를 지정해야 한다.

gets_s()

버퍼 오버플로우가 발생할 수 있는 모든 함수들은 안전한 버전이 있다. 문자열을 입력받는 또 다른 함수인 gets() 역시도 안전한 버전인 gets_s()가 있다.

손으로 익히는 코딩

```c
#include <stdio.h>

int main()
{
    char str[128];
    gets_s(str, 128);
    puts(str);
}
```

입력값

```
gets_s input
```

```
gets_s input
```

scanf_s()와 비슷하게 gets_s()는 문자열 변수 뒤에 입력받을 수 있는 최대 문자열 크기를 추가한다.

sscanf_s()

키보드가 아닌 문자열로부터 입력받는 sscanf()도 안전한 버전이 있다. 사용 방법은 scanf_s()에서 사용했던 것과 거의 유사하다.

```
#include <stdio.h>

int main()
{
    char str[128];
    sscanf_s("Hello", "%s", str, 128);
    puts(str);
}
```

```
Hello
```

입력 버퍼에 해당하는 Hello로부터 문자열 하나를 입력받아 str에 저장한다. 기존의 sscanf()와
는 문자열의 최대 크기를 추가로 제공해야 한다.

문자열의 길이를 제한하는 함수

문자열을 저장하는 것은 입력뿐만 아니라 문자열을 처리하는 함수들도 있다. 이러한 함수들 역
시 버퍼 오버플로우가 발생할 가능성이 있으므로 최대 길이를 명시하게 하는 안전한 함수들을
제공한다.

strcpy_s()

문자열을 복사하는 함수인 strcpy()는 원본 문자열의 크기보다 붙여 넣을 문자열 변수가 더 작
다면 문제가 생긴다. strcpy_s()는 붙여 넣을 문자열 변수의 크기를 지정해 주어 버퍼 오버플로
우가 발생하지 않도록 한다.

```
#include <stdio.h>
#include <string.h>

int main()
{
    char str[128];
```

```
        strcpy_s(str, 128, "Hello, World!");
        puts(str);
}
```

```
Hello, World!
```

다른 함수와 비슷하게 문자열 변수 뒤에 최대로 담을 수 있는 글자의 수를 지정한다. 만약 이보다 더 큰 문자열을 저장하고자 한다면 오류가 발생한다.

strcat_s()

strcat_s() 함수는 strcat()의 버퍼 오버플로우 가능성을 없앤 함수이다. 이 함수 역시 수정 대상이 되는 문자열 변수 뒤에 최대 크기를 제공해야 한다.

손으로 익히는 코딩

```
#include <stdio.h>
#include <string.h>

int main()
{
    char str[128] = "Hello, ";
    strcat_s(str, 128, "World!");
    puts(str);
}
```

```
Hello, World!
```

사용 방법은 strcpy_s()와 유사하다. 여기서 소개한 몇 가지 함수들 이외에도 문자열 변수에 값을 저장하는 다양한 함수들은 마찬가지로 안전한 버전의 함수들이 있다. 이러한 함수들은 모두 기존의 함수와 똑같은 역할을 수행하되 지금 본 함수들처럼 그 크기를 추가로 요구한다는 공통점이 있다.

scanf()의 반환

scanf()를 사용하며 이 함수의 반환값에 대해서 이야기하진 않았지만, 실제 scanf()에는 반환값이 존재한다. 그리고 scanf() 이외에 다양한 입출력 함수들 역시 저마다의 반환값을 가지고 있다. 입출력 함수, 특히 입력 함수는 사용자가 개입하는 함수이다. 그렇기에 기본적으로는 사용자가 올바른 값을 입력하리라 기대하지만 그렇지 않을 경우도 충분히 있을 수 있다. scanf()의 반환값은 잘못된 값을 입력했을 때를 대비하는 역할이다.

```c
#include <stdio.h>
#pragma warning(disable: 4996)

int main()
{
    int a;
    int result = scanf("%d", &a);
    printf("%d", result);
}
```

입력값

```
x
```

실행 결과

```
0
```

scanf()의 반환값은 정상적으로 들어온 값의 개수이다. 위 예제에선 scanf()의 형식 지정자가 정수 하나를 기대한다. 그러므로 정수를 입력하면 정상적으로 하나의 값이 들어왔기 때문에 반환값이 1이고, 문자를 입력한다면 정수가 아니기에 0이 반환된다.

```c
#include <stdio.h>
#pragma warning(disable: 4996)

int main()
{
    int a;
    float b;
    int result = scanf("%d %f", &a, &b);
    printf("%d, %f, %d", a, b, result);
}
```

```
100x
```

```
100, -107374176.000000, 1
```

scanf()의 반환은 둘 이상의 형식 지정자에서도 동작한다. 위 예제에선 정수와 실수를 순서대로 입력받기를 기대하지만, 실제로는 100x가 입력되었다. 정수는 입력 버퍼에서 100을 가져와 정상적으로 처리되지만, x는 실수가 아니므로 처리되지 않는다. 따라서 scanf()의 반환은 1이다.

```c
#include <stdio.h>
#pragma warning(disable: 4996)

int main()
{
    int a, b;
    char buffer[128];
    printf("a + b = ?\n");

    while (1)
    {
        printf("a = ");
        if (scanf("%d", &a) == 1)
            break;
        gets(buffer);
        printf("wrong input\n");
    }

    while (1)
    {
        printf("b = ");
        if (scanf("%d", &b) == 1)
            break;
        gets(buffer);
        printf("wrong input\n");
    }

    printf("%d + %d = %d", a, b, a + b);
}
```

```
A
10
B
20
```

```
a + b = ?
a = A
wrong input
a = 10
b = B
wrong input
b = 20
10 + 20 = 30
```

scanf()의 반환을 이용하면 잘못된 입력에 대해서 처리할 수 있다. 위 예제에선 정상적인 입력이 들어올 때까지 반복하여 입력받는다. scanf()는 입력이 실패할 경우 입력 버퍼를 수정하지 않으므로, gets를 통해 입력 버퍼에서 한 줄을 통째로 삭제하는 기능을 넣었다.

02

유니코드

✓ 핵심 키워드

유니코드, 한글, wchar_t, wscanf(), wprintf()

여기서는 무얼 배울까

이 책을 통해 오랜 시간 동안 C 언어를 공부했지만, 직접 한글을 사용하고자 시도한 것이 아니라면 한 번도 한글을 써 본 적이 없을 것이다. 여기에 대한 이유는 간단하다. 우리가 계속 사용해 왔던 문자는 아스키 코드 였고, 이 아스키 코드에는 한글이 포함되어 있지 않기 때문이다. 물론 히라가나와 가타카나, 그리고 수많은 한자도 포함되어 있지 않다. 아스키 코드는 본래 미국에서 사용할 목적으로 만들어졌기에 한·중·일 문자를 비롯한 많은 문자를 사용할 수 없다. 그러나 시간이 지나면서 다양한 문자를 포함하여 많은 국가에서 사용할 수 있는 문자 체계를 만들고자 하는 시도가 있었으며 우리는 그 노력 끝에 컴퓨터에서 한글을 자유롭게 사용 할 수 있게 되었다. 이번 절에서는 한글을 표현하기 위한 유니코드를 배우고, 유니코드를 C 언어에서 사용하 는 방법을 익힌다.

유니코드

아스키 코드는 7비트의 공간으로 128개의 글자를 표현할 수 있다. 하지만 이 크기로는 전 세계의 모든 문자를 표현할 수 없다. 더 많은 문자를 표현하기 위해서는 7비트가 아닌 더 많은 바이트로 한 글자를 표현해야 하는데, 유니코드*는 기존의 아스키 코드를 확장하여 더 많은 문자를 표현할 수 있도록 하는 문자 체계이다.

기초 용어 정리

* **유니코드**: 기존의 아스키 코드를 확장하여 더 많은 문자를 표현할 수 있도록 하는 문자 체계

유니코드에는 한글과 한자를 포함한 다양한 문자들이 포함되어 있고, 시간이 지나면서 유니코드의 체계는 지속해서 업데이트되고 있다. 한글의 경우 자음과 모음으로 이루어질 수 있는 완성자들이 저장되어 있는데, 유니코드에 있는 완성자의 총개수는 11,172개이다. 한글은 유니코드에서 두 번째로 큰 비중을 차지하고 있는 문자이다.

wchar_t

wchar_t 자료형은 유니코드를 저장할 수 있도록 크기가 확장된 문자 자료형이다.

손으로 익히는 코딩

```
#include <stdio.h>
#include <wchar.h>
#include <locale.h>

int main()
{
    setlocale(LC_ALL, "");
    printf("%C", L'한');
}
```

실행 결과

```
한
```

유니코드를 사용하기 위해선 locale.h 헤더 파일에 있는 setlocale로 지역 설정을 해 줘야 한다. 예제 코드에 있는 함수를 그대로 호출하면 이제부터 한글을 사용할 수 있다. wchar_t 자료형의 상수는 작은따옴표 앞에 L을 붙여서 표시하고, 이를 위한 형식 지정자는 %C이다.

Clear Comment

위 예제를 포함한 앞으로의 예제는 Windows 11 운영체제와 한글을 기준으로 작성되었습니다. 다른 운영체제, 또는 다른 문자라면 결과에 문제가 생길 수 있습니다. 이를 해결하기 위해서는 유니코드를 더 깊게 배워야 하지만 이는 책의 내용을 벗어나므로 생략합니다.

```c
#include <stdio.h>
#include <wchar.h>
#include <locale.h>

int main()
{
    setlocale(LC_ALL, "");
    wchar_t str[] = L"한글";
    printf("%S", str);
}
```

```
한글
```

문자열 변수는 wchar_t 배열로 선언하고 문자열 상수는 큰따옴표 앞에 L을 붙인다. 이를 printf에서 출력하기 위해서는 형식 지정자로 %S를 사용해야 한다.

```c
#include <stdio.h>
#include <wchar.h>
#include <locale.h>

int main()
{
    setlocale(LC_ALL, "");
    const wchar_t str[] = L"안녕, 세상!";
    for (int i = 0; i < sizeof(str) / sizeof(wchar_t) - 1; i++)
        printf("%C", str[i]);
}
```

```
안녕, 세상!
```

wchar_t 문자열의 인덱스 접근도 가능하다. 기존 문자열과 마찬가지로 인덱스에 해당하는 한 글자를 얻을 수 있는데, 여기서는 wchar_t 문자열이므로 한 글자의 자료형은 wchar_t이다.

한글의 입출력

기존 문자와 문자열 함수에 대응되는 wchar_t 입출력 함수들이 있다.

wscanf()

손으로 익히는 코딩

```c
#include <stdio.h>
#include <wchar.h>
#include <locale.h>
#pragma warning(disable: 4996)

int main()
{
    setlocale(LC_ALL, "");
    wchar_t str[128];
    wscanf(L"%ls", str);
    printf("%S", str);
}
```

입력값

안녕하세요

실행 결과

안녕하세요

wscanf() 함수는 형식 문자열로 wchar_t 문자열을 사용하는 함수이다. 이 함수를 이용하여 유니코드 문자열을 입력받고자 한다면 형식 지정자로 %ls를, wchar_t는 %lc를 사용해야 한다.

wprintf()

wprintf()는 형식 문자열로 wchar_t 문자열을 사용하는 함수이다. printf()와 거의 비슷하지만 형식 지정자로 %ls 또는 %lc가 필요하다.

```
#include <stdio.h>
#include <wchar.h>
#include <locale.h>
#pragma warning(disable: 4996)

int main()
{
    setlocale(LC_ALL, "");
    wchar_t str[128];

    wscanf(L"%ls", str);
    for (int i = 0; i < wcslen(str); i++)
        wprintf(L"%lc\n", str[i]);
}
```

입력값

훈민정음

실행 결과

훈
민
정
음

위 예제에선 wscanf()로 한글 문자열을 입력받은 후 wprintf를 이용해 한 글자씩 한글을 출력
하였다. wscanf()와 wprintf()에서는 %S와 %C를 사용하면 안 됨에 주의하자. 반복문에 사용
된 wcslen()은 wchar.h 헤더 파일에 포함된 함수로 strlen()의 wchar_t 버전이다.

03

연습문제

1. 프로그램 작성하기

다음 조건에 맞게 입력과 출력이 이루어지는 프로그램을 작성하시오.

(1)

입력

한글 문자열 하나를 입력받는다.

출력

그 문자열을 뒤집어서 출력한다.

(2)

입력

한글 문자열을 무한히 입력받는다.

출력

i번째 문자열의 마지막 글자와 i+1번째 문자열의 첫 글자가 다르면 "실패"를 출력하고 프로그램을 종료한다.

1. 프로그램 작성하기

다음 조건에 맞게 입력과 출력이 이루어지는 프로그램을 작성하시오.

(1)

> **입력**
>
> 한글 문자열 하나를 입력받는다.
>
> **출력**
>
> 그 문자열을 뒤집어서 출력한다.

📋 2권 챕터11 a11.1.c

한글 문자열을 뒤집는 문제이다. 마지막 인덱스부터 0번 인덱스까지 거꾸로 순회하며 출력한다.

(2)

> **입력**
>
> 한글 문자열을 무한히 입력받는다.
>
> **출력**
>
> i번째 문자열의 마지막 글자와 i+1번째 문자열의 첫 글자가 다르면 "실패"를 출력하고 프로그램을 종료한다.

📋 2권 챕터11 a11.2.c

끝말잇기를 구현하는 문제이다. 두 문자열을 저장할 wchar_t 배열을 만든 후 입력받을 때마다 각 문자열의 끝을 비교한다. 끝이 다르다면 종료, 같다면 다시 입력받는다.

챕터 요약 정리

키워드로 정리하기

● **버퍼 오버플로우**를 방지하기 위한 안전한 입력 및 문자열 함수들이 있다. 이들은 기존 함수 이름에 _s가 붙은 형태이다.

● scanf_s()와 같은 안전한 함수들은 문자와 문자열 뒤에 최대로 입력받을 수 있는 글자 수가 추가로 필요하다.

● **유니코드**는 아스키 코드를 확장하여 더 많은 문자를 표현할 수 있게 한 문자 체계이다. 유니코드에는 한글을 포함한 다양한 문자가 있다.

● 기존 문자를 확장시킨 **wchar_t** 자료형이 있다. wchar_t 자료형의 문자와 문자열 상수는 따옴표 앞에 L이 필요하다. wchar_t 자료형으로 한글을 사용하기 위해서는 지역 설정을 먼저 해 주어야 한다.

● wchar_t 자료형을 위한 형식 지정자와 함수들이 있다. 형식 지정자는 %C, %S, %lc, %ls가 있고, 함수에는 wprintf(), wscanf(), wcslen() 등이 있다.

```
#include <stdio.h>
#include <wchar.h> // (1)
#include <locale.h> // (2)
#pragma warning(disable: 4996)

int main()
{
    setlocale(LC_ALL, "Korean_Korea.949"); // (3)
    wchar_t str[128]; // (4)

    wscanf(L"%ls", str); // (5)
    for (int i = 0; i < wcslen(str); i++) // (6)
        wprintf(L"%lc\n", str[i]); // (7)
}
```

(1) wchar_t를 사용하기 위한 헤더 파일이다. wchar_t는 유니코드를 저장할 수 있는 확장된 문자이다.

(2) setlocale()을 사용하기 위한 헤더 파일이다.

(3) 한글을 사용하기 위해선 지역 설정이 필요하다. 이와 함께 유니코드 인코딩 방식을 지정해 줄 수 있다.

(4) wchar_t를 배열로 만들면 유니코드를 저장할 수 있는 문자열이 된다. wchar_t 문자열은 유니코드를 위한 입출력 함수를 사용할 수 있다.

(5) wscanf는 wchar_t 문자열을 형식 문자열로 쓰는 입력 함수이다. wchar_t 문자열에 대한 형식 지정자는 %ls이고, wchar_t 문자열을 상수로 사용하려면 큰따옴표 앞에 L을 붙인다.

(6) wcslen()은 wchar_t 문자열의 길이를 구하는 함수이다.

(7) wprintf는 wchar_t 문자열을 형식 문자열로 쓰는 출력 함수이다. wchar_t 문자에 대한 형식 지정자는 %lc이다.

더 멋진 내일(Tomorrow)을 위한 내일(My Career)

내 일 은 C 언 어

파일 입출력

01

텍스트 파일

파일, 텍스트 파일, 파일 포인터

여기서는 무얼 배울까

프로그램의 상태인 변수가 저장되는 메인 메모리는 휘발성, 즉 컴퓨터의 전원이 꺼지면 가지고 있는 모든 데이터를 잃는다는 특징을 가진다. 만약 컴퓨터에 메인 메모리만 있다면 필요한 정보를 계속해서 가지고 있을 수 없고, 심지어 프로그램조차도 저장할 수 없다. 그렇기에 전원이 꺼져도 데이터가 사라지지 않는 HDD나 SSD와 같은 보조 기억 장치를 두고서 보존되어야 하는 데이터를 여기에 저장한다. 우리가 컴퓨터를 사용하면서 볼 수 있는 파일*들은 보조 기억 장치에 저장되는, 컴퓨터가 꺼져도 사라지지 않는 데이터를 가리킨다. 이번 챕터에서는 이러한 파일들을 텍스트 파일과 바이너리 파일로 나누어 데이터를 저장하고 불러오는 방법을 배운다.

텍스트 파일

파일은 그 안에 어떠한 형태의 데이터가 있느냐에 따라 종류가 나뉜다. 그중 문자 데이터로 파일이 이루어져 있다면 이를 텍스트 파일**이라고 한다. 텍스트 파일은 하나의 거대한 문자열이라고 볼 수 있기에 텍스트 파일을 다루는 것은 문자열을 다루는 것과 유사하다.

main.c

기초 용어 정리

* **파일**: 보조 기억 장치에 저장되는 컴퓨터가 꺼져도 사라지지 않는 데이터

** **텍스트 파일**: 문자 데이터로 이루어진 파일

텍스트 파일은 문자로 이루어진 파일을 통틀어서 이르는 말이기에 그 종류는 다양하다. 텍스트 파일에는 기본적인 텍스트 파일인 .txt부터 C 언어 소스 파일인 .c, 마크다운 파일인 .md 등이 있다.

```
파일     편집     보기

#include <stdio.h>

int main()
{
        printf("Hello, World!");
}
```

텍스트 파일들은 텍스트 파일을 수정할 수 있는 대부분의 프로그램으로 내용을 확인하거나 수정할 수 있다. C 언어 소스 파일을 메모장으로 수정할 수 있는 것이 바로 이런 이유 때문이다. 텍스트 파일의 확장자가 다른 것은 단지 그 파일이 어떤 역할을 하는지를 나타내는 용도일 뿐이며 그 내부를 구성하는 것은 모두 동일한 문자이다.

파일 생성과 파일 포인터

C 언어를 비롯한 대부분의 언어들은 파일을 만들거나 열고, 파일을 수정하고, 파일을 닫는 과정으로 파일을 다룬다.

┌─ 코·드·소·개 ─

```
FILE* 파일 포인터 = fopen(경로, 모드);
fclose(파일 포인터);
```

파일을 열거나 만드는 것은 stdio.h 헤더 파일의 fopen() 함수를 사용한다. fopen()은 열거나 생성할 파일의 경로와 어떠한 모드로 파일을 열지를 매개변수로 받고, 그에 대한 반환값으로 하나의 파일을 나타내는 구조체 포인터인 파일 포인터*를 넘긴다. 파일 포인터를 이용하여 파일을 수정하는 작업을 하고, 모든 작업이 끝나면 fclose() 함수로 파일을 닫는다. 사용이 끝난 파일은 항상 fclose()로 닫아 주어야 함을 잊지 말자.

기초 용어 정리
* **파일 포인터**: 하나의 파일을 나타내는 구조체 포인터

```
#include <stdio.h>
#pragma warning(disable: 4996)

int main()
{
    FILE* fp = fopen("./main.c", "r");
    fclose(fp);
}
```

생성하거나 수정하고자 하는 파일의 위치로 fopen()을 한 후 작업이 끝난 파일에 대해선 fclose()로 닫는다. 파일을 수정하는 과정은 모두 이와 같다. fopen() 함수는 두 번째 매개변수에 어떠한 문자열을 넣느냐에 따라 파일을 새로 만들지, 기존의 내용을 덮어씌울지, 수정하지 않고 읽기만 할지 등에 대한 모드를 설정할 수 있다.

Clear Comment

경로인 ./main.c을 하나씩 해석해 보면, .은 현재 위치, /은 폴더를 뜻합니다. 그리고 main.c는 그 폴더에 있는 main.c라는 이름의 파일이므로 정리하면 현재 위치(폴더)에 있는 main.c 파일을 뜻합니다.

이름	문자열	없다면 생성	설명
read mode	r	X	읽기 전용
write mode	w	O	쓰기 전용 (기존 내용 삭제)
append mode	a	O	기존 내용 뒤에 이어서 쓰기
read+ mode	r+	X	읽거나 쓰기 (기존 내용 삭제)
write+ mode	w+	O	읽거나 쓰기 (기존 내용 삭제)
append+ mode	a+	O	기존 내용 뒤에 읽거나 쓰기

텍스트 파일을 여는 모드는 6가지이다. 위 예제에서는 문자열로 "r"을 넣었기에 read mode로 파일을 연 것이다. 만약 main.c 파일이 없다면 오류가 발생할 것이다.

```
#include <stdio.h>

int main()
{
    FILE* fp = fopen("./none.c", "r");
    if (fp == NULL)
```

```
    {
        printf("file open failed.\n");
        return 0;
    }

    // do something
    fclose(fp);
}
```

새 파일을 생성하지 않는 모드로 존재하지 않는 파일을 열고자 하는 경우 파일 포인터가 널 포인터로 반환된다. 그러므로 fopen()의 결과가 NULL인지를 확인하여 파일 존재 여부를 확인할 수 있다.

파일의 수정과 삭제

파일을 만들거나 열어서 그에 해당하는 파일 포인터를 얻었다면 이를 통해 파일을 읽거나 쓸 수 있다.

파일 쓰기

텍스트 파일에 대한 출력 함수는 fprintf() 함수이다. printf()와 비슷하게 형식에 맞게 출력하되 그 대상이 콘솔이 아닌 텍스트 파일이다.

손으로 익히는 코딩

```
#include <stdio.h>
#pragma warning(disable: 4996)

int main()
{
    FILE* fp = fopen("./hello.txt", "w");
    fprintf(fp, "Hello, %s", "World!");
    fclose(fp);
}
```

fprintf()는 sprintf()처럼 형식 문자열 앞에 출력 대상이 필요하다. 바로 파일 포인터이다. fprintf()는 형식 문자열에 맞게 문자열을 구성한 후 출력 대상인 파일에 텍스트를 입력한다. 여러 번의 fprintf()를 사용하면 쓴 곳 뒤에 이어서 쓴다.

프로그램을 실행한 후 생성된 파일에는 fprintf()가 출력한 Hello, World!를 확인할 수 있다.

손으로 익히는 코딩

```c
#include <stdio.h>
#pragma warning(disable: 4996)

int main()
{
    FILE* fp = fopen("./hello.txt", "a");
    fprintf(fp, "Hello, %s", "World!");
    fclose(fp);
}
```

write로 연 파일은 파일을 열 때마다 기존의 내용을 지우고 새로 다시 쓴다. 이와는 다르게 append로 연 파일은 기존의 내용은 그대로 두고 그 뒤에서부터 문자열을 추가한다. 위에서 만든 hello.txt 파일에 append로 동일한 문자열을 출력하면 Hello, World!Hello, World!로 파일이 저장된다.

파일 읽기

텍스트 파일에 대한 입력 함수는 fscanf() 함수이다. scanf()와 비슷하되 입력 버퍼의 역할을 텍스트 파일이 하는 것이다. 먼저 다음과 같은 파일이 있다고 생각해 보자.

파일로부터 입력하는 함수는 파일의 내용이 곧 입력 버퍼로 사용되므로 현재 입력 버퍼에는 Hello 127 0.5가 있다고 생각할 수 있다. 텍스트 파일의 내용이 일정한 형식을 만족한다면, 적절한 형식 문자열로 파일을 읽어 원하는 값을 저장하는 것이 가능하다.

손으로 익히는 코딩

```c
#include <stdio.h>
#pragma warning(disable: 4996)

int main()
{
    char a[128];
    int b;
    float c;

    FILE* fp = fopen("./input.txt", "r");
    fscanf(fp, "%s %d %f", a, &b, &c);
    fclose(fp);

    printf("%s %d %.2f", a, b, c);
}
```

실행 결과

```
Hello 127 0.50
```

input.txt 파일은 문자열, 정수, 실수가 띄어쓰기를 기준으로 구분되어 있으므로, %s %d %f로 형식 문자열을 지정한 후 변수에 그 값을 저장한다.

손으로 익히는 코딩

```c
#include <stdio.h>
#pragma warning(disable: 4996)

int main()
{
    char buffer[128];

    FILE* fp = fopen("./input.txt", "r");
    fgets(buffer, 128, fp);
    fclose(fp);
```

```
    puts(buffer);
}
```

다양한 표준 입출력 함수가 있는 것처럼 fprintf()와 fscanf()가 아닌 여러 파일 입출력 함수가 있다. fgets()는 gets()의 파일 버전으로, 문자열을 저장할 변수와 크기, 그리고 파일 포인터를 받아 줄 바꿈 이전까지의 모든 글자를 읽는다. 이 밖에도 문자에 대한 파일 입출력, 안전한 파일 입출력, 유니코드에 대한 파일 입출력까지 다양한 응용 방법이 있지만 여기서 나머지 함수들은 생략한다.

> ● 더 알아보기

EOF

문자열의 마지막에 널 문자가 있듯 텍스트 파일의 마지막에는 EOF라는 특수한 문자가 있다. End Of File, EOF는 텍스트 파일의 끝을 나타내며 이를 통해 더 읽을 문자가 있는지를 확인할 수 있다.

> 손으로 익히는 코딩

```
#include <stdio.h>
#pragma warning(disable: 4996)

int main()
{
    char ch;
    FILE* fp = fopen("./input.txt", "r");
    while ((ch = fgetc(fp)) != EOF)
        putchar(ch);
    fclose(fp);
}
```

위 예제에서 사용된 fgetc 함수는 파일 포인터로부터 한 글자를 읽는 함수이다. fgetc 함수로 한 글자씩 읽음과 동시에 그 글자를 콘솔에 출력하다가, EOF라는 글자를 만나면 출력을 종료한다. 따라서 이 프로그램은 특정한 텍스트 파일에 있는 모든 글자를 출력하는 역할을 한다.

```
#include <stdio.h>
#pragma warning(disable: 4996)

int main()
{
    char ch;
    FILE* fp = fopen("./input.txt", "r");
    while (1)
    {
        ch = fgetc(fp);
        if (feof(fp))
            break;
        putchar(ch);
    }
    fclose(fp);
}
```

feof 함수는 지금 읽을 문자가 EOF인지를 확인한다. EOF가 맞다면 파일의 끝이므로 종료하고 그렇지 않다면 문자를 출력한다. 위의 두 예제는 그 결과가 동일하다.

EOF를 사용하는 방법 말고도 파일의 끝을 확인하는 방법은 많다. 텍스트 파일의 상단에 파일의 크기를 정하는 방법이나, fscanf()의 반환값을 이용하는 방법도 있다. 개발자는 이렇게 다양한 방법 중에서 현재 필요한 방법에 따라 프로그램을 구현하면 되는 것이다.

02

바이너리 파일

바이너리 파일, 파일 오프셋

여기서는 무얼 배울까

문자로 구성되어 텍스트 에디터로 수정할 수 있는 파일이 있지만, 이미지나 영상과 같이 문자로 구성되지 않은 파일들도 있다. 이러한 파일들은 문자가 저장된 것이 아닌 파일이 자체적으로 가지는 규칙에 맞게 0과 1로 구성되어 데이터를 저장하는데, 이러한 파일을 바이너리 파일*이라고 한다. 이번 절에서는 텍스트 파일에 이어 바이너리 파일을 다뤄 보는 시간을 갖는다.

바이너리 입출력

바이너리 파일은 파일을 생성하거나 여는 부분에서 이 파일이 바이너리 파일임을 알려 주어야 한다. fopen()의 두 번째 매개변수에 들어가던 모드를 나타내는 문자열 마지막에 b를 추가하면 바이너리 파일을 생성하거나 여는 것으로 간주한다.

손으로 익히는 코딩

```
#include <stdio.h>
#pragma warning(disable: 4996)

int main()
{
    FILE* fp = fopen("./hello.bin", "rb");
    fclose(fp);
}
```

rb는 바이너리 파일의 read 모드이므로 기존에 존재하는 파일이 있다면 이를 바이너리 파일로 열고, 만약 없다면 널 포인터를 반환한다.

기초 용어 정리
* **바이너리 파일**: 파일이 자체적으로 가지는 규칙에 맞는 바이너리 데이터를 저장하는 파일

바이너리 파일 쓰기

바이너리 파일은 문자 데이터가 아니므로 이진 데이터를 넣어 주어야 하는데, C 언어에서는 이를 포인터와 크기를 통해 전달한다.

```
fwrite(포인터, 크기, 수, 파일 포인터);
```

바이너리 파일 쓰기 함수인 fwrite()는 저장하고자 하는 데이터의 포인터, 데이터의 크기, 그리고 데이터의 수를 필요로 한다. 만약 크기가 2인 int형 배열을 저장하고자 한다면 포인터는 배열의 이름, 크기는 int 자료형의 크기, 수는 2가 된다.

손으로 익히는 코딩

```c
#include <stdio.h>
#pragma warning(disable: 4996)

int main()
{
    int n = 127;
    float a[] = { 1.0f, 2.0f };

    FILE* fp = fopen("./hello.bin", "wb");
    fwrite(&n, sizeof(n), 1, fp);
    fwrite(a, sizeof(float), 2, fp);

    fclose(fp);
}
```

위 예제는 fwrite() 함수를 이용해 단일 정수와 실수 배열을 저장하는 것을 보여 준다. 단일 데이터 역시 포인터와 수가 필요하므로 주소 연산자로 포인터를, 그리고 데이터의 수는 1을 넣어 준다.

바이너리 파일 읽기

생성된 바이너리 파일은 텍스트 파일이 아니므로 텍스트 에디터로 해석이 어렵다. 대신 파일 내부 데이터가 일정한 규칙대로 저장되었다면, 저장 과정을 반대로 하여 다시 읽을 수 있다.

```
fread(포인터, 크기, 수, 파일 포인터);
```

fwrite()와 fread()는 매개변수가 동일하다. 포인터에서 데이터를 읽느냐, 포인터로 데이터를 저장하느냐의 차이만 있다.

```c
#include <stdio.h>
#pragma warning(disable: 4996)

int main()
{
    int n;
    float a[2];

    FILE* fp = fopen("./hello.bin", "rb");
    fread(&n, sizeof(n), 1, fp);
    fread(a, sizeof(float), 2, fp);
    fclose(fp);

    printf("%d %.2f %.2f", n, a[0], a[1]);
}
```

실행 결과
```
127 1.00 2.00
```

정수 하나와 실수 배열을 저장한 파일을 rb 모드로 연 후 fread()로 파일을 읽는다. 저장한 순서 그대로 다시 읽기 때문에 최종적으로 n과 a 배열에 저장되는 값은 이전 예제에서 넣은 값과 동일하다.

구조체 입출력

바이너리 파일은 모든 종류의 바이너리 데이터를 저장할 수 있기에 구조체 역시 파일로 저장하거나 불러올 수 있다. 사용 방법은 fwrite()와 fread() 모두 동일하다.

```c
#include <stdio.h>
#pragma warning(disable: 4996)

typedef struct data {
```

```
        int x, y, z;
    } data;

    int main()
    {
        data d1 = { 1, 2, 3 };
        FILE* fp1 = fopen("./hello.bin", "wb");
        fwrite(&d1, sizeof(data), 1, fp1);
        fclose(fp1);

        data d2;
        FILE* fp2 = fopen("./hello.bin", "rb");
        fread(&d2, sizeof(data), 1, fp2);
        fclose(fp2);

        printf("%d %d %d", d2.x, d2.y, d2.z);
    }
```

실행 결과

```
1 2 3
```

여기에서는 데이터를 저장하기 위한 구조체 d1, d2를 선언했다. 이전 예제에서 정수 n처럼 이 예제에서 d1과 d2는 데이터를 저장하고 불러오기 위한 대상이다. fwrite()에서는 d1을 포인터로 전달하여 d1에 있는 데이터를 파일에 저장하고, fread()에서는 파일에 저장된 바이너리 데이터를 읽어 d2에 다시 저장한다. 이 과정은 구조체 배열에서도 동일하게 작동한다.

파일 위치 지시자

텍스트 에디터로 텍스트를 수정하던 경험을 생각해 보면, 내가 수정하고자 하는 위치에 커서를 이동시켜 데이터를 추가하거나 삭제했을 것이다. C 언어의 파일 포인터도 이와 비슷하게 동작한다. 텍스트 에디터에서 커서의 역할처럼 현재 읽거나 쓸 파일의 특정 위치를 파일 위치 지시자*라고 한다. fwrite()와 fread()는 파일 위치 지시자에서 시작하여 파일을 읽거나 쓰고, 그만큼 파일 위치 지시자는 옆으로 이동한다.

fseek 함수는 파일 위치 지시자를 원하는 위치로 옮기는 기능을 하는데, 이를 이용하면 파일의 시작부터 데이터를 읽는 것이 아니라 자신이 원하는 위치의 데이터를 곧바로 읽을 수 있다.

기초 용어 정리
* **파일 위치 지시자**: 현재 읽거나 쓸 파일의 위치

```
fseek(파일 포인터, 오프셋, 원점);
```

fseek()의 매개변수로는 파일 위치 지시자를 옮길 파일 포인터, 어디로 옮길지 나타내는 원점과 오프셋이 있다. 기준점은 다음 세 종류가 있다.

이름	설명
SEEK_SET	파일의 시작
SEEK_CUR	현재 위치
SEEK_END	파일의 끝

fseek()은 원점으로부터 오프셋만큼 떨어진 위치로 파일 위치 지시자를 옮긴다. 예를 들어, 오프셋이 0이고 원점이 SEEK_SET이라면 파일의 첫 위치로 이동하고, 오프셋이 −4이고 원점이 SEEK_CUR이라면 현재 위치에서 앞으로 4바이트 이동하는 것이다.

손으로 익히는 코딩

```c
#include <stdio.h>
#pragma warning(disable: 4996)

typedef struct data {
    int x, y, z;
} data;

int main()
{
    data d1[2] = { { 1, 2, 3 }, { 4, 5, 6 } };
    FILE* fp1 = fopen("./hello.bin", "wb");
    fwrite(&d1, sizeof(data), 2, fp1);
    fclose(fp1);

    data d2;
    FILE* fp2 = fopen("./hello.bin", "rb");
    fseek(fp2, sizeof(data), SEEK_SET);
    fread(&d2, sizeof(data), 1, fp2);
    fclose(fp2);

    printf("%d %d %d", d2.x, d2.y, d2.z);
}
```

```
4 5 6
```

fseek()을 이용해 중간 위치의 데이터를 읽는 예제이다.

```
typedef struct data {
    int x, y, z;
} data;
```

파일에서 읽고 쓸 데이터는 정수 x, y, z가 포함된 구조체이다.

```
data d1[2] = { { 1, 2, 3 }, { 4, 5, 6 } };
FILE* fp1 = fopen("./hello.bin", "wb");
fwrite(&d1, sizeof(data), 2, fp1);
fclose(fp1);
```

데이터를 저장하는 부분에선 { 1, 2, 3 }, { 4, 5, 6 }의 데이터를 가진 구조체 배열을 저장한다.

```
data d2;
FILE* fp2 = fopen("./hello.bin", "rb");
fseek(fp2, sizeof(data), SEEK_SET);
fread(&d2, sizeof(data), 1, fp2);
fclose(fp2);
```

데이터를 불러오는 부분에선 fread() 이전에 먼저 fseek()으로 파일 위치 지시자를 옮긴다. 현재 파일에는 data 구조체 2개가 연달아서 있으므로 시작 위치에서 구조체 하나만큼 이동시키면 1번 인덱스에 있었던 데이터를 가리킨다. 이는 { 4, 5, 6 }의 값을 가진 구조체이므로 fread()로 데이터를 읽은 후에 d2는 { 4, 5, 6 }의 값이 저장되어 있다.

03

연습문제

1. 프로그램 작성하기

다음 조건에 맞게 파일을 생성하는 프로그램을 작성하시오.

(1) 한 줄에 하나씩 100개의 소수를 파일에 출력

(2) a.txt의 내용을 그대로 복사하여 b.txt 파일 생성

(3) 크기 100의 int형 배열이 저장된 a.bin을 읽어 b.txt의 한 줄에 하나씩 정수를 출력

1. 프로그램 작성하기

다음 조건에 맞게 파일을 생성하는 프로그램을 작성하시오.

(1) 한 줄에 하나씩 100개의 소수를 파일에 출력

📄 2권 챕터12 a12.1.c

fprintf()로 파일에 정수를 출력하는 문제이다. 소수를 구하는 프로그램을 만든 후 콘솔 출력 대신 파일 출력을 이용한다.

(2) a.txt의 내용을 그대로 복사하여 b.txt 파일 생성

📄 2권 챕터12 a12.2.c

파일의 모든 내용을 읽어 새로운 파일을 만드는 문제이다. 두 파일 모두 텍스트 파일이므로 파일 입출력을 연달아서 사용한다. 파일의 끝은 EOF로 검사한다.

(3) 크기 100의 int형 배열이 저장된 a.bin을 읽어 b.txt의 한 줄에 하나씩 정수를 출력

📄 2권 챕터12 a12.3.c

바이너리 파일을 텍스트 파일로 바꾸는 문제이다. fread()로 파일을 정수형 배열로 만든 후 이를 텍스트 파일에 출력한다.

키워드로 정리하기

● 보조 기억 장치에 저장되어 컴퓨터의 전원이 꺼져도 유지되는 데이터를 **파일**이라고 한다.

● **텍스트 파일**은 문자 데이터로 이루어진 파일이다. 텍스트 에디터로 편집할 수 있다.

● **바이너리 파일**은 그 파일이 자체적으로 가지고 있는 규칙에 맞게 바이너리 데이터를 저장한 파일이다. 일반적으로 그 파일을 위한 프로그램이 아니면 수정하기 어렵다.

● 파일은 fopen()으로 열어서 파일을 읽거나 수정한 후 fclose()로 닫는 과정을 거친다.

● 현재 읽거나 쓸 파일의 위치를 나타내는 것을 **파일 위치 지시자**라고 한다. 파일을 읽고 쓸 때마다 자동적으로 이동하며, fseek()을 통해 원하는 위치로 이동시킬 수 있다.

표로 정리하기

fopen()으로 파일을 열 때의 모드는 6가지가 있다.

이름	문자열	없다면 생성	설명
read mode	r	X	읽기 전용
write mode	w	O	쓰기 전용 (기존 내용 삭제)
append mode	a	O	기존 내용 뒤에 이어서 쓰기
read+ mode	r+	X	읽거나 쓰기 (기존 내용 삭제)
write+ mode	w+	O	읽거나 쓰기 (기존 내용 삭제)
append+ mode	a+	O	기존 내용 뒤에 읽거나 쓰기

fseek()에서 이동할 위치를 나타내기 위한 원점은 3가지가 있다.

이름	설명
SEEK_SET	파일의 시작
SEEK_CUR	현재 위치
SEEK_END	파일의 끝

내 일 은   C 언 어

전처리기와 분할 컴파일

[리눅스용 설명 PDF 제공]

01

컴파일과 파일 분할

리눅스용 설명(PDF 제공)

☑ **핵심 키워드**

전처리, 컴파일, 어셈블, 링크

여기서는 무얼 배울까

우리는 지금까지 C 언어를 구성하는 크고 작은 블록들이 무엇인지, 그리고 그 블록들을 이용하여 어떻게 큰 블록을 만들어 낼지를 배웠다. 이제 남은 것은 그러한 조각들을 합쳐 하나의 완전한 작품을 만들어 낼 차례이다. 이번 챕터에서는 C 언어로 완전한 실행 파일을 만들기 위한 자세한 과정과 함께, 큰 프로젝트를 위한 파일 분할 방법에 대해서 배운다.

빌드 과정

C 언어를 처음 배웠을 시기에는 컴파일 과정을 통해 소스 파일을 실행 파일로 만든다고 이야기했었다. 이 설명이 틀린 것은 아니지만, 실제 C 언어는 그보다 더 복잡한 과정을 통해 소스 파일을 실행 파일로 바꾼다.

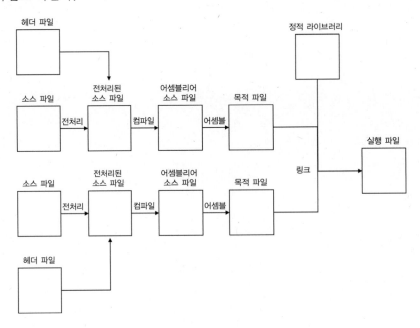

위의 이미지는 C 언어의 전체 빌드 과정을 도식화한 것이다. 이 과정은 크게 전처리, 컴파일, 어셈블, 링크의 네 단계로 나눌 수 있다.

전처리

전처리*는 소스 파일에 적힌 C 언어를 번역하기 전 과정으로 전처리 지시자로 적힌 명령을 전처리기**가 해석하여 수정된 소스 파일을 만드는 과정이다.

```
#include <stdio.h>
```

C 언어를 처음 배울 때부터 사용한 #include는 대표적인 전처리 지시자이다. #include가 포함된 소스 파일은 곧바로 C 언어를 번역하는 것이 아닌, #include가 있는 부분에 해당 파일의 모든 내용을 붙여넣는다. 이처럼 전처리기는 소스 파일의 번역과는 별개로 사람이 하기 번거로운 작업이나 환경에 맞게 서로 다른 코드를 실행하는 등의 역할을 한다.

컴파일과 어셈블

컴파일은 컴파일러***를 통해 소스 코드를 어셈블리어로 작성된 파일로 만드는 과정이며, 어셈블은 어셈블러****를 통해 기계어로 작성된 목적 파일로 만드는 과정이다. 경우에 따라 컴파일과 어셈블을 하나로 합쳐 컴파일이라고 부르기도 하며, 컴파일러 역시 어셈블리어가 아닌 기계어를 곧바로 만들 수도 있다.

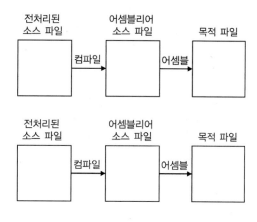

컴파일과 어셈블은 하나의 파일을 단위로 한다. 10개의 C 언어 파일이 있다면 10개의 파일에 대하여 각각 컴파일과 어셈블을 수행하는 것이다. 만약 한 파일에서 특정한 함수를 사용하지만 그 함수에 대한 정의가 없을 경우, 다른 파일에 있음을 가정하고 컴파일 및 어셈블을 수행한다.

기초 용어 정리
* **전처리**: C 언어를 번역하기 전 수정된 소스 파일을 만드는 과정
** **전처리기**: 전처리를 수행하는 프로그램
*** **컴파일러**: 컴파일을 수행하는 프로그램
**** **어셈블러**: 어셈블을 수행하는 프로그램

링크

컴파일러와 어셈블 과정을 거친 기계어 파일을 목적 파일이라고 한다. 여러 파일을 통해 프로그램을 만들었다면 이러한 목적 파일의 양이 많고, 각각의 목적 파일은 서로 다른 목적 파일에 존재하는 변수와 함수가 필요하다.

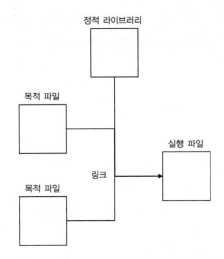

링크*는 목적 파일과 라이브러리를 묶어 하나의 완전한 실행 파일을 만드는 과정으로, 링크를 수행하는 프로그램을 링커**라고 한다.

> 🔷 **Clear Comment**
>
> 라이브러리는 자신이 아닌 다른 사람이 만든 기능들을 묶은 것을 말합니다. 라이브러리는 소스 파일이나 목적 파일의 형태, 또는 동적 라이브러리의 형태로 제공됩니다. 헤더 파일로 사용해 왔던 많은 함수가 라이브러리에 포함된 것들입니다.

파일 분할

C 언어는 함수 단위로 프로그램을 만들기 때문에 파일 분할 역시 함수 단위로 이루어진다. 프로그램 안에 많은 함수가 포함될 경우, 함수들을 적절히 분리하여 각각의 C 언어 파일로 만든다.

```
       A.c                    B.c
   ┌──────────┐          ┌──────────┐
   │   f()    │          │   f()    │
   │ main() {}│          │  f() {}  │
   └──────────┘          └──────────┘
```

기초 용어 정리

* **링크**: 목적 파일과 라이브러리를 묶어 하나의 완전한 실행 파일을 만드는 과정

** **링커**: 링크를 수행하는 프로그램

A 파일에는 main 함수, B 파일에는 f 함수가 있다고 가정하자. 여기서 main 함수가 f 함수를 필요로 한다면 A 파일의 상단에 f 함수의 선언을 작성한다. 두 함수는 서로 다른 파일로 분리되어 있으나 이후 링크 단계에서 하나로 합쳐질 것이다.

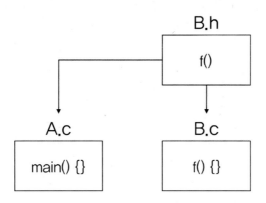

사용하고자 하는 함수의 선언을 파일 상단에 작성하는 것은 함수의 수가 많아지고 프로젝트의 규모가 커질수록 번거롭고 사용하기 복잡해진다. 따라서 C 언어 파일에 있는 모든 함수들에 대한 선언을 그 파일에 해당하는 헤더 파일로 분리하여 만드는 경우가 많다. 헤더 파일과 소스 파일이 분리되었다면, 이제 함수가 필요한 곳에서 #include를 통해 헤더 파일을 불러오면 된다.

손으로 익히는 코딩 (B.h)

```
int f(int x);
```

헤더 파일은 함수, 구조체, 변수 등 주로 선언만을 담는다. 여기서는 함수 f의 선언만을 작성하였다.

손으로 익히는 코딩 (B.c)

```
#include "B.h"

int f(int x)
{
    return 2 * x;
}
```

B.c는 B.h를 include하고 실제 함수의 정의를 구현했다. #include에서 표준 헤더 파일과 같이 프로젝트 외부에서 사용하는 라이브러리는 〈 〉를, 프로젝트 내부에 있는 파일은 ""를 사용한다. 여기서 "" 안에 들어가는 것은 파일의 경로이며, "B.h"는 현재 파일과 같은 위치에 있는 B.h 파일이란 뜻이다.

```
#include <stdio.h>
#include "B.h"

int main()
{
    printf("%d", f(2));
}
```

main 함수가 있는 A.c에서는 f 함수의 선언만 있으면 그 함수를 사용할 수 있다. 빌드 과정에서 링커가 A.c와 B.c를 묶어서 하나의 실행 파일로 만들기 때문이다.

전역 변수

이제부터 파일이 둘 이상이 될 수 있음에 따라 변수의 스코프도 확장할 필요가 있다. C 언어에서는 분할된 파일에 대하여 변수의 스코프를 지정하는 두 가지 변수 지정자가 있다.

static

static 키워드가 전역 변수에 사용되면 이를 정적 전역 변수라고 한다. 정적 전역 변수는 라이프타임이 전역 변수와 같지만, 스코프는 그 변수가 선언된 파일로 제한된다.

```
#include <stdio.h>

static int cnt = 0;

void count()
{
    cnt++;
}

int main()
{
    for (int i = 0; i < 10; i++)
        count();
    printf("%d", cnt);
}
```

위 예제에서 변수 cnt는 정적 전역 변수이므로 다른 파일에서는 사용할 수 없는 전역 변수이다. 정적 전역 변수는 전역 변수의 특징을 이용해 프로그램을 만들어야 하는 경우, 다른 파일에서 수정할 수 없음을 보장할 수 있게 하여 더 안전하게 전역 변수를 사용할 수 있다.

extern

extern 키워드가 전역 변수에 사용되면 이를 외부 변수라고 한다. extern 키워드가 붙은 전역 변수는 다른 파일에 존재하는 전역 변수를 가져와서 사용한다는 의미이며, 따라서 초기화 작업이 필요하지 않다.

```c
#include <stdio.h>
#include "func.h"

extern int cnt;

int main()
{
    f();
    printf("%d", cnt);
}
```

위 예제에서 외부 변수 cnt가 있다. 이 외부 변수는 정확히 어느 파일에서 선언되었는지는 알 수 없지만, 링커가 링크하는 시점에서 다른 파일 어딘가에 존재하는 변수일 것이며, 그 변수와 이 파일에 있는 cnt는 같은 변수이다. 그러므로 다른 파일에서 cnt라는 이름의 전역 변수를 수정하면 그 값을 곧바로 main 함수에서도 사용할 수 있다.

다른 파일의 전역 변수를 사용하고자 한다면 원본 변수는 static이 아니어야 하고 다른 파일은 extern으로 선언되어야 한다. 이렇게 구성된 전역 변수는 링크된 이후 같은 변수를 나타내므로 서로 다른 파일에서 공유된 변수를 사용할 수 있다.

파일 분할과 변수의 스코프

아래는 여러 파일을 가지는 프로젝트에서 전역 변수를 사용하는 예제이다.

손으로 익히는 코딩 (max.h)

```
void func(unsigned int n);
```

max.h 파일에는 func 함수가 선언되어 있다. 프로그램이 시작된 후부터 매개변수로 전달받은 n값 중에서 가장 큰 값을 저장하는 역할을 할 것이다.

손으로 익히는 코딩 (max.c)

```
#include "max.h"

unsigned int max = 0;

void func(unsigned int n)
{
    if (max < n)
        max = n;
}
```

max.c에는 전역 변수 max와 func 함수의 정의가 있다. func 함수는 n과 max를 비교하여 n이 더 크다면 이를 max에 저장한다. 그러므로 전역 변수 max에는 지금까지의 모든 n 중에서 가장 큰 값이 저장된다.

손으로 익히는 코딩 (main.c)

```
#include <stdio.h>
#include "max.h"

extern unsigned int max;

int main()
{
    for (unsigned int i = 0; i < 10; i++)
        func(i);
    printf("%d", max);
}
```

9

main 함수는 max.h에서 선언된 func 함수를 호출한다. func 함수를 통해 저장된 가장 큰 값은 다른 파일의 전역 변수로 있으므로 이를 외부 변수로 선언하여 사용한다. max.c 파일의 max와 main.c 파일의 max는 같은 변수이므로 결과적으로 max 변수의 값인 9가 출력된다.

에러에서 배우기

파일 분할의 핵심은 선언을 헤더 파일로 분리하고, 다른 파일의 함수가 필요한 부분에선 그 헤더 파일을 사용하는 것이다. 이 과정에서 잘못된 파일을 불러오거나, 다른 함수의 이름을 사용하는 등 실수가 있다면 링크 과정에서 문제가 생긴다.

```
#include "none.h"
```
```
(C1083) 포함 파일을 열 수 없습니다. 'none.h': No such file or directory
```

존재하지 않는 파일은 include할 수 없다. 이 경우 파일의 이름을 잘 썼는지를 확인하고, 문제가 없다면 경로가 잘못되었는지를 확인해야 한다. 대상 파일이 프로젝트에 추가되지 않았을 가능성도 있다.

```
func(i);
```
```
(LNK2019) _func_main 함수에서 참조되는 확인할 수 없는 외부 기호
```

함수가 선언되었으나 정의되지 않았다면 링크 과정에서 오류가 발생한다. 해당 함수가 정의되었는지, 정의되었다면 그 파일이 프로젝트에 포함되었는지를 확인해야 한다.

```
extern int var;
```
```
(LNK2001) 확인할 수 없는 외부 기호 _var
```

외부 변수는 다른 파일에 전역 변수로 존재해야 한다. 그렇지 않다면 링크 과정에서 외부 변수에 해당하는 전역 변수를 찾을 수 없기 때문에 오류가 발생한다.

```
int fn(int a)
{
    return a;
}
```
```
(C2084) 'int fn(int)' 함수에 이미 본문이 있습니다.
```

아무리 파일이 많더라도 같은 이름의 함수의 정의는 유일해야 한다. 동일한 이름의 함수가 둘 이상이라면 오류가 발생한다.

02

전처리 지시자

✓핵심 키워드

전처리, 전처리기, 전처리 지시자, 매크로, 매크로 함수, 조건적 컴파일

여기서는 무얼 배울까

프로그램을 만든다는 것은 단순히 그 프로그램을 개발한 컴퓨터에서 실행할 수 있도록 하는 것을 의미하는 것이 아니다. 여러분이 만든 프로그램은 여러 컴퓨터에서 실행되어야 하고, 이러한 컴퓨터는 서로 다른 하드웨어와 운영체제로 구성되어 있다. 경우에 따라서 일반적인 데스크톱이 아닌 스마트폰이나 태블릿에서도 실행될 수도 있다. 이렇게 다양한 환경에서는 그에 맞는 소스 파일을 만들어서 빌드를 해야 하기에 무엇을 대상으로 하느냐에 맞게 서로 다른 소스 파일을 만들어야 한다는 문제가 발생한다. 이번 절에서는 이러한 번거로운 작업을 컴파일 전 단계에서 실행해 주는 전처리에 대해서 배우고, 직접 사용해 보는 시간을 갖는다.

C 언어를 실행 파일로 만드는 과정 중 일부인 전처리는 전처리기가 수행한다. 전처리기*는 컴파일 전 C 언어 소스 파일에 존재하는 전처리 지시자라는 이름의 명령어들을 해석하고, 그것에 맞게 새로운 소스 파일을 만드는 역할을 한다. 전처리 지시자로는 여러 환경의 빌드를 돕기 위한 조건적 컴파일, 반복된 작업을 위한 매크로, 분할된 파일을 합치기 위한 #include 등이 있다.

매크로

매크로

매크로는 반복된 소스 코드를 짧은 단어로 바꾸어 사용할 수 있도록 하는 전처리 지시자이다.

> 코·드·소·개
>
> ```
> #define 매크로 값
> ```

기초 용어 정리

* **전처리기**: 컴파일 전 C 언어 소스 파일에 존재하는 전처리 지시자라는 이름의 명령어들을 해석하고, 그에 맞게 새로운 소스 파일을 만드는 프로그램

전처리기는 #define로 작성된 모든 매크로들에 대하여 해당하는 형식의 단어가 발견되면 즉시 다른 소스 코드로 치환한다.

```c
#include <stdio.h>
#pragma warning(disable: 4996)
#define PI 3.141592

int main()
{
    double r;
    scanf("%Lf", &r);
    printf("S=%.2Lf", r * r * PI);
}
```

입력값

3

실행 결과

S=28.27

위 예제에서 PI라는 단어는 3.141592로 치환된다. 언뜻 보면 PI는 변수처럼 보일 수 있지만 전처리가 수행된 소스 파일에는 PI라는 단어는 남지 않고 그 자리는 모두 3.141592라는 실수 상수가 대신하게 된다.

```c
#include <stdio.h>
#define newline printf("\n")

int main()
{
    printf("NewLine");
    newline;
    printf("NewLine");
}
```

```
NewLine
NewLine
```

매크로는 특정 단어를 치환하는 기능이다. 따라서 치환의 대상에는 상수나 변수를 넘어 서술문까지도 가능하다. 위 예제에서 newline;은 printf("\n");로 치환되어 줄 바꿈의 기능을 한다.

매크로 함수

매크로를 함수의 형태로 만들어 특정 변수를 원하는 위치에 넣을 수 있도록 하는 것을 매크로 함수*라고 한다. 함수가 아닌 매크로는 단순한 형태의 반복 작업만 가능하지만, 매크로 함수는 이름 그대로 마치 함수처럼 다양한 반복 작업을 축약할 수 있게 한다.

손으로 익히는 코딩

```
#include <stdio.h>
#define max(a,b) a > b ? a : b

int main()
{
    printf("%d", max(5, 4));
}
```

```
5
```

위 예제에는 max(a,b)라는 매크로 함수가 있다. 전처리기는 소스 파일 전체에서 max(a,b) 형태를 만나면 매크로에서 정의된 a > b ? a : b 형태로 치환한다. max 매크로가 사용되는 부분은 max(5, 4)이므로 이는 전처리기가 5 > 4 ? 5 : 4로 치환하여 새로운 소스 파일을 만든다.

손으로 익히는 코딩

```
#include <stdio.h>
#define swap(a,b,t) \
    t = a; \
    a = b; \
```

기초 용어 정리

* **매크로 함수**: 매크로를 함수의 형태로 만들어 특정 변수를 원하는 위치에 넣을 수 있도록 하는 것

```
    b = t;

int main()
{
    int a = 7, b = 3, t;
    swap(a, b, t);
    printf("%d %d", a, b);
}
```

3 7

매크로가 길어진다면 백슬래시를 이용해 여러 줄로 나눌 수 있다. 위 예제의 swap 매크로는 a, b, t 세 변수를 이용해 a와 b의 값을 뒤바꾸는 역할을 한다. 함수와는 달리 매크로 함수는 소스 파일 자체를 수정하기 때문에 변수의 복사와 같은 일이 일어나지 않고, 매크로 함수에서 바뀐 a 와 b는 원본 그 자체이다.

조건적 컴파일

일부 전처리 지시자는 조건에 따라 소스 코드를 취사선택하여 새로운 소스 파일을 만드는 기능을 한다. 조건적 컴파일은 많은 환경에서 서로 다른 소스 파일로 프로그램을 빌드해야 하는 경우, 전처리기를 이용해 그러한 소스 파일을 하나의 파일로 만들 수 있도록 한다.

if, elif, else, endif

코·드·소·개

```
#if 조건
#endif
```

if 전처리 지시자는 조건이 참이라면 if부터 endif 사이의 소스 코드를 사용하고, 그렇지 않다면 그 안의 모든 소스 코드를 버린다.

Quick Tip
#endif는 C 언어에서 닫는 중괄호와 역할이 비슷합니다.

```c
#include <stdio.h>

int main()
{
#if 5 < 10
    printf("True");
#endif
}
```

```
True
```

위 예제에서 #if에 달린 조건은 참이다. 그러므로 printf("True");는 전처리 이후의 코드에 남아 있다. 만약 #if에 달린 조건이 거짓이었다면 #if와 #endif 사이의 모든 코드가 버려진다.

코 · 드 · 소 · 개

```c
#if 조건
#elif
#else
#endif
```

C 언어의 조건문과 마찬가지로 else if와 else가 있다. 각각 #elif와 #else로 사용한다.

```c
#include <stdio.h>

int main()
{
#if 5 > 10
    printf("True");
#else
    printf("False");
#endif
}
```

```
False
```

위 예제에서 #if의 조건은 거짓이다. 그러므로 #if에 있는 True는 출력되지 않고, 대신 #else에 있는 False가 선택되어 출력된다. #if는 C 언어처럼 중첩하여 복잡한 조건을 걸 수도 있다.

매크로와 조건적 컴파일

전처리기는 매크로를 변수처럼 활용할 수 있다.

손으로 익히는 코딩

```c
#include <stdio.h>
#define VAR 10

int main()
{
#if VAR == 10
    printf("Var = 10");
#else
    printf("Var != 10");
#endif
}
```

```
Var = 10
```

위 예제에서 매크로 VAR는 10으로 정의되었다. 따라서 #if VAR == 10은 참이므로 Var = 10이 있는 printf()가 선택된다.

손으로 익히는 코딩

```c
#include <stdio.h>
#define DEF

int main()
{
#ifdef DEF
    printf("DEF");
```

```
#else
    printf("not DEF");
#endif
}
```

```
DEF
```

#define에서 치환할 값이 없는 경우, 그 값이 정의되었는지 아닌지에 따라 분기할 수 있다. 이는 #ifdef를 이용하는데, #ifdef 오른쪽의 매크로가 정의되었다면 참이고 정의되지 않았다면 거짓이다.

```
#include <stdio.h>

int main()
{
#ifdef _WIN32
    printf("Windows");
#else
    printf("not Windows");
#endif
}
```

```
Windows
```

이렇게 주어진 값이 없이 정의된 매크로는 개발 환경에 따라 정의되거나 정의되지 않은 경우가 있다. 대표적으로 _WIN32 매크로는 Windows 운영체제에서는 정의되지만 다른 운영체제에서는 정의되지 않는다. 이러한 매크로와 조건적 컴파일을 통해 운영체제마다 서로 다른 소스 파일이 컴파일되게 만들 수 있다.

1. 파일 분리하기

다음 소스 파일을 적절히 분리하시오.

(1)
```c
#include <stdio.h>
#pragma warning(disable: 4996)

int GCD(int a, int b);

int main()
{
    int a, b;
    scanf("%d %d", &a, &b);
    if (a >= b)
        printf("GCD(%d, %d) = %d", a, b, GCD(a, b));
    else
        printf("GCD(%d, %d) = %d", a, b, GCD(b, a));
}

int GCD(int a, int b)
{
    if (b == 0)
        return a;
    return GCD(b, a % b);
}
```

(2)

```c
#include <stdio.h>
#include <stdlib.h>

typedef struct array {
    int* data;
    int size, capacity;
} array;

array* init();
void append(array* v, int value);
int* index(array* v, int i);

int main()
{
    array* v = init();
    append(v, 1);
    append(v, 2);
    append(v, 3);

    for (int i = 0, *p = index(v, 0); p; i++, p = index(v, i))
        printf("%d\n", *p);

    free(v->data);
    free(v);
}

array* init()
{
    array* v = malloc(sizeof(array));
    v->data = malloc(sizeof(int) * 2);
    v->size = 0;
    v->capacity = 2;
    return v;
}

void append(array* v, int value)
{
    if (v->size == v->capacity)
    {
        v->capacity *= 2;
        int* newData = malloc(sizeof(int) * v->capacity);
        for (int i = 0; i < v->size; i++)
```

```
            newData[i] = v->data[i];
        free(v->data);
        v->data = newData;
    }
    v->data[v->size] = value;
    v->size++;
}

int* index(array* v, int i)
{
    if (v->size <= i)
        return NULL;
    return v->data + i;
}
```

1. 파일 분리하기

다음 소스 파일을 적절히 분리하시오.

(1)

```c
#include <stdio.h>
#pragma warning(disable: 4996)

int GCD(int a, int b);

int main()
{
    int a, b;
    scanf("%d %d", &a, &b);
    if (a >= b)
        printf("GCD(%d, %d) = %d", a, b, GCD(a, b));
    else
        printf("GCD(%d, %d) = %d", a, b, GCD(b, a));
}

int GCD(int a, int b)
{
    if (b == 0)
        return a;
    return GCD(b, a % b);
}
```

📋 2권 챕터13 1번

이 코드에서 함수로는 main 함수와 GCD 함수가 있다. 그러므로 GCD 함수를 분리하여 gcd.c와 gcd.h 파일로 만들고, main 함수에서는 gcd.h 헤더 파일을 불러온다.

(2)

```c
#include <stdio.h>
#include <stdlib.h>

typedef struct array {
    int* data;
    int size, capacity;
} array;
```

```c
array* init();
void append(array* v, int value);
int* index(array* v, int i);

int main()
{
    array* v = init();
    append(v, 1);
    append(v, 2);
    append(v, 3);

    for (int i = 0, *p = index(v, 0); p; i++, p = index(v, i))
        printf("%d\n", *p);

    free(v->data);
    free(v);
}

array* init()
{
    array* v = malloc(sizeof(array));
    v->data = malloc(sizeof(int) * 2);
    v->size = 0;
    v->capacity = 2;
    return v;
}

void append(array* v, int value)
{
    if (v->size == v->capacity)
    {
        v->capacity *= 2;
        int* newData = malloc(sizeof(int) * v->capacity);
        for (int i = 0; i < v->size; i++)
            newData[i] = v->data[i];
        free(v->data);
        v->data = newData;
    }
    v->data[v->size] = value;
    v->size++;
}

int* index(array* v, int i)
```

```
{
    if (v->size <= i)
        return NULL;
    return v->data + i;
}
```

📋 2권 챕터13 2번

이 코드는 가변 길이 배열에 대한 구조체와 그 연산들이 함수로 있다. 일반적으로 자료구조와 자료구조에 대한 정의는 한데 모아 두는 게 좋다. 그러므로 함수와 구조체의 선언은 vArray.h, 함수의 정의는 vArray.c로 분리하고 main 함수는 vArray.h를 include하여 사용한다.

키워드로 정리하기

● C 언어의 소스 파일은 **전처리, 컴파일, 어셈블, 링크를** 거쳐 실행 파일이 된다.
● 전처리와 컴파일, 어셈블은 각각의 파일에 대해서 수행되어 목적 파일이 만들어진다.
● 링크는 목적 파일과 라이브러리를 하나로 합쳐 실행 파일을 만드는 과정이다.
● **전처리기는** 소스 파일의 **전처리 지시자에** 맞는 작업을 수행한 후 새로운 소스 파일을 만들어 낸다.
● 전처리 지시자에는 파일을 복사하여 붙여 넣는 #include, 매크로를 만드는 #define, 조건적 컴파일
  을 위한 #if, #elif, #else, #endif 등이 있다.

표로 정리하기
기본적인 전처리 지시자는 다음과 같은 종류가 있다.

전처리 지시자	기능	전처리 지시자	기능
#include	다른 파일을 복사하여 붙여 넣음	#if	조건이 참일 때
#define	매크로를 정의함	#elif	선행 조건이 거짓이고, 해당 조건이 참일 때
#ifdef	매크로가 정의되었을 때	#else	모든 선행 조건이 거짓일 때
#ifndef	매크로가 정의되지 않았을 때	#endif	조건의 끝을 나타냄

더 멋진 내일(Tomorrow)을 위한 내일(My Career)

콘솔 프로그래밍

(리눅스용 & 맥용 설명 PDF 제공)

콘솔 제어

리눅스용 & 맥용 설명(PDF 제공)

✓ 핵심 키워드

콘솔 색, 커서

여기서는 무얼 배울까

콘솔은 문자만으로 모든 정보를 표현하지만, 문자 그 자체가 나타내는 의미만을 사용하지는 않는다. 컴퓨터는 문자의 위치와 색, 특수 기호, 심지어는 문자로 이루어진 이미지까지 다양한 방법을 통해 사용자에게 정보를 제공한다. 이번 절에서는 콘솔에 추가적인 정보와 함께 시각적으로 아름답게 콘솔을 꾸밀 수 있는 색과 커서 제어를 배우고 이를 실습한다.

콘솔 색 제어

문자의 색은 문자에 담긴 의미와 더불어 사용자가 한눈에 추가적인 정보를 알 수 있게 한다. 붉은 글자는 위험을, 푸른 글자는 안전을 나타내는 것처럼 말이다. Windows 운영체제에서는 콘솔의 색을 제어하기 위한 함수를 Windows.h 헤더 파일을 통해 제공한다.

코 · 드 · 소 · 개

```
SetConsoleTextAttribute(GetStdHandle(STD_OUTPUT_HANDLE), 색상);
```

SetConsoleTextAttribute 함수는 호출된 이후부터 출력되는 모든 문자에 대해 설정된 색상으로 콘솔에 표시한다. 콘솔의 색은 문자와 배경의 색으로 나누고, 각각 16개의 색상이 있다.

코드	색상	코드	색상
0	검정색	8	진한 회색
1	진한 파란색	9	파란색
2	진한 초록색	A	초록색
3	진한 하늘색	B	하늘색
4	진한 빨간색	C	빨간색
5	진한 보라색	D	보라색

| 6 | 진한 노란색 | E | 노란색 |
| 7 | 회색 | F | 하얀색 |

각각의 색상은 16진수 숫자 하나로 표시되며, 이 둘을 합쳐 16진수 두 자리로 배경의 색과 문자의 색을 한 번에 표시한다. 예를 들어, 0x0F는 검은 배경에 흰 글씨이고, 0x6C는 진한 노란색의 배경에 빨간 글씨이다.

손으로 익히는 코딩

```c
#include <stdio.h>
#include <Windows.h>

int main()
{
    SetConsoleTextAttribute(GetStdHandle(STD_OUTPUT_HANDLE), 0x6C);
    printf("Hello, World!");
}
```

다음 예제를 출력하는 콘솔에 진한 노란색의 배경에 빨간 글씨로 Hello, World!가 출력된다. 콘솔 색은 문자를 출력하는 시점에 지정되므로 줄 바꿈을 통해 다음 줄로 넘어간다면 오른쪽 부분은 색이 변하지 않는다.

손으로 익히는 코딩

```c
#include <stdio.h>
#include <Windows.h>

int main()
{
    for (int i = 0; i < 16; i++)
    {
        for (int j = 0; j < 16; j++)
        {
```

```
            SetConsoleTextAttribute(GetStdHandle(STD_OUTPUT_HANDLE), i * 16 + j);
            printf("*");
        }
        printf("\n");
    }
}
```

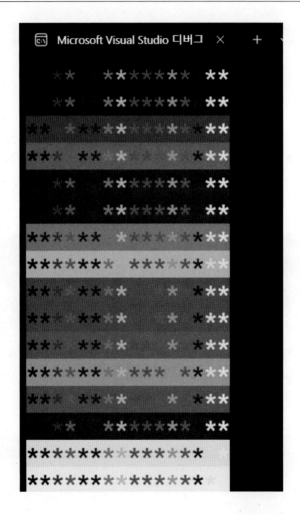

콘솔의 색은 16진수의 정수로 표현하기에, 이를 변수를 통해 직접 계산하여 값을 넣어 줄 수 있다. 위 예제는 16*16번의 반복문으로 모든 문자와 배경의 색 조합을 출력하는 예제이다.

Quick Tip
콘솔의 색은 사용하는 환경에 따라 조금씩 다를 수 있습니다.

커서 제어

커서 이동

콘솔에서 문자를 출력하는 것은 콘솔의 커서가 위치하는 곳에 문자를 쓰고, 커서를 한 칸 이동하는 것을 의미한다. 그러므로 글을 쓰듯 왼쪽에서 오른쪽으로 문자를 출력하는 것이 아닌 내가 원하는 위치에 문자를 출력하기 위해선 커서를 옮겨야 한다.

```
SetConsoleCursorPosition(GetStdHandle(STD_OUTPUT_HANDLE), 위치);
```

Windows.h 헤더 파일에는 커서를 움직이기 위한 함수인 SetConsoleCursorPosition이 있다. 함수의 인자로는 위치를 나타내는 구조체가 필요하다.

손으로 익히는 코딩

```c
#include <stdio.h>
#include <Windows.h>

int main()
{
    COORD pos = { 0, 2 };
    SetConsoleCursorPosition(GetStdHandle(STD_OUTPUT_HANDLE), pos);
    printf("Hello, World!");
}
```

실행 결과

```
Hello, World!
```

커서의 위치를 옮길 때에는 COORD 구조체로 x, y를 채운 후 이를 함수의 인자로 사용한다. 콘솔의 왼쪽 위는 0, 0이며 행은 y, 열은 x에 해당한다.

```c
#include <stdio.h>
#include <Windows.h>

void gotoxy(int x, int y)
{
    COORD pos = { x, y };
    SetConsoleCursorPosition(GetStdHandle(STD_OUTPUT_HANDLE), pos);
}

int main()
{
    gotoxy(0, 2);
    printf("Hello, World!");
}
```

```
Hello, World!
```

SetConsoleCursorPosition 함수는 구조체를 필요로 하므로 호출하는 부분마다 구조체 변수를 생성하여 값을 채워 줘야 한다는 단점이 있다. 따라서 구조체를 만들고 함수를 호출하는 것을 함수 하나로 묶어서 사용하는 경우가 많다.

```c
#include <stdio.h>
#include <Windows.h>

typedef enum color {
    BLACK, DARK_BLUE, DARK_GREEN, DARK_SKY_BLUE,
    DARK_RED, DARK_PURPLE, DARK_YELLOW, GRAY,
    DARK_GRAY, BLUE, GREEN, SKY_BlUE,
    RED, PURPLE, YELLOW, WHITE
} color;

void setColor(color background, color text)
{
```

```
        SetConsoleTextAttribute(GetStdHandle(STD_OUTPUT_HANDLE), background *
            16 + text);
}

void gotoxy(int x, int y)
{
    COORD pos = { x, y };
    SetConsoleCursorPosition(GetStdHandle(STD_OUTPUT_HANDLE), pos);
}

int main()
{
    setColor(WHITE, BLACK);
    gotoxy(0, 2);
    printf("Hello, World!");
}
```

콘솔 색 변경 함수도 함수의 길이가 길고 색상을 숫자로 표현해야 한다는 단점이 있기 때문에 이
를 열거형과 함수로 만들어 사용하는 경우가 많다. 위 예제의 setColor 함수는 배경 색과 문자
색을 따로 매개변수에 전달하게 하였다. 커서를 이동하는 것은 문자가 출력되는 것이 아니므로
색은 변하지 않는다. 그렇기에 0, 2로 이동한 이후부터 바뀐 색으로 문자가 출력된다.

커서 형태 제어

커서는 사용자가 콘솔의 어느 부분에 출력할지를 알려 주는 역할을 하지만, 이를 알 필요가 없을
때가 있다. 이 경우 커서가 깜빡이면서 그 위치를 표시하는 것은 오히려 사용자가 거슬려할 수도
있다.

```
SetConsoleCursorInfo(GetStdHandle(STD_OUTPUT_HANDLE), 정보);
```

SetConsoleCursorInfo는 커서의 정보를 바꾸어 그 모습을 바꾸거나 화면에서 보이지 않게 할 수 있다.

손으로 익히는 코딩

```c
#include <stdio.h>
#include <Windows.h>

void setCursor(int size, BOOL visible)
{
    CONSOLE_CURSOR_INFO cursorInfo;
    cursorInfo.dwSize = size;
    cursorInfo.bVisible = visible;
    SetConsoleCursorInfo(GetStdHandle(STD_OUTPUT_HANDLE), &cursorInfo);
}

int main()
{
    setCursor(1, FALSE);

    printf("Hello, World!");
}
```

실행 결과

```
Hello, World!
```

CONSOLE_CURSUR_INFO 구조체에서 dwSize는 커서의 두께, bVisible은 커서가 보일지에 대한 여부이다. setCursor 함수에서 1과 FALSE를 주었기에 bVisible은 FALSE, 그러므로 콘솔의 커서는 더 이상 보이지 않는다.

Quick Tip

커서의 두께는 1 이상 100 이하의 값을 사용합니다.

02

게임 루프와 입력 처리

리눅스용 & 맥용 설명(PDF 제공)

대화형 프로그램, 게임 루프

여기서는 무얼 배울까

먼 옛날부터 지금에 이르기까지 인류는 다양한 오락을 발명하고 즐겨 왔다. 컴퓨터의 역사 역시 오락과의 관계를 뗄 수는 없을 것이다. 디지털 컴퓨터가 등장하고서부터 지금까지 다양한 게임들이 개발됐고, 여기에는 콘솔에서 플레이하는 콘솔 게임들도 있다. 이번 절에서는 콘솔 게임을 만들기 위한 기본적인 지식을 배우고 이를 바탕으로 하는 예제들을 살펴본다.

게임 루프

모든 프로그램은 시작과 끝이 있다. 프로그램이 시작된 후 사용자로부터 입력을 받아 적절한 처리를 하고, 그에 맞는 결과를 출력한다. 입력과 처리, 그리고 출력으로 이루어진 기본적인 프로그램은 이와 같은 형태를 가지고 있지만 여러분들이 사용하는 많은 프로그램들은 프로그램이 실행되고 나서 입력과 처리, 출력이 무한히 반복되는 형태였을 것이다.

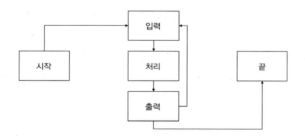

위 이미지처럼 프로그램이 시작되고 나서 사용자의 입력을 처리하고, 그에 맞는 결과를 출력하는 일련의 작업이 무한이 반복되게 하려면 프로그램 내에 프로그램이 종료되기 전까지 반복되는 반복문이 필요하다. 이 반복문은 입력과 처리, 출력을 반복함으로써 사용자가 프로그램과 마치 대화하듯 입력과 출력을 주고받거나, 연산이 필요할 때마다 새로운 프로그램을 실행할 필요 없이 기존의 프로그램을 바로 사용할 수 있게 한다.

계산기 역시 이러한 사이클을 무한히 반복한다. 버튼을 클릭하면 클릭한 버튼에 맞게 숫자를 추가하거나 계산하고, 그에 맞는 결과를 계산기의 화면에서 보이도록 한다.

디지털 게임도 프로그램의 일종이므로 사용자와 프로그램이 대화형으로 진행하기 위해선 프로그램 내부에 계속해서 반복되는 반복문이 필요하다. 게임에서는 이 반복을 게임 루프라고 한다. 게임 루프는 여러 형태가 있지만 기본적으로는 입력, 처리, 출력을 반복하고, 이 세 단계를 합쳐 프레임 또는 틱이라고 말한다.

입력

게임을 비롯한 대화형 프로그램*은 매 프레임마다 입력 여부를 확인한다. 만약 입력이 있다면 입력에 맞는 추가적인 처리를 할 수 있는데, 여기에는 키를 누르거나 뗐는지, 다중 키를 입력했는지 등이 있다.

처리 (업데이트)

입력이 끝났다면 그에 맞는 처리를 수행한다. 대화형 프로그램은 사용자의 입력을 기다리지 않는다는 특징이 있기에 처리 단계에서 입력이 없을 수도 있다. 이러한 경우 아무런 처리를 하지 않을 수도, 또는 이전의 입력에 영향을 받은 처리를 마저 수행할 수도 있다. 이러한 특징 때문에 처리를 업데이트라고 부르는 경우가 많다.

기초 용어 정리
* **대화형 프로그램**: 프로그램이 사용자와 입력과 출력을 대화하듯 주고받는 형태의 프로그램

출력 (렌더링)

입력과 처리 이후에는 사용자에게 그 결과를 알려 주는 출력 작업이 있다. 출력의 형태에는 문자, 소리 등 여러 가지가 있지만 대표적인 것은 사용자의 화면에 결과를 그려 내는 것이다. 컴퓨터의 화면에 무언가를 그려 내는 것은 렌더링이라고 하며, 게임 루프*에선 출력 대신 렌더링이란 단어를 사용해 입력, 업데이트, 렌더링의 세 단계로 표현하기도 한다.

버퍼 없는 입력

자신이 입력한 것을 엔터를 쳐서 확정 짓기 전까지 수정할 수 있다는 것은 많은 장점이 있다. 그러나 만약 여러분들이 게임을 만들고자 한다면, 혹은 단축키와 같은 기능을 만들고자 한다면 엔터 없이 키를 입력하는 순간 어떠한 연산이 이루어지는 것이 더 나을 수 있다.

코·드·소·개

```
#include <conio.h>
```

Windows 운영체제에서 제공하는 conio.h는 여러 콘솔 입출력 함수들을 제공한다. 그리고 여기에는 입력 버퍼를 사용하지 않는, 엔터를 치지 않고도 키보드 입력을 받을 수 있는 함수들도 있다.

getch()와 getche()

getch 함수, 또는 _getch 함수는 입력 버퍼를 사용하지 않는 문자를 입력받는 함수이다. 함수가 호출되면 키보드 입력을 기다리며, 키보드에 어떠한 키가 입력되는 그 즉시 값을 반환한다.

손으로 익히는 코딩

```
#include <stdio.h>
#include <conio.h>

int main()
{
    while (1)
    {
```

기초 용어 정리
* **게임 루프**: 게임에서 입력, 업데이트, 렌더링의 세 단계가 반복되는 것

```
        int code = _getch();
        printf("%d\n", code);
    }
}
```

a

97

위 예제는 키보드를 입력하는 순간 그 키에 해당하는 코드를 출력한다. getch 함수의 두 가지 특징으로는 글자 키를 눌러도 입력한 글자가 콘솔에 표시되지 않는다는 것이고, 또 다른 특징은 F1과 같은 키들은 두 번의 코드가 출력된다는 것이다.

손으로 익히는 코딩

```c
#include <stdio.h>
#include <conio.h>

int main()
{
    while (1)
    {
        int code = _getch();
        if (code == 0x00 || code == 0xE0)
        {
            int code2 = _getch();
            printf("%d %d\n", code, code2);
        }
        else
        {
            printf("%d\n", code);
        }
    }
}
```

F1

```
0 59
```

F1 ~ F12와 같은 키들은 확장 키라고 하여 두 개의 코드로 표시된다. 이를 확인하는 방법은 getch()의 반환값이 0x00, 0xE0인지를 확인하면 되는데, 만약 이 둘 중 하나에 해당한다면 한 번 더 getch()를 호출하여 최종적인 코드가 무엇인지 확인한다.

손으로 익히는 코딩

```c
#include <stdio.h>
#include <conio.h>

int main()
{
    while (1)
    {
        int code = _getche();
        if (code == 0x00 || code == 0xE0)
        {
            int code2 = _getche();
            printf("%d %d\n", code, code2);
        }
        else
        {
            printf("%d\n", code);
        }
    }
}
```

입력값

```
F1
```

실행 결과

```
0 59
```

getche 함수, 또는 _getche 함수는 getch 함수와 거의 유사하지만 누른 키가 문자일 경우 이를 화면에 곧바로 출력해 준다는 점이 다르다. 이 함수는 사용자가 키보드를 누르는 순간 무언가를 처리해야 하지만, 사용자에게 자신이 어떤 키를 눌렀는지 바로 알려 줄 필요가 있을 경우에 사용한다.

kbhit()

kbhit 함수, 혹은 _kbhit 함수는 키보드가 눌렸는지를 알려 주는 함수이다.

손으로 익히는 코딩

```c
#include <stdio.h>
#include <conio.h>

int main()
{
    int cnt = 0;
    while (1)
    {
        if (_kbhit())
        {
            int code = _getch();
            if (code == 0x00 || code == 0xE0)
            {
                int code2 = _getch();
                printf("cnt = %d\n", cnt);
            }
            else
                printf("%d\n", cnt);
        }
        else
            cnt++;
    }
}
```

사용자의 입력이 올 때까지 기다리는 프로그램이 아니라면 사용자의 입력이 없을 때도 자신이 처리해야 하는 부분을 처리해야 한다. 그렇기에 getch() 등의 함수를 호출하기 전 먼저 키보드 입력이 있는지를 확인하고, 키보드 입력이 있다면 그 키가 어떠한 키인지 알아내야 한다. 위 예제에서는 kbhit()과 getch()를 통해 키보드 입력이 있을 때 지금까지 몇 프레임이 흘렀는지를 출력하게 하였다.

kbhit처럼 언더바가 붙지 않는 함수는 현재 사용되지 않는다. 그러므로 컴파일러는 그 함수 대신 언더바가 붙은 _kbhit 함수를 대신 사용하게 한다. 만약 _kbhit과 같은 함수가 아닌 kbhit을 그대로 사용하고 싶다면 scanf()의 버퍼 오버플로우를 무시했던 것처럼 4996번 오류를 무시하게 설정하면 된다.

연습문제

1. 프로그램 작성하기

● 콘솔에 다음과 같은 출력이 되도록 프로그램을 작성하시오.

(1)
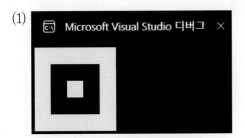

(2)
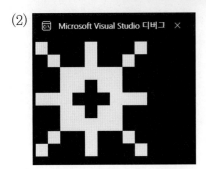

● (0, 0)에서 시작하여 이동한 경로를 흰색으로 칠하는 프로그램을 작성하시오.
(화살표로 이동하며, 아래 이미지는 이동 경로의 예이다.)

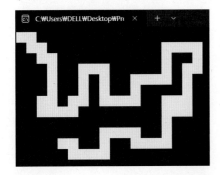

1. 프로그램 작성하기

● 콘솔에 다음과 같은 출력이 되도록 프로그램을 작성하시오.

(1)
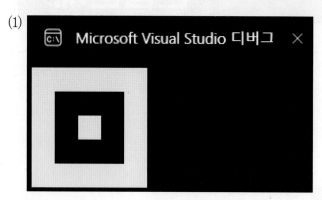

📋 2권 챕터14 a14.1.c

Windows.h의 함수를 이용하여 그림을 그리는 문제이다. 배열로 흰 부분과 검은 부분을 표시하여
반복문을 이용하면 쉽게 그릴 수 있다.

(2)
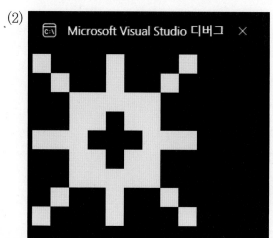

📋 2권 챕터14 a14.2.c

Windows.h의 함수를 이용하여 그림을 그리는 문제이다. 배열로 흰 부분과 검은 부분을 표시하여
반복문을 이용하면 쉽게 그릴 수 있다.

● (0, 0)에서 시작하여 이동한 경로를 흰색으로 칠하는 프로그램을 작성하시오.

(화살표로 이동하며, 아래 이미지는 이동 경로의 예이다.)

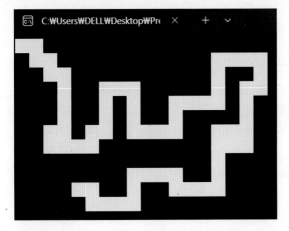

📋 2권 챕터14 a14.3.c

방향키로 위치에 대한 변수를 제어하여 그 위치에 흰색 사각형을 그려내는 문제이다. 방향키 입력을 감지하는 것은 kbhit()과 getch()로 각 방향키의 코드를 알아낸 후 이를 if문으로 처리한다. 키보드 입력을 받을 때마다, 혹은 매 프레임마다 현재 위치로 커서를 이동시킨 후 흰색으로 칠하면 된다.

키워드로 정리하기

● Windows 운영체제는 콘솔의 색이나 커서, 크기 등을 제어하기 위한 Windows.h 헤더 파일을 제공한다.

● 콘솔의 색은 16가지이며 배경과 문자의 색의 조합은 총 256개가 있다.

● getch()와 getche()는 입력 버퍼를 사용하지 않고 키를 누르는 즉시 반환된다.

● 키보드가 눌렸는지 확인하는 함수는 kbhit()이다.

● 대화형 프로그램과 같이 사용자와 컴퓨터가 지속해서 입출력을 주고받는 경우 입력, 처리, 출력의 사이클을 내부적으로 반복하여 실행한다.

● 게임의 경우 특히 처리를 업데이트, 출력을 렌더라고 부르는 경우가 많으며, 이러한 반복을 **게임 루프**라고 한다.

그림으로 정리하기

오늘날의 많은 프로그램은 내부적으로 입력, 처리, 출력의 사이클을 반복하는 반복문이 있고, 이를 간단히 그림으로 나타내면 다음과 같다.

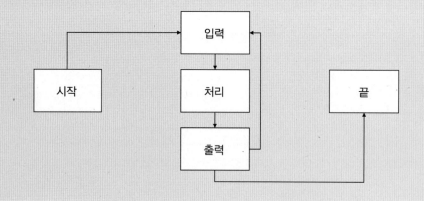

윈도우 프로그래밍

01

함수 포인터

✓ **핵심 키워드**

함수 포인터, 콜백 함수

여기서는 무얼 배울까

변수와 배열, 구조체와 포인터에 이르기까지, 어떠한 값이라고 하는 것은 그 자체로 데이터를 지닌 존재였다. 그 값은 현실에 존재하는 무언가일 수도 있고, 혹은 추상적인 것일 수도 있지만 본질적으로 명사나 대명사와 같은 것들로 표현할 수 있는 것이었다. 그러나 만약 그러한 값을 넘어서 어떠한 행동을 표현하고자 한다면 그 행동이나 행위 자체를 값으로 표현할 수 있을까? 우리는 행동이나 행위, 기능을 나타내는 도구로 함수를 줄곧 사용했지만, 함수를 값으로 사용하지는 않았다. 함수를 어떠한 값으로 가정한다면 많은 이점이 따라오고, 그 이점은 프로그래머에게 더 많은 선택지를 제공할 수 있다. 이번 절에서는 함수를 값으로 사용할 수 있게 하는 함수 포인터를 배우고, 윈도우 프로그래밍을 위한 함수 포인터의 대표적인 활용인 콜백 함수의 예제를 살펴본다.

함수 포인터

함수는 정수 같은 값들과 비교했을 때 많은 차이점이 있다. 정수는 단 하나의 값만을 가지고 있으면서 변수일 경우 그 값을 원하는 대로 바꿀 수 있다. 그러나 함수는 반환값, 매개변수, 그리고 정의까지 훨씬 많은 정보를 담고 있고, 컴파일 이후 함수의 정의를 바꾸거나 하는 것이 불가능하다. 그렇기에 지금까지 함수 그 자체를 담는 변수를 배우지 않았던 것이다. 그것은 존재하지 않기 때문이다.

그러나 함수도 결국 컴퓨터의 메모리에 존재한다. 컴퓨터의 메모리에 존재한다는 의미는 함수가 메모리의 특정 위치에 있으며 그 위치에 대한 포인터가 있다는 뜻이다. C 언어의 함수 포인터*는 함수가 있는 메모리의 위치를 가리키는 포인터로, 함수의 매개변수와 반환형을 함께 포함하는 자료형이다.

기초 용어 정리

* **함수 포인터**: 함수가 있는 메모리의 위치를 가리키는 포인터로, 함수의 매개변수와 반환형을 함께 포함함

함수 포인터의 사용

반환형(*변수명)(매개변수 자료형) = 함수;

함수 포인터 자료형은 가리킬 함수와 매개변수와 반환형을 포함한다. int(*f)()라면 매개변수 없이 정수를 반환하는 함수를 가리키는 포인터이고, void(*g)(int, int)라면 두 정수 매개변수를 받으며 반환값이 없는 함수를 가리키는 포인터란 뜻이다.

손으로 익히는 코딩

```c
#include <stdio.h>

int f(int x)
{
    return 2 * x;
}

int main()
{
    int(*x)(int) = f;
    printf("%d", x(10));
}
```

실행 결과

```
20
```

함수 포인터 변수는 함수에 대한 주소를 저장할 수 있고, 여기에는 함수의 이름을 넣어 사용할수 있다. 주소가 대입된 함수 포인터 변수는 마치 그 이름의 함수가 존재하듯 변수의 이름 오른쪽에 소괄호를 붙여 함수를 호출한다. 위 예제에서 f 함수는 직접적으로 사용되는 것이 아닌 포인터 변수 x에 저장된 후 사용된다.

```c
#include <stdio.h>
#pragma warning(disable: 4996)

int add(int a, int b)
{
    return a + b;
}

int sub(int a, int b)
{
    return a - b;
}

int main()
{
    int a, b;
    char op;
    int(*f)(int, int);

    scanf("%d%c%d", &a, &op, &b);

    if (op == '+')
        f = add;
    else
        f = sub;

    printf("%d", f(a, b));
}
```

입력값

5+4

실행 결과

9

위 예제에는 두 함수 add와 sub가 있다. main 함수는 피연산자 a와 b, 그리고 연산자 기호 op
를 입력받은 후, +와 −에 따라 포인터 변수 f에 add와 sub를 저장한다. 함수 포인터 변수는 변
수이므로 상황에 맞게 적절한 함수를 가리키도록 할 수 있으며, 결과적으로 마지막의 f(a, b)는
포함된 함수에 따라 서로 다른 결과가 나타난다.

함수 포인터의 활용

함수 포인터는 그 자체로 어떠한 행동을 나타낸다. 함수 포인터를 사용하기 전까지는 조건에 따라 서로 다른 행동을 하려고 했다면 조건문이 필요했다. 그러나 필요한 행동을 함수로 만들고 이를 함수 포인터로 가리킨다면 별도의 조건문 없이도 분기하여 행동할 수 있다.

```
#include <stdio.h>
#pragma warning(disable: 4996)

int pow2(int x) { return x * x; }
int pow3(int x) { return x * x * x; }
int pow4(int x) { return x * x * x * x; }

int main()
{
    int(*pow[5])(int) = { 0, 0, pow2, pow3, pow4 };
    int n, x;

    scanf("%d %d", &n, &x);
    printf("%d", pow[x](n));
}
```

입력값

2 4

실행 결과

16

함수 포인터 배열 pow에는 2번, 3번, 4번 인덱스에 각각 pow2, pow3, pow4 함수가 있다. 이들은 제곱, 세 제곱, 네 제곱을 계산하는 함수이므로 pow 배열의 어떤 인덱스에 접근하느냐에 따라 서로 다른 기능을 하는 함수를 사용하여 거듭제곱을 계산한다.

```c
#include <stdio.h>

typedef struct value {
    int data;
    int(*update)(int);
} value;

int add(int x) { return x + 1; }
int mult(int x) { return x * 2; }

int main()
{
    value values[] = {
        { 5, add },
        { 7, mult }
    };

    for (int i = 0; i < 2; i++)
    {
        values[i].data = values[i].update(values[i].data);
        printf("%d\n", values[i].data);
    }
}
```

실행 결과

```
6
14
```

같은 구조체이지만 종류에 따라 다른 연산을 해야 한다면 구조체에 함수 포인터를 넣는 방법이 있다. 각 구조체 변수들은 자신이 필요한 연산을 나타내는 함수에 대한 포인터를 갖고, 이를 사용하는 부분에선 함수 포인터를 호출하여 계산한다.

콜백 함수

함수 포인터의 존재는 기존 함수의 기능을 더 다양하게 만든다.

> 만약 조건이 참이라면?
>   A 행동을 한다.
> 그렇지 않다면?
>   B 행동을 한다.

위와 같은 간단한 조건문이 있다. 우리는 이미 이러한 조건문을 수도 없이 만들었고, 이러한 조건문은 만들기 쉽다는 사실도 알고 있다. 물론 이 조건문의 기능을 하는 함수도 만들 수 있다. 그런데 만약 A 행동과 B 행동이 구체적으로 어떤 것인지 알 수 없다면 이를 어떻게 구현할 수 있을까? 두 행동은 알 수 없는 행위에 대한 변수이고, 우리는 앞서 이러한 변수의 역할이 함수 포인터임을 배웠다.

```
void(*A)() = f;
void(*B)() = g;

if (condition)
    A();
else
    B();
```

함수 포인터로 구현한 함수는 이렇다. 함수 포인터를 사용하지 않고 조건문만으로 만든 코드와 크게 다르지는 않지만, A 행동과 B 행동이 변할 수 있다는 것은 프로그램을 만드는 과정에서 훨씬 강력한 유연함을 준다.

손으로 익히는 코딩

```c
#include <stdio.h>

void select(int condition, void(*A)(), void(*B)())
{
    if (condition)
        A();
    else
        B();
}
```

```
void printA() { printf("A"); }
void printB() { printf("B"); }

int main()
{
    select(1 == 1, printA, printB);
}
```

실행 결과

A

이 아이디어를 함수에도 똑같이 적용할 수 있다. 이 함수는 조건에 따라 이미 정해진 두 행동 중
하나를 선택하는 것이 아닌, 함수를 호출하는 시점에서 두 행동을 함수 포인터로 제공한다. 함수
는 모든 행동에 대한 가능성을 열어 두고, 그 함수를 사용하는 곳에서 자신이 원하는 함수를 골
라서 사용하는 것이다.

콜백 함수*는 함수의 인자로 사용되는 함수를 의미한다. 다른 함수의 인자가 함수의 연산을 위
한 용도로 사용되었던 반면, 콜백 함수는 함수가 호출하는 함수 자체를 나타내므로 함수가 행해
야 하는 행동, 계산하는 방법 등 더욱 다양한 의미를 가진다.

qsort()

지난번 void 포인터를 배울 때 잠깐 사용해 봤던 qsort()는 콜백 함수를 사용하는 함수이다.
qsort()는 정렬하고자 하는 배열과 함께 배열을 정렬하는 기준이 함수 포인터의 형태로 들어간
다. 단순히 숫자를 오름차순이나 내림차순으로 정렬하는 용도가 아닌, 다양한 자료형을 다양한
정렬 기준에 맞춰 배열할 수 있다는 뜻이다.

코·드·소·개

```
qsort(배열, 원소 수, 원소 크기, 비교 함수);
```

qsort()는 정렬하고자 하는 배열과 그 배열의 크기, 한 원소의 바이트 수, 마지막으로 정렬 기준
을 나타내는 함수가 하나 필요하다. 여기서 비교 함수는 void 포인터로 두 원소를 받고, 두 원소
중에서 무엇이 왼쪽에 위치하느냐에 따라 음수, 양수, 0을 반환하는 함수이다.

기초 용어 정리
* **콜백 함수**: 함수의 인자로 사용되는 함수. 함수가 행해야 하는 행동, 계산하는 방법 등의 의미를 가짐

```c
#include <stdio.h>
#include <stdlib.h>

int comp(const void* a, const void* b)
{
    const int av = *(const int*)a;
    const int bv = *(const int*)b;

    if (av < bv)
        return 1;
    else if (av > bv)
        return -1;
    else
        return 0;
}

int main()
{
    int arr[] = { 1, 2, 3, 4, 5, 6, 7, 8 };
    qsort(arr, 8, sizeof(int), comp);
    for (int i = 0; i < 8; i++)
        printf("%d ", arr[i]);
}
```

실행 결과

```
8 7 6 5 4 3 2 1
```

위 예제에서 정렬하고자 하는 배열 arr은 크기가 8인 정수형 배열이다. 따라서 qsort()의 인자로는 arr, 8, sizeof(int)가 들어갔다.

```
int comp(const void* a, const void* b)
{
    const int av = *(const int*)a;
    const int bv = *(const int*)b;

    if (av < bv)
        return 1;
    else if (av > bv)
        return -1;
    else
        return 0;
}
```

qsort()는 모든 자료형에 대해서 정렬할 수 있으므로 매개변수가 void 포인터이다. void 포인터로 받은 값을 실제 자료형인 정수로 변환한 이후 이 둘을 비교한다. 두 값 중 a에 해당하는 값이 b보다 왼쪽에 있어야 하면 −1, 오른쪽에 있어야 하면 1, 상관없다면 0을 반환한다. 따라서 위 비교 함수는 배열을 내림차순으로 정렬하는 기능을 한다.

개수 세기

C 언어의 표준 함수에서의 콜백 함수를 보았으니, 이제 그와 비슷한 기능을 하는 함수를 직접 구현해 보자. 이제부터 구현할 함수는 주어진 배열에서 특정 조건을 만족하는 원소의 수를 구하는 것이다. 여기서 주어진 배열은 자료형의 제한이 없으며, 특정 조건은 콜백 함수로 제공된다.

손으로 익히는 코딩

```
#include <stdio.h>

int count(void* arr, int cnt, int size, int(*cond)(void*))
{
    int result = 0;
    for (int i = 0; i < cnt; i++)
    {
        void* p = (char*)arr + i * size;
        if (cond(p))
            result++;
    }
    return result;
```

```
    }

    int isEven(void* p)
    {
        int x = *(int*)p;
        return x % 2 == 0;
    }

    int main()
    {
        int arr[] = { 1, 2, 3, 4, 5, 6, 7, 8 };
        printf("%d", count(arr, 8, sizeof(int), isEven));
    }
```

실행 결과

```
4
```

qsort()와 같은 방식으로 사용할 수 있는 count 함수의 예제이다. count 함수는 배열과 원소의
수, 한 원소의 크기, 조건에 해당하는 함수를 매개변수로 받는다.

```
int count(void* arr, int cnt, int size, int(*cond)(void*))
{
    int result = 0;
    for (int i = 0; i < cnt; i++)
    {
        void* p = (char*)arr + i * size;
        if (cond(p))
            result++;
    }
    return result;
}
```

count 함수는 포인터의 산술 연산을 통해 배열의 인덱스
를 주소로 찾아 이를 cond 함수 포인터에 전달한다. 여기
서 void 포인터는 산술 연산이 불가능하므로 한 원소가 1
바이트의 크기를 갖는 char 포인터로 바꾸어 계산한다.

Quick Tip

다른 자료형과 달리 char 자료형은 1바이
트이므로 바이트 단위의 포인터 계산에
자주 사용됩니다.

02

Windows API

윈도우 창, Win32 API, 윈도우 클래스

여기서는 무얼 배울까

C 언어에 대한 오랜 여정이 끝나 간다. 여러분들은 C 언어의 문법과 구성 요소를 배우고, 이를 통해 콘솔을 제어하며 크고 작은 콘솔 프로그램들을 만들어 보았다. C 언어를 처음 배웠을 때, 윈도우 창을 이용해 프로그램을 만드는 것은 많은 사전 지식과 기술이 필요하다고 이야기했었다. 그렇기에 이전까지의 모든 예제에서는 문자의 입출력만이 가능한 콘솔을 이용했다. 그 많은 과정이 흘러간 지금, 드디어 윈도우 창을 이용해 자신만의 윈도우 프로그램을 만들 차례가 왔다. 이번 절에서는 윈도우 프로그래밍을 위한 기능들을 배우고, 이를 이용해 자신만의 윈도우 창을 띄워 보는 시간을 갖는다.

Windows 운영체제는 GUI 프로그래밍을 위한 라이브러리인 Win32 API*가 있다. Win32 API는 Windows.h에 포함되어 있으며, 윈도우 창을 생성하고 관리하는 기능이 있다.

윈도우 창 생성하기

GUI 프로그래밍을 위한 첫 단계는 빈 윈도우를 생성하는 것이다. 윈도우를 생성하는 코드를 작성하기 전에 먼저 링커에게 지금부터 만들 프로그램은 콘솔 프로그램이 아닌 윈도우 프로그램임을 알려 주어야 한다.

기초 용어 정리

* **Win32 API**: Windows.h에 포함된 라이브러리로, GUI 프로그래밍을 위한 윈도우 창의 생성, 관리와 관련된 기능이 있음

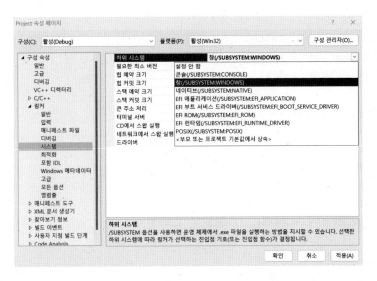

프로젝트 속성에서 **구성 속성 → 링커 → 시스템 → 하위 시스템**을 창으로 변경한다. 프로젝트를 콘솔 프로젝트로 만들거나 빈 프로젝트로 만들었다면 창이 아닌 콘솔로 설정되어 있으므로 바꿔 주어야 한다. 해당 설정이 끝났다면 실제 윈도우 프로그램을 만들 설정은 모두 끝이므로, 이제 실제 코드를 작성하여 실행시켜 볼 수 있다.

손으로 익히는 코딩

```
#include <Windows.h>

LRESULT CALLBACK WndProc(HWND hWnd, UINT message, WPARAM wParam, LPARAM lParam)
{
    switch (message)
    {
    case WM_DESTROY:
        PostQuitMessage(0);
        break;
    default:
        return DefWindowProc(hWnd, message, wParam, lParam);
    }
    return 0;
}

int WINAPI WinMain(HINSTANCE hInstance, HINSTANCE hPrevInstance, LPSTR lpCmdLine,
    int nCmdShow)
{
    WNDCLASS wc = { 0 };
    wc.lpfnWndProc = WndProc;
```

```c
    wc.hInstance = hInstance;
    wc.hbrBackground = (HBRUSH)(COLOR_BACKGROUND);
    wc.lpszClassName = TEXT("MyWindowClass");

    if (!RegisterClass(&wc))
        return -1;

    HWND hWnd = CreateWindow(
        TEXT("MyWindowClass"), // 윈도우 클래스
        TEXT("Window Title"), // 윈도우 타이틀
        WS_OVERLAPPEDWINDOW, // 윈도우 스타일
        100, // 윈도우 위치 x
        100, // 윈도우 위치 y
        500, // 윈도우 너비
        500, // 윈도우 높이
        NULL,
        NULL,
        hInstance,
        NULL
    );

    if (!hWnd)
        return -1;
    ShowWindow(hWnd, nCmdShow);

    MSG msg = { 0 };
    while (GetMessage(&msg, NULL, 0, 0))
    {
        TranslateMessage(&msg);
        DispatchMessage(&msg);
    }

    return (int)msg.wParam;
}
```

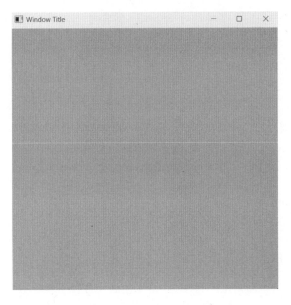

윈도우를 생성하는 간단한 프로그램의 전체 코드와 그 실행 화면이다. 각 부분이 어떠한 기능을 하는지 하나씩 살펴보자.

윈도우 클래스

윈도우 창을 만드는 첫 단계는 윈도우 클래스를 만드는 것이다. 윈도우 클래스는 생성될 윈도우의 여러 특성을 정의하는 구조체로, 모든 윈도우는 윈도우 클래스에 있는 정보를 바탕으로 생성된다.

```
WNDCLASS wc = { 0 };
wc.lpfnWndProc = WndProc;
wc.hInstance = hInstance;
wc.hbrBackground = (HBRUSH)(COLOR_BACKGROUND);
wc.lpszClassName = TEXT("MyWindowClass");

if (!RegisterClass(&wc))
    return -1;
```

윈도우 클래스에는 프로그램에 대한 정보, 클래스의 이름, 콜백 함수 등이 포함된다. 윈도우 클래스를 만든 이후에는 클래스를 등록해야 하는데, 등록에 실패하면 RegisterClass()에서 0이 반환된다.

윈도우 창

정상적으로 윈도우 클래스가 등록되었다면 그 정보를 바탕으로 윈도우 창을 생성한다. 윈도우 창을 생성하는 함수는 CreateWindow()이다.

```
HWND hWnd = CreateWindow(
    TEXT("MyWindowClass"), // 윈도우 클래스
    TEXT("Window Title"), // 윈도우 타이틀
    WS_OVERLAPPEDWINDOW, // 윈도우 스타일
    100, // 윈도우 위치 x
    100, // 윈도우 위치 y
    500, // 윈도우 너비
    500, // 윈도우 높이
    NULL,
    NULL,
    hInstance,
    NULL
);
```

CreateWindow()는 매개변수에 맞는 윈도우 구조체를 생성하는 역할을 한다. 생성에 성공하면 그에 해당하는 구조체가 반환되고, 실패하면 0이 반환된다. CreateWindow()의 첫 매개변수는 앞서 등록한 윈도우 클래스의 이름이 필

Quick Tip
화면의 크기가 1920*1080이라면 위치 (0, 0), 크기 (1920, 1080)으로 생성할 때 화면에 가득 찹니다.

요하다. 그리고 중간에 있는 윈도우 위치는 화면의 왼쪽 위가 (0, 0)이며, 너비, 높이와 함께 단위는 화면의 픽셀이다.

```
if (!hWnd)
    return -1;
ShowWindow(hWnd, nCmdShow);
```

윈도우 구조체가 어떠한 원인에 의해 생성되지 않았다면 프로그램이 실행될 수 없으므로 메인 함수에서 −1을 반환한다. 구조체가 생성된 경우는 만들어진 구조체를 볼 수 있도록 ShowWindow()를 호출한다.

318 • 내일은 C언어

메시지 루프

대화형 프로그램과 같은 경우에서 키보드 입력이나 버튼 클릭은 프로그램이 실행되는 중간 매 프레임마다 이를 확인해야 한다. Win32 API는 이러한 입력과 윈도우 창이 실행되다 발생할 수 있는 상황을 묶어 하나의 반복문에서 처리한다.

```
MSG msg = { 0 };
while (GetMessage(&msg, NULL, 0, 0))
{
    TranslateMessage(&msg);
    DispatchMessage(&msg);
}
```

TranslateMessage()는 윈도우 창에서 발생하는 키보드 입력을 처리하는 함수이다. 그리고 DispatchMessage()는 키보드 입력을 비롯해 윈도우에서 발생하는 메시지를 처리하는 함수이다.

```
LRESULT CALLBACK WndProc(HWND hWnd, UINT message, WPARAM wParam, LPARAM lParam)
{
    switch (message)
    {
    case WM_DESTROY:
        PostQuitMessage(0);
        break;
    default:
        return DefWindowProc(hWnd, message, wParam, lParam);
    }
    return 0;
}
```

각 메시지를 처리하는 방법은 Win32 API가 정의하지 않으며, 대신 콜백 함수를 사용하도록 한다. 메시지를 처리하는 반복문에서 입력과 같은 메시지가 발생하면 콜백 함수가 호출되고, 콜백 함수는 메시지에 해당하는 연산을 수행한다.

```
return DefWindowProc(hWnd, message, wParam, lParam);
```

일부 메시지의 경우 거의 모든 프로그램에서 똑같은 처리할 수도 있다. 그러한 메시지의 처리를 모두 추가하는 것은 비효율적이므로 메시지 처리의 기본값 함수인 DefWindowProc 함수가 있다.

UI 컴포넌트

생성된 윈도우 창은 그 자체만으로는 아무런 영향도 주지 않는다. 윈도우 창에 글자와 버튼을 추가하고, 이에 대한 연산을 추가해야 비로소 쓸모가 있는 윈도우 프로그램이 되는 것이다. 아래에서는 가장 기본적인 UI 요소인 버튼과 텍스트를 추가하는 방법을 소개한다. Win32 API에는 이보다 더 많은 요소들이 있지만, 나머지에 대해서는 직접 찾아보는 것을 숙제로 남겨 두겠다.

버튼

윈도우 창 안에 있는 각각의 요소들은 Win32 API에서 작은 윈도우로 취급한다. 그렇기에 윈도우 창을 생성하는 과정과 버튼을 생성하는 과정은 거의 유사하다.

손으로 익히는 코딩

```c
HWND createButton(HWND parent, int x, int y, int width, int height, const wchar_t* text)
{
    HWND hWnd = CreateWindow(
        L"BUTTON",
        text,
        WS_TABSTOP | WS_VISIBLE | WS_CHILD | BS_DEFPUSHBUTTON,
        x,
        y,
        width,
        height,
        parent,
        NULL,
        (HINSTANCE)GetWindowLongPtr(parent, GWLP_HINSTANCE),
        NULL);
    ShowWindow(hWnd, 1);

    return hWnd;
}
```

함수 하나로 버튼을 만들 수 있도록 한 함수이다. Win32 API의 윈도우에는 해당 요소가 포함되는 부모가 있다. 윈도우 창에 버튼이 생성된다면 윈도우 창이 부모의 역할을 하는 것이다. 함수의 매개변수인 parent는 앞서 CreateWindow()로 생성한 윈도우 창이 들어가고, 나머지는 버튼의 위치와 크기, 그리고 버튼에 들어갈 wchar_t 문자열이다.

윈도우 창을 만들 때 직접 윈도우 클래스를 생성하여 사용했던 것과는 달리 버튼과 같이 이미 존재하는 윈도우 클래스를 사용하는 경우도 있다. 버튼은 BUTTON이라는 이름의 윈도우 클래스를 사용한다.

 손으로 익히는 코딩

```
HWND btn = createButton(hWnd, 10, 10, 100, 100, L"버튼");
```

윈도우 창을 담은 변수가 hWnd라면 hWnd의 ShowWindow() 이후 다음과 같이 함수를 호출하여 버튼을 생성할 수 있다. 여기서 만들어진 변수는 왼쪽 위에서 10, 10픽셀만큼 떨어진 곳에 있는 100*100 크기의 버튼이다. 아직 버튼에 기능을 추가하지는 않았기에 버튼을 눌러도 변화가 없다.

위에서 만든 createButton 함수는 버튼이 생성되지 않는 등 예외에 대한 처리가 없고, 매개변수는 위치와 크기, 그리고 텍스트만이 있다. 이 함수를 더 안전하게 만들고 기능을 추가하고 싶다면 함수를 변형하여 사용하면 된다. 또 윈도우의 스타일은 윈도우에 종류에 따라 다양하게 있으므로 필요에 맞는 스타일을 찾아서 적용할 수 있다.

> **Clear Comment**
> A 스타일은 0001, B 스타일은 0010처럼 각 스타일은 비트 배열에서 저마다의 자리를 가지고 있습니다. 그렇기에 여러 스타일을 한 번에 적용하기 위해선 비트 논리합 연산자로 스타일을 합쳐서 적용합니다.

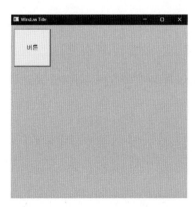

생성된 버튼의 실행 화면이다.

텍스트

텍스트 역시 버튼을 만드는 방법과 대부분이 같다.

```
HWND createText(HWND parent, int x, int y, int width, int height, const
    wchar_t* text)
{
    HWND hWnd = CreateWindow(
        L"STATIC",
        text,
        SS_CENTER | WS_CHILD,
        x,
        y,
        width,
        height,
        parent,
        NULL,
        (HINSTANCE)GetWindowLongPtr(parent, GWLP_HINSTANCE),
        NULL);
    ShowWindow(hWnd, 1);

    return hWnd;
}
```

createButton()과 비슷한 역할을 하는 createText 함수이다. 버튼과의 차이는 윈도우 클래스가 BUTTON이 아닌 STATIC이고, 윈도우에 적용되는 스타일이 다르다는 점이다.

```
HWND text = createText(hWnd, 10, 150, 100, 100, L"텍스트");
```

윈도우 창을 담은 변수가 hWnd라면 다음과 같이 함수를 호출하여 텍스트를 생성할 수 있다.

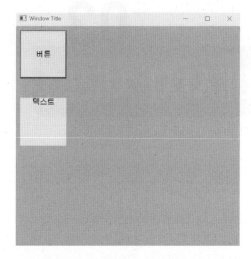

다음 이미지는 버튼과 텍스트를 모두 추가한 실행 화면이다.

03

메시지 처리

메시지

여기서는 무얼 배울까

윈도우 프로그래밍의 마지막 단계는 여러 요소가 추가된 윈도우 창에 실제 기능을 추가하는 작업이다. 이 작업은 마우스와 키보드, 그리고 UI를 통한 출력이라는 차이만 있을 뿐 우리가 지금까지 콘솔을 통해 만들었던 수많은 프로그램들의 연장선이라고 할 수 있다. 마지막 챕터, 그리고 마지막 절인 이번 절에서는 윈도우에서 입력과 이벤트 처리를 위한 메시지라는 개념에 대해서 배우고, 여태까지 배운 모든 내용을 종합하여 하나의 완성된 프로그램을 만드는 것으로 긴 여정을 마무리하고자 한다.

메시지와 콜백

Win32 API는 키보드와 마우스에 대한 입력, 윈도우 창 종료, 크기 변경 등 대부분의 상황을 묶어 메시지*라고 한다. 메시지가 발생했다는 것은 윈도우 창에서 어떠한 일이 발생했다는 의미이며, 그 일에 대해서 프로그램이 무언가 처리해야 한다면 그에 해당하는 메시지가 왔을 때마다 메시지를 처리한다.

```
MSG msg = { 0 };
while (GetMessage(&msg, NULL, 0, 0))
{
    TranslateMessage(&msg);
    DispatchMessage(&msg);
}
```

반복문을 통해 프로그램에 어떠한 메시지가 왔는지를 항상 확인한다. 메시지가 왔다면 프로그

기초 용어 정리

* **메시지**: Win32 API에서 키보드와 마우스에 대하 sdlqfur, 윈도우 창 종료, 크기 변경 등 대부분의 상황을 묶어서 표현하는 것. 어떠한 일이 발생했다고 이야기함

램에 변화가 생겼고, 그 메시지에 대해서 처리가 필요할 수 있으므로 이에 해당하는 콜백 함수를 호출한다. 콜백 함수는 윈도우 창을 만들 때 생성한 윈도우 클래스에 포함되어 있다.

```
LRESULT CALLBACK WndProc(HWND hWnd, UINT message, WPARAM wParam, LPARAM lParam)
{
    switch (message)
    {
    case WM_DESTROY:
        PostQuitMessage(0);
        break;
    default:
        return DefWindowProc(hWnd, message, wParam, lParam);
    }
    return 0;
}
```

메시지 콜백 함수는 어떤 메시지가 들어오던 항상 호출된다. 콜백 함수가 호출되면 그 함수를 호출한 윈도우, 메시지의 코드, 그리고 추가적인 데이터가 있다. 여기서 사용된 WM_DESTROY 는 윈도우가 종료될 때 호출되는 메시지이다.

WM_CHAR

WM_CHAR 메시지는 키보드로 글자를 눌렀을 때 호출되는 메시지이다. wParam은 wchar_t 자료형으로 어떠한 글자를 입력했는지에 대한 정보가 있다.

손으로 익히는 코딩

```
LRESULT CALLBACK WndProc(HWND hWnd, UINT message, WPARAM wParam, LPARAM lParam)
{
    wchar_t wc[2];

    switch (message)
    {
    case WM_CHAR:
        wc[0] = (wchar_t)wParam;
        wc[1] = L'\0';
        SetWindowText(text, wc);
        break;
    case WM_DESTROY:
```

```
        PostQuitMessage(0);
        break;
    default:
        return DefWindowProc(hWnd, message, wParam, lParam);
    }
    return 0;
}
```

위 예제는 switch문을 이용해 WM_CHAR 메시지가 전송될 때마다 이를 wchar_t 문자열로 만들어 출력한다. 여기서 text는 createText()로 생성된 텍스트를 저장한 전역 변수이다. 그리고 SetWindowText()는 윈도우의 글자를 바꾸는 기능을 한다.

```
LRESULT CALLBACK WndProc(HWND hWnd, UINT message, WPARAM wParam, LPARAM lParam)
{
    static int cnt = 0;
    wchar_t wc[128];

    switch (message)
    {
    case WM_CHAR:
        if ((wchar_t)wParam == L'a')
            cnt++;
        else if ((wchar_t)wParam == L'b')
            cnt--;
        wsprintf(wc, L"%d", cnt);
        SetWindowText(text, wc);
        break;
    case WM_DESTROY:
        PostQuitMessage(0);
        break;
    default:
        return DefWindowProc(hWnd, message, wParam, lParam);
    }
    return 0;
}
```

위 예제는 키보드로 a를 입력하면 정적 지역 변수 cnt를 증가시키고, b를 입력하면 cnt를 감소시킨다. 윈도우는 wchar_t 문자열을 필요로 하기에 wchar_t 배열을 wsprintf로 정수를 문자열로 변환한 후 이를 윈도우에서 출력하게 하였다.

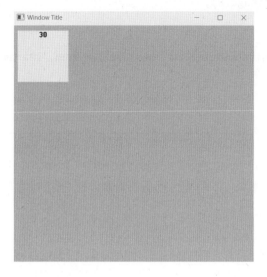

콜백 함수를 수정한 이후 실행해 보면, 키보드 입력을 받은 후부터 cnt의 값을 텍스트로 표시한
다. a를 누르면 1 증가하고 b를 누르면 1 감소하며, 이 변화는 실시간으로 볼 수 있다.

WM_LBUTTONDOWN

WM_LBUTTONDOWN 메시지는 윈도우 창에서 마우스 좌클릭을 했을 때 나타난다. wParam
에는 어떤 키와 함께 눌렀는지에 대한 정보, lParam에는 클릭한 좌표에 대한 정보가 있다.
lParam에서 x와 y를 추출하려면 windowsx.h 헤더 파일의 GET_X_LPARAM(), GET_Y_
LPARAM()을 이용한다.

손으로 익히는 코딩

```
LRESULT CALLBACK WndProc(HWND hWnd, UINT message, WPARAM wParam, LPARAM lParam)
{
    static int cnt = 0;
    wchar_t wc[128];

    switch (message)
    {
    case WM_LBUTTONDOWN:
        wsprintf(wc, L"%d %d", GET_X_LPARAM(lParam), GET_Y_LPARAM(lParam));
        SetWindowText(text, wc);
        break;
    case WM_DESTROY:
```

```
        PostQuitMessage(0);
        break;
    default:
        return DefWindowProc(hWnd, message, wParam, lParam);
    }
    return 0;
}
```

windowsx.h 헤더 파일의 GET_X_LPARAM()과 GET_Y_LPARAM()은 lParam으로부터 x
와 y를 추출하는 기능을 한다. 위 예제는 마우스 좌클릭을 할 때마다 텍스트로 클릭한 위치를 표
시하는 예이다.

버튼 클릭

버튼과 같이 윈도우 창 전체가 아닌 특정 요소에 대해서 클릭을 처리해야 하는 경우는 각 요소마
다 서로 다른 콜백 함수를 등록할 수 있다.

손으로 익히는 코딩

```
HWND createButton(HWND parent, int x, int y, int width, int height, const
    wchar_t* text, int id)
{
    HWND hWnd = CreateWindow(
        L"BUTTON",
        text,
        WS_TABSTOP | WS_VISIBLE | WS_CHILD | BS_DEFPUSHBUTTON,
        x,
        y,
        width,
        height,
        parent,
        id,
        (HINSTANCE)GetWindowLongPtr(parent, GWLP_HINSTANCE),
        NULL);
    ShowWindow(hWnd, 1);

    return hWnd;
}
```

버튼과 같은 요소는 윈도우 창에서 둘 이상이 존재할 수 있으므로, 각 요소를 구분할 수 있도록 아이디 값을 추가할 필요가 있다. CreateWindow()의 9번째 매개변수는 요소를 구분하는 아이디를 정수로 받는다.

```
LRESULT CALLBACK WndProc(HWND hWnd, UINT message, WPARAM wParam, LPARAM lParam)
{
    static int cnt = 0;
    wchar_t wc[128];

    switch (message)
    {
    case WM_COMMAND:
        if (LOWORD(wParam) == 144)
        {
            cnt++;
            wsprintf(wc, L"%d", cnt);
            SetWindowText(text, wc);
        }
        break;
    case WM_DESTROY:
        PostQuitMessage(0);
        break;
    default:
        return DefWindowProc(hWnd, message, wParam, lParam);
    }
    return 0;
}
```

버튼 클릭과 같은 이벤트는 WM_COMMAND 메시지가 담당한다. WM_COMMAND는 여러 요소들로부터 호출될 수 있기에 LOWORD(wParam)으로 그 윈도우의 아이디를 얻은 후 이에 따라 분기하여 처리한다. 위 예제는 버튼을 누르면 cnt를 증가시키고, 이를 텍스트에 출력하는 예이다.

카운트 프로그램

Win32 API를 이용하여 간단한 카운트 프로그램을 만들어 보자. 이 프로그램은 카운트가 적힌 텍스트와 카운트를 증가시키는 버튼, 그리고 0으로 초기화하는 버튼으로 구성된다.

```
text = createText(hWnd, 10, 10, 100, 30, L"0");
button1 = createButton(hWnd, 120, 10, 100, 30, L"초기화", 1);
button2 = createButton(hWnd, 240, 10, 100, 30, L"증가", 2);
```

필요한 UI 컴포넌트에 맞춰 윈도우를 생성한다. 두 버튼은 서로 기능이 다르므로 각각 1, 2라는 아이디를 부여하였다.

```
LRESULT CALLBACK WndProc(HWND hWnd, UINT message, WPARAM wParam, LPARAM lParam)
{
    static int cnt = 0;
    wchar_t wc[128];

    switch (message)
    {
    case WM_COMMAND:
        switch (LOWORD(wParam))
        {
        case 1:
            cnt = 0;
            wsprintf(wc, L"%d", cnt);
            SetWindowText(text, wc);
            break;
        case 2:
            cnt++;
            wsprintf(wc, L"%d", cnt);
            SetWindowText(text, wc);
        break;
        }
        break;
    case WM_DESTROY:
        PostQuitMessage(0);
        break;
    default:
        return DefWindowProc(hWnd, message, wParam, lParam);
    }
    return 0;
}
```

콜백 함수는 WM_COMMAND에 대해서 두 아이디를 나누어 처리한다. 초기화 버튼인 1번 아이디는 cnt를 0으로 만들고, 증가 버튼인 2번은 cnt를 1 증가시키고 이를 텍스트에 반영한다.

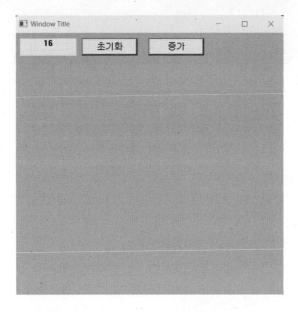

완성된 프로그램의 이미지는 위와 같다. 증가를 누르면 왼쪽의 숫자가 증가하고, 초기화를 누르면 0으로 초기화된다.

1. 함수 정의하기

다음 조건에 맞는 매개변수를 받아 값을 반환하는 함수를 정의하시오.

> **매개변수**
>
> 정수형 배열 arr, 배열의 크기 n, 함수 포인터 update를 받는다.
>
> **처리**
>
> arr[i] = update(arr[i])로 모든 원소를 업데이트한다.
>
> **반환값**
>
> 없음

2. 프로그램 작성하기

주어진 이미지처럼 윈도우를 구성하고, 다음 조건에 맞도록 메시지를 처리하시오.

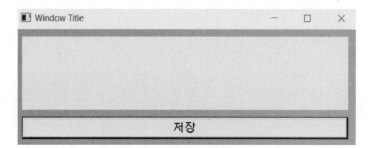

> – 키보드로 글자를 입력하면 중앙의 텍스트에 글이 입력된다.
> – 하단의 버튼을 누르면 텍스트의 내용을 out.txt로 저장하고 텍스트를 비운다.
> – 입력하는 문자는 알파벳과 숫자, 스페이스 바와 줄 바꿈으로 제한한다.

1. 함수 정의하기

다음 조건에 맞는 매개변수를 받아 값을 반환하는 함수를 정의하시오.

> **매개변수**
> 정수형 배열 arr, 배열의 크기 n, 함수 포인터 update를 받는다.
>
> **처리**
> arr[i] = update(arr[i])로 모든 원소를 업데이트한다.
>
> **반환값**
> 없음

📄 2권 챕터15 a15.1.c

콜백 함수를 이용하는 문제이다. 함수 포인터 update는 int(*update)(int)로 정의한 후, 반복문을 통해 arr[i] = update(arr[i])를 수행한다.

2. 프로그램 작성하기

주어진 이미지처럼 윈도우를 구성하고, 다음 조건에 맞도록 메시지를 처리하시오.

> – 키보드로 글자를 입력하면 중앙의 텍스트에 글이 입력된다.
> – 하단의 버튼을 누르면 텍스트의 내용을 out.txt로 저장하고 텍스트를 비운다.
> – 입력하는 문자는 알파벳과 숫자, 스페이스 바와 줄 바꿈으로 제한한다.

📄 2권 챕터15 a15.2.c

파일 출력과 wchar_t 자료형, WM_COMMAND, WM_CHAR 메시지를 이용하는 문제이다. 입력한 문자열을 저장할 wchar_t 문자열 변수를 만든 후 WM_CHAR 메시지를 받을 때마다 문자열의 길이를 1씩 늘리며 저장한다. 그 후 WM_COMMAND로 저장 버튼을 눌렀다는 메시지가 오면 문자열 변수를 그대로 텍스트 파일에 출력한다. 여기서 출력하고자 하는 문자열이 wchar_t 문자열이므로 %s 대신 %S를 사용함에 주의하자.

키워드로 정리하기

● 함수를 가리키는 포인터를 **함수 포인터**라고 한다. 함수 포인터는 함수의 매개변수와 반환형이 포함된 자료형이다.

● 함수 포인터는 포인터이므로 배열의 원소나 구조체의 멤버로도 활용할 수 있다.

● 함수의 인자로 사용되는 함수를 **콜백 함수**라고 한다. 콜백 함수는 행위나 계산 방법 등을 전달할 때 사용된다.

● Windows 운영체제에는 GUI 프로그래밍을 위한 라이브러리인 Win32 API가 있다.

● Win32 API는 **윈도우 창**과 버튼, 텍스트를 모두 포함한 윈도우로 화면을 구성하며 입력과 이벤트를 **메시지**로 처리한다.

예제 톺아보기

```c
HWND createWindow(HINSTANCE hInstance, HINSTANCE hPrevInstance, LPSTR lpCmdLine,
    int nCmdShow)
{
    WNDCLASS wc = { 0 }; // (1)
    wc.lpfnWndProc = WndProc;
    wc.hInstance = hInstance;
    wc.hbrBackground = (HBRUSH)(COLOR_BACKGROUND);
    wc.lpszClassName = TEXT("MyWindowClass"); // (2)
    RegisterClass(&wc);

    HWND hWnd = CreateWindow( // (3)
        TEXT("MyWindowClass"),
        TEXT("Window Title"),
        WS_OVERLAPPEDWINDOW, // (4)
        100, // (5)
        100,
        500,
        500,
        NULL,
        NULL, // (6)
        hInstance,
        NULL
    );
    ShowWindow(hWnd, nCmdShow);

    return hWnd;
}
```

(1) 윈도우 클래스는 윈도우 창을 생성하기 전에 필요한 데이터를 담는다. 윈도우 클래스에 대한 구조체를 만든 후 RegisterClass()를 통해 등록해야 한다.

(2) 생성된 윈도우 클래스는 이름으로 구분한다. 윈도우 창을 만들 때 어떤 클래스를 사용할지를 여기서 정한 이름으로 지정한다.

(3) 버튼과 같은 요소와 윈도우 창 모두 윈도우이고, 이를 생성하기 위해선 CreateWindow()를 이용해야 한다. 여기에는 윈도우를 생성하기 위한 여러 옵션들과 함께 앞서 만든 윈도우 클래스가 필요하다.

(4) 윈도우는 각 종류마다 스타일이 있다. 스타일은 한 비트를 차지하여 여러 스타일을 동시에 적용하는 경우 비트 논리합 연산자로 합친다.

(5) 윈도우의 크기는 화면의 픽셀을 단위로 하며, 위치의 경우 왼쪽 위가 (x=0, y=0)이다.

(6) 버튼처럼 많은 수가 있는 윈도우는 아이디로 구분한다. 여기서 정한 아이디는 메시지를 처리하는 과정에서 사용된다.

더 멋진 내일(Tomorrow)을 위한 내일(My Career)

비전공자 & 입문자를 위한 1:1 과외

족집게 식의
친절한
코멘트 & 팁
+
코딩이
손에 익을 수 있는
구성과 연습문제
+
입문자가
흔히 하는 실수를
분석한 에러 정리
+
코딩을 처음부터
끝까지 진행해 볼 수
있는 프로젝트

이해하기 쉬운 예시와 연습문제로 제대로 이해했는지 확인할 수 있었다. 특히 단순암기가 아닌, 코드마다 구체적인 설명이 있어서 확실한 이해를 통해 응용할 수 있게 되었다.
직장인 / 비전공자 / 회계학과 **이ㅇ경**

이 책은 배경지식에 대한 어떠한 전제도 없이 순수하게 C언어를 처음 접하는 사람들을 위해 기초부터 차근차근 접근할 수 있도록 돕고 있다. c언어를 배워야 하는 이유부터 시작하여, 중간중간 복습할 수 있는 기회도 만들어 두어 순차적인 학습이 용이하다.
직장인 / 비전공자 / 경영학과 **전ㅇ은**

비전공자라 프로그래밍 언어에 익숙하지 않았지만, 이 책에서는 일상생활에서 접할 수 있는 상황을 예시로 들며 설명하기 때문에 쉽게 이해할 수 있었다. 그리고 책에 수록된 프로젝트를 진행하면서 공부한 내용을 직접 활용해 보는 것이 학습에 큰 도움이 되었다.
대학생 / 비전공자 / 가정교육학과 **정ㅇ서**

프로그래밍에 관심이 있어서 C언어를 접하는 사람들이 A부터 Z까지 혼자서도 공부할 수 있도록 해 주는 든든한 책이다. 프로그래밍 언어를 단순히 알려주는 데 그치지 않고, 프로젝트까지 진행하여 공부뿐만 아니라 성취감도 같이 느낄 수 있어 훌륭한 프로그래머를 꿈꿀 수 있게 도와준다.
대학생 / 전공자 **채ㅇ기**

C언어를 배우는 데 있어서 필요하거나 의문이 들 수 있는 부분이 세밀하게 빠짐없이 답변되어 C언어를 첫걸음을 안전하게 내딛을 수 있게 해 준다.
대학생 / 전공자 **이ㅇ솔**

매우 구체적인 설명과 다양한 예제 코드를 통해 기초를 탄탄하게 다질 수 있는 책이다. Windows API, 기본적인 GUI 프로그래밍 등 비슷한 수준의 다른 책들이 다루지 않는 부분을 다루는 점도 큰 장점이다.
대학생 / 전공자 **표ㅇ우**

연습문제 해설 코드 파일 제공 | **실무 연습**을 위한 **프로젝트** 제공 | **무료 영상강의** 제공

메가스터디그룹 아이비김영의 NEW 도서 브랜드 <김앤북> 여러분의 편입 & 자격증 & IT 취업 준비에 빛이 되어 드리겠습니다.
www.**kimnbook**.co.kr